王正志 主编

中国知识产权指数报告2019

——全面分析知识产权各类指标、数据，揭示知识产权发展状况与经济增长模式及竞争力水平的关系

中国财经出版传媒集团
中国财政经济出版社

图书在版编目（CIP）数据

中国知识产权指数报告. 2019/王正志主编，—北京：中国财政经济出版社，2019. 10
ISBN 978 - 7 - 5095 - 9298 - 4

Ⅰ. ①中…　Ⅱ. ①王…　Ⅲ. ①知识产权 - 指数 - 研究报告 - 中国 - 2019　Ⅳ. ①D923. 404

中国版本图书馆 CIP 数据核字（2019）第 226137 号

责任编辑：卢关平　　　　责任印制：张　健
版式设计：楠竹文化

中国财政经济出版社 出版
URL：http：//ckfz. cfeph. cn
E - mail：cfeph@ cfeph. cn

社址：北京市海淀区阜成路甲 28 号　邮政编码：100142
营销中心电话：010 - 88191537
天猫网店：中国财政经济出版社旗舰店
网址：https：//zgczjjcbs. tmall. com
北京富生印刷厂印刷　各地新华书店经销
787 × 1092 毫米　16 开　21. 25 印张　508 000 字
2019 年 11 月第 1 版　2019 年 11 月北京第 1 次印刷
定价：65. 00 元
ISBN 978 - 7 - 5095 - 9298 - 4
（图书出现印装问题，本社负责调换）
本社质量投诉电话：010 - 88190744
打击盗版举报热线：010 - 88191661　QQ：2242791300

中国知识产权指数报告课题组

主　　编： 王正志

副 主 编： 张亚梅　高　梅　管　健　雷彩虹　李　元
刘　蓉　卢秋羽　茆　宇　商家泉　孙茂成
任　飞　徐江华　杨守义　姚进峰　姚李英
王　冬　赵　军　赵　锐　庄　严

主编助理： 姜金姬

核心成员： 安远华　曹小勤　陈洪军　程小玲　戴至上
董付雁　樊君华　郭　晶　郭　军　关升田
贺伟勤　何　伟　刘典武　刘　娟　李　勇
李笑丹　柳全新　骆振宇　马志刚　牟　楠
史宝隆　苏　莩　孙　晨　孙红新　孙建纬
孙如岐　苏军梅　唐　军　田美玉　王　珊
王思文　王　伟　王希文　王　瑜　王云芳
吴　帆　温宇洋　许莲花　许国明　许登甲
徐建国　叶来生　姚之年　于永琴　袁祥飞
张　超　张宝光　张清格　赵艳杰　张子江
周亚楠　Andrew Naylor　Patrick Allen Dittmer

摘　要

从历史来看，全球对科技创新和知识产权的重视从未像现在一样强烈。知识产权已经居于世界经济发展的中心地带。19世纪末期到20世纪末期，世界首富以石油开采加工等传统行业为主，例如美国的洛克菲勒和文莱苏丹。但是，现在世界首富绝大多数出自知识密集型行业。全球对科技创新和知识产权的竞争也从未像当今一样激烈。知识产权竞争是中美贸易摩擦背后的重要因素。世界主要经济体之间的知识竞争呈现日益激烈的态势。

在此大背景下，中国必须更加重视知识产权发展，将知识产权发展放到经济工作的中心，必须坚持开放合作和自力更生“两条腿”走路，更加强调自主研发。在知识产权创造上更加重视知识产权质量，促进高质量知识产权发展。在知识产权流动上，通过制度创新和继续开放来促进产学研转化、军民转化以及国际合作。同时利用更高效的管理理念、制度以及基础设施来提高知识产权综合绩效，夯实知识产权发展潜力。因此，在《中国知识产权指数报告2019》中，我们调整了专利质量指数，推出了高质量知识产权发展指数，考察中国省份知识产权发展质量的情况。

一、总体排名

中国区域知识产权指数2019排名前10位的省（自治区、直辖市，为叙述方便以下简称为省份）依次是：北京、广东、江苏、上海、浙江、山东、安徽、湖北、天津、陕西。

排名中间11位的省份依次是：湖南、四川、福建、重庆、河南、辽宁、广西、河北、江西、吉林、贵州。

排名末尾10位的省份依次是：黑龙江、山西、云南、甘肃、宁夏、内蒙古、海南、西藏、新疆、青海。

二、主要发现

通过研究本报告以及历史报告，我们发现了以下重要结论：

1. 北京连续10年稳居第一，广东、江苏正在逐渐缩小与北京差距

2. 知识产权水平与经济发展水平有较大关联，但并不存在绝对关系

3. 知识产权区域分布呈现“一线一带”的地理特征

4. 知识产权分布符合“胡焕庸线”特征

5. 量质齐飞，高质量知识产权发展指数与综合实力指数一致性较高

6. 深圳、广州、成都、杭州、宁波等副省级城市专利规模排名前列，并且以企业申请为主

7. 广东专利最强，北京商标领先
8. 市场化改革可以促进知识产权发展
9. 西部省份知识产权总体进步较快，部分东部省份开始掉队

三、分项指数排名

在四个分项指数中，知识产权产出水平指数排名前10位的省份是：北京、江苏、广东、上海、浙江、安徽、广西、四川、陕西和湖北。其中，湖北取代了指数报告2018前10位的天津，跻身前10位。

知识产权流动水平排名前10位的省份是：北京、广东、上海、江苏、山东、浙江、湖北、辽宁、湖南和陕西。其中，湖南取代了指数报告2018前10位的福建，进入前10位。

知识产权综合绩效排名前10位的省份是：上海、北京、浙江、江苏、广东、天津、重庆、湖南、安徽和湖北。其中，安徽取代了指数报告2018前10位的福建，进入前10位，上海取代北京成为第1名。

知识产权创造潜力排名前10位的省份是：广东、江苏、北京、浙江、山东、上海、湖北、安徽、湖南和河南。与指数报告2018相比，天津跌出前10位，河南进入前10位。

四、综合实力进步指数排名

中国区域知识产权综合实力进步指数最高的10个省份是：西藏、贵州、宁夏、江西、河南、四川、广东、湖南、云南和青海。最低的10个省份是：山东、吉林、北京、新疆、甘肃、广西、辽宁、黑龙江、内蒙古和天津。

五、专利指数排名

专利指数排名前10位的省份是：广东、北京、江苏、浙江、上海、贵州、安徽、西藏、湖北和山东。排名后10位的省份是：云南、重庆、辽宁、海南、吉林、青海、内蒙古、新疆、山西和黑龙江。

六、商标指数排名

商标指数排名前10位的省份是：北京、浙江、广东、上海、江苏、西藏、福建、安徽、湖北和山东。商标指数排名后10位的省份是：云南、甘肃、辽宁、内蒙古、山西、黑龙江、青海、宁夏、海南和新疆。

七、高质量知识产权发展指数排名

高质量知识产权发展指数排名前10位的省份是：北京、广东、上海、浙江、江苏、山东、福建、天津、湖南和辽宁。排名后10位的省份是：山西、新疆、陕西、青海、西藏、四川、甘肃、宁夏、贵州和广西。

更多详细内容敬请阅读报告正文。

目 录

第一章　中国知识产权指数报告2019总体排名、研究发现与深度解析

从历史来看，全球对科技创新和知识产权的重视从未像现在一样强烈。知识产权已经居于世界经济发展的中心地带。19世纪末期到20世纪末期，世界首富以石油开采加工等传统行业为主，例如美国的洛克菲勒和文莱苏丹。但是现在世界首富绝大多数出自知识密集型行业。全球对科技创新和知识产权的竞争也从未像当今一样激烈。知识产权竞争是中美贸易摩擦背后的重要因素。世界主要经济体之间的知识竞争呈现日益激烈的态势。

同时，知识自身发展的趋势却是合作。只有合作才能共同应对人类面临的共同挑战。习近平主席在第二届“一带一路”国际合作高峰论坛上指出：“中国愿同世界各国加强知识产权保护合作，创造良好创新生态环境，推动同各国在市场化、法治化原则基础上开展技术交流合作。”

在这个大背景下，中国必须更加重视知识产权发展，将知识产权发展放到经济工作的中心，必须坚持开放合作和自力更生“两条腿”走路，更加强调自主研发。在知识产权创造上更加重视知识产权质量，促进高质量知识产权发展。在知识产权流动上，通过制度创新和继续开放来促进产学研转化、军民转化以及国际合作。同时利用更高效的管理理念、制度以及基础设施来提高知识产权综合绩效，夯实知识产权发展潜力。因此，在《中国知识产权指数报告2019》中，我们调整了专利质量指数，推出了高质量知识产权发展指数，考察中国各省份知识产权发展质量的情况。

一、中国区域知识产权指数2019：总体排名

中国区域知识产权指数2019[1]排名前10位的省（自治区、直辖市，以下简称为：省份）依次是：北京、广东、江苏、上海、浙江、山东、安徽、湖北、天津、陕西。

排名中间11位的省份依次是：湖南、四川、福建、重庆、河南、辽宁、广西、河北、江西、吉林、贵州。

排名末尾10位的省份依次是：黑龙江、山西、云南、甘肃、宁夏、内蒙古、海南、西藏、新疆、青海（见表1－1）。

[1] 本报告正文阐述使用之年份均为报告发布年份，数据年份具体见指标下方说明。

表 1-1　　中国区域知识产权指数 2019 总体排名

省 份	综合实力		产出水平		流动水平		综合绩效		创造潜力	
	指数	排名	指数	排名	指数	排名	指数	排名	指数	排名
北京	0.591	1	0.603	1	0.646	1	0.598	2	0.518	3
广东	0.564	2	0.467	3	0.606	2	0.536	5	0.648	1
江苏	0.504	3	0.479	2	0.385	4	0.545	4	0.606	2
上海	0.455	4	0.388	4	0.457	3	0.629	1	0.346	6
浙江	0.418	5	0.364	5	0.228	6	0.562	3	0.518	4
山东	0.311	6	0.197	11	0.250	5	0.378	12	0.419	5
安徽	0.301	7	0.362	6	0.143	13	0.401	9	0.300	8
湖北	0.279	8	0.223	10	0.180	7	0.397	10	0.315	7
天津	0.269	9	0.180	13	0.130	15	0.527	6	0.238	14
陕西	0.263	10	0.259	9	0.161	10	0.362	13	0.269	11
湖南	0.259	11	0.166	15	0.169	9	0.410	8	0.290	9
四川	0.256	12	0.268	8	0.153	11	0.334	15	0.268	12
福建	0.239	13	0.178	14	0.144	12	0.387	11	0.248	13
重庆	0.238	14	0.141	19	0.140	14	0.466	7	0.207	16
河南	0.217	15	0.158	17	0.104	16	0.336	14	0.269	10
辽宁	0.207	16	0.143	18	0.172	8	0.308	20	0.203	17
广西	0.189	17	0.287	7	0.067	22	0.277	22	0.126	24
河北	0.175	18	0.080	27	0.079	20	0.319	17	0.224	15
江西	0.172	19	0.112	20	0.079	19	0.313	18	0.183	18
吉林	0.165	20	0.095	24	0.096	17	0.326	16	0.142	23
贵州	0.164	21	0.190	12	0.061	23	0.240	26	0.164	20
黑龙江	0.158	22	0.158	16	0.088	18	0.215	27	0.172	19
山西	0.138	23	0.074	29	0.049	26	0.311	19	0.118	25
云南	0.126	24	0.097	23	0.059	24	0.198	28	0.152	21
甘肃	0.124	25	0.104	21	0.075	21	0.174	30	0.144	22
宁夏	0.115	26	0.093	25	0.017	28	0.253	24	0.095	28
内蒙古	0.110	27	0.044	31	0.020	27	0.265	23	0.114	26
海南	0.110	28	0.097	22	0.006	30	0.252	25	0.085	29
西藏	0.098	29	0.076	28	0.000	31	0.278	21	0.037	31
新疆	0.094	30	0.086	26	0.011	29	0.173	31	0.105	27
青海	0.090	31	0.065	30	0.054	25	0.176	29	0.067	30

二、中国区域知识产权指数2019：主要发现

中国区域知识产权指数肇始于2009年，涵盖除港澳台之外的全国31个省份。持续多年的数据积累，使我们具备了一个分析中国各地区知识产权状况的翔实数据库[1]。经过基于时间的纵向分析和基于地域空间的横向对比，课题组发现：

（一）北京连续10年稳居第一，广东、江苏正在逐渐缩小与北京差距

自2010年以来，知识产权指数排名前10强的省份较为稳定。北京、广东、江苏、上海、浙江、天津、山东等7个省份每年都在前10强中，其中，北京更是连续10年稳居全国第一。安徽、湖北、福建、重庆、陕西、辽宁、湖南也都前后出现在全国前10强中，安徽自2015年开始一直位于前10位，湖北在2017—2019年知识产权指数排名中都位列前10位，而且进步势头明显，从2017年第10位上升到2019年第8位。与此同时，辽宁自2015年后一直未能进入前10位。具体变化见表1－2。

表1－2　历年中国区域知识产权指数前10强排名

排名＼年份	2010	2011	2012	2013	2014	2015	2016	2017	2018	2019
1	北京	北京	北京	北京	北京	北京	北京	北京	北京	北京
2	上海	上海	上海	上海	江苏	江苏	江苏	江苏	广东	广东
3	广东	广东	广东	江苏	上海	上海	上海	广东	江苏	江苏
4	江苏	江苏	江苏	广东	广东	广东	广东	上海	上海	上海
5	浙江	浙江	浙江	浙江	浙江	浙江	浙江	浙江	浙江	浙江
6	天津	山东	山东	山东	天津	天津	山东	山东	山东	山东
7	山东	天津	天津	天津	山东	山东	天津	天津	安徽	安徽
8	辽宁	福建	辽宁	辽宁	辽宁	福建	重庆	重庆	天津	湖北
9	重庆	辽宁	福建	福建	福建	重庆	福建	安徽	湖北	天津
10	福建	湖南	重庆	重庆	重庆	安徽	安徽	湖北	重庆	陕西

2017—2019年，广东和江苏均排在全国前3位，位次偶有交替，但是从总体来看，这两个省份和北京之间的差距在缩小，特别是广东和北京之间的差距缩小得更为明显。指数报告2017中北京领先江苏18%、领先广东31%；指数报告2019中北京仅领先广东5%、领先江苏17%。详见表1－3。

[1] 中国区域知识产权指数的指标体系每年都在进行适当修订，以适应不断变化的经济社会和知识产权发展形势。

表 1－3　**2017—2019 知识产权指数北京、广东和江苏得分比较**

	2017	2018	2019
北京	0. 632	0. 593	0. 591
广东	0. 482	0. 536	0. 564
江苏	0. 535	0. 509	0. 504

从地域上看，指数报告排名前 10 位中 7 个省份位于东部地区，安徽和湖北属于中部地区，陕西属于西部地区。从区域上看，渤海湾经济圈有北京、天津、山东 3 个省份，长江三角洲经济圈有江苏、上海、浙江、安徽 4 个省份，珠江三角洲经济圈有广东 1 个省份。

（二）知识产权水平与经济发展水平有较大关联，但并不存在绝对关系

从经济发展水平来看，知识产权指数 2019 前 10 强大多数都是经济发达省份。知识产权指数 2019 排名前 10 位的省份中，除天津外，都排在全国地区生产总值的前 15 位。详见表 1－4。

表 1－4　**知识产权指数和地区生产总值比较**

地区	2017 年地区生产总值(亿元)	排名	知识产权指数 2019	排名
北京	28014. 94	12	0. 591	1
广东	89705. 23	1	0. 564	2
江苏	85869. 76	2	0. 504	3
上海	30632. 99	11	0. 455	4
浙江	51768. 26	4	0. 418	5
山东	72634. 15	3	0. 311	6
安徽	27018	13	0. 301	7
湖北	35478. 09	7	0. 279	8
天津	18549. 19	18	0. 269	9
陕西	21898. 81	15	0. 263	10
湖南	33902. 96	9	0. 259	11
四川	36980. 22	6	0. 256	12
福建	32182. 09	10	0. 239	13
重庆	19424. 73	17	0. 238	14
河南	44552. 83	5	0. 217	15
辽宁	23409. 24	14	0. 207	16
广西	18523. 26	19	0. 189	17
河北	34016. 32	8	0. 175	18

续表 1－4

地区	2017 年地区生产总值(亿元)	排名	知识产权指数 2019	排名
江西	20006. 31	16	0. 172	19
吉林	14944. 53	24	0. 165	20
贵州	13540. 83	25	0. 164	21
黑龙江	15902. 68	22	0. 158	22
山西	15528. 42	23	0. 138	23
云南	16376. 34	20	0. 126	24
甘肃	7459. 9	27	0. 124	25
宁夏	3443. 56	29	0. 115	26
内蒙古	16096. 21	21	0. 110	27
海南	4462. 54	28	0. 110	28
西藏	1310. 92	31	0. 098	29
新疆	10881. 96	26	0. 094	30
青海	2624. 83	30	0. 090	31

我们将 31 个省份的地区生产总值和知识产权指数分值放在一起来看，发现两者之间的相关系数为 0. 75，高度相关。我们进一步用地区生产总值来线性解释和预测知识产权指数，会发现 R^2 为 0. 57，也就是说地区生产总值能够解释 57% 的知识产权差异，两者并不存在绝对的关系。同时从排名中也可以看出来，河北、河南、四川等地区生产总值相对较高省份在知识产权指数方面表现并不强。详见图 1－1。

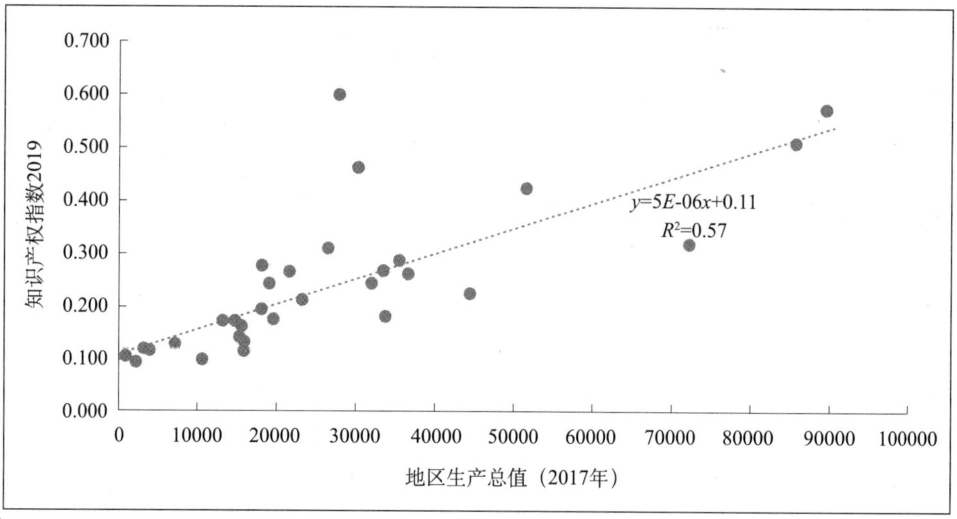

图 1－1　经济与知识产权发展

（三）知识产权区域分布呈现“一线一带”的地理特征

课题组将知识产权指数得分按照四分位数分成四个层级，然后用不同颜色表示，通过地图可以形象看出，中国知识产权指数区域分布呈现出明显“一线一带”地理特征，“一线”指的是海岸线，沿着海岸线的省份知识产权整体发展情况较好。“一带”指的是长江经济带，可以发现长江流域地区知识产权整体发展情况较好。“一线一带”从纵横两方面向内陆延伸。这两个辐射现象说明技术转移和扩散有一定的路径规律，基本沿着商品贸易、产业转移的大途径进行。

同时，从知识产权指数最强的几个点来看，京津冀、长江三角洲和珠江三角洲是中国知识产权发展的三个核心极。以上海为中心的长江三角洲的技术扩散最优，已经形成了知识产权发展带。而北京和广东对临近省份的影响有很大的潜力可以挖掘。

（四）知识产权分布符合“胡焕庸线”特征

胡焕庸线也称为“黑河—腾冲线”，由胡焕庸先生在 1935 年提出，并于 1990 年进行了更为细致的测算。这条线北起黑龙江省黑河，南至云南省腾冲，将全国分为西北和东南两个部分，是一条人口分界线。1935 年时，两部分人口占全国人口比例为 96%：4%；1990 年时为 94.4%：5.6%。

我们将中国专利申请量按照胡焕庸线进行了估算，以四川、贵州、云南、西藏、陕西、甘肃、青海、宁夏、新疆、内蒙古作为西北部地区，其中四川、云南、陕西按照面积将专利申请量平均分配到西北部和东南部，发现中国知识产权分布同样符合胡焕庸线分布特征，西北部专利申请量占到全国的 7%，东南部占全国的 93%。

（五）量质齐飞，高质量知识产权发展指数与综合实力指数一致性较高

高质量知识产权发展指数排名前 10 位的省份是：北京、广东、上海、浙江、江苏、山东、福建、天津、湖南和辽宁。总体而言，与知识产权综合实力指数一致性较高。福建、湖南和辽宁的高质量知识产权发展情况好于综合实力指数，都进入了高质量知识产权发展的前 10 位。

排名后 10 位的省份是：山西、新疆、陕西、青海、西藏、四川、甘肃、宁夏、贵州和广西。绝大部分都是西部省份，其中陕西和四川综合实力指数表现很好，但是高质量发展指数表现欠佳。高质量知识产权发展指数使用指标更加侧重于效率和效益，大幅减少了规模类指标，因此对于规模较大，但是人均规模较小或者人均产出较少的省份有较大影响（见表 1－5）。

表 1－5　高质量知识产权发展指数排名

省份	高质量知识产权发展		省份	高质量知识产权发展	
	指数	排名		指数	排名
北京	0.745	1	河南	0.170	17
广东	0.654	2	吉林	0.159	18
上海	0.512	3	云南	0.156	19
浙江	0.482	4	海南	0.152	20
江苏	0.378	5	内蒙古	0.150	21
山东	0.342	6	山西	0.150	22
福建	0.289	7	新疆	0.142	23
天津	0.242	8	陕西	0.136	24

续表 1-5

省　份	高质量知识产权发展		省　份	高质量知识产权发展	
	指数	排名		指数	排名
湖南	0.206	9	青海	0.127	25
辽宁	0.197	10	西藏	0.123	26
湖北	0.196	11	四川	0.110	27
河北	0.187	12	甘肃	0.109	28
江西	0.183	13	宁夏	0.097	29
重庆	0.183	14	贵州	0.091	30
安徽	0.175	15	广西	0.078	31
黑龙江	0.174	16			

（六）深圳、广州、成都、杭州、宁波等副省级城市专利规模排名前列，并且以企业申请为主

报告统计分析了中国15个副省级城市：深圳、广州、成都、西安、杭州、南京、宁波、青岛、武汉、济南、厦门、哈尔滨、沈阳、长春、大连的知识产权情况，发现：深圳、广州、成都、杭州、宁波等副省级城市专利规模（专利申请量、授权量、有效量）排名前列，同时一个值得注意的现象是：深圳、广州、成都、杭州、宁波等城市都以企业申请为主，特别是深圳和宁波，企业申请专利占比超过了90%。而规模靠后的哈尔滨、沈阳、长春等城市相对专利申请以大专院校和科研院所为主，企业占比不高。

（七）广东专利最强，北京商标领先

从专利指数来看，排名前10位的省份是：广东、北京、江苏、浙江、上海、贵州、安徽、西藏、湖北和山东。广东排名全国第1位，北京排名第2位，江苏排名第3位。广东专利发展速度和效率都略高于北京。西藏专利指数进入前10位主要得益于专利发展速度，可能由于西藏专利基数较小，从而发展速度容易提高。

从商标指数来看，排名前10位的省份是：北京、浙江、广东、上海、江苏、西藏、福建、安徽、湖北和山东。北京排名全国第1位，浙江排名第2位，广东排名第3位。北京在商标方面有明显领先优势，在商标规模、效益和保护方面都位列前茅（见表1-6）。

表1-6　专利指数和商标指数表

省　份	专利指数		省　份	商标指数	
	指数	排名		指数	排名
广东	0.568	1	北京	0.611	1
北京	0.543	2	浙江	0.508	2

续表 1-6

省份	专利指数		省份	商标指数	
	指数	排名		指数	排名
江苏	0.425	3	广东	0.503	3
浙江	0.390	4	上海	0.475	4
上海	0.302	5	江苏	0.300	5
贵州	0.241	6	西藏	0.280	6
安徽	0.228	7	福建	0.264	7
西藏	0.223	8	安徽	0.251	8
湖北	0.220	9	湖北	0.239	9
山东	0.217	10	山东	0.197	10

（八）市场化改革可以促进知识产权发展

市场化改革是中国经济发展的动力，也是知识产权发展的动力之一。我们将中国市场化指数和知识产权指数整合分析，发现：市场化指数和知识产权指数有很高的关联度，市场化指数对知识产权指数的解释和预测能力达到了0.7左右。市场化指数对知识产权指数的解释能力高于经济发展水平对知识产权指数的解释能力（见图1-2）。

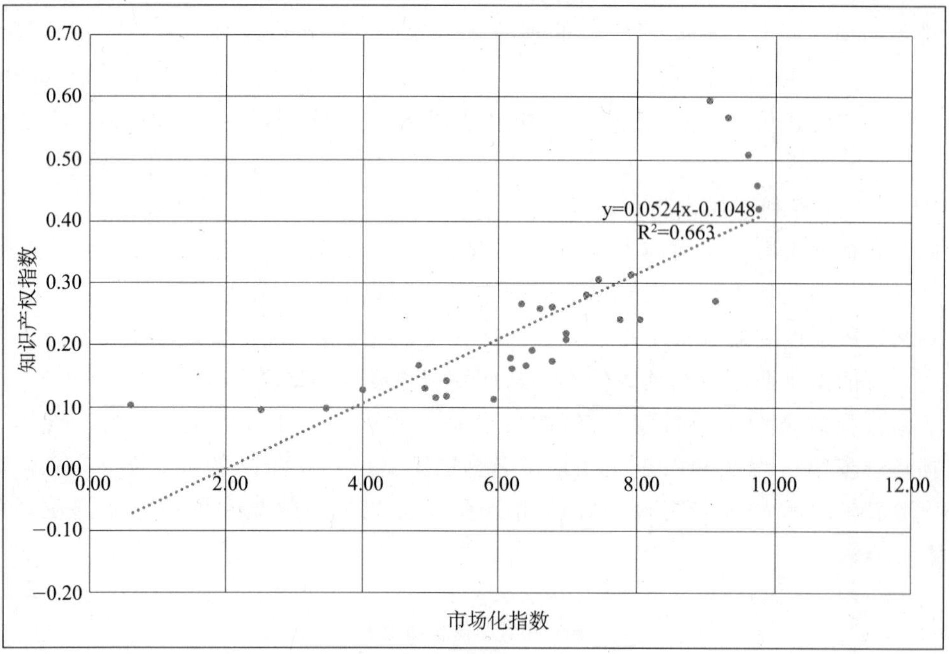

图1-2 市场化指数与知识产权指数

（九）西部省份知识产权总体进步较快，部分东部省份开始掉队

中国区域知识产权综合实力进步指数最高的10个省份是：西藏、贵州、宁夏、江

西、河南、四川、广东、湖南、云南和青海。最低的10个省份是：山东、吉林、北京、新疆、甘肃、广西、辽宁、黑龙江、内蒙古和天津。

纵览历史数据，不难发现，排名前10位的一直主要是中西部省份，表明了部分中西部省份起步较晚，基数较低，因此增速容易变快。同时也说明了这些地区具备后发优势，正在缩短与发达地区的差距。

同时，这些指数也反映了另外一个现象，即同区域内省份逐渐出现分化的趋势，部分西部省份进步显著，也有部分原地踏步，甚至倒退，东部地区也有部分省份呈现疲态。广东、四川、湖南等规模较大省份依然保持了较高增速，而辽宁、天津则出现了掉队现象（见表1-7）。

表1-7　　知识产权综合实力进步指数表

省　份	专利规模		省　份	专利规模	
	指数	排名		指数	排名
西藏	0.726	1	重庆	0.469	17
贵州	0.715	2	安徽	0.468	18
宁夏	0.598	3	浙江	0.436	19
江西	0.569	4	上海	0.423	20
河南	0.535	5	江苏	0.411	21
四川	0.532	6	山东	0.388	22
广东	0.523	7	吉林	0.388	23
湖南	0.523	8	北京	0.387	24
云南	0.516	9	新疆	0.377	25
青海	0.515	10	甘肃	0.374	26
陕西	0.502	11	广西	0.363	27
湖北	0.501	12	辽宁	0.295	28
山西	0.482	13	黑龙江	0.279	29
河北	0.481	14	内蒙古	0.239	30
海南	0.481	15	天津	0.216	31
福建	0.481	16			

三、中国区域知识产权指数2019：结果解读

（一）中国区域知识产权指数2019前10强

中国区域知识产权指数2019排名前10位的省份依次是：北京、广东、江苏、上海、浙江、山东、安徽、湖北、天津、陕西。陕西取代了重庆，进入了知识产权指数前10强，其他上榜省份与指数报告2018一致（见表1-8）。

表 1-8 中国区域知识产权指数 2019 前 10 强

省份	综合实力		产出水平		流动水平		综合绩效		创造潜力	
	指数	排名	指数	排名	指数	排名	指数	排名	指数	排名
北京	0.591	1	0.603	1	0.646	1	0.598	2	0.518	3
广东	0.564	2	0.467	3	0.606	2	0.536	5	0.648	1
江苏	0.504	3	0.479	2	0.385	4	0.545	4	0.606	2
上海	0.455	4	0.388	4	0.457	3	0.629	1	0.346	6
浙江	0.418	5	0.364	5	0.228	6	0.562	3	0.518	4
山东	0.311	6	0.197	11	0.250	5	0.378	12	0.419	5
安徽	0.301	7	0.362	6	0.143	13	0.401	9	0.300	8
湖北	0.279	8	0.223	10	0.180	7	0.397	10	0.315	7
天津	0.269	9	0.180	13	0.130	15	0.527	6	0.238	14
陕西	0.263	10	0.259	9	0.161	10	0.362	13	0.269	11

北京知识产权指数领先全国，与指数报告 2018 略有下降（0.593），在 31 个省份中排名第 1 位。在分项指数方面，北京同样表现出色。四个分项指数中有两个排名第 1 位。知识产权产出水平、流动水平位居第 1 位，综合绩效水平位居第 2 位，知识产权创造潜力指数位居第 3 位。北京是中国政治中心、文化中心、科技创新中心和国际交往中心，汇集了许多中央直属院校、科研机构、央企及跨国公司总部及研发中心。未来北京充分利用自身优势，注重原始技术创新，并强化对全国的流动、转移和辐射。

广东排名第 2 位，指数进步明显，潜力很大，而且有更高的增速。在分项指数方面，广东分别位于第 3 位（知识产权产出水平）、第 2 位（流动水平）、第 5 位（综合绩效）和第 1 位（创造潜力）。随着粤港澳大湾区的逐渐建设，香港的金融资本、深圳的产业技术创新以及其他城市的工业基础，未来会发挥更大的协同效应。

江苏排名第 3 位，从指数报告 2009 排名第 4 位，后来逐年上升，2014 年以来保持第 2 位，在指数报告 2018 和指数报告 2019 位列第 3 位。与北京和广东的知识产权发展情况存在一定的差距，并且有被广东拉开差距的趋势。在分项指数方面，江苏分别位于第 2 位（知识产权产出水平）、第 4 位（流动水平）、第 4 位（综合绩效）和第 2 位（创造潜力），与指数报告 2018 基本一致。创造潜力被广东超越。与北京相比，江苏知识产权发展主要靠产业、企业，未来应该继续鼓励、培育企业发展知识产权。

上海排名第 4 位，在知识产权指数报告 2014 之前一直紧随北京，处在第 2 位，在指数报告 2017 中被江苏、广东超过。从分项指数来看，上海分别位于第 4 位（知识产权产出水平）、第 3 位（流动水平）、第 1 位（综合绩效）和第 6 位（创造潜力），综合绩效最为突出，但是需要警惕创造潜力不足的问题。上海要建设成为“具有全球影响力的科技创新中心”，关键在于如何更好地利用在长三角的龙头地位，做好应用性技术开发，并利用长三角制造业基础良好的优势，迅速转化为产品和服务。

浙江多年以来一直排名第5位，比较稳定。从分项指数来看，浙江分别位于第5位（知识产权产出水平）、第6位（流动水平）、第3位（综合绩效）和第4位（创造潜力），总体表现稳定。并且与2018年指数报告排名相同。

山东位居第6位，多年来一直在第6和第7位之间波动。从分项指数来看，分别位于第11位（知识产权产出水平）、第5位（流动水平）、第12位（综合绩效）和第5位（创造潜力）。知识产权流动水平和创造潜力明显优于知识产权产出水平和综合绩效。山东制造业基础好，但是大学、研究机构相对不如北京、广东、上海等地，企业引进和利用知识产权的规模和效果较好，同时也具备了一定的创造潜力。

安徽位居第7位，自指数报告2015进入前10位以来，指数报告2018和指数报告2019均稳定在第7位。从分项指数来看，分别位于第6位（知识产权产出水平）、第13位（流动水平）、第9位（综合绩效）和第8位（创造潜力）。知识产权产出水平明显高于其他三个分项指数。

湖北位列第8位，较指数报告2018上升一位。从分项指数来看，分别位于第10位（知识产权产出水平）、第7位（流动水平）、第10位（综合绩效）和第7位（创造潜力）。知识产权产出水平表现明显落后于其他三个分项指数。

天津位居第9位，较指数报告2018下降一位。从分项指数来看，天津分别位于第13位（知识产权产出水平）、第15位（流动水平）、第6位（综合绩效）和第14位（创造潜力）。天津近两年每年都在下滑一位，各项指标增速不高。除了综合绩效外，其他三项指标都表现欠佳。未来能否把握京津冀协同发展的机遇，充分承接北京功能外溢，是天津发展的关键。

陕西占据了前10强的最后一席，取代了重庆的位置，与先前报告相同，也是唯一一个西部省份。从分项指数来看，分别位于第9位（知识产权产出水平）、第10位（流动水平）、第13位（综合绩效）和第11位（创造潜力）。各项指标较为均衡。陕西是西部地区的大学城，也拥有很好的科研基础和制造业配套能力，未来应加快同北京、上海、广东等科技创新中心的联系，同时错位发展，努力克服地域区位相对劣势。

（二）地区排名：华东、华南和华北占据前三位

整体来看，华东、华南、华北和华中均领先于全国平均水平，西南、东北、西北地区落后于全国平均水平。七个区域的具体排名依次是：华东、华南、华北、华中、西南、东北以及西北。与指数报告2018排序一致，只是具体分值发生了变化。详见图1－3、表1－9。

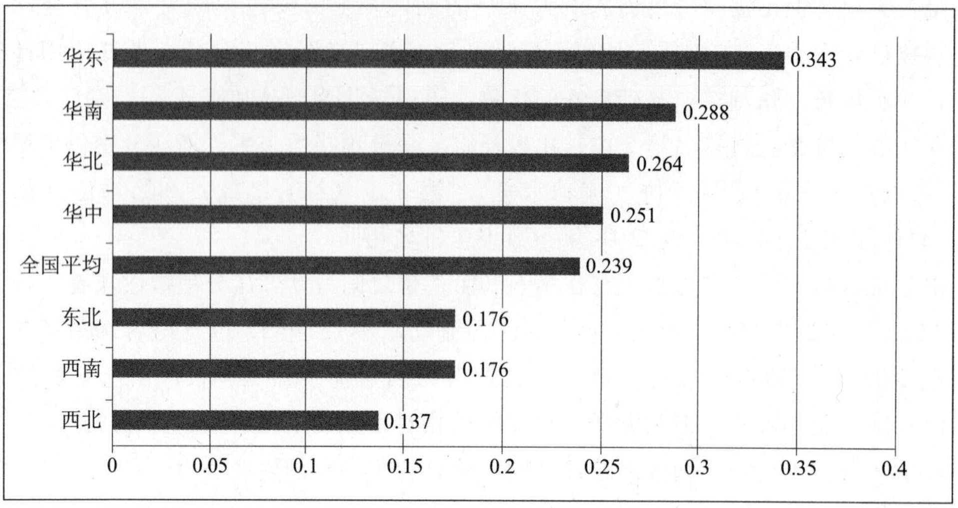

图 1－3 各区域知识产权指数平均水平与全国平均水平比较

表 1－9 **分区域知识产权指数情况**

地区	知识产权指数	区域排名	区域内最强城市
华东地区	0. 343	1	江苏
华南地区	0. 288	2	广东
华北地区	0. 264	3	北京
华中地区	0. 251	4	湖北
西南地区	0. 176	5	四川
东北地区	0. 176	5	辽宁
西北地区	0. 137	7	陕西
全国平均	0. 239		

华东地区：知识产权总体实力最强，江西发展空间较大

华东地区包括上海、江苏、浙江、安徽、福建、江西、山东等六省一市，是我国城市群最为密集的地区，其知识产权指数得分平均为 0. 343，大幅高于全国平均水平。

全国前 10 强中，华东地区就占有 5 席，分别是江苏、上海、浙江、山东和安徽，位于全国的第 3—7 位。福建省排在第 13 位，只有江西排名靠后。其中江苏、上海、浙江知识产权指数得分分别是 0. 504、0. 455 和 0. 418，是区域发展的核心。这三个省份也是长江经济带的重要节点，对于长江中上游的带动作用非常明显。经过改革开放 40 多年来的发展，华东地区已经积累了雄厚的经济基础和科技基础，未来有望发展成为世界级的产业中心和科技创新带（见表 1－10）。

表1－10　华东地区知识产权指数及排名表

省份	知识产权指数	区域内排名	全国排名
江苏	0.504	1	3
上海	0.455	2	4
浙江	0.418	3	5
山东	0.311	4	6
安徽	0.301	5	7
福建	0.239	6	13
江西	0.172	7	19
华东地区	0.343		
全国平均	0.239		

华南地区：广东遥遥领先，对广西和海南辐射效应不强

华南地区包括广东、广西、海南三省份，区域内广东凭借粤港澳大湾区的政策优势，知识产权指数由0.536上升到0.564，排名保持在第2名，进一步缩小与北京的差距。与知识产权指数2018相比，广西和海南的排名基本保持不变。华南地区的知识产权发展关键在于广西和海南能否承接广东的技术转移（见表1－11）。

表1－11　华南地区知识产权指数及排名表

省份	知识产权指数	区域内排名	全国排名
广东	0.564	1	2
广西	0.189	2	17
海南	0.110	3	28
华南地区	0.288		
全国平均	0.239		

华北地区：知识产权总体实力较强，京津冀协同仍需努力

华北地区包括河北、山西、内蒙古三省份与京津两市，是我国城市群较为密集的地区，其平均指数为0.264，略高于全国平均水平，落后于华东地区和华南地区。与指数报告2018相比，虽落后于华南地区，但仍处于第3位。

北京是华北地区知识产权发展的核心，知识产权指数排名全国第一。天津位于北京之后，在区域内位列第二。但是天津的知识产权指数得分不到北京的一半。其他省份：河北、山西、内蒙古基本上在一个水平线，知识产权得分不到0.2。区域内发展极不平衡，其他省份表现与北京的差距较大。

河北省知识产权指数的得分比指数报告2018和2017都有进步，上升至第18位。山西和内蒙古保持不变，或略有下降。河北省的进步表明京津冀协同已经开始呈现一定的效果，未来随着进一步推进，力度进一步加大，华北地区知识产权发展前景可期（见表1－12）。

表1－12 华北地区知识产权指数及排名表

省份	知识产权指数	区域内排名	全国排名
北京	0.593	1	1
天津	0.282	2	9
河北	0.164	3	18
山西	0.149	4	23
内蒙古	0.133	5	27
华北地区	0.264		
全国平均	0.239		

华中地区：省份之间知识产权实力平均，呈现稳步前进的态势

华中地区包括河南、湖北和湖南三省，区域内较为均衡，略高于全国平均水平。其中，区域内湖北排名第1位，知识产权指数为0.279，在全国排名第8位；区域内湖南排名第2位，知识产权指数为0.259，在全国排名第11位；区域内河南排名居末，知识产权指数得分为0.217，在全国排名第15位。湖北和河南在全国排名呈现稳步前进的态势，分别较指数报告2018进步了1个名次（见表1－13）。

表1－13 华中地区知识产权指数及排名表

省份	知识产权指数	区域内排名	全国排名
湖北	0.279	1	8
湖南	0.259	2	11
河南	0.217	3	15
华中地区	0.251		
全国平均	0.239		

东北地区：整体表现不如人意，并且呈现退步态势

东北地区包括辽宁、吉林和黑龙江三省，总体低于全国平均水平，其中，辽宁知识产权指数为0.207，是区域内的领头羊，排在全国的第16位。吉林和黑龙江分别处于第20位和22位。三省份较指数报告2018均有不同名次的退步（见表1－14）。

表1－14 东北地区知识产权指数及排名表

省份	知识产权指数	区域内排名	全国排名
辽宁	0.207	1	16
吉林	0.165	2	20

续表 1－14

省份	知识产权指数	区域内排名	全国排名
黑龙江	0.158	3	22
东北地区	0.176		
全国平均	0.239		

西南地区、西北地区：陕西、四川、重庆领先优势明显，其他省份较为落后

西南、西北地区包括九省一市，经济基础相对薄弱，知识产权发展大幅落后于全国平均水平。其中，陕西、四川、重庆知识产权指数在全国分别排在第10位、第12位和第14位，大幅领先于区内其他省份（见表1－15）。

表1－15　西南和西北地区知识产权指数及排名表

省份	知识产权指数	区域内排名	全国排名
四川	0.256	1	12
重庆	0.238	2	14
贵州	0.164	3	21
云南	0.126	4	24
西藏	0.098	5	29
西南地区	0.176		
陕西	0.263	1	10
甘肃	0.124	2	25
宁夏	0.115	3	26
新疆	0.094	4	30
青海	0.090	5	31
西北地区	0.137		
全国平均	0.239		

（三）副省级城市知识产权发展情况

从城市层面来看，副省级城市在中国经济、人口、社会等方面都有重要地位和影响力。通过统计分析了中国15个副省级城市：深圳、广州、成都、西安、杭州、南京、宁波、青岛、武汉、济南、厦门、哈尔滨、沈阳、长春、大连的知识产权情况，我们可以窥见中国城市知识产权发展的总体概括。

1. 深圳、广州、成都、杭州、宁波等城市专利规模排名前列

（1）深圳、广州、成都2017年专利申请量最高

从专利申请量来看，深圳、广州、成都、西安和杭州排在前5位，南京、宁波、青岛、武汉、济南排在第6—10位，厦门、哈尔滨、沈阳、长春、大连排在后5位。从发明专利申请量来看，深圳、成都、西安、南京、广州排在前5位，杭州、武汉、青岛、宁波、济南排在第6—10位，沈阳、哈尔滨、长春、大连和厦门排在后5位。详

见图 1－4。

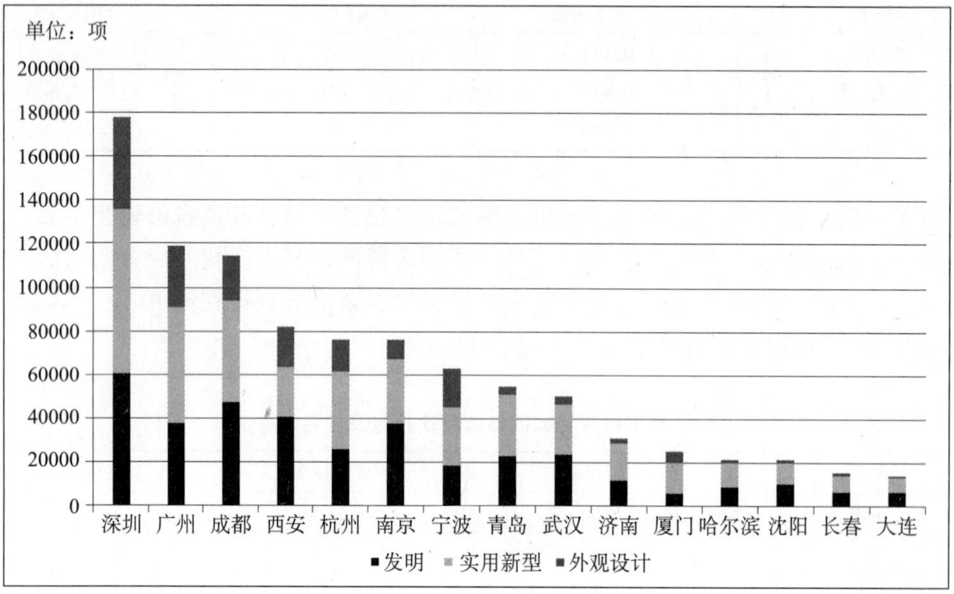

图 1－4 中国副省级城市专利申请量情况

从专利职务申请量来看，深圳、成都、广州、杭州和南京排在前 5 位，西安、宁波、武汉、青岛、济南排在第 6—10 位，厦门、哈尔滨、沈阳、长春、大连排在后 5 位。详见图 1－5。

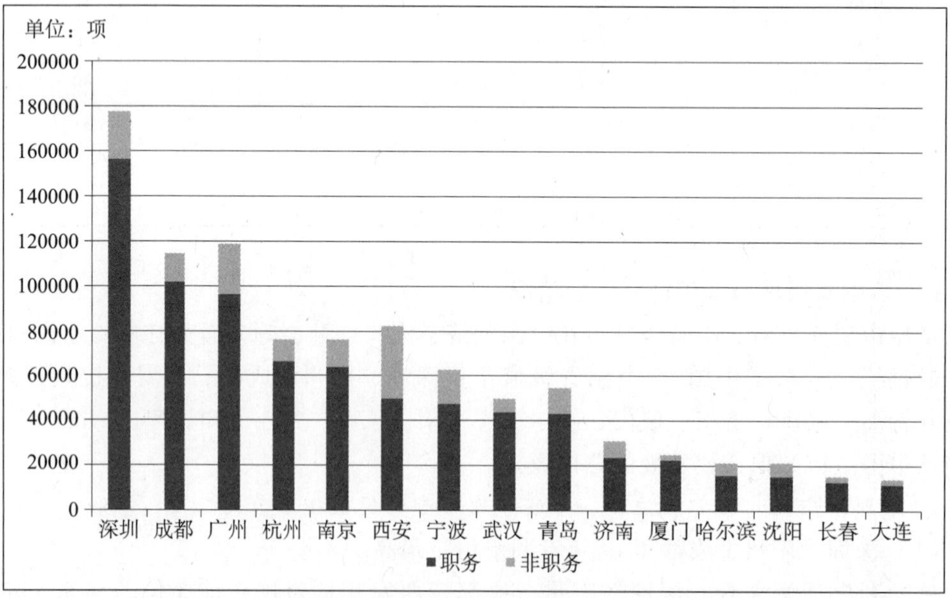

图 1－5 中国副省级城市专利职务和非职务申请量情况

（2）深圳、广州、杭州 2017 年专利授权量最高

从专利授权量来看，深圳、广州、杭州、成都和宁波排在前 5 位，南京、武汉、西

安、青岛、济南排在第6—10位，厦门、哈尔滨、沈阳、长春、大连排在后5位。从职务专利授权量来看，深圳、广州、杭州、成都和南京排在前5位。详见图1-6。

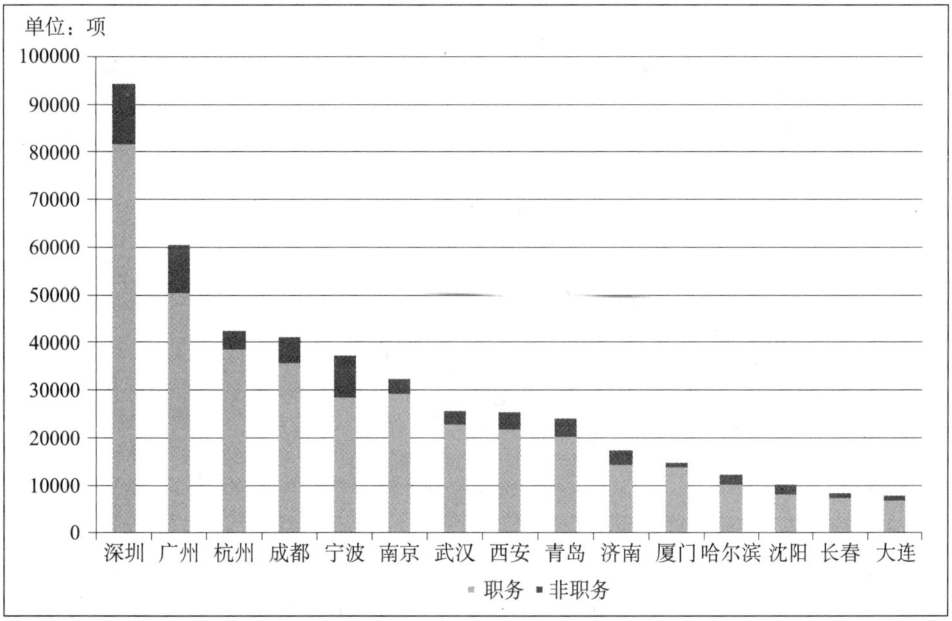

图1-6　2017年副省级城市专利授权量职务和非职务排名

(3) 深圳、广州、杭州专利有效量最高

从专利有效量总量来看，深圳、广州、杭州、宁波、成都排在副省级城市的前5位，南京、武汉、西安、青岛、济南排在第6—10位，厦门、哈尔滨、沈阳、大连、长春排在后5位。详见图1-7。

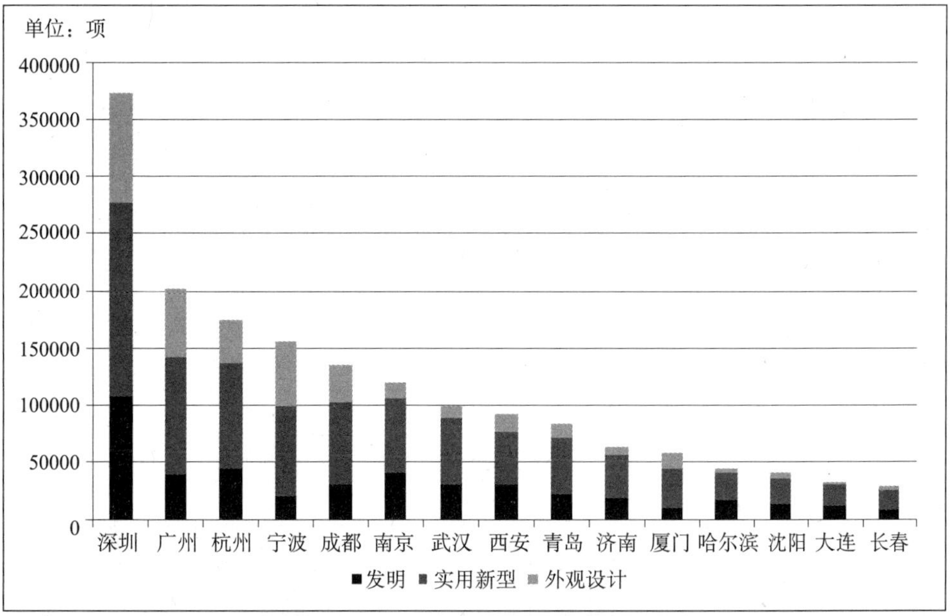

图1-7　2017年副省级城市专利有效量

2. 深圳、宁波、厦门等地专利发展依赖企业，哈尔滨、长春、西安等地依赖大专院校

(1) 从专利申请来看，哈尔滨、长春、西安大专院校专利申请比例最高，深圳、宁波、厦门企业专利申请比例最高

从不同机构的申请比例来看，哈尔滨、长春、西安、沈阳、大连的大专院校申请比例最高，深圳、宁波、厦门、成都、广州的企业申请比例最高，其中深圳、宁波和厦门都超过了90%，深圳高达96.8%。长春和哈尔滨企业申请专利低于50%（见表1－16）。

表1－16 职务专利申请构成表 单位:%

	大专院校	科研单位	企业	机关团体
深圳	1.7	1.0	96.8	0.6
宁波	4.5	1.5	93.4	0.6
厦门	8.1	1.1	90.4	0.4
成都	14.1	2.2	82.2	1.5
广州	13.9	3.2	81.0	1.9
杭州	19.4	2.5	77.1	1.0
青岛	19.7	3.0	75.1	2.1
武汉	28.0	4.0	66.6	1.4
济南	23.7	7.5	66.2	2.5
南京	29.4	4.5	63.3	2.7
大连	29.8	9.3	59.9	1.0
沈阳	30.2	9.1	58.0	2.7
西安	38.8	5.7	53.8	1.7
长春	43.5	10.6	45.1	0.9
哈尔滨	52.2	8.0	39.0	0.8

发明专利情况也类似。哈尔滨、长春、大连、南京、沈阳的大专院校申请发明专利比例最高，深圳、宁波、成都、厦门、青岛的企业申请发明专利比例最高（见表1－17）。

表1－17 职务发明专利申请构成表 单位:%

	大专院校	科研单位	企业	机关团体
哈尔滨	59.1	7.4	33.2	0.4
长春	50.5	18.5	30.6	0.4
大连	44.2	17.9	37.4	0.6
南京	39.7	6.2	52.7	1.4

续表 1-17

	大专院校	科研单位	企业	机关团体
沈阳	39.5	12.8	46.6	1.0
西安	38.0	8.6	52.9	0.5
武汉	36.5	4.8	57.8	0.9
济南	34.9	11.1	51.4	2.5
杭州	33.4	4.3	61.6	0.7
广州	26.7	6.0	64.6	2.7
青岛	21.5	5.7	71.1	1.7
厦门	19.3	3.1	77.0	0.6
成都	17.2	3.6	78.0	1.2
宁波	7.8	4.2	87.5	0.5
深圳	3.2	2.0	94.4	0.4

（2）从专利授权来看，哈尔滨、长春、西安大专院校专利授权比例最高，深圳、宁波、厦门企业专利授权比例最高

从专利授权量来看，深圳、宁波、厦门、广州和成都的企业授权专利比例最高，其中深圳、宁波、厦门超过90%。哈尔滨、长春、西安、南京、沈阳的大专院校职务发明专利排名靠前，其中哈尔滨、长春、西安大专院校授权比例超过45%（见表1-18）。

表 1-18　　职务发明专利授权量构成　　单位：%

	大专院校	科研单位	企业	机关团体
深圳	1.3	1.1	96.7	0.8
宁波	4.5	1.4	93.7	0.4
厦门	7.4	0.7	91.6	0.3
广州	11.3	3.0	84.7	1.0
成都	17.1	3.0	77.3	2.7
杭州	20.8	1.9	76.4	0.9
青岛	20.2	3.4	74.2	2.2
济南	22.5	6.0	68.8	2.7
武汉	28.4	3.7	66.9	1.1
大连	27.8	7.6	63.7	0.9
南京	32.3	3.7	61.5	2.4
沈阳	29.6	8.2	59.6	2.6

续表 1－18

	大专院校	科研单位	企业	机关团体
西安	47.4	5.3	45.9	1.4
长春	44.5	11.3	42.1	2.1
哈尔滨	58.2	7.0	34.1	0.7

（3）从有效专利来看，哈尔滨、长春、西安大专院校有效专利比例最高，深圳、宁波、厦门企业有效专利比例最高

从专利有效量中各机构比例来看，深圳、宁波、厦门、广州和成都的企业有效专利比例排在前5位，其中深圳、宁波、厦门的企业有效专利比例超过90%。哈尔滨、西安、南京、武汉、大连排在大专院校拥有的有效专利比例前5位，除大连外，均超过20%（见表1－19）。

表1－19　职务有效专利构成表　单位：%

	大专院校	科研单位	企业	机关团体
深圳	0.9	1.1	97.4	0.5
宁波	3.5	1.3	94.9	0.3
厦门	7.5	0.7	91.5	0.3
广州	11.3	3.6	83.9	1.2
成都	12.3	3.6	81.9	2.1
青岛	14.0	3.2	80.9	1.8
杭州	16.4	2.1	80.8	0.7
济南	16.7	6.1	75.0	2.1
武汉	20.3	4.1	75.0	0.7
大连	19.4	7.1	72.9	0.6
沈阳	19.2	8.3	71.1	1.3
南京	28.1	4.3	65.9	1.8
西安	34.8	6.2	58.1	0.9
长春	30.1	12.7	55.4	1.8
哈尔滨	50.8	5.3	43.4	0.6

四、中国区域知识产权指数2019：分项指数

（一）分项指数排名：北京产出和流动最强，上海绩效第一，广东潜力领先

知识产权指数由四个分项指数构成：知识产权产出水平、知识产权流动水平、知识产权综合绩效和知识产权创造潜力。

在四个分项指数中，知识产权产出水平指数排名前10位的省份是：北京、江苏、广东、上海、浙江、安徽、广西、四川、陕西和湖北。其中，湖北取代了指数报告2018前10位的天津，跻身前10名。

知识产权流动水平排名前10位的省份是：北京、广东、上海、江苏、山东、浙江、湖北、辽宁、湖南和陕西。其中，湖南取代了指数报告2018前10位的福建，进入前10名。

知识产权综合绩效排名前10位的省份是：上海、北京、浙江、江苏、广东、天津、重庆、湖南、安徽和湖北。其中，安徽取代了指数报告2018前10位的福建，进入前10名，上海取代北京成为第1名。

知识产权创造潜力排名前10位的省份是：广东、江苏、北京、浙江、山东、上海、湖北、安徽、湖南和河南。与指数报告2018相比，天津跌出前10位，河南进入前10位（见表1－20）。

表1－20　　中国区域知识产权分项指数及排名表

省份	综合实力		产出水平		流动水平		综合绩效		创造潜力	
	指数	排名	指数	排名	指数	排名	指数	排名	指数	排名
北京	0.591	1	0.603	1	0.646	1	0.598	2	0.518	3
广东	0.564	2	0.467	3	0.606	2	0.536	5	0.648	1
江苏	0.504	3	0.479	2	0.385	4	0.545	4	0.606	2
上海	0.455	4	0.388	4	0.457	3	0.629	1	0.346	6
浙江	0.418	5	0.364	5	0.228	6	0.562	3	0.518	4
山东	0.311	6	0.197	11	0.250	5	0.378	12	0.419	5
安徽	0.301	7	0.362	6	0.143	13	0.401	9	0.300	8
湖北	0.279	8	0.223	10	0.180	7	0.397	10	0.315	7
天津	0.269	9	0.180	13	0.130	15	0.527	6	0.238	14
陕西	0.263	10	0.259	9	0.161	10	0.362	13	0.269	11
湖南	0.259	11	0.166	15	0.169	9	0.410	8	0.290	9
四川	0.256	12	0.268	8	0.153	11	0.334	15	0.268	12
福建	0.239	13	0.178	14	0.144	12	0.387	11	0.248	13
重庆	0.238	14	0.141	19	0.140	14	0.466	7	0.207	16
河南	0.217	15	0.158	17	0.104	16	0.336	14	0.269	10
辽宁	0.207	16	0.143	18	0.172	8	0.308	20	0.203	17
广西	0.189	17	0.287	7	0.067	22	0.277	22	0.126	24
河北	0.175	18	0.080	27	0.079	20	0.319	17	0.224	15
江西	0.172	19	0.112	20	0.079	19	0.313	18	0.183	18

续表 1－20

省份	综合实力		产出水平		流动水平		综合绩效		创造潜力	
	指数	排名	指数	排名	指数	排名	指数	排名	指数	排名
吉林	0.165	20	0.095	24	0.096	17	0.326	16	0.142	23
贵州	0.164	21	0.190	12	0.061	23	0.240	26	0.164	20
黑龙江	0.158	22	0.158	16	0.088	18	0.215	27	0.172	19
山西	0.138	23	0.074	29	0.049	26	0.311	19	0.118	25
云南	0.126	24	0.097	23	0.059	24	0.198	28	0.152	21
甘肃	0.124	25	0.104	21	0.075	21	0.174	30	0.144	22
宁夏	0.115	26	0.093	25	0.017	28	0.253	24	0.095	28
内蒙古	0.110	27	0.044	31	0.020	27	0.265	23	0.114	26
海南	0.110	28	0.097	22	0.006	30	0.252	25	0.085	29
西藏	0.098	29	0.076	28	0.000	31	0.278	21	0.037	31
新疆	0.094	30	0.086	26	0.011	29	0.173	31	0.105	27
青海	0.090	31	0.065	30	0.054	25	0.176	29	0.067	30

（二）各省份在流动水平和产出水平方面差异最大，综合绩效差异最小

我们对四个分项指数的变异系数进行计算后，放到同一张表里（见表 1－21），经过分析变异系数发现：各省份在流动水平和产出水平指数方面差异最大，这也是排名靠前省份拉开差距的主要两个分项指数。而综合绩效的差异较低。

表 1－21　　中国区域知识产权分项指数变异系数

	产出水平	流动水平	综合绩效	创造潜力
变异系数	0.872	1.536	0.390	0.744

知识产权产出水平指数下设五个二级指标：知识产权人均产出指数、知识产权产出质量指数、知识产权产出效率指数、企业产出指数以及高校和研发机构产出指数，考察和评价的是地区知识产权在存量规模方面的表现。

知识产权流动水平指数下设三个二级指标：知识产权技术市场交易指数、知识产权服务机构指数、企业技改、引进指数，主要考察和评价地区知识产权市场交易方面的表现。差异巨大表明目前技术交易主要集中在北京等几个省份。

知识产权综合绩效指数下设三个二级指标：宏观经济绩效指数、社会进步绩效指数、企业发展绩效指数，考察的是地区知识产权给当地经济带来的效益。目前各省份差距不大，说明我们知识产权转化为直接生产力还需要时间。

知识产权创造潜力指数下设六个二级指标：创造投入指数、创造成果指数、创造环境指数、知识产权试点示范指数、企业创造潜力指数、知识产权保护指数，主要考察地区知识产权创造的潜力。创造潜力差异也比较大，表明未来有进一步分化可能（见图 1－8）。

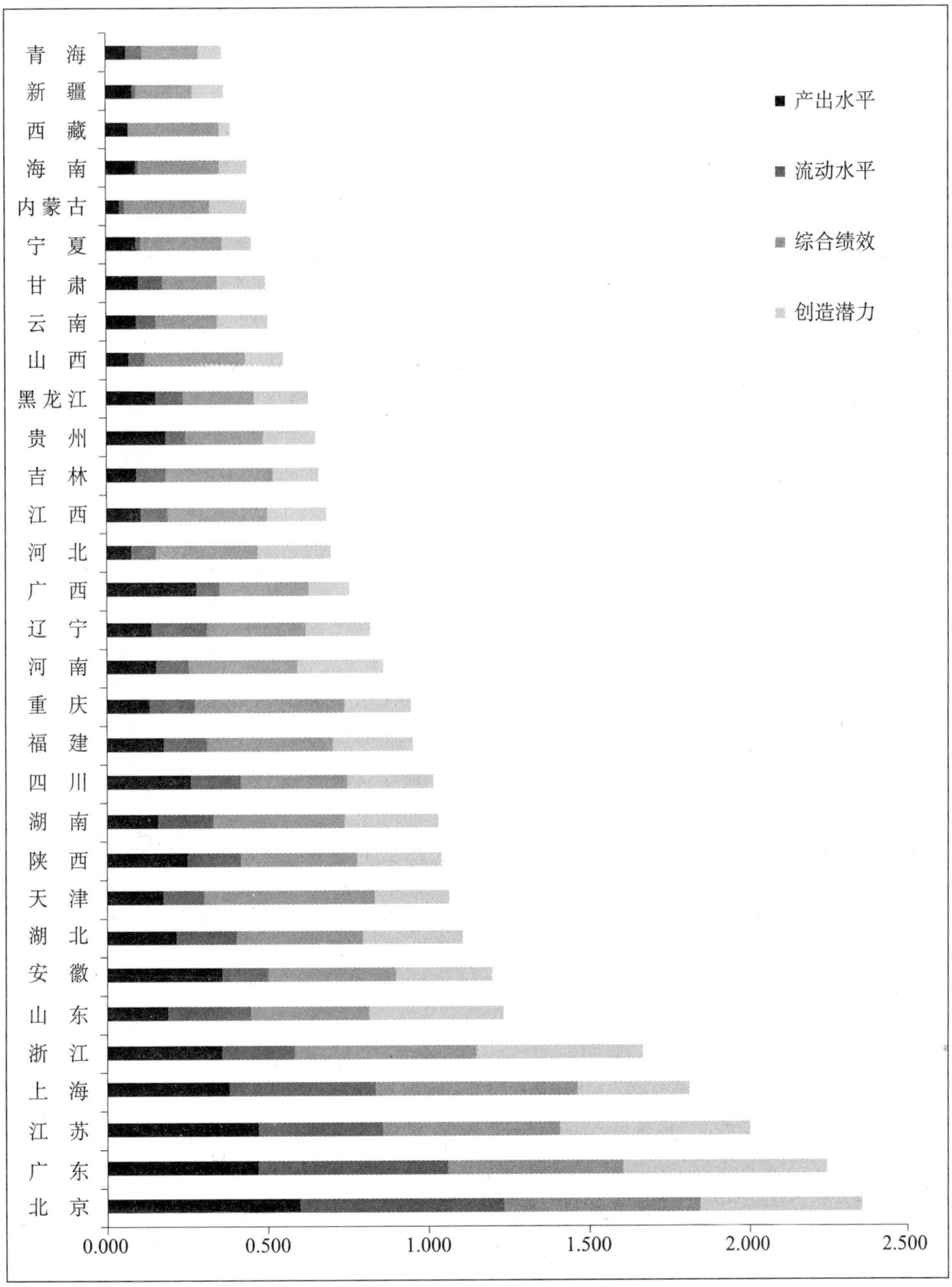

图1－8　各省份在四个分项指数方面的表现

（三）各省份分项指数首尾均衡，中间波动

排名靠前的省份在知识产权产出水平、知识产权流动水平、知识产权综合绩效、知识产权创造潜力四个分项指数方面的表现比较均衡，排名都在前几位，显著高于均值，表现都比较优异。其中，北京在四个一级指标排名中有2项位列第1位，1项第2位，1项第3

位。广东有 1 项排名第 1 位，1 项排名第 2 位，1 项排名第 3 位。江苏有 2 项排在第 2 位，2 项位列第 4 位。上海和浙江在四个分项指数方面也基本都在前 5 名之列（见图 1－9）。

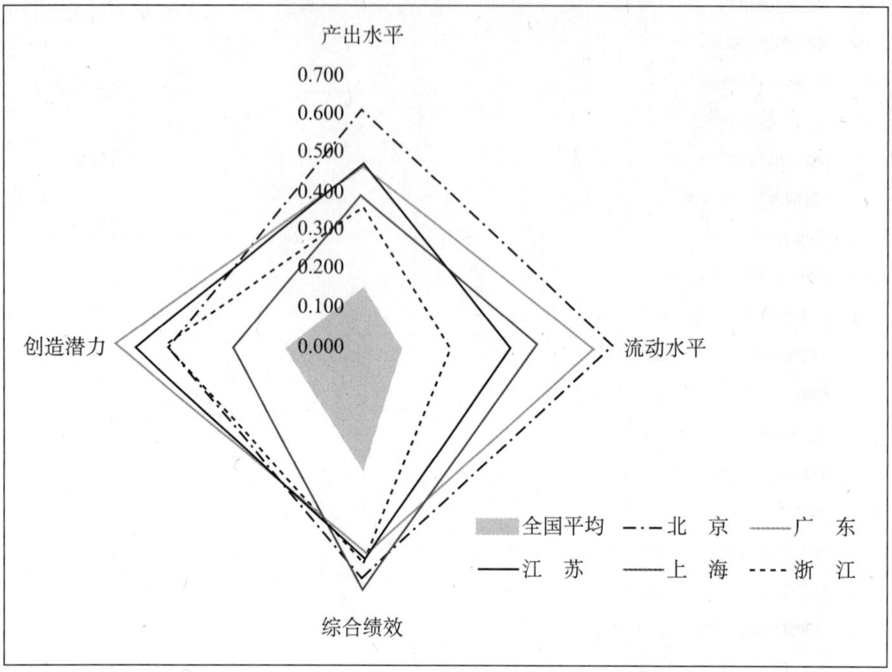

图 1－9　北京、广东、江苏、上海和浙江知识产权分项指数图

与之对应的，排名靠后的省份四个分项指数都表现不太理想，均显著低于均值，几乎所有指数都排名后几位。详见图 1－10。

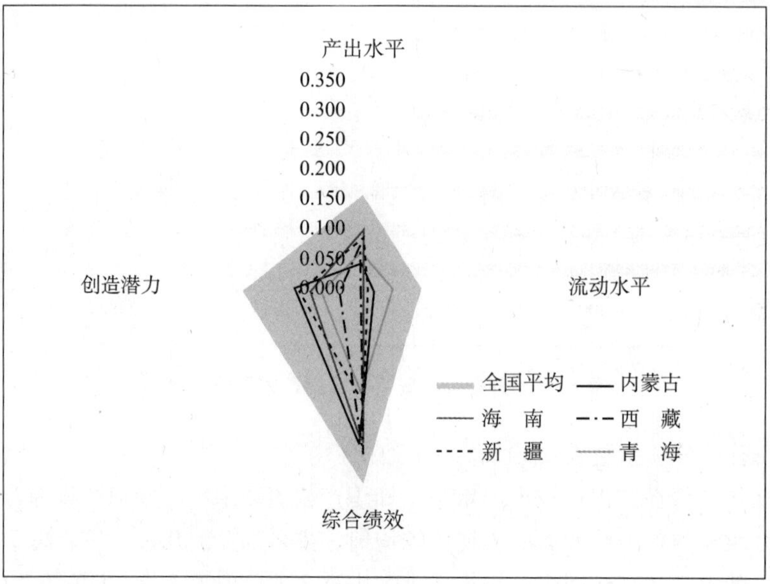

图 1－10　内蒙古、海南、西藏、新疆和青海知识产权分项指数图

真正的不均衡主要集中在中端的省份，往往出现指标波动较大，在某项指标上有明显的优势，或者在某项指标上有明显的劣势。实际上知识产权指数排名第6到第10位的省份已经开始呈现出这种现象（见图1－11）。优势突出的同时，短板也非常明显，有些已经与全国平均水平接近。

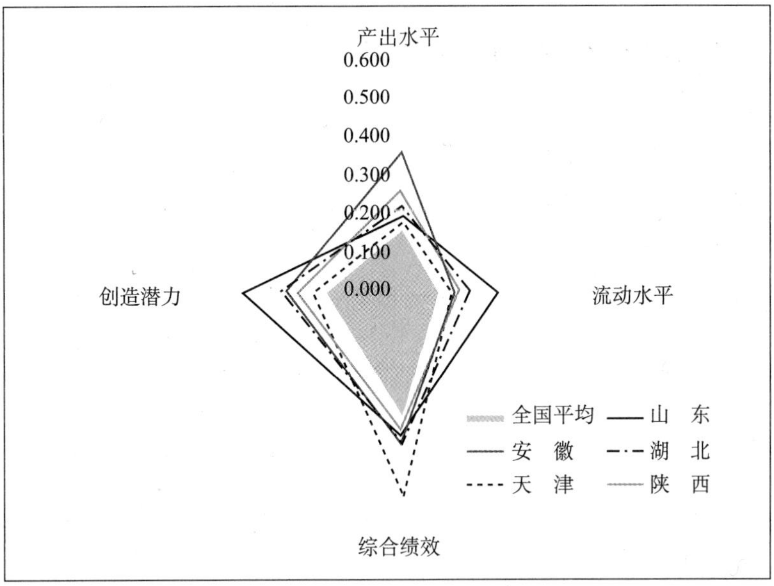

图1－11　山东、安徽、湖北、天津和陕西知识产权分项指数图

第二章　知识产权产出水平指数各项指标排名与分析

一、知识产权产出水平指数指标框架及排名与分析

1. 指标框架

知识产权产出水平指数下设五个二级指标：知识产权人均产出指数、知识产权产出质量指数、知识产权产出效率指数、企业产出指数以及高校和研发机构产出指数（见图2－1、表2－1）。

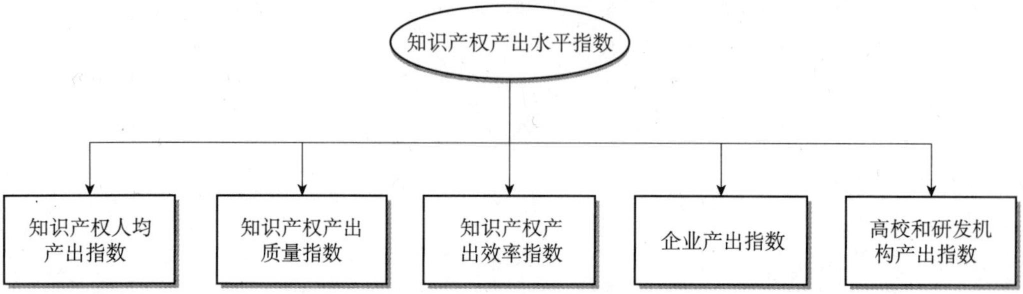

图2－1　知识产权产出水平指数指标框架图

2. 排名与分析

表2－1　知识产权产出水平指数及其二级指标指数及排名表

省　份	产出水平		人均产出		产出质量		产出效率		企业产出		高校和研发机构产出	
	指数	排名	指数	排名	指数	排名	指数	排名	指数	排名	指数	排名
北京	0.603	1	0.849	1	0.711	1	0.368	6	0.495	3	0.592	3
江苏	0.479	2	0.213	5	0.272	5	0.372	5	0.601	2	0.935	1
广东	0.467	3	0.285	3	0.432	3	0.317	8	0.932	1	0.373	7
上海	0.388	4	0.477	2	0.511	2	0.276	10	0.317	6	0.360	8
浙江	0.364	5	0.245	4	0.326	4	0.253	11	0.449	5	0.548	4
安徽	0.362	6	0.133	7	0.130	12	0.743	2	0.479	4	0.327	12
广西	0.287	7	0.030	25	0.053	24	1.000	1	0.164	11	0.188	22
四川	0.268	8	0.073	12	0.248	6	0.438	4	0.299	7	0.284	14
陕西	0.259	9	0.086	9	0.137	11	0.367	7	0.104	21	0.601	2
湖北	0.223	10	0.059	15	0.184	7	0.302	9	0.159	13	0.413	5
山东	0.197	11	0.081	10	0.154	9	0.121	26	0.233	8	0.393	6
贵州	0.190	12	0.024	27	0.068	21	0.534	3	0.191	9	0.135	25

续表 2-1

省份	产出水平		人均产出		产出质量		产出效率		企业产出		高校和研发机构产出	
	指数	排名	指数	排名	指数	排名	指数	排名	指数	排名	指数	排名
天津	0.180	13	0.129	8	0.147	10	0.223	14	0.153	14	0.248	15
福建	0.178	14	0.168	6	0.182	8	0.140	22	0.174	10	0.225	18
湖南	0.166	15	0.053	16	0.113	14	0.190	17	0.135	16	0.336	11
黑龙江	0.158	16	0.078	11	0.087	16	0.230	13	0.059	27	0.337	10
河南	0.158	17	0.061	14	0.109	15	0.176	19	0.102	22	0.340	9
辽宁	0.143	18	0.035	23	0.127	13	0.151	21	0.102	23	0.303	13
重庆	0.141	19	0.072	13	0.079	19	0.198	16	0.120	19	0.237	17
江西	0.112	20	0.050	18	0.062	22	0.104	28	0.096	24	0.248	16
甘肃	0.104	21	0.030	24	0.085	17	0.155	20	0.086	26	0.165	24
海南	0.097	22	0.037	21	0.032	28	0.178	18	0.143	15	0.097	28
云南	0.097	23	0.036	22	0.061	23	0.119	27	0.088	25	0.180	23
吉林	0.095	24	0.051	17	0.080	18	0.133	24	0.021	30	0.189	20
宁夏	0.093	25	0.037	20	0.024	30	0.213	15	0.160	12	0.031	29
新疆	0.086	26	0.017	29	0.030	29	0.134	23	0.129	18	0.118	26
河北	0.080	27	0.041	19	0.079	20	0.035	30	0.058	28	0.188	21
西藏	0.076	28	0.022	28	0.017	31	0.231	12	0.110	20	0.000	31
山西	0.074	29	0.012	30	0.048	25	0.091	29	0.020	31	0.200	19
青海	0.065	30	0.011	31	0.033	27	0.124	25	0.132	17	0.023	30
内蒙古	0.044	31	0.028	26	0.036	26	0.000	31	0.050	29	0.104	27

在知识产权产出水平指数方面，表现较好的前10位省份依次是：北京、江苏、广东、上海、浙江、安徽、广西、四川、陕西和湖北，排名靠后的后10位省份分别是：海南、云南、吉林、宁夏、新疆、河北、西藏、山西、青海和内蒙古。

从知识产权产出水平指数的五个二级指标，即知识产权人均产出指数、产出质量指数、产出效率指数、企业产出指数、高校和研发机构产出指数来看，大部分省份的表现较为均衡，少数则不平衡性比较突出，譬如，前10位中的广西的产出质量指数相对于其他指标较低，仅位列第24位，与知识产权指数排名不符。同样，像黑龙江、河南等省份虽然整体排名不高，但也分别有一项指标位列全国前10位，也验证了我们在第二章的结论。

二、知识产权人均产出指数指标框架及排名与分析

1. 知识产权人均产出指数指标框架及指数排名

(1) 指标框架

知识产权人均产出指数下设五个三级指标：专利总量指数、商标总量指数、版权总量指数、集成电路布图设计总量指数、农业植物新品种总量指数（见图2-2、

表 2－2）。

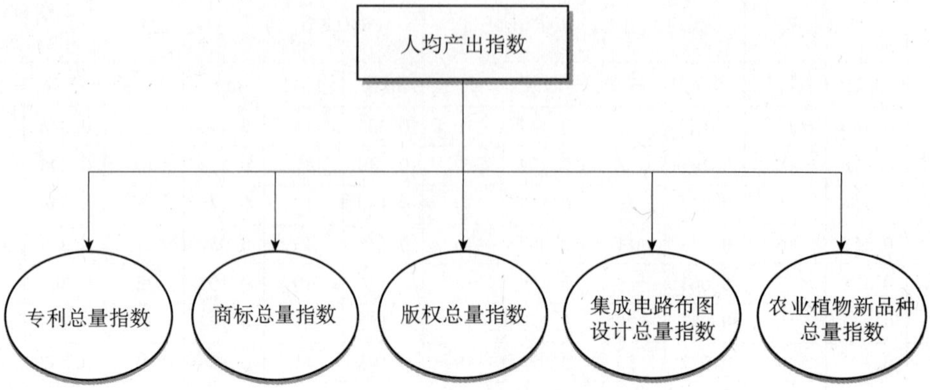

图 2－2 知识产权人均产出指数指标框架图

（2）排名与分析

表 2－2 知识产权人均产出指数及排名表

省份	人均产出		专利总量		商标总量		版权总量		农业植物新品种总量		集成电路布图设计总量	
	指数	排名	指数	排名	指数	排名	指数	排名	指数	排名	指数	排名
北京	0.849	1	0.842	1	1.000	1	1.000	1	1.000	1	0.403	2
上海	0.477	2	0.486	5	0.614	2	0.193	2	0.095	12	1.000	1
广东	0.285	3	0.742	2	0.409	3	0.012	13	0.076	18	0.184	4
浙江	0.245	4	0.599	3	0.403	4	0.016	9	0.102	10	0.104	6
江苏	0.213	5	0.587	4	0.159	6	0.055	3	0.097	11	0.167	5
福建	0.168	6	0.278	7	0.306	5	0.026	7	0.129	7	0.098	7
安徽	0.133	7	0.172	9	0.077	11	0.004	21	0.176	3	0.236	3
天津	0.129	8	0.394	6	0.104	8	0.031	6	0.091	15	0.026	11
陕西	0.086	9	0.198	8	0.063	14	0.007	17	0.072	19	0.089	8
山东	0.081	10	0.147	10	0.088	10	0.015	11	0.148	6	0.008	15
黑龙江	0.078	11	0.036	23	0.029	27	0.005	19	0.317	2	0.002	23
四川	0.073	12	0.147	11	0.065	13	0.033	5	0.049	23	0.073	9
重庆	0.072	13	0.144	12	0.110	7	0.044	4	0.034	27	0.025	12
河南	0.061	14	0.078	15	0.057	18	0.004	22	0.164	5	0.000	25
湖北	0.059	15	0.132	13	0.070	12	0.014	12	0.051	22	0.029	10
湖南	0.053	16	0.071	16	0.049	19	0.006	18	0.127	8	0.014	13
吉林	0.051	17	0.033	24	0.046	22	0.004	23	0.171	4	0.000	25

续表 2-2

省　份	人均产出		专利总量		商标总量		版权总量		农业植物新品种总量		集成电路布图设计总量	
	指数	排名	指数	排名	指数	排名	指数	排名	指数	排名	指数	排名
江西	0.050	18	0.123	14	0.062	16	0.016	10	0.046	25	0.004	18
河北	0.041	19	0.046	22	0.057	17	0.003	24	0.095	13	0.003	21
宁夏	0.037	20	0.067	17	0.047	21	0.005	20	0.067	21	0.000	25
海南	0.037	21	0.016	28	0.062	15	0.022	8	0.084	17	0.000	25
云南	0.036	22	0.022	26	0.033	25	0.007	16	0.114	9	0.003	19
辽宁	0.035	23	0.066	18	0.047	20	0.011	15	0.046	24	0.006	17
甘肃	0.030	24	0.058	19	0.000	31	0.001	27	0.093	14	0.000	25
广西	0.030	25	0.056	20	0.009	29	0.012	14	0.070	20	0.001	24
内蒙古	0.028	26	0.012	30	0.041	23	0.000	29	0.085	16	0.003	22
贵州	0.024	27	0.049	21	0.026	28	0.001	28	0.036	26	0.008	16
西藏	0.022	28	0.001	31	0.100	9	0.000	31	0.000	30	0.010	14
新疆	0.017	29	0.023	25	0.033	26	0.001	25	0.028	29	0.000	25
山西	0.012	30	0.017	27	0.006	30	0.001	26	0.031	28	0.003	20
青海	0.011	31	0.016	29	0.037	24	0.000	30	0.000	30	0.000	25

在知识产权人均产出指数方面，排名前10位的省份是：北京、上海、广东、浙江、江苏、福建、安徽、天津、陕西和山东；排名后10位的省份是：海南、云南、辽宁、甘肃、广西、内蒙古、贵州、西藏、新疆、山西和青海。

在专利总量指数方面，排名前10位的省份是：北京、广东、浙江、江苏、上海、天津、福建、陕西、安徽和山东。

在商标总量指数方面，排名前10位的省份是：北京、上海、广东、浙江、福建、江苏、重庆、天津、西藏和山东。

在版权总量指数方面，排名前10位的省份是：北京、上海、江苏、重庆、四川、天津、福建、海南、浙江和江西。

在农业植物新品种总量指数方面，排名前10位的省份是：北京、黑龙江、安徽、吉林、河南、山东、福建、湖南、云南和浙江。

在集成电路布图设计总量指数方面，排名前10位的省份是：上海、北京、安徽、广东、江苏、浙江、福建、陕西、四川和湖北。

由于专利、商标、版权、农业植物新品种、集成电路布图设计总量指数五个三级指标涵盖不同领域，因此，各自指数和排名也有较大差别，反映全国各个省份各自发展的不同定位和不同特点。在专利、商标、版权、集成电路等方面，北京、上海、浙江等传统经济较为发达的省市排名靠前，而在农业植物新品种方面，黑龙江、吉林、安徽等农业研究及种植大省（市）排名靠前，整体情况与前些年类似。

2. 专利总量指数四级指标框架及排名与分析

（1）指标框架

专利总量指数选取了百万人口年度国内发明专利申请量、百万人口年度国内实用新型专利申请量、百万人口年度国内外观设计专利申请量、百万人口年度 PCT 专利申请量四个指标进行评价（见图2－3）。

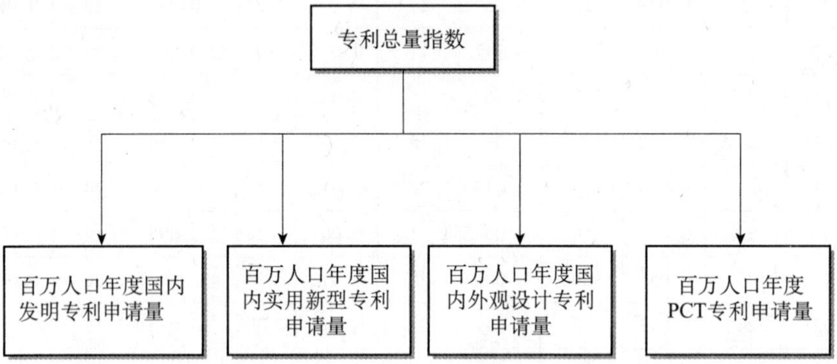

图2－3　专利总量指数指标框架图

（2）专利总量指数具体指标分析

图2－4表明，西藏—江西是百万人口年度国内发明专利申请量最少的10个省份，而北京—四川是百万人口年度国内发明专利申请量最多的10个省份，两部分的差距依然比较明显。北京在近四年的百万人口年度国内发明专利申请量稳居第一，2017年约为4568项/百万人，较2016年有小幅度减少。

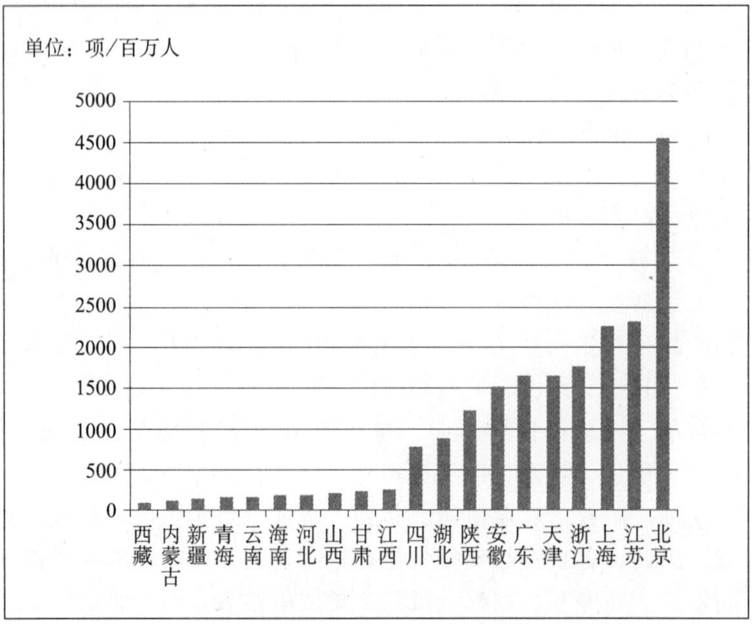

图2－4　百万人口年度国内发明专利申请量排名图

数据来源：国家知识产权局．2017专利统计年报；国家统计局．2018中国统计年鉴［M］．北京：中国统计出版社，2018.

图 2-5 表明，西藏—贵州是百万人口年度实用新型专利申请量最少的 10 个省份，天津—安徽是百万人口年度实用新型专利申请量最多的 10 个省份，其中天津以 3640 项/百万人领跑全国，较 2016 年有所减少。

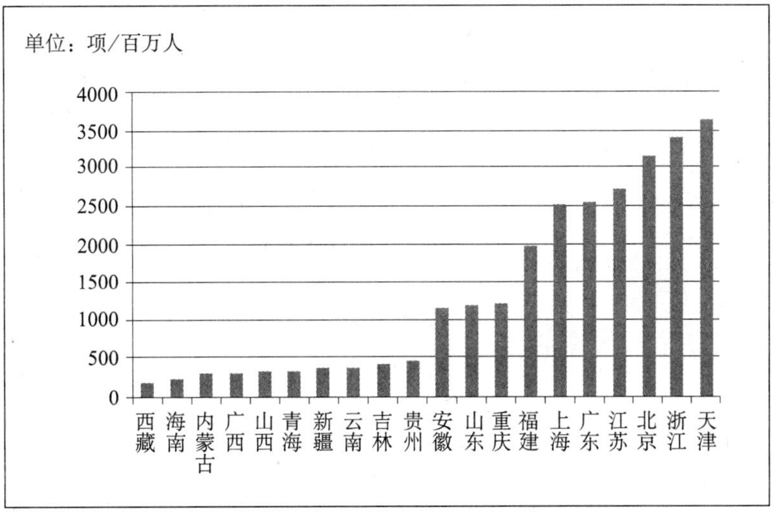

图 2-5 百万人口年度国内实用新型专利申请量排名图

数据来源：国家知识产权局 . 2017 专利统计年报；国家统计局 . 2018 中国统计年鉴［M］. 北京：中国统计出版社，2018.

图 2-6 表明，山西—新疆是百万人口年度国内外观设计专利申请量最少的 10 个省份，浙江—天津是百万人口年度国内外观设计专利申请量最多的 10 个省份。其中，浙江为 1534 项/百万人，排名第一。

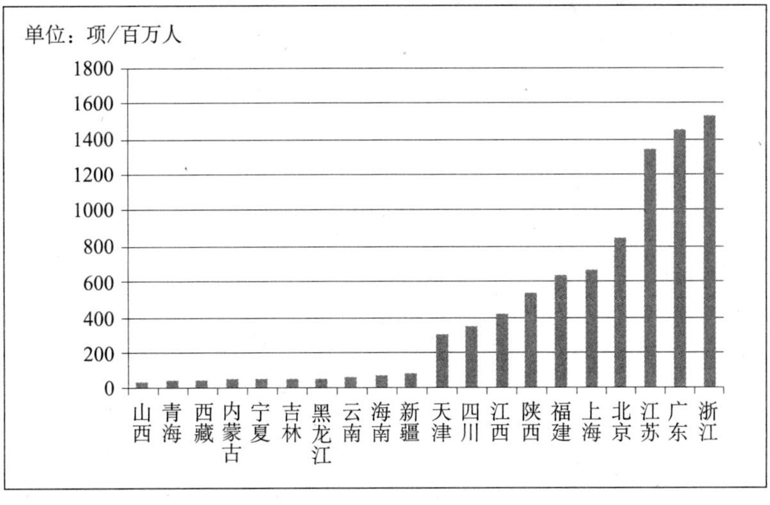

图 2-6 百万人口年度国内外观设计专利申请量排名图

数据来源：国家知识产权局 . 2017 专利统计年报；国家统计局 . 2018 中国统计年鉴［M］. 北京：中国统计出版社，2018.

图2-7表明，百万人口年度PCT专利申请量最少的10个省份是西藏—江西，其中，西藏和甘肃更是不足1项/百万人；而申请量主要是集中在北京、广东和上海这三个省市，占全国PCT专利申请的五分之四，远远高于其他省份。北京超过了300项/百万人。而出口经济较为发达的江浙一带，此项指标表现却不如人意，印证了我国出口产品附加值低的现状。

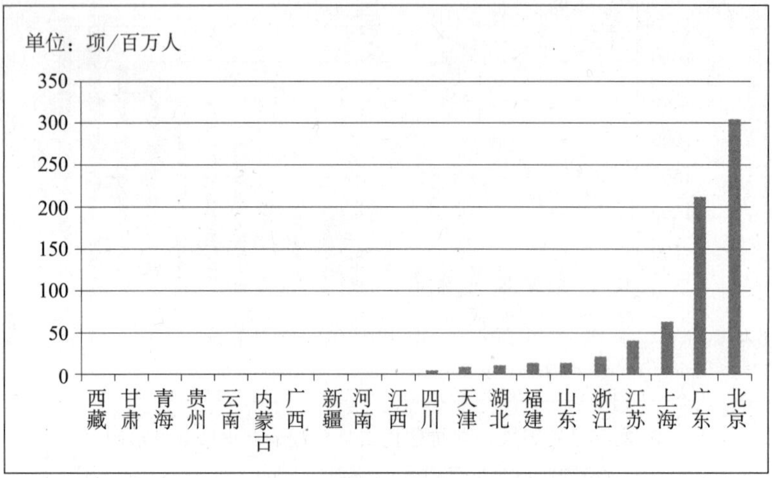

图2-7 百万人口年度PCT专利申请量排名图

数据来源：国家知识产权局.2017专利统计年报；国家统计局.2018中国统计年鉴［M］.北京：中国统计出版社，2018.

3. 商标总量指数四级指标框架及排名与分析

(1) 指标框架

商标总量指数采用百万人口年度商标申请量指标进行度量（见图2-8）。

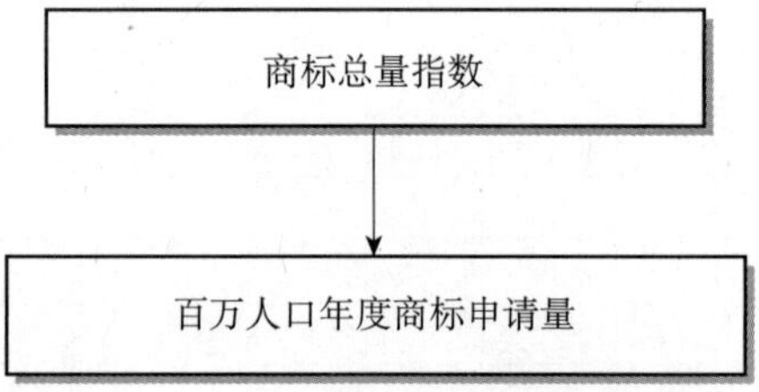

图2-8 商标总量指数指标框架图

(2) 商标总量指数具体指标分析

图2-9表明，甘肃—吉林是百万人口年度商标申请量最少的10个省份，主要分布在工商业欠发达的中西部地区；北京—山东是百万人口年度商标申请量最多的10个省份，主要集中于经济相对发达的东部沿海地区，西部省市仅有重庆和西藏。

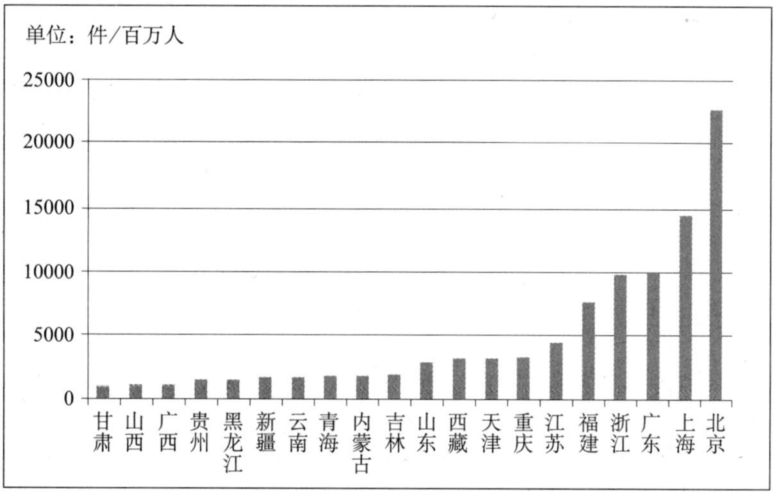

图 2－9　百万人口年度商标申请量排名图

数据来源：国家知识产权局.2017 中国知识产权统计年报［M］. 北京：知识产权出版社，2018；国家统计局.2018 中国统计年鉴［M］. 北京：中国统计出版社，2018.

4. 版权总量指数四级指标框架及排名与分析

（1）指标框架

版权总量指数采用百万人口年度版权合同登记量、百万人口年度作品自愿登记量两个指标进行度量（见图 2－10）。

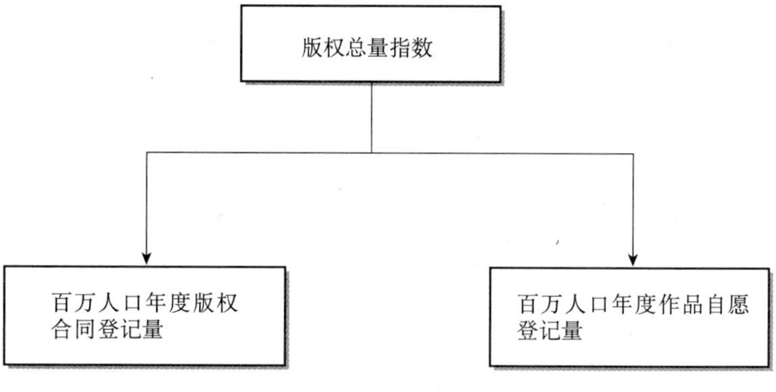

图 2－10　版权总量指数指标框架图

（2）版权总量指数具体指标分析

图 2－11 表明，在百万人口年度版权合同登记量上北京算是“一枝独秀”，遥遥领先于其他省份，是排在第 2 位的上海的 8 倍，相比于 2016 年优势略有缩小。而排在最后几位的内蒙古、西藏、青海、贵州的版权合同登记量为 0，其余各省份的数量也很少。

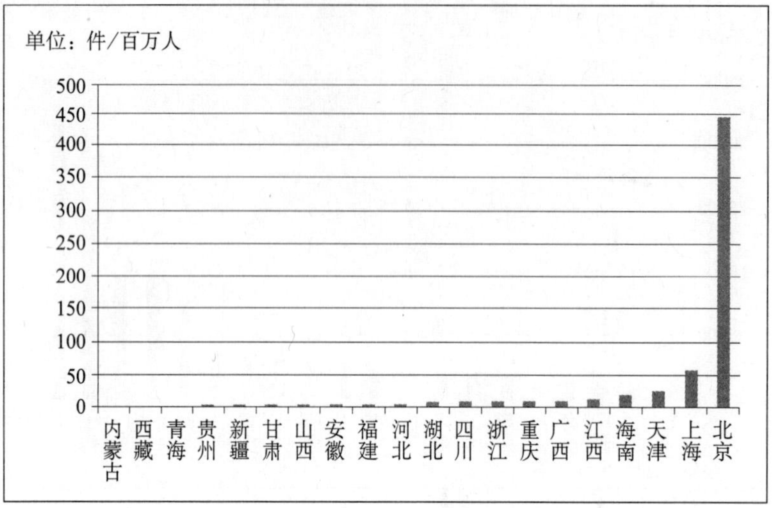

图 2－11 百万人口年度版权合同登记量排名图

数据来源：国家知识产权局．2017 中国知识产权统计年报［M］．北京：知识产权出版社，2018；国家统计局．2018 中国统计年鉴［M］．北京：中国统计出版社，2018.

图 2－12 表明，在百万人口年度作品自愿登记量的数量上，北京无疑居于垄断地位，其总量比其他省市之和都大得多。北京 2017 年的数据比 2016 年约有 17% 的增幅，约为 37291 件/百万人。

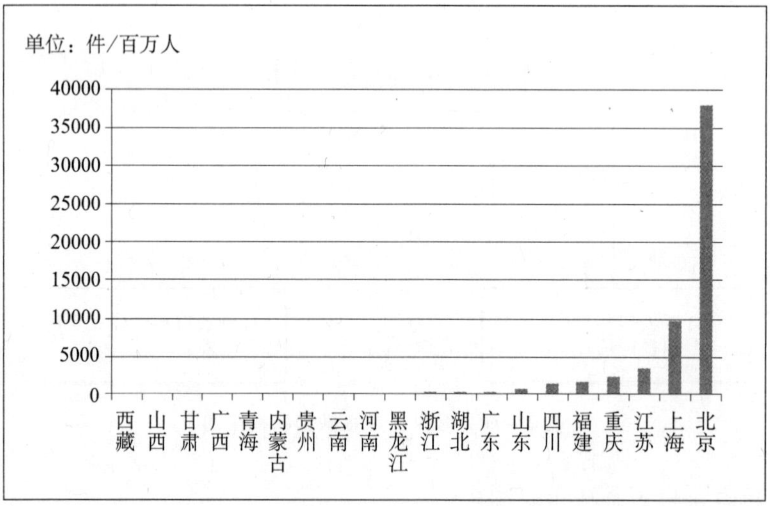

图 2－12 百万人口年度作品自愿登记量排名图

数据来源：国家知识产权局．2017 中国知识产权统计年报［M］．北京：知识产权出版社，2018；国家统计局．2018 中国统计年鉴［M］．北京：中国统计出版社，2018.

5. 集成电路布图设计总量指数四级指标框架及排名与分析

（1）指标框架

集成电路布图设计总量指数用百万人口年度集成电路布图设计登记申请量这一指标来衡量（见图 2 – 13）。

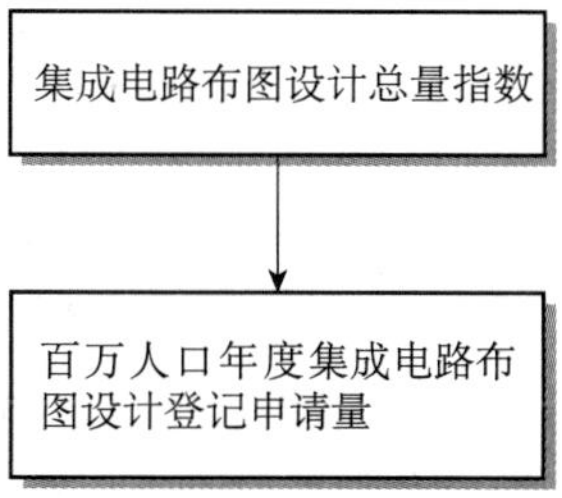

图 2 – 13　集成电路布图设计总量指数指标框架图

（2）集成电路布图设计总量指数具体指标分析

图 2 – 14 表明，上海在百万人口年度集成电路布图设计登记申请量上位列第一，约 30 件/百万人，同比增加 7 件，其他登记量靠前的省份有北京、安徽、广东、江苏、浙江等。排位靠后的 10 个省份申请量都为 0。

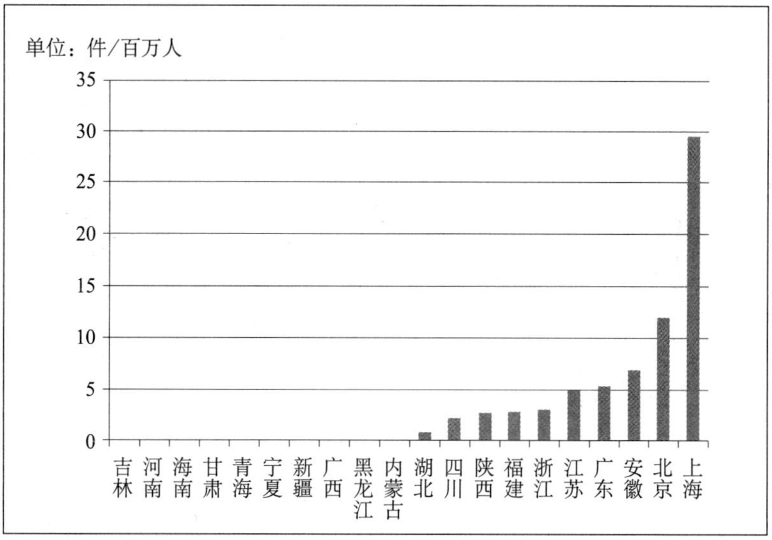

图 2 – 14　百万人口年度集成电路布图设计登记申请量排名图

数据来源：国家知识产权局 . 2017 中国知识产权统计年报［M］. 北京：知识产权出版社，2018；国家统计局 . 2018 中国统计年鉴［M］. 北京：中国统计出版社，2018.

6. 农业植物新品种总量指数四级指标框架及排名与分析

（1）指标框架

农业植物新品种总量指数用百万人口年度农业植物新品种申请量这一指标来衡量

（见图 2－15）。

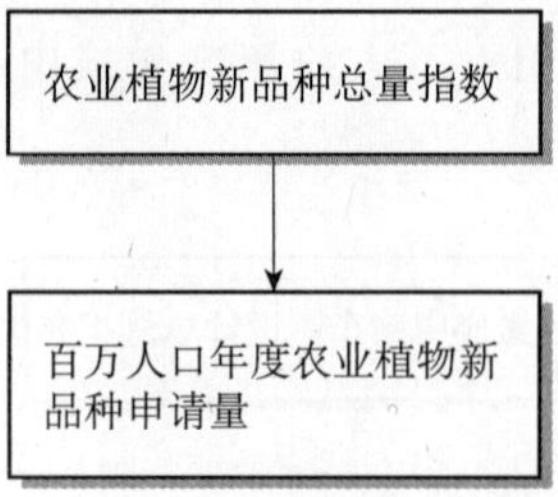

图 2－15　农业植物新品种总量指数指标框架图

（2）农业植物新品种总量指数具体指标分析

图 2－16 表明，北京—浙江是百万人口年度农业植物新品种申请量较多的 10 个省份，该项指标排名靠前的主要是农业发达省份，其中，北京由于农业研发机构聚集，因此指标表现更是大幅领先。

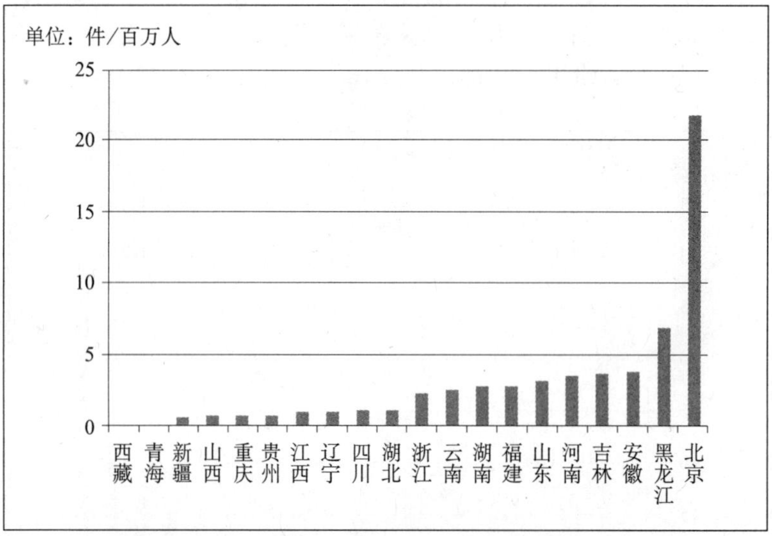

图 2－16　百万人口年度农业植物新品种申请量排名图

数据来源：国家知识产权局 .2017 中国知识产权统计年报［M］. 北京：知识产权出版社，2018；国家统计局 .2018 中国统计年鉴［M］. 北京：中国统计出版社，2018.

三、知识产权产出质量指数三级指标框架及排名与分析

1. 知识产权产出质量指数三级指标框架及指数排名

（1）指标框架

知识产权产出质量指数下设七个三级指标：专利有效性指数、商标有效性指数、专

利金奖指数、"中华老字号"指数、"中国地理标志"指数、集成电路布图设计登记发证指数、外贸额与 PCT 专利比指数（见图 2－17、表 2－3）。

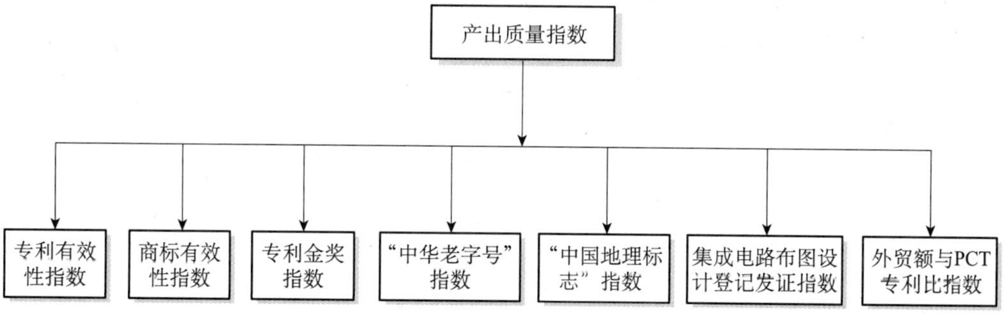

图 2－17　知识产权产出质量指数指标框架图

（2）指数及排名

表 2－3　知识产权产出质量指数及排名表

省　份	产出质量		专利有效性		商标有效性		专利金奖		"中华老字号"		"中国地理标志"		集成电路布图设计登记发证		外贸额与PCT专利比	
	指数	排名	指数	排名	指数	排名	指数	排名	指数	排名	指数	排名	指数	排名	指数	排名
北京	0.711	1	0.876	1	1.000	1	1.000	1	0.650	2	0.022	27	0.427	2	1.000	1
上海	0.511	2	0.526	3	0.678	2	0.230	4	1.000	1	0.015	28	1.000	1	0.126	11
广东	0.432	3	0.489	4	0.407	4	0.595	2	0.317	7	0.513	2	0.203	4	0.498	2
浙江	0.326	4	0.638	2	0.500	3	0.135	10	0.506	4	0.354	3	0.094	7	0.055	21
江苏	0.272	5	0.406	5	0.179	6	0.243	3	0.533	3	0.203	13	0.197	5	0.146	7
四川	0.248	6	0.095	12	0.074	12	0.095	12	0.267	8	1.000	1	0.055	9	0.150	6
湖北	0.184	7	0.092	13	0.059	15	0.149	9	0.144	15	0.321	5	0.033	12	0.489	3
福建	0.182	8	0.245	7	0.331	5	0.027	20	0.189	9	0.295	6	0.115	6	0.070	18
山东	0.154	9	0.120	9	0.103	9	0.230	4	0.367	5	0.114	20	0.010	14	0.136	9
天津	0.147	10	0.323	6	0.162	7	0.081	13	0.367	5	0.004	30	0.036	10	0.054	22
陕西	0.137	11	0.115	10	0.085	11	0.189	7	0.150	12	0.232	9	0.089	8	0.096	14
安徽	0.130	12	0.112	11	0.055	16	0.081	13	0.139	17	0.218	11	0.210	3	0.096	13
辽宁	0.127	13	0.079	15	0.073	13	0.162	8	0.189	9	0.295	6	0.006	16	0.086	16
湖南	0.113	14	0.069	16	0.052	20	0.216	6	0.111	20	0.218	11	0.017	13	0.106	12
河南	0.109	15	0.056	17	0.052	19	0.122	11	0.122	18	0.343	4	0.000	23	0.070	19
黑龙江	0.087	16	0.046	19	0.046	25	0.054	17	0.178	11	0.155	16	0.001	21	0.131	10
甘肃	0.085	17	0.023	26	0.000	31	0.014	24	0.078	23	0.166	15	0.000	23	0.311	4
吉林	0.080	18	0.038	20	0.051	21	0.027	20	0.111	20	0.144	18	0.000	23	0.186	5

续表 2－3

省 份	产出质量		专利有效性		商标有效性		专利金奖		“中华老字号”		“中国地理标志”		集成电路布图设计登记发证		外贸额与PCT专利比	
	指数	排名	指数	排名	指数	排名	指数	排名	指数	排名	指数	排名	指数	排名	指数	排名
重庆	0.079	19	0.143	8	0.146	8	0.068	15	0.106	22	0.026	25	0.035	11	0.031	28
河北	0.079	20	0.053	18	0.054	17	0.068	15	0.150	12	0.170	14	0.009	15	0.049	25
贵州	0.068	21	0.030	22	0.022	28	0.027	20	0.050	24	0.258	8	0.004	17	0.088	15
江西	0.062	22	0.080	14	0.047	24	0.014	24	0.122	18	0.148	17	0.003	18	0.022	29
云南	0.061	23	0.022	27	0.047	23	0.041	19	0.144	15	0.118	19	0.001	22	0.053	23
广西	0.053	24	0.027	24	0.011	30	0.014	24	0.050	24	0.232	9	0.000	23	0.034	27
山西	0.048	25	0.026	25	0.018	29	0.000	29	0.150	12	0.066	24	0.000	23	0.076	17
内蒙古	0.036	26	0.019	29	0.050	22	0.000	29	0.039	26	0.077	23	0.002	20	0.064	20
青海	0.033	27	0.016	30	0.036	26	0.014	24	0.006	29	0.026	25	0.000	23	0.136	8
海南	0.032	28	0.019	28	0.086	10	0.054	17	0.006	29	0.011	29	0.000	23	0.050	24
新疆	0.030	29	0.028	23	0.061	14	0.014	24	0.017	27	0.081	22	0.002	19	0.011	30
宁夏	0.024	30	0.035	21	0.053	18	0.027	20	0.011	28	0.000	31	0.000	23	0.044	26
西藏	0.017	31	0.001	31	0.035	27	0.000	29	0.000	31	0.085	21	0.000	23	0.000	31

在产出质量指数方面，北京、上海、广东、浙江、江苏位居前 5 位，与指数报告 2018 相同。青海、海南、新疆、宁夏、西藏排在后 5 位，与指数报告 2018 相比海南、宁夏跌落至后 5 名。

七个三级指标的排名各有特点，相互之间联系度不是很强，因此一致性不高，很多省份在某项指标上表现靠前，但是其他指标又可能排名较为靠后，体现了很强的差异性：例如，很多产出质量排名靠前的省份在外贸额与 PCT 专利比指数方面都沉沙折戟。譬如，产出质量指数第 4 位的浙江的专利金奖指数仅仅排名第 10 位，其外贸额与 PCT 专利比指数更是排名第 21 位。

2. 专利有效性指数四级指标框架及排名与分析

（1）指标框架

专利有效性指数选取了百万人口国内发明专利有效量、百万人口国内实用新型专利有效量、百万人口国内外观设计专利有效量三个指标进行评价（见图 2－18）。

（2）专利有效性指数具体指标分析

图 2－19 表明，西藏—河北是百万人口国内发明专利有效量最少的 10 个省份，主要集中于中西部，大都少于 250 项/百万人；北京—辽宁是百万人口国内发明专利有效量最多的 10 个省市，其中，北京、上海与其他省市相比优势明显，北京的数量是 9457 项/百万人，上海的数量是 4154 项/百万人，较 2016 年均有较大幅度的增长。

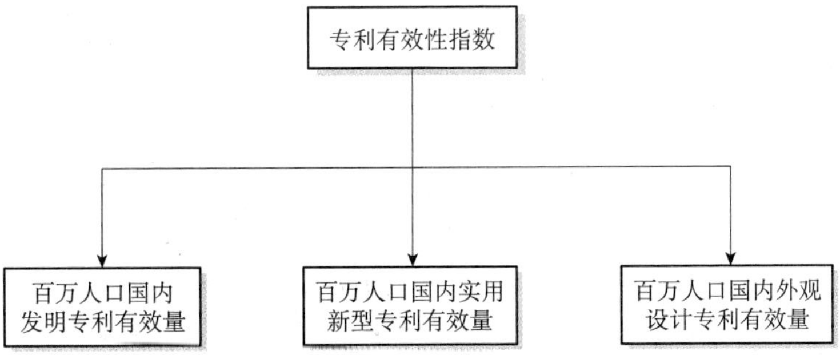

图 2－18　专利有效性指数指标框架图

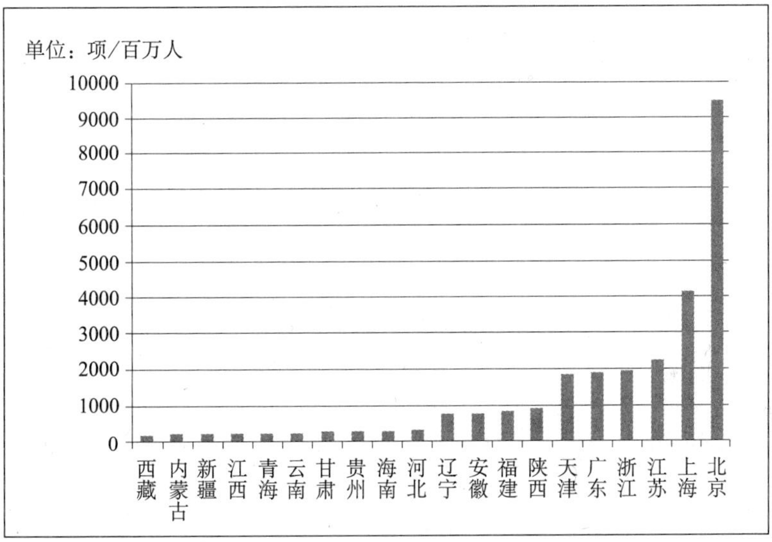

图 2－19　百万人口国内发明专利有效量排名图

数据来源：国家知识产权局.2017 专利统计年报；国家统计局.2018 中国统计年鉴［M］. 北京：中国统计出版社，2018.

图 2－20 表明，西藏—山西是百万人口国内实用新型专利有效量最少的 10 个省份，均不足 800 项/百万人；北京—安徽是百万人口国内实用新型专利有效量最多的 10 个省市，整体呈渐增趋势。其中，北京、浙江和上海属于第一集团，均超过 7500 项/百万人。

图 2－21 表明，宁夏—吉林是百万人口国内外观设计专利有效量最少的 10 个省份，主要集中于中西部，相互之间差距很小；浙江—陕西则是最多的 10 个省市，浙江、广东、北京领先全国，均超过 2500 项/百万人。其中，浙江省近五年稳居第一，为 4211 项/百万人，相比 2016 年略有增加。

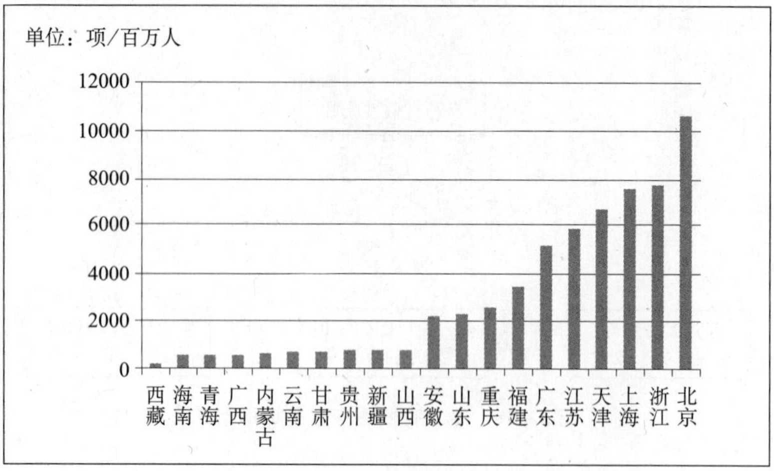

图 2－20　百万人口国内实用新型专利有效量排名图

数据来源：国家知识产权局 . 2017 专利统计年报；国家统计局 . 2018 中国统计年鉴 ［M］. 北京：中国统计出版社，2018.

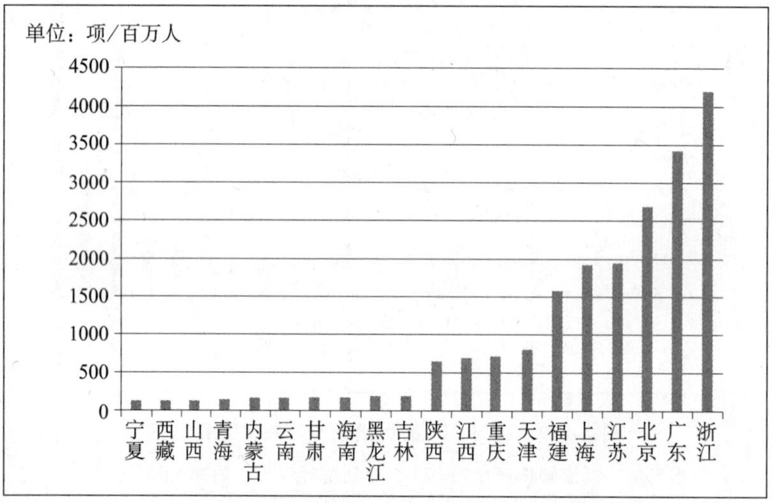

图 2－21　百万人口国内外观设计专利有效量排名图

数据来源：国家知识产权局 . 2017 专利统计年报；国家统计局 . 2018 中国统计年鉴 ［M］. 北京：中国统计出版社，2018.

3. 商标有效性指数四级指标框架及排名与分析

（1）指标框架

商标有效性指数采用百万人口有效商标量指标进行评价（见图 2－22）。

（2）商标有效性拥有量指数具体指标分析

图 2－23 表明，甘肃—内蒙古是百万人口有效商标量最少的 10 个省份，不足 5000 件/百万人，相互之间差距不大；北京—海南是百万人口有效商标量最多的 10 个省份，

呈阶梯状递增，其中排名第 1 位的北京拥有 52592 件/百万人。上海和浙江分别以 36330 和 27308 项排名第 2 位和第 3 位。

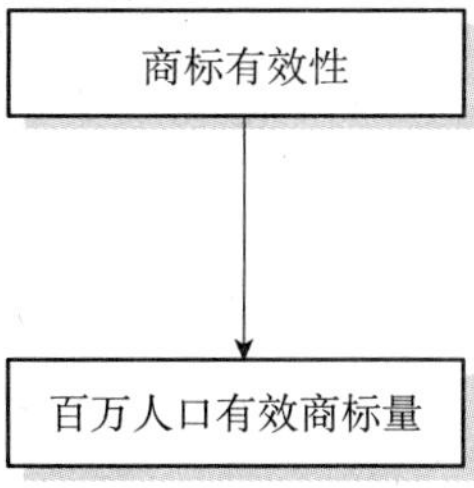

图 2－22　商标有效性拥有量指数指标框架图

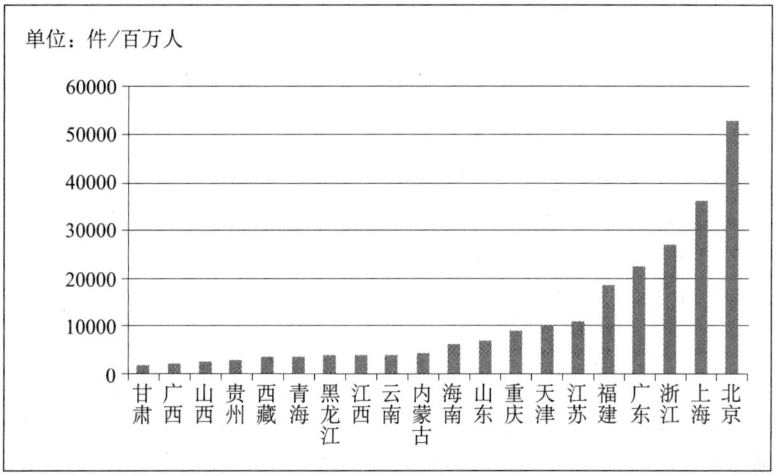

图 2－23　百万人口有效商标量排名图

数据来源：国家知识产权局 . 2017 中国知识产权统计年报［M］. 北京：知识产权出版社，2018；国家统计局 . 2018 中国统计年鉴［M］. 北京：中国统计出版社，2018.

4. 专利金奖指数四级指标框架及排名与分析

（1）指标框架

专利金奖指数采用专利金奖拥有量指标进行评价（见图 2－24）。

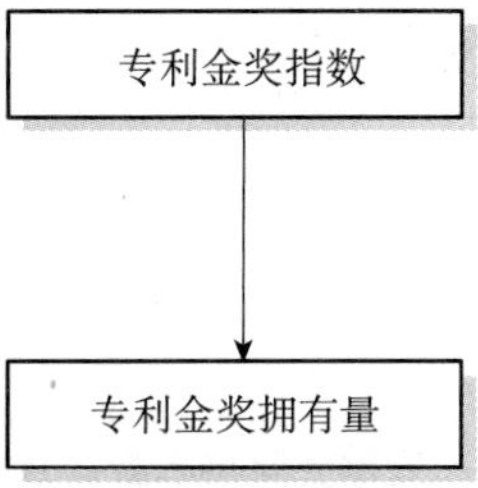

图 2－24　专利金奖指数指标框架图

（2）专利金奖指数具体指标分析

中国专利金奖是我国唯一针对专利的政府专项奖，具有一定的国际影响力。获奖项目，尤其是金奖专利，是优质的、有突出贡献的、可通过产业化大幅升值的项目。图 2－25 表明，该项指标分布并不均匀，北京领先于其他省份，共拥有专利金奖 74 项。广东排名第 2 位，共拥有 44 项。

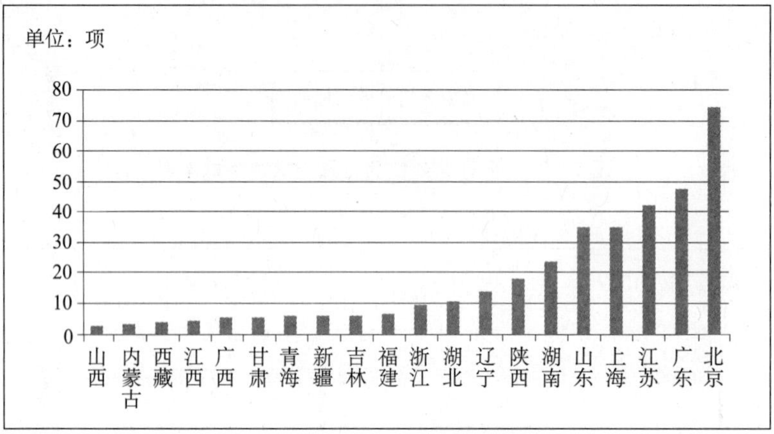

图 2－25　专利金奖拥有量排名图

数据来源：国家知识产权局．2017 中国知识产权统计年报［M］．北京：知识产权出版社，2018.

图 2－26 显示，专利金奖拥有量指标分布相对集中，北京专利金奖拥有量占全国总数量的 25.08%，而排名前 4 的省份：北京、广东、江苏和上海所拥有的专利金奖数量之和占全国总量的一半以上。其余省份，主要是中西部省份拥有的专利金奖数量较少。

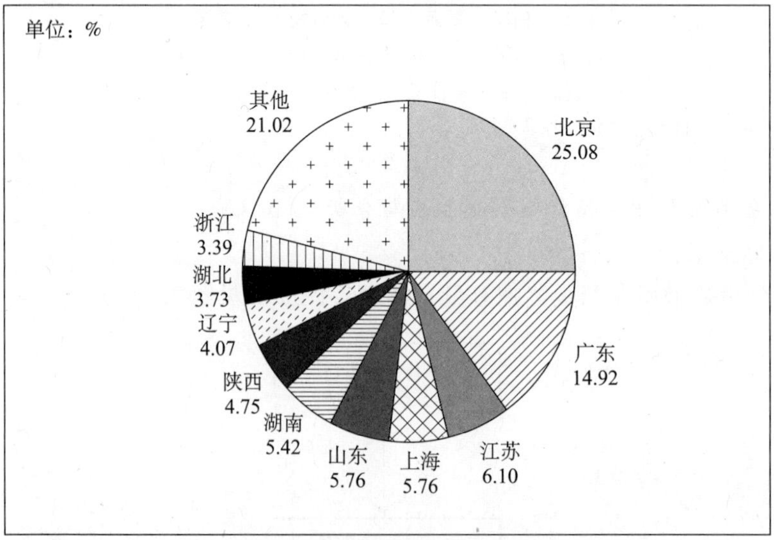

图 2－26　专利金奖拥有量占全国比重图

数据来源：国家知识产权局．2017 中国知识产权统计年报［M］．北京：知识产权出版社，2018.

5. “中华老字号”指数四级指标框架及排名与分析

(1) 指标框架

“中华老字号”指数采用“中华老字号”拥有量指标进行评价（见图 2-27）。

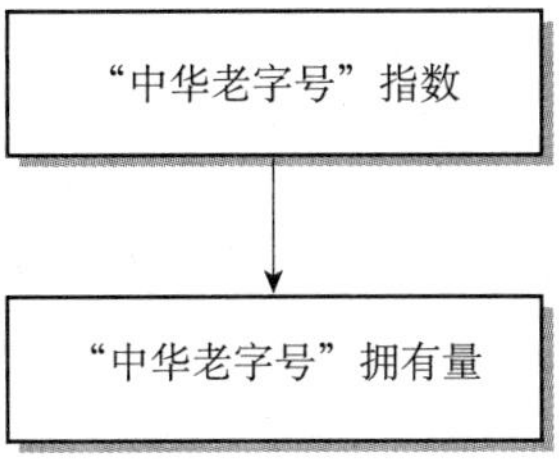

图 2-27 “中华老字号”指数指标框架图

(2) “中华老字号”指数具体指标分析

西藏—重庆仍是“中华老字号”拥有量最少的 10 个省份，上海—辽宁是“中华老字号”拥有量最多的 10 个省份，其中排名第 1 位的上海拥有 180 个“中华老字号”。

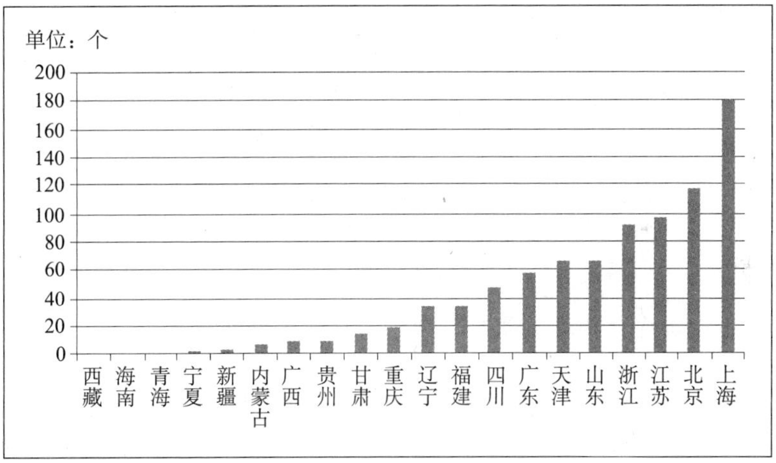

图 2-28 “中华老字号”拥有量排名图

数据来源：商务部.

6. “中国地理标志”指数四级指标框架及排名与分析

(1) 指标框架

“中国地理标志”指数采用“中国地理标志”拥有量指标进行评价（见图 2-29）。

(2) “中国地理标志”指数具体指标分析

宁夏—新疆是“中国地理标志”拥有量最少的 10 个省份，四川—广西是“中国地理标志”拥有量最多的 10 个省份，其中排名第 1 位的四川拥有 276 个“中国地理标志”。

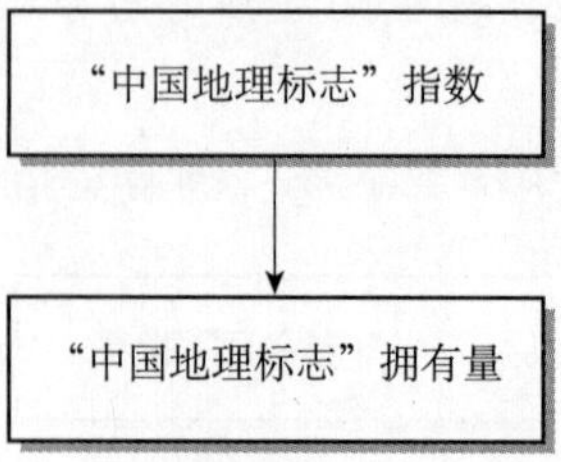

图 2-29 "中国地理标志"指数指标框架图

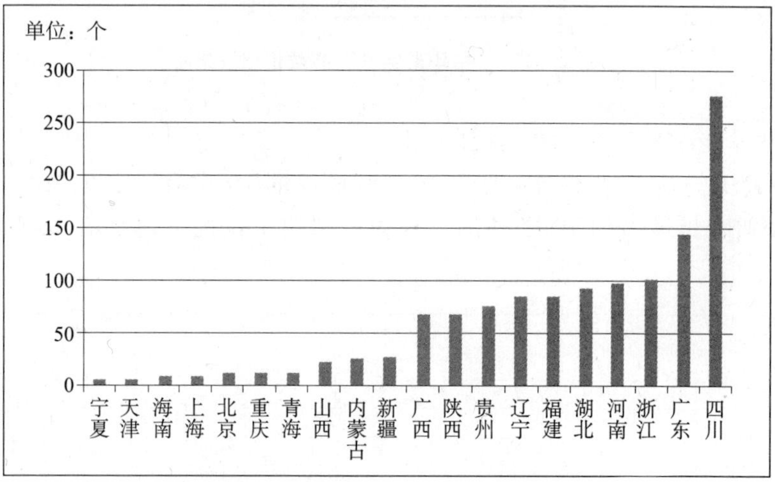

图 2-30 "中国地理标志"拥有量排名图

数据来源：国家市场监督管理总局.

7. 集成电路布图设计登记发证指数四级指标框架及排名与分析

（1）指标框架

集成电路布图设计登记发证指数采用百万人口年度集成电路布图设计登记发证量指标进行评价（见图 2-31）。

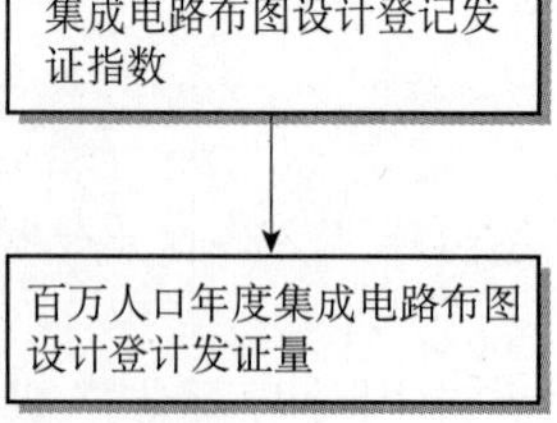

图 2-31 集成电路布图设计登记发证指数指标框架图

（2）集成电路布图设计登记发证指数具体指标分析

图 2-32 表明，在百万人口年度集成电路布图设计登记发证量指标上，各省份的差距也较大，上海有 23 项/百万人，大幅领先于其他省份；其余各省份的百万人口年度集

成电路布图设计登记发证量较少，除排名第2位的北京（10项/百万人）外，均少于等于5项，除图中所示省份，其他省份该项指标为0。

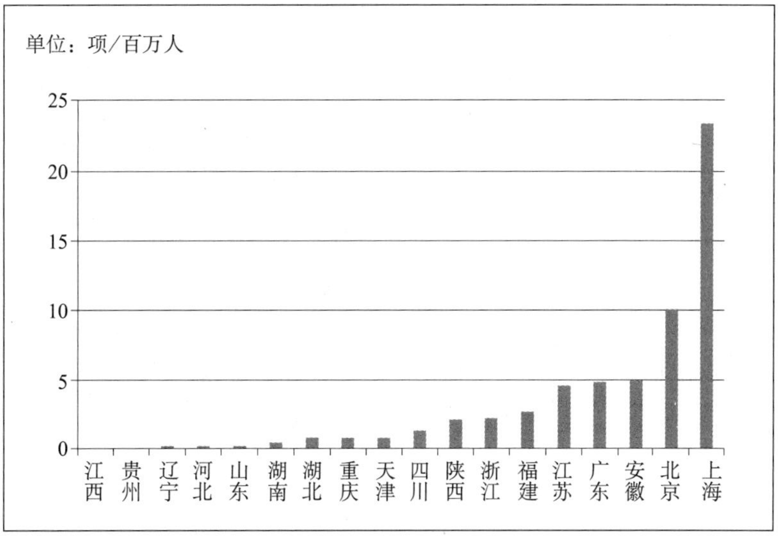

图2－32　百万人口年度集成电路布图设计登记发证量排名图

数据来源：国家知识产权局.2017中国知识产权统计年报［M］.北京：知识产权出版社，2018；国家统计局.2018中国统计年鉴［M］.北京：中国统计出版社，2018.

8. 外贸额与PCT专利比指数四级指标框架及排名与分析

（1）指标框架（见图2－33）

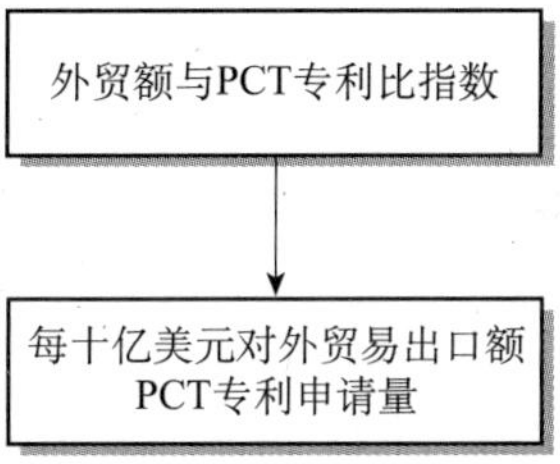

图2－33　外贸额与PCT专利比指数指标框架图

（2）外贸额与PCT专利比具体指标分析

图2－34表明，新疆—河北是每十亿美元对外贸易出口额PCT专利申请量排名落后的10个省份，大部分为中西部地区。浙江、江苏和福建等东部对外贸易出口额较大的省份，该项指标的数据表现仍不佳，也说明了目前外贸以简单劳动加工为主的局面没有转变；北京—上海是每十亿美元对外贸易出口额PCT专利申请量排名领先的10个省市，其中北京遥遥领先于其他各省份，值得指出的是，湖南、黑龙江和湖北等省在该项指标中表现突出，显示出了一定的潜力。

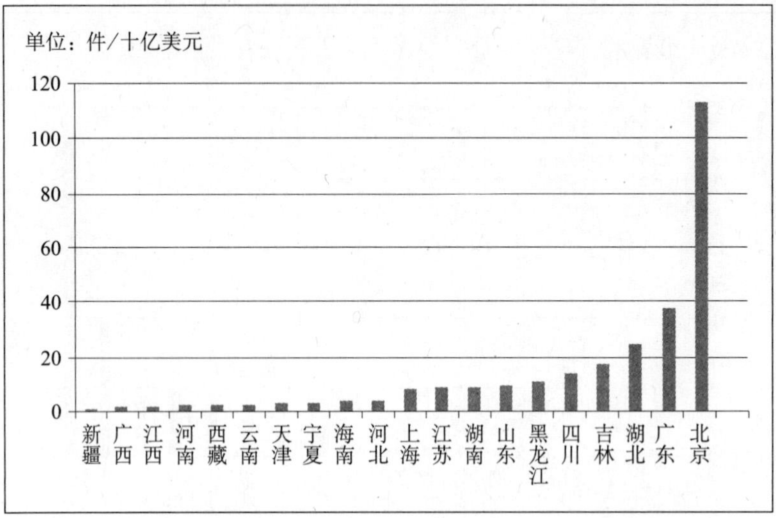

图 2－34 每十亿美元对外贸易出口额 PCT 专利申请量排名图

数据来源：国家知识产权局 . 2017 中国知识产权统计年报［M］. 北京：知识产权出版社，2018；国家统计局 . 2018 中国统计年鉴［M］. 北京：中国统计出版社，2018.

四、知识产权产出效率指数三级指标框架及排名与分析

1. 知识产权产出效率指数三级指标框架及指数排名

（1）指标框架

知识产权产出效率指数下设两个指标：人才产出效率指数、资本产出效率指数（见图 2－35、表 2－4）。

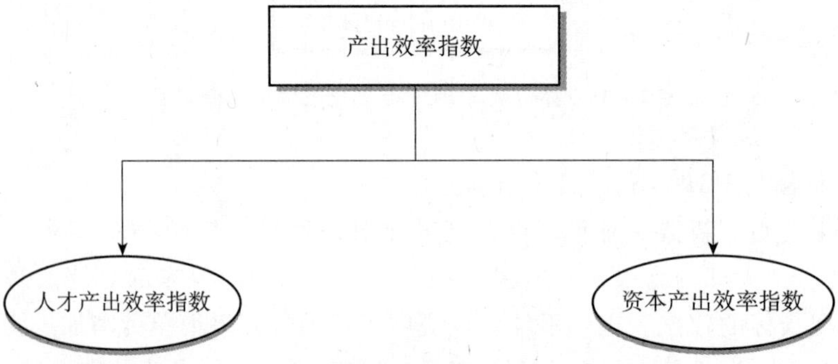

图 2－35 知识产权产出效率指数指标框架图

（2）指数及排名

表 2－4 **知识产权产出效率指数及排名表**

省 份	产出效率		人才产出效率		资本产出效率	
	指数	排名	指数	排名	指数	排名
广西	1.000	1	1.000	1	1.000	1
安徽	0.743	2	0.899	2	0.587	2
贵州	0.534	3	0.565	4	0.502	3
四川	0.438	4	0.551	5	0.325	4
江苏	0.372	5	0.495	6	0.249	7
北京	0.368	6	0.568	3	0.168	15
陕西	0.367	7	0.409	8	0.324	5
广东	0.317	8	0.403	9	0.230	9
湖北	0.302	9	0.392	10	0.212	10
上海	0.276	10	0.454	7	0.097	27
浙江	0.253	11	0.275	12	0.231	8
西藏	0.231	12	0.162	21	0.300	6
黑龙江	0.230	13	0.252	14	0.207	11
天津	0.223	14	0.305	11	0.140	19
宁夏	0.213	15	0.245	15	0.180	13
重庆	0.198	16	0.268	13	0.128	22
湖南	0.190	17	0.244	16	0.137	20
海南	0.178	18	0.156	22	0.199	12
河南	0.176	19	0.190	18	0.162	16
甘肃	0.155	20	0.132	23	0.179	14
辽宁	0.151	21	0.195	17	0.107	26
福建	0.140	22	0.168	20	0.111	25
新疆	0.134	23	0.126	24	0.142	18
吉林	0.133	24	0.107	28	0.160	17
青海	0.124	25	0.120	26	0.128	21
山东	0.121	26	0.172	19	0.070	29
云南	0.119	27	0.124	25	0.114	24
江西	0.104	28	0.112	27	0.096	28
山西	0.091	29	0.067	29	0.115	23
河北	0.035	30	0.032	30	0.038	30
内蒙古	0.000	31	0.000	31	0.000	31

分析表 2－4 可以看出，知识产权产出效率指数排名前 10 位的是：广西、安徽、贵州、四川、江苏、北京、陕西、广东、湖北和上海，排名后 10 位的是：福建、新疆、吉林、青海、山东、云南、江西、山西、河北和内蒙古。

从知识产权产出效率指数来看，东部和中西部差距不明显。相对而言，一些知识产权产出效率指数排名靠前的东部省份则表现较弱，譬如福建、河北，仅分列第 22 和第 30 位。透过该指标可以反映部分省份尽管总量较高，但是效率欠缺，有待提高。

人才产出效率和资本产出效率的一致性较弱，几个省份还表现出较大的差异性，人才产出效率高的省份资本产出效率可能较低，反之亦然。比较典型的是上海和甘肃，上海的人才产出效率排名第 7 位，而资本产出效率仅排在第 27 位。甘肃的人才产出效率较低，排在第 23 位，而资本产出效率却排在第 14 位。

2. 知识产权人才产出效率指数四级指标框架及排名与分析

（1）指标框架

知识产权人才产出效率指数用万名 R&D 活动人员年度职务发明专利申请量指标进行度量（见图 2－36）。

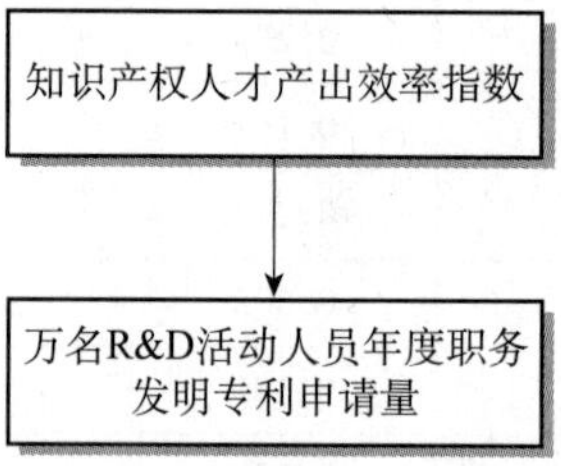

图 2－36 知识产权人才产出效率指数指标框架图

（2）知识产权人才产出效率指数具体指标分析

职务发明专利申请量的多少同各省份高新技术企业发展水平、人才储备密切相关。图 2－37 可以看出，广西—湖北的万名 R&D 活动人员年度职务发明专利申请量领先于其他省份，其中，广西和安徽为第一集团，均超过 3400 项/万人。广西年度申请量为 3829 项/万人排名第 1 位。而排名靠后的 10 个省份是内蒙古—海南，均低于 1000 项/万人。

3. 知识产权资本产出效率指数四级指标框架及排名与分析

（1）指标框架

知识产权资本产出效率指数用亿元 R&D 经费内部支出年度发明专利申请量进行度量（见图 2－38）。

（2）知识产权资本产出效率具体指标分析

图 2－39 表明，亿元 R&D 经费内部支出年度发明专利申请量排名后 10 位的省份是内蒙古—重庆，其中不乏东部地区省份，如上海、河北等地。排名前 10 位的省份是广西—湖北，其中也有广西、贵州、陕西、西藏、四川等西部省份的身影，充分说明在

R&D 产出效率上，地域关系不大。

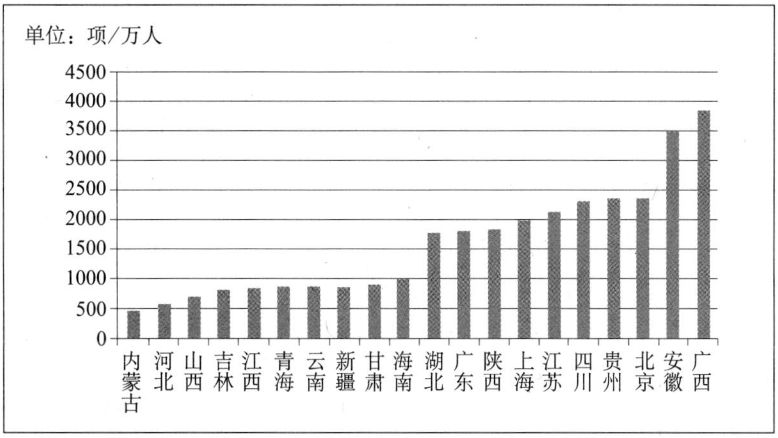

图 2-37 万名 R&D 活动人员年度职务发明专利申请量排名图

数据来源：国家知识产权局.2017 专利统计年报；国家统计局，科学技术部.2018 中国科技统计年鉴［M］. 北京：中国统计出版社，2018.

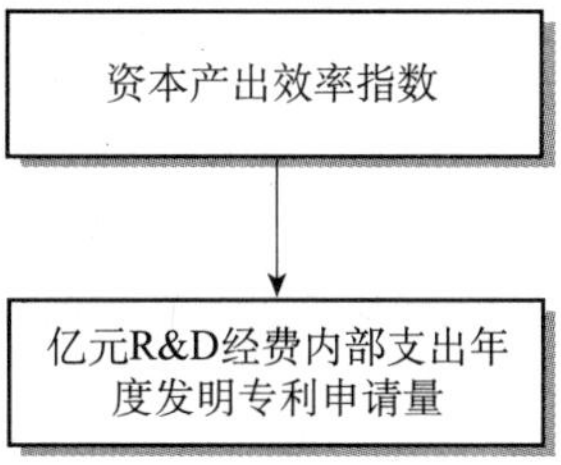

图 2-38 知识产权资本产出效率指数指标框架图

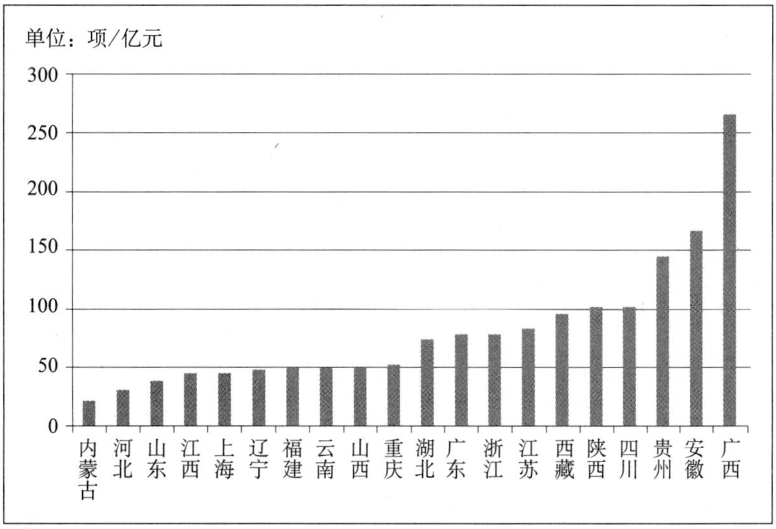

图 2-39 亿元 R&D 经费内部支出年度发明专利申请量排名图

数据来源：国家知识产权局.2017 专利统计年报；国家统计局，科学技术部.2018 中国科技统计年鉴［M］. 北京：中国统计出版社，2018.

五、知识产权企业产出指数三级指标框架及排名与分析

1. 知识产权企业产出指数三级指标框架及指数排名

（1）指标框架

知识产权企业产出指数下设三个指标：企业产出规模指数、企业产出质量指数、企业产出效率指数（见图2－40、表2－5）。

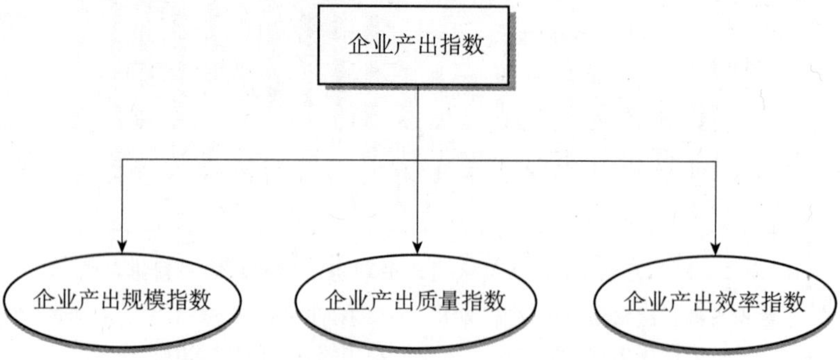

图2－40　知识产权企业产出指数指标框架图

（2）指数及排名

表2－5　知识产权企业产出指数及排名表

省　份	企业产出指数		企业产出规模		企业产出质量		企业产出效率	
	指数	排名	指数	排名	指数	排名	指数	排名
广东	0.932	1	1.000	1	1.000	1	0.795	2
江苏	0.601	2	0.795	2	0.675	2	0.333	12
北京	0.495	3	0.285	4	0.452	4	0.748	3
安徽	0.479	4	0.260	5	0.176	7	1.000	1
浙江	0.449	5	0.544	3	0.641	3	0.163	24
上海	0.317	6	0.224	7	0.309	5	0.418	8
四川	0.299	7	0.252	6	0.173	8	0.470	5
山东	0.233	8	0.213	8	0.251	6	0.236	15
贵州	0.191	9	0.040	20	0.031	21	0.503	4
福建	0.174	10	0.160	9	0.168	9	0.195	20
广西	0.164	11	0.057	18	0.033	20	0.402	9
宁夏	0.160	12	0.009	28	0.006	28	0.466	6
湖北	0.159	13	0.120	12	0.118	10	0.239	14
天津	0.153	14	0.121	11	0.106	12	0.233	16
海南	0.143	15	0.002	30	0.004	29	0.424	7

续表 2－5

省　份	企业产出指数		企业产出规模		企业产出质量		企业产出效率	
	指数	排名	指数	排名	指数	排名	指数	排名
湖南	0.135	16	0.084	14	0.095	14	0.226	18
青海	0.132	17	0.002	29	0.002	30	0.392	10
新疆	0.129	18	0.010	26	0.016	25	0.360	11
重庆	0.120	19	0.089	13	0.096	13	0.174	23
西藏	0.110	20	0.000	31	0.000	31	0.331	13
陕西	0.104	21	0.069	16	0.064	17	0.181	22
河南	0.102	22	0.130	10	0.111	11	0.065	28
辽宁	0.102	23	0.042	19	0.074	16	0.188	21
江西	0.096	24	0.074	15	0.055	18	0.160	25
云南	0.088	25	0.030	21	0.035	19	0.200	19
甘肃	0.086	26	0.016	23	0.013	27	0.229	17
黑龙江	0.059	27	0.015	24	0.024	23	0.139	26
河北	0.058	28	0.061	17	0.085	15	0.028	30
内蒙古	0.050	29	0.010	27	0.014	26	0.126	27
吉林	0.021	30	0.013	25	0.019	24	0.032	29
山西	0.020	31	0.017	22	0.028	22	0.015	31

分析表 2－5 可以看出，企业产出指数排在前 10 位的省份是：广东、江苏、北京、安徽、浙江、上海、四川、山东、贵州和福建，其中以东部省份居多，略占优势。中西部地区中的四川表现不错。排名后 10 位的是：河南、辽宁、江西、云南、甘肃、黑龙江、河北、内蒙古、吉林和山西。

在企业产出规模指数方面，排名前 10 位的省份是：广东、江苏、浙江、北京、安徽、四川、上海、山东、福建和河南。

在企业产出质量指数方面，排名前 10 位的省份是：广东、江苏、浙江、北京、上海、山东、安徽、四川、福建和湖北。

在企业产出效率指数方面，排名前 10 位的省份是：安徽、广东、北京、贵州、四川、宁夏、海南、上海、广西和青海。

从企业产出规模指数、企业产出质量指数和企业产出效率指数三个分项指标来看，企业产出规模和质量有较高的一致性，而企业产出效率则相对独立，甚至会出现差异巨大的现象，譬如，广西的企业产出规模和产出质量分别排名第 18 和 20 位，产出效率则高居第 9 位；浙江的企业产出规模和产出质量均排名第 3 位，产出效率却在排在第 24 位。我们发现，与前几年类似，企业产出效率与之前的知识产权产出效率指标趋势类似，部分知识产权规模或质量较高的省份，其效率却不如人意。

2. 企业产出规模指数四级指标框架及排名与分析

(1) 指标框架

企业产出规模指数用年度企业职务发明专利受理量、年度企业职务实用新型专利受理量、年度企业职务外观设计专利受理量三个指标进行度量（见图 2－41）。

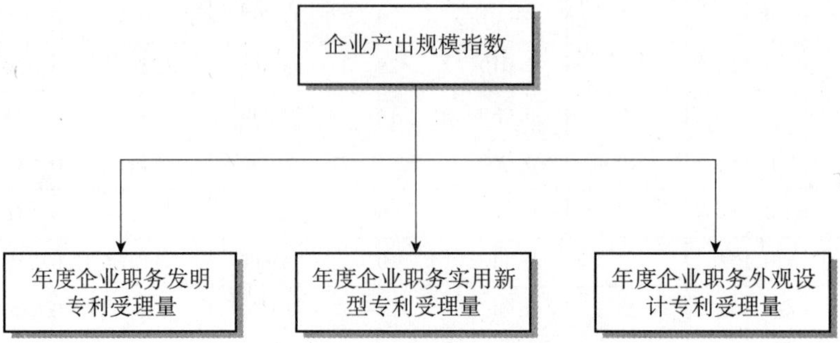

图 2－41　企业产出规模指数指标框架图

(2) 企业产出规模指数具体指标分析

图 2－42 表明，年度企业职务发明专利受理量是知识产权分布最不均衡的指标之一，排名第 1 位的广东与排名末尾的西藏差距近 750 倍。其中，西藏—黑龙江是年度企业职务发明专利受理量最少的 10 个省份，西藏不足 200 项。广东—河南是排名前 10 位的省市，其中广东以 140261 项领先全国，比 2016 年有较大增长。

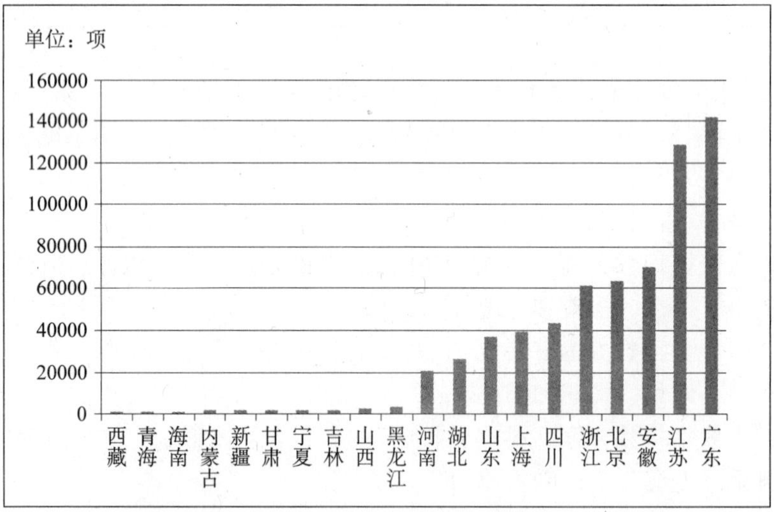

图 2－42　年度企业职务发明专利受理量排名图

数据来源：国家知识产权局 . 2017 专利统计年报 .

图 2－43 表明，西藏—山西是年度企业职务实用新型专利受理量最少的 10 个省份，其中西藏的受理量为 201 项。广东—福建是年度企业职务实用新型专利受理量最多的

10 个省份，呈渐增之势，广东的受理量为 234284 项排名第 1 位，比 2016 年有较大幅度增长。

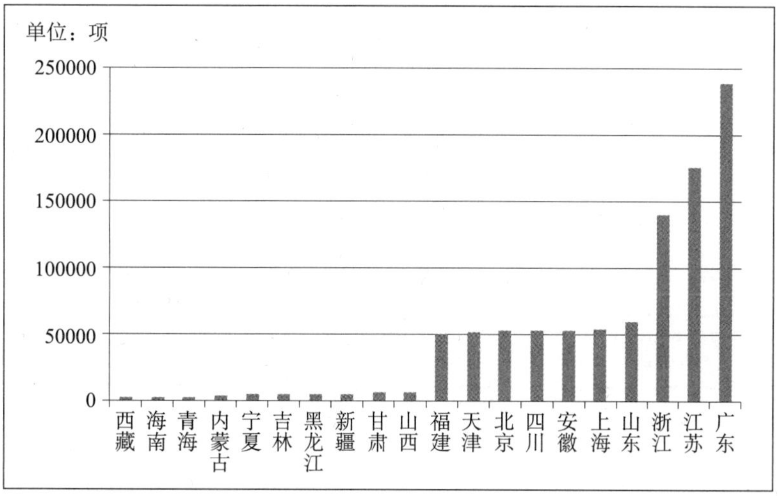

图 2－43　年度企业职务实用新型专利受理量排名图

数据来源：国家知识产权局 . 2017 专利统计年报 .

图 2－44 表明，该项指标各省之间差距极大，第 1 位广东的受理量高达 80824 项，而末位西藏的受理量仅为 161 项。广东—江西是年度企业职务外观设计专利受理量最多的 10 个省市，江苏数据近年来均有较大幅度下降，而广东数据则有较大幅度上升，在 2017 年超越江苏排名第 1 位。西藏—广西是年度企业职务外观设计专利受理量最少的 10 个省份，均不足 1000 项。

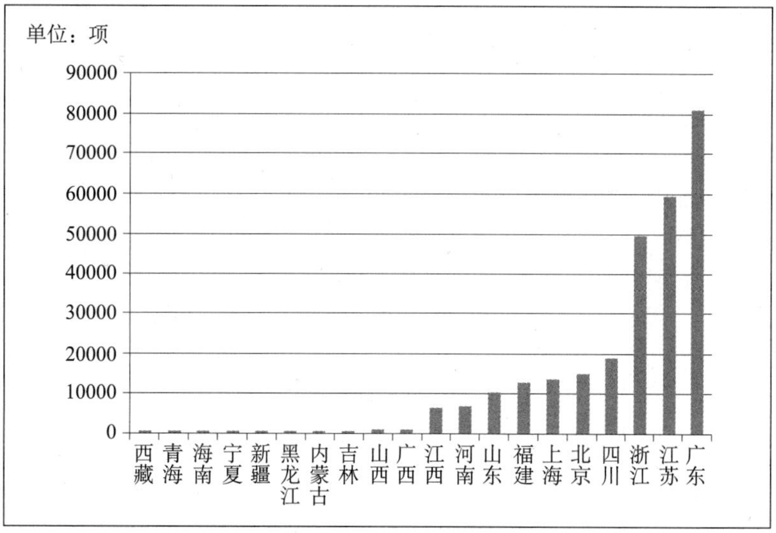

图 2－44　年度企业职务外观设计专利受理量排名图

数据来源：国家知识产权局 . 2017 专利统计年报 .

3. 企业产出质量指数四级指标框架及排名与分析

（1）指标框架

企业产出质量指数用企业职务发明专利有效量、企业职务实用新型专利有效量、企业职务外观设计专利有效量三个指标进行衡量（见图2－45）。

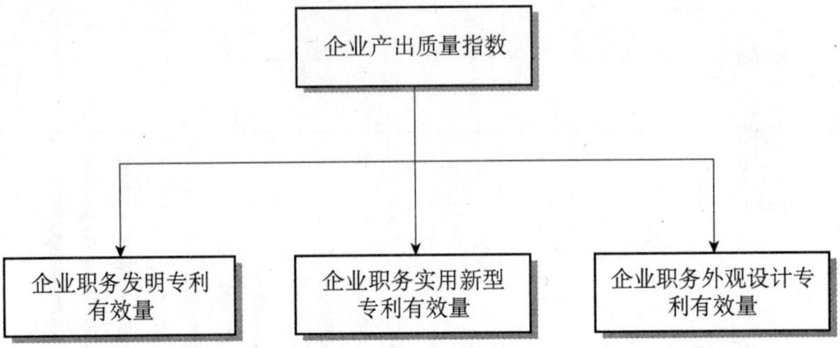

图2－45 企业产出质量指数指标框架图

（2）企业产出质量指数具体指标分析

图2－46表示，西藏—江西是企业职务发明专利有效量最少的10个省份，其中西藏、青海不足1000项；广东—湖南是企业职务发明专利有效量最多的10个省份，其中广东蝉联第一，达到176053项；江苏和北京分别以126610和126029项位居第2位和第3位。

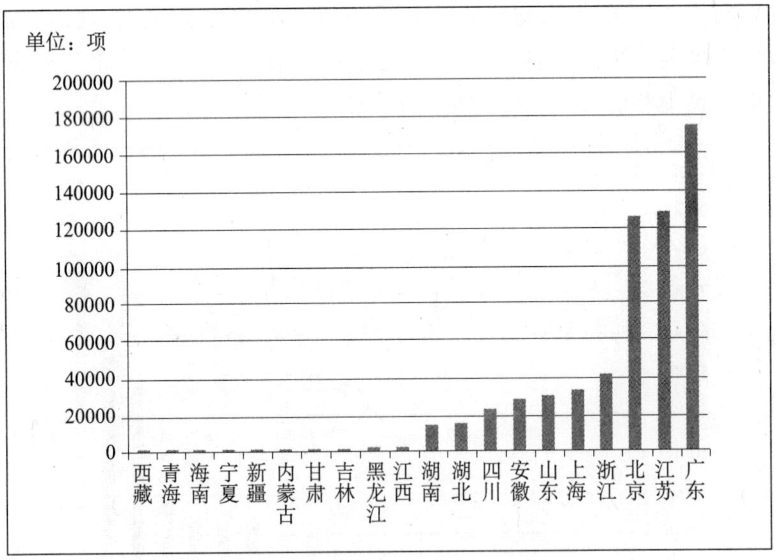

图2－46 企业职务发明专利有效量排名图

数据来源：国家知识产权局．2017专利统计年报．

图2－47表示，企业职务发明专利有效量最多的10个省市占全国比重将近82%，与2016年基本持平。

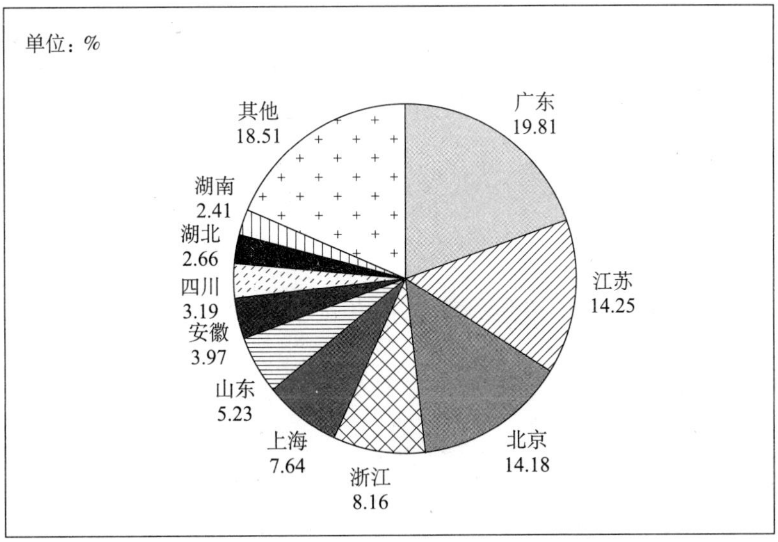

图 2-47 企业职务发明专利有效量占全国比重图

数据来源：国家知识产权局．2017 专利统计年报．

图 2-48 表示，西藏—黑龙江是企业职务实用新型专利有效量最少的 10 个省份，均不足 17000 项，其中西藏最少，为 319 项。广东—四川是企业职务实用新型专利有效量最多的 10 个省市，其中广东蝉联第一为 491248 项，比 2016 年有较大幅度的增长。

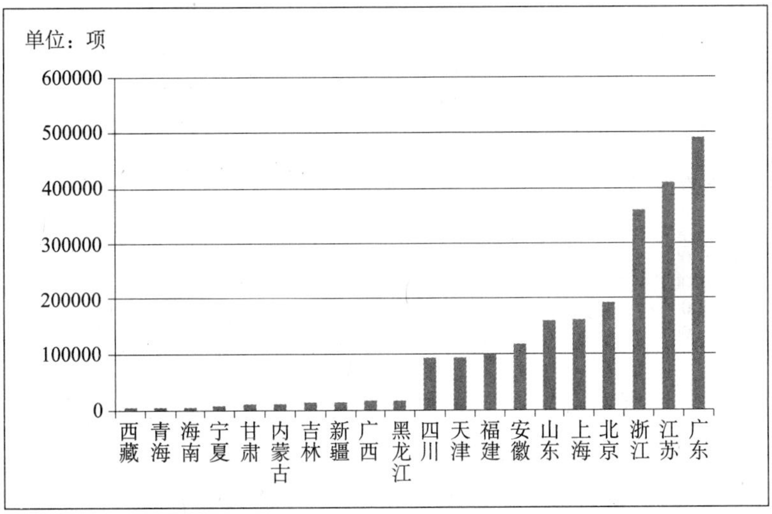

图 2-48 企业职务实用新型专利有效量排名图

数据来源：国家知识产权局．2017 专利统计年报．

图 2-49 表明，企业职务实用新型专利有效量最多的 10 个省市占全国比重近 80%，其中，江苏、广东、浙江、北京四省市之和占比超过 50%，占半壁江山，再一次反映长三角和珠三角是我国经济创新的龙头。

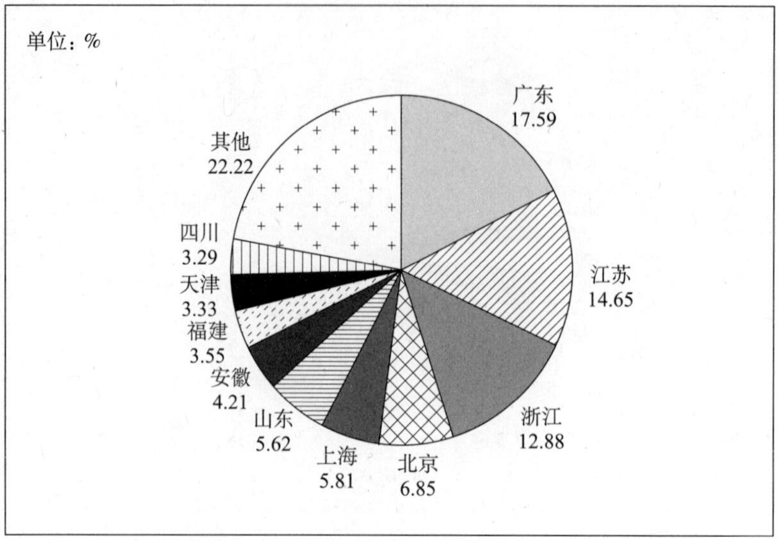

图2－49　企业职务实用新型专利有效量占全国比重图

数据来源：国家知识产权局.2017专利统计年报.

图2－50表示，西藏—新疆是企业职务外观设计专利有效量最少的10个省份，虽然比2016年有较大幅度增长，但仍然显著落后；广东—重庆是企业职务外观设计专利有效量最多的10个省份，其中广东超越浙江和江苏居首，为190179项。

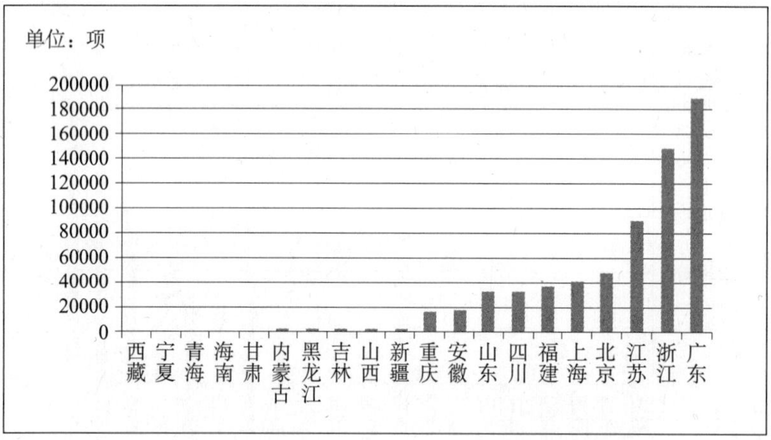

图2－50　企业职务外观设计专利有效量排名图

数据来源：国家知识产权局.2017专利统计年报.

图2－51表示，广东一省的企业职务外观设计专利有效量约占全国总数量的四分之一，比2016年有较大增加。广东、浙江、江苏三省之和超过全国数量的55%。这种现象反映了东部沿海地区的企业相对较为密集，企业创新活动较为活跃。

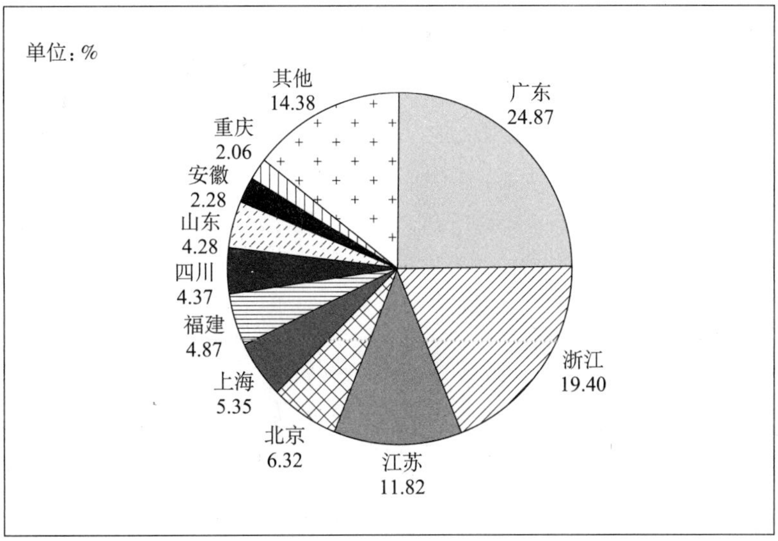

图 2-51　企业职务外观设计专利有效量占全国比重图

数据来源：国家知识产权局．2017 专利统计年报．

4. 企业产出效率指数四级指标框架及排名与分析

(1) 指标框架

企业产出效率指数的衡量选取了规模以上工业企业万名 R&D 人员年度发明专利申请量、规模以上工业企业亿元 R&D 经费内部支出年度发明专利申请量两个指标进行测度（见图 2-52）。

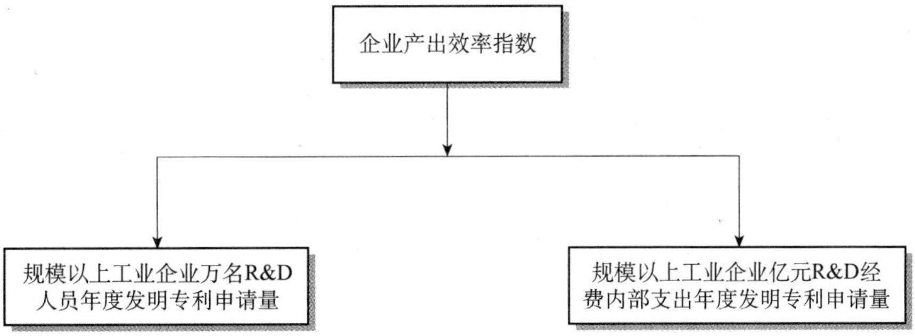

图 2-52　企业产出效率指数指标框架图

(2) 企业产出效率具体指标分析

图 2-53 表明，吉林—云南是规模以上工业企业万名 R&D 人员年度发明专利申请量最少的 10 个省份，数量相差不大，较为均衡，基本处于 300—600 项之间；安徽—江苏是规模以上工业企业万名 R&D 人员年度发明专利申请量最多的 10 个省份，其中，安徽以 1459 项/万人领先全国。

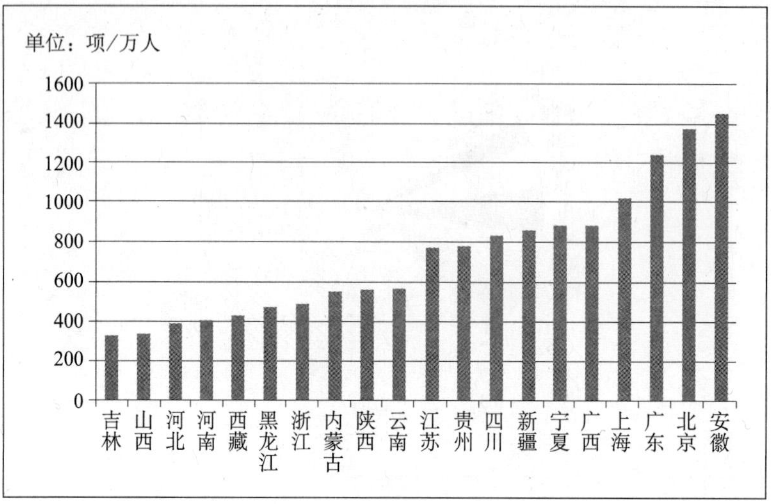

图 2-53　规模以上工业企业万名 R&D 人员年度发明专利申请量排名图

数据来源：国家统计局，科学技术部 . 2018 中国科技统计年鉴［M］. 北京：中国统计出版社，2018.

图 2-54 表明，河北—福建是规模以上工业企业亿元 R&D 经费内部支出发明专利申请量最少的 10 个省份，相互之间差距不大，安徽—广西是规模以上工业企业亿元 R&D 经费内部支出发明专利申请量最多的 10 个省份，呈阶梯状递增，安徽以 56 项/亿元位居第一。

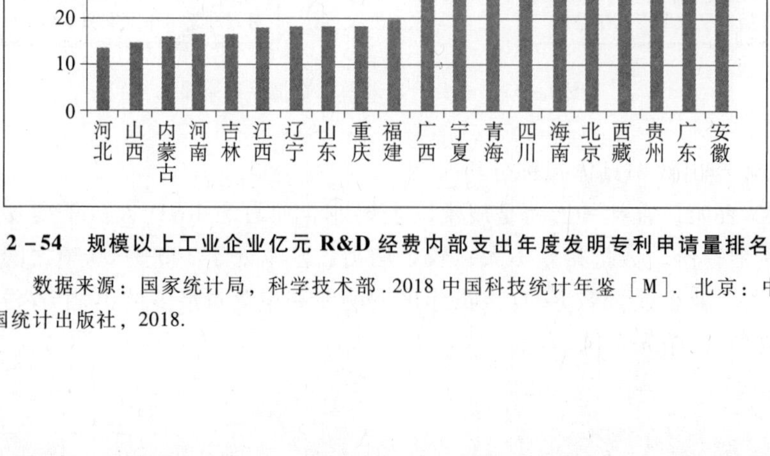

图 2-54　规模以上工业企业亿元 R&D 经费内部支出年度发明专利申请量排名图

数据来源：国家统计局，科学技术部 . 2018 中国科技统计年鉴［M］. 北京：中国统计出版社，2018.

六、高校和研发机构产出指数三级指标框架及排名与分析

1. 高校和研发机构产出指数三级指标框架及指数排名

（1）指标框架

高校和研发机构产出指数是指数报告 2019 新增部分，将其纳入指标体系中，可以更为全面地反映地区知识产权实力及表现。该指数下设三个指标：高校和研发机构产出规模指数、高校和研发机构产出质量指数、高校和研发机构产出效率指数（见图 2－55、表 2－6）。

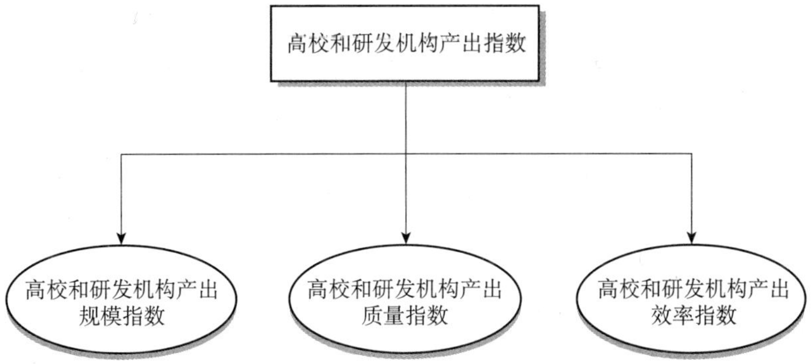

图 2－55　高校和研发机构产出指数指标框架图

（2）指数及排名

表 2－6　高校和研发机构产出指数及排名表

省份	高校和研发机构产出		高校和研发机构产出规模		高校和研发机构产出质量		高校和研发机构产出效率	
	指数	排名	指数	排名	指数	排名	指数	排名
江苏	0.935	1	1.000	1	0.907	2	0.898	2
陕西	0.601	2	0.440	4	0.363	5	1.000	1
北京	0.592	3	0.370	6	1.000	1	0.405	14
浙江	0.548	4	0.444	3	0.517	3	0.683	3
湖北	0.413	5	0.414	5	0.278	8	0.547	7
山东	0.393	6	0.337	7	0.320	6	0.522	9
广东	0.373	7	0.495	2	0.288	7	0.335	24
上海	0.360	8	0.255	12	0.453	4	0.371	18
河南	0.340	9	0.274	10	0.150	15	0.597	4
黑龙江	0.337	10	0.162	17	0.269	9	0.580	5

续表 2－6

省份	高校和研发机构产出		高校和研发机构产出规模		高校和研发机构产出质量		高校和研发机构产出效率	
	指数	排名	指数	排名	指数	排名	指数	排名
湖南	0.336	11	0.283	9	0.189	12	0.535	8
安徽	0.327	12	0.306	8	0.128	17	0.547	6
辽宁	0.303	13	0.241	13	0.244	10	0.423	12
四川	0.284	14	0.258	11	0.229	11	0.365	19
天津	0.248	15	0.191	14	0.177	13	0.376	17
江西	0.248	16	0.176	16	0.050	23	0.517	10
重庆	0.237	17	0.143	18	0.161	14	0.406	13
福建	0.225	18	0.187	15	0.133	16	0.355	20
山西	0.200	19	0.062	25	0.071	21	0.468	11
吉林	0.189	20	0.114	21	0.097	18	0.355	21
河北	0.188	21	0.130	20	0.094	19	0.340	23
广西	0.188	22	0.130	19	0.090	20	0.343	22
云南	0.180	23	0.083	23	0.061	22	0.397	15
甘肃	0.165	24	0.067	24	0.036	24	0.393	16
贵州	0.135	25	0.086	22	0.022	25	0.297	26
新疆	0.118	26	0.031	26	0.018	27	0.305	25
内蒙古	0.104	27	0.019	27	0.018	26	0.274	27
海南	0.097	28	0.015	28	0.005	28	0.270	28
宁夏	0.031	29	0.007	29	0.005	29	0.081	29
青海	0.023	30	0.002	30	0.001	30	0.066	30
西藏	0.000	31	0.000	31	0.000	31	0.000	31

分析表 2－6 可以看出，高校和研发机构产出指数排在前 10 位的依次是：江苏、陕西、北京、浙江、湖北、山东、广东、上海、河南和黑龙江，排在后 10 位的是：广西、云南、甘肃、贵州、新疆、内蒙古、海南、宁夏、青海和西藏。

从中不难发现，排名靠前的省份当地都有较为著名的高校，充分反映了著名高校在研发方面的重要作用和巨大优势。企业和高校之间的互动，有利于技术外溢，促进当地相关产业的发展。

另外一个值得注意的现象是，高校和研发机构产出效率指数无论是与之前的几个效率指数相比，还是与本指标往年数据相比，其与产出规模和质量的一致性较高，表明近年研发实力强的高校和机构在原有规模的基础上愈加重视投入产出效率，转变发展方式，值得企业学习借鉴。

2. 高校和研发机构产出规模指数四级指标框架及排名与分析

（1）指标框架

高校和研发机构产出规模指数用各地区高校和研发机构专利年度申请量指标进行度量（见图2－56）。

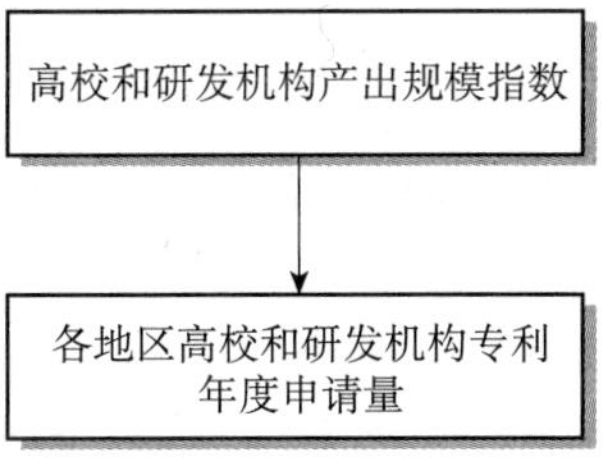

图2－56　高校和研发机构产出规模指数指标框架图

（2）高校和研发机构产出规模指数具体指标分析

图2－57表明，西藏—贵州是各地区高校和研发机构专利年度申请量最少的10个省份，其中，西藏、青海、宁夏均不足350项；江苏—河南是申请量最多的10个省份，其中，江苏为41190项，领先全国，再续江苏省连续多年该指标排名第1位的局面。

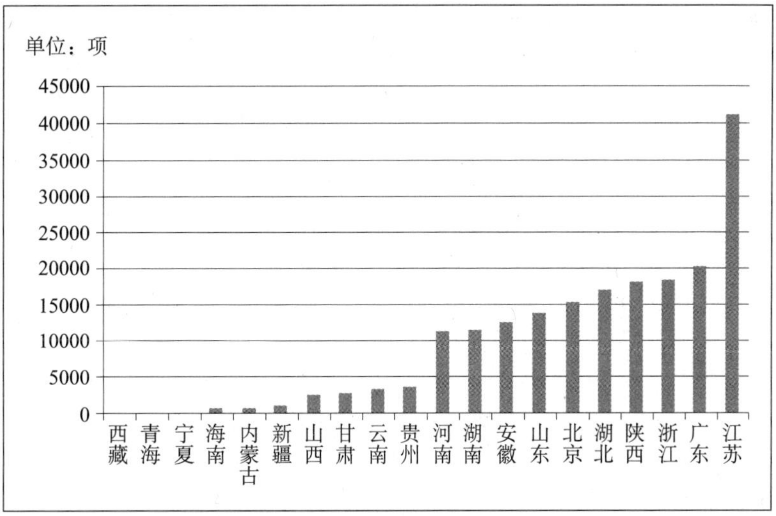

图2－57　各地区高校和研发机构专利年度申请量排名图

数据来源：国家统计局，科学技术部．2018中国科技统计年鉴［M］．北京：中国统计出版社，2018.

3. 高校和研发机构产出质量指数四级指标框架及排名与分析

（1）指标框架

高校和研发机构产出质量指数用各地区高校和研发机构有效发明专利量指标进行度量（见图 2－58）。

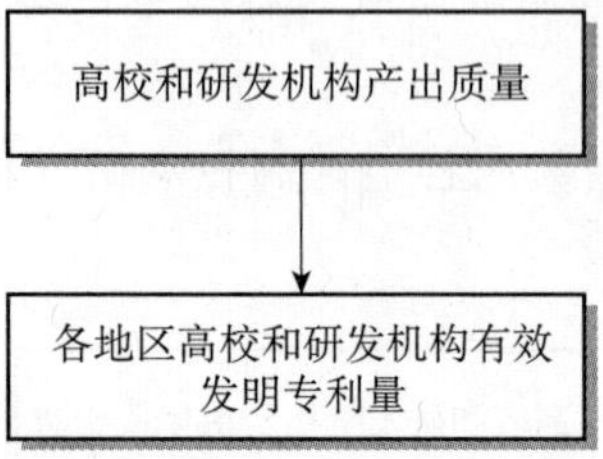

图 2－58　高校和研发机构产出质量指数指标框架图

（2）高校和研发机构产出质量指数具体指标分析

图 2－59 表明，与专利年度申请量对应，西藏—云南是各地区高校和研发机构有效发明专利量最少的 10 个省份，其中，西藏、青海、宁夏和海南均不足 300 项；北京—辽宁是有效发明专利量最多的 10 个省市，其中，北京（47511）和江苏（43088）属于第一集团，超过 40000 项，相对于其他省份的优势明显。

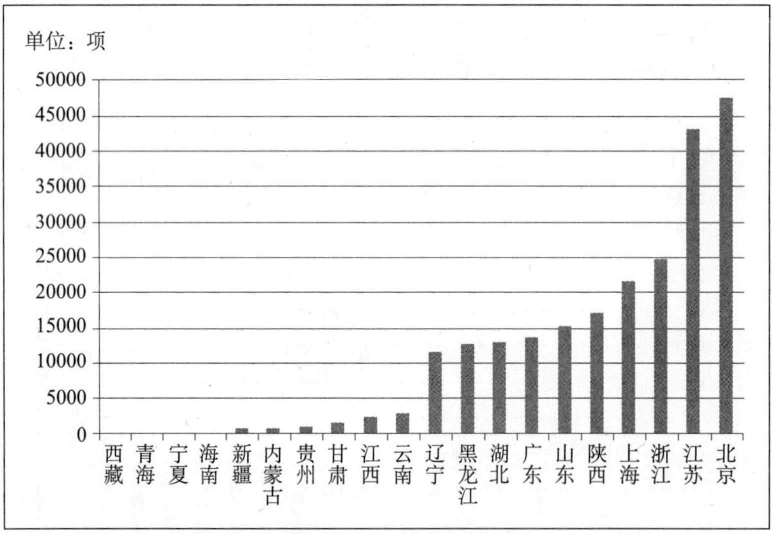

图 2－59　各地区高校和研发机构有效发明专利量排名图

数据来源：国家统计局，科学技术部 . 2018 中国科技统计年鉴［M］. 北京：中国统计出版社，2018.

4. 高校和研发机构产出效率指数四级指标框架及排名与分析

（1）指标框架

高校和研发机构产出效率指数用高校和研发机构万名 R&D 人员专利年度申请

量、高校和研发机构亿元 R&D 经费内部支出专利年度申请量进行度量（见图 2 - 60）。

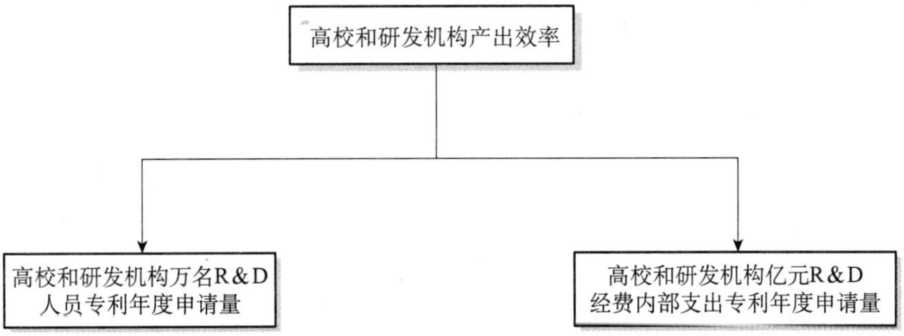

图 2 - 60　高校和研发机构产出效率指数指标框架图

（2）高校和研发机构产出效率指数具体指标分析

图 2 - 61 表明，西藏—海南是各地区高校和研发机构万名 R&D 人员专利年度申请量最少的 10 个省份，均低于 1800 项/万人；陕西—贵州是各地区高校和研发机构有效发明专利量最多的 10 个省份，其中，陕西超越江苏排名第 1 位，为 6468 项/万人，较 2016 年的第 1 名江苏（5614 项/万人）有所提高。

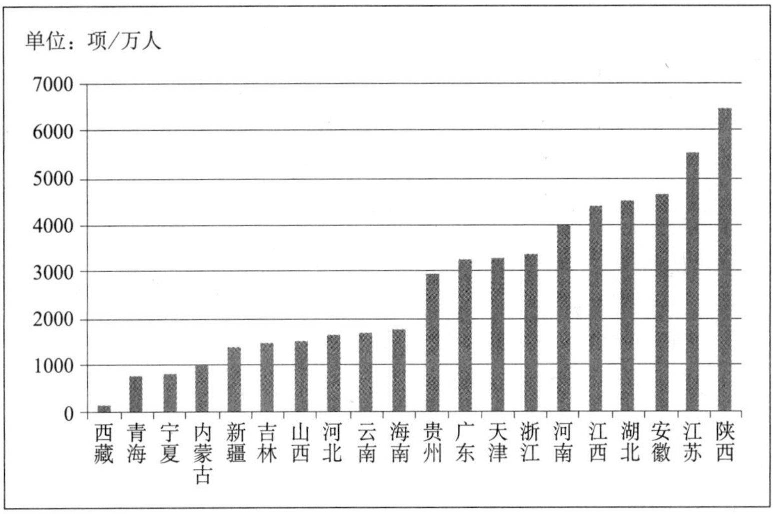

图 2 - 61　各地区高校和研发机构万名 R&D 人员专利年度申请量排名图

数据来源：国家统计局，科学技术部 . 2018 中国科技统计年鉴［M］. 北京：中国统计出版社，2018.

图 2 - 62 表明，西藏—安徽是各地区高校和研发机构亿元 R&D 经费内部支出专利年度申请量最少的 10 个省份，均不足 200 项/亿元；陕西—北京是有申请量最多的 10 个省份，陕西位列第 1 位，为 459 项/亿元。

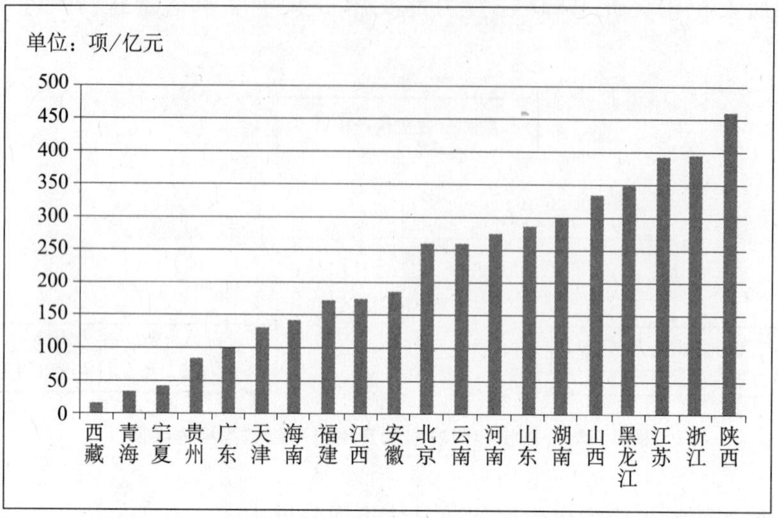

图 2－62　各地区高校和研发机构亿元 R&D 经费内部支出专利年度申请量排名图

数据来源：国家统计局，科学技术部．2018 中国科技统计年鉴［M］．北京：中国统计出版社，2018.

第三章　知识产权流动水平指数各项指标排名与分析

一、知识产权流动水平指数二级指标框架及排名与分析

1. 指标框架

知识产权流动水平指数下设三个二级指标：知识产权技术市场交易指数、知识产权服务机构指数、企业技改、引进指数（见图 3－1、表 3－1）。

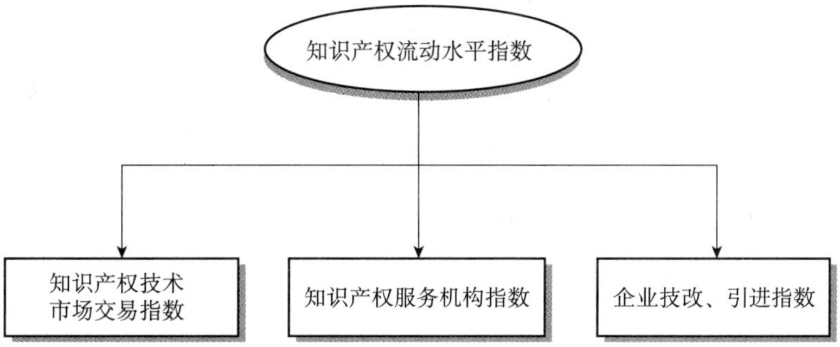

图 3－1　知识产权流动水平指数指标框架图

2. 指数及排名

表 3－1　知识产权流动水平指数及排名表

省份	流动水平		知识产权技术市场交易		知识产权服务机构		企业技改、引进	
	指数	排名	指数	排名	指数	排名	指数	排名
北京	0.646	1	0.777	1	1.000	1	0.162	10
广东	0.606	2	0.353	3	0.679	2	0.784	1
上海	0.457	3	0.507	2	0.253	4	0.610	2
江苏	0.385	4	0.323	6	0.321	3	0.510	3
山东	0.250	5	0.191	12	0.140	7	0.418	4
浙江	0.228	6	0.217	9	0.208	5	0.259	6
湖北	0.180	7	0.327	5	0.097	9	0.115	15
辽宁	0.172	8	0.247	8	0.094	12	0.175	8
湖南	0.169	9	0.204	10	0.090	13	0.213	7
陕西	0.161	10	0.328	4	0.095	11	0.059	21
四川	0.153	11	0.163	17	0.175	6	0.121	13

续表 3-1

省份	流动水平		技术市场交易		知识产权服务机构		企业技改、引进	
	指数	排名	指数	排名	指数	排名	指数	排名
福建	0.144	12	0.089	20	0.083	14	0.260	5
安徽	0.143	13	0.175	15	0.097	9	0.156	11
重庆	0.140	14	0.171	16	0.081	15	0.167	9
天津	0.130	15	0.272	7	0.069	16	0.048	23
河南	0.104	16	0.061	25	0.132	8	0.118	14
吉林	0.096	17	0.189	13	0.033	21	0.064	19
黑龙江	0.088	18	0.200	11	0.031	22	0.032	25
江西	0.079	19	0.090	19	0.049	17	0.100	16
河北	0.079	20	0.059	26	0.042	18	0.136	12
甘肃	0.075	21	0.184	14	0.010	25	0.030	26
广西	0.067	22	0.077	22	0.042	18	0.083	18
贵州	0.061	23	0.070	23	0.029	23	0.083	17
云南	0.059	24	0.078	21	0.036	20	0.062	20
青海	0.054	25	0.152	18	0.005	28	0.004	29
山西	0.049	26	0.065	24	0.024	24	0.059	22
内蒙古	0.020	27	0.020	27	0.005	28	0.033	24
宁夏	0.017	28	0.015	28	0.007	27	0.029	27
新疆	0.011	29	0.011	29	0.010	25	0.012	28
海南	0.006	30	0.010	30	0.003	30	0.004	30
西藏	0.000	31	0.000	31	0.000	31	0.000	31

分析表 3-1 可以发现，知识产权流动水平指数排名前 10 位的省份是：北京、广东、上海、江苏、山东、浙江、湖北、辽宁、湖南和陕西。与指数报告 2018 相比，排名靠前的 6 个省份只在某些位次上发生改变。

知识产权流动水平指数排名后 10 位的省份是：广西、贵州、云南、青海、山西、内蒙古、宁夏、新疆、海南和西藏。与指数报告 2018 相比，变化不大，也只是在某些位次上发生改变。

知识产权技术市场交易指数、知识产权服务机构指数、企业技改、引进指数三个二级指标的排名存在一定程度的背离，譬如，北京的技术市场交易指数排名第 1 位，知识产权服务机构指数排名第 1 位，但是企业技改、引进指数依旧较低，仅位列第 10 位；湖北的技术市场交易指数排名第 5 位，知识产权服务机构指数排名第 9 位，但是企业技改、引进指数排名第 14 位。

二、知识产权技术市场交易指数三级指标框架及排名与分析

1. 知识产权技术市场交易指数三级指标框架及指数排名

(1) 指标框架

知识产权技术市场交易指数下设三个三级指标：技术市场规模指数、技术市场开放度指数、技术外溢度指数（见图3－2、表3－2）。

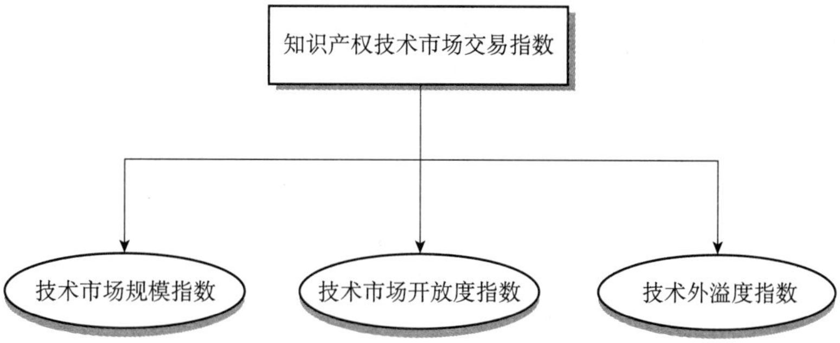

图3－2　知识产权技术市场交易指数指标框架图

(2) 指数及排名

表3－2　知识产权技术市场交易指数及排名表

省　份	技术市场交易		技术市场规模		技术市场开放度		技术外溢度	
	指数	排名	指数	排名	指数	排名	指数	排名
北京	0.777	1	1.000	1	0.330	5	1.000	1
上海	0.507	2	0.173	4	0.868	1	0.478	8
广东	0.353	3	0.137	6	0.652	2	0.271	17
陕西	0.328	4	0.234	2	0.009	21	0.742	2
湖北	0.327	5	0.206	3	0.135	8	0.641	3
江苏	0.323	6	0.115	7	0.499	3	0.356	13
天津	0.272	7	0.154	5	0.110	9	0.550	5
辽宁	0.247	8	0.094	8	0.088	12	0.557	4
浙江	0.217	9	0.056	15	0.305	6	0.290	16
湖南	0.204	10	0.041	17	0.090	11	0.480	7
黑龙江	0.200	11	0.045	16	0.020	18	0.536	6
山东	0.191	12	0.079	12	0.178	7	0.318	14
吉林	0.189	13	0.070	13	0.034	17	0.464	10
甘肃	0.184	14	0.086	10	0.001	29	0.465	9
安徽	0.175	15	0.057	14	0.080	13	0.387	11

续表 3-2

省份	技术市场交易		技术市场规模		技术市场开放度		技术外溢度	
	指数	排名	指数	排名	指数	排名	指数	排名
重庆	0.171	16	0.014	24	0.407	4	0.092	26
四川	0.163	17	0.079	11	0.093	10	0.318	15
青海	0.152	18	0.088	9	0.000	30	0.367	12
江西	0.090	19	0.026	20	0.041	15	0.203	19
福建	0.089	20	0.016	23	0.075	14	0.177	21
云南	0.078	21	0.026	21	0.009	20	0.201	20
广西	0.077	22	0.011	26	0.008	22	0.211	18
贵州	0.070	23	0.028	19	0.008	23	0.175	22
山西	0.065	24	0.029	18	0.006	25	0.158	24
河南	0.061	25	0.014	25	0.011	19	0.159	23
河北	0.059	26	0.018	22	0.035	16	0.123	25
内蒙古	0.020	27	0.006	28	0.004	27	0.052	27
宁夏	0.015	28	0.007	27	0.003	28	0.036	28
新疆	0.011	29	0.002	30	0.007	24	0.024	29
海南	0.010	30	0.003	29	0.005	26	0.021	30
西藏	0.000	31	0.000	31	0.000	30	0.000	31

从表 3-2 可以看出，知识产权技术市场交易指数排名前 10 的省份是：北京、上海、广东、陕西、湖北、江苏、天津、辽宁、浙江和湖南。其中，浙江和湖南进入前 10 名，分别排在第 9 位和第 10 位。排名后 10 位的省份是：广西、贵州、山西、河南、河北、内蒙古、宁夏、新疆、海南和西藏。河南跌入后 10 名，其余省份与 2016 年相同，近五年来一直保持稳定，只是相互排名稍微发生了变化。

其中，三个分项指标上面具体排名如下：

在技术市场规模指数方面排名前 10 位的省份是：北京、陕西、湖北、上海、天津、广东、江苏、辽宁、青海、甘肃。

在技术市场开放度指数方面排名前 10 位的省份是：上海、广东、江苏、重庆、北京、浙江、山东、湖北、天津和四川。

在技术外溢度指数方面排名前 10 位的省份是：北京、陕西、湖北、辽宁、天津、黑龙江、湖南、上海、甘肃和吉林。

这三个分项指标：技术市场规模指数、技术市场开放度指数、技术外溢度指数代表了技术市场的不同方向，考察区域技术市场交易活跃性的不同层面，除少数排名靠前的几个省份外，大部分省份在各个指标上面表现参差不齐。详见本章后续内容。

2. 技术市场规模指数四级指标框架及排名与分析

(1) 指标框架

技术市场规模指数用两个四级指标进行评价：技术市场成交合同金额、技术市场成交合同金额与 GDP 比例（见图 3－3）。

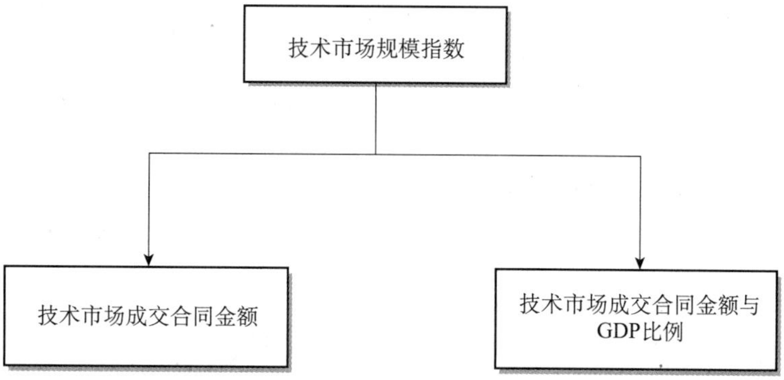

图 3－3 技术市场规模指数指标框架图

（2）技术市场规模具体指标分析

技术市场成交合同金额是考察区域知识产权市场化程度的重要指标。图 3－4 显示，西藏—河南技术市场成交合同金额最少的 10 个省份，均不足 80 亿元；北京—辽宁是技术市场成交合同金额最多的 10 个省市，其中北京排名第 1 位，技术市场成交合同金额为 4487 亿元，远远高于其他省份，是排名第 2 位的湖北（1033 亿元）和排名第 3 位的广东（937 亿元）的近 4—5 倍。

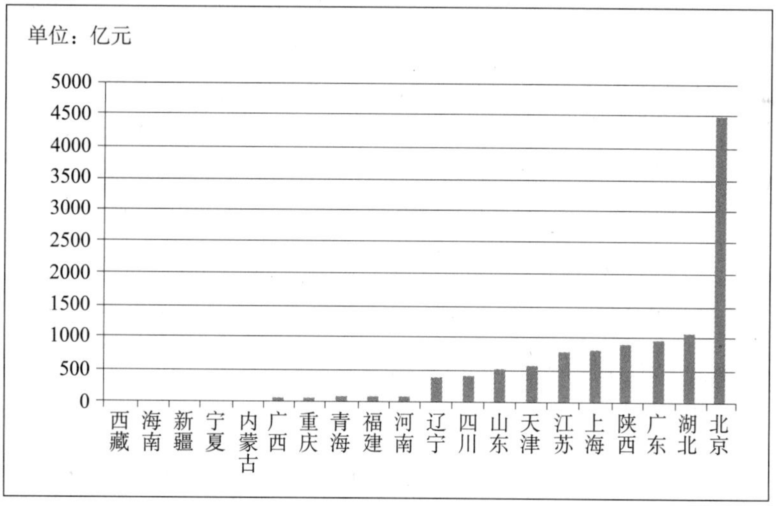

图 3－4 技术市场成交合同金额排名图

数据来源：国家统计局，科学技术部．2018 中国科技统计年鉴［M］．北京：中国统计出版社，2018.

图 3－5 显示，北京一市的技术市场成交合同金额占全国总量的比重为 34.73%，较 2016 年有所回落；北京、湖北和广东三省份的技术市场成交合同金额超过全国的一半；技术市场成交合同金额最多的 10 个省市占全国比重超过 83%。

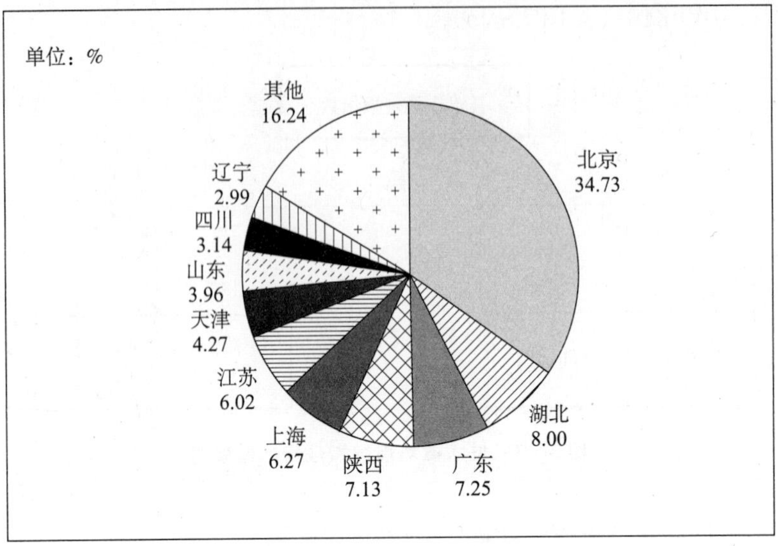

图 3-5 技术市场成交合同金额占全国比重图

数据来源：国家统计局，科学技术部 . 2018 中国科技统计年鉴 [M]. 北京：中国统计出版社，2018.

图 3-6 显示，西藏—重庆是技术市场成交合同金额与 GDP 比例最低的 10 个省份，均不足 0.30%；北京—四川是技术市场成交合同金额与 GDP 比例最高的 10 个省份，其中北京的技术市场成交合同金额与 GDP 比例超过 16%（16.02%），陕西排名第 2 位（4.21%），天津排名第 3 位（2.97%），排名前三的省份中天津相比于 2016 年稍有回落，北京和陕西继续保持上升趋势。

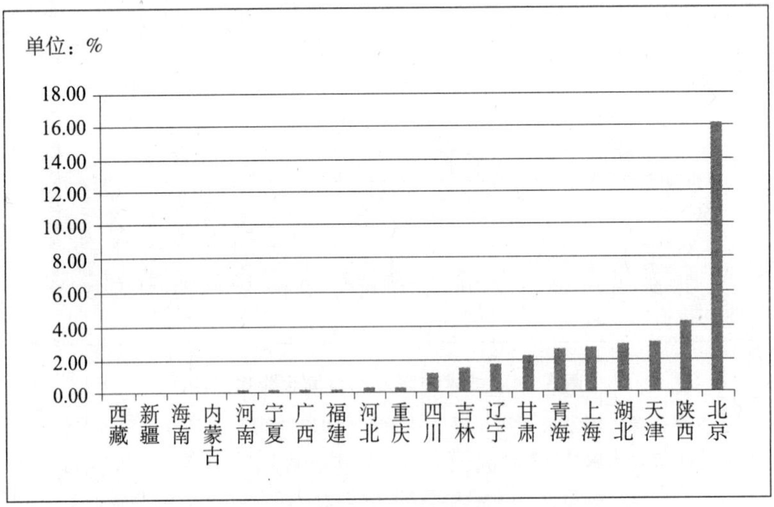

图 3-6 技术市场成交合同金额与 GDP 比例排名图

数据来源：国家统计局，科学技术部 . 2018 中国科技统计年鉴 [M]. 北京：中国统计出版社，2018；国家统计局 . 2018 中国统计年鉴 [M]. 北京：中国统计出版社，2018.

3. 技术市场开放度指数四级指标框架及排名与分析

（1）指标框架

技术市场开放度指数用国外引进合同数、国外引进合同金额进行衡量（见图3－7）。

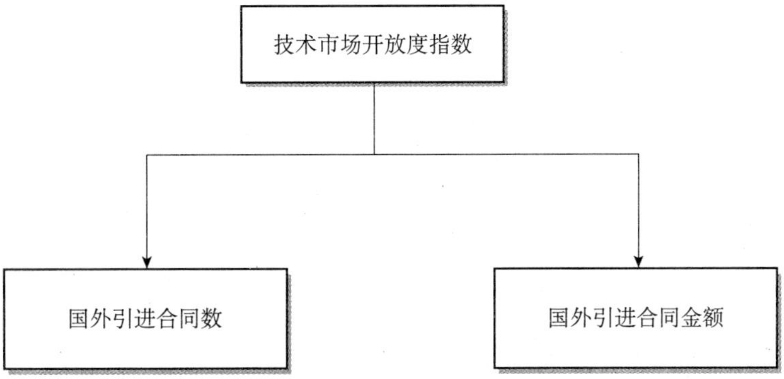

图3－7　技术市场开放度指数指标框架图

（2）技术市场开放度指数具体指标分析

图3－8显示，国外引进合同数是考察区域技术市场开放程度的重要参数。西藏—陕西是国外引进合同数最少的10个省份，均不足20项（含）；上海—重庆是全国国外引进合同数最多的10个省市，其中排名第1位的上海国外引进合同数2127项，是排名第2位的广东（948项）的2倍多，占有明显的优势。

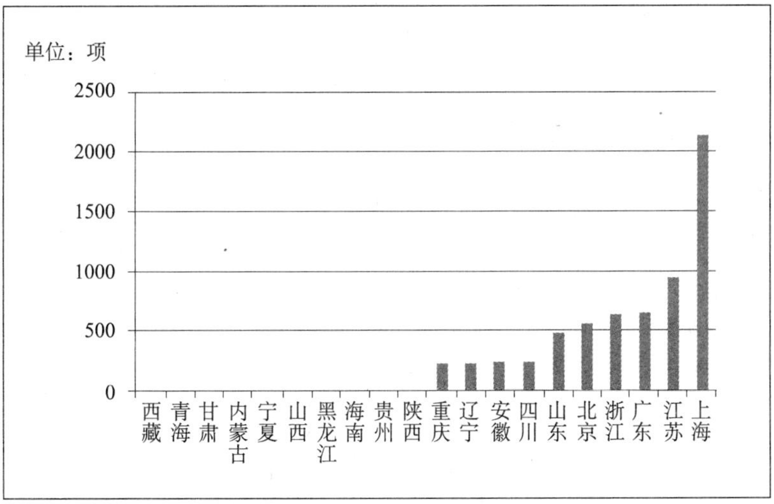

图3－8　国外引进合同数排名图

数据来源：国家统计局，科学技术部.2018中国科技统计年鉴［M］.北京：中国统计出版社，2018.

图3－9显示，全国国外引进合同数的分布集中度仍较高。其中，国外引进合同数

最多的省市是上海，其国外引进合同数占全国总量的比重为 28.90%，接近四分之一；国外引进合同数最多的 10 个省市占全国总量的比重仍在 85% 左右，排名前三的上海、江苏和广东三省的国外引进合同数总计占全国总量的比重约为 51%，相对于 2016 年 47% 的占比，可以看出，排名前 10 位的省份在该指标上所占的全国比重有所增大。

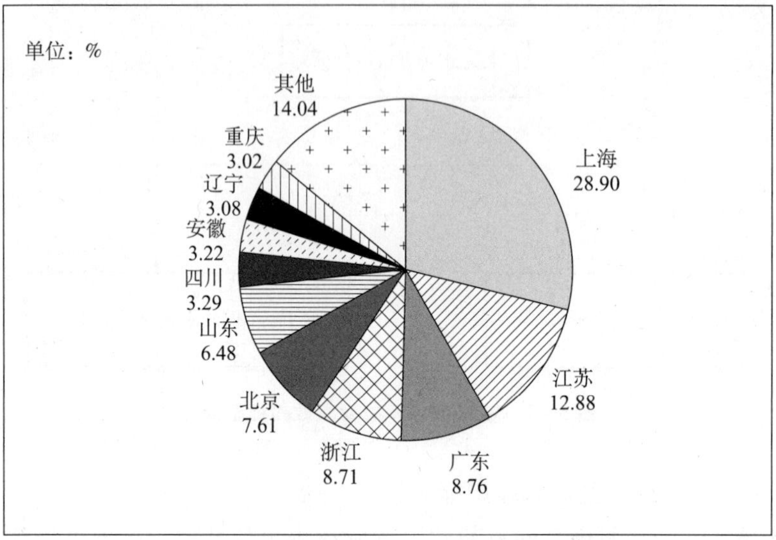

图 3－9 国外引进合同数占全国比重图

数据来源：国家统计局，科学技术部．2018 中国科技统计年鉴［M］．北京：中国统计出版社，2018.

图 3－10 显示，国外引进合同金额是考察区域技术市场开放程度的重要参数。西藏—河南是国外引进合同金额最少的 10 个省份，全部不足 1 亿美元；广东—山东是国外引进合同金额最多的 10 个省市，广东以 68.90 亿美元排名第 1 位，较 2016 年 91.69 亿美元，连续两年有较大幅度回落。

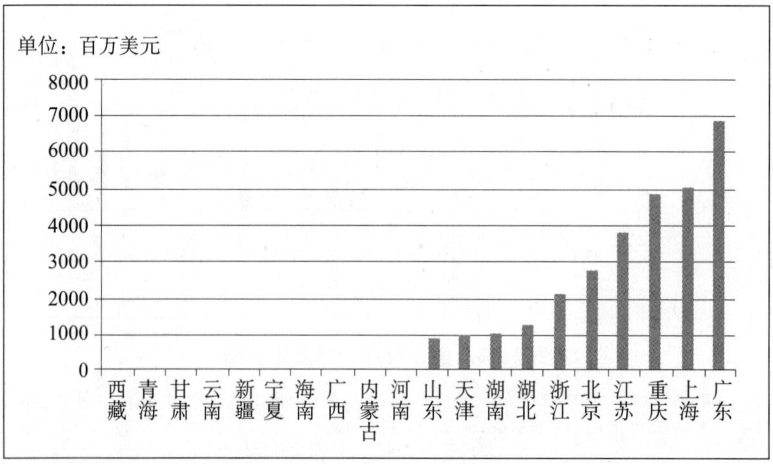

图 3－10 国外引进合同金额排名图

数据来源：国家统计局，科学技术部．2018 中国科技统计年鉴［M］．北京：中国统计出版社，2018.

图 3－11 显示，国外引进合同金额排名靠前的省份份额差距不大。其中，前 4 位的广东、上海、重庆、江苏的份额均超过 10%；国外引进合同金额最多的 10 个省市占全国总量的比重达到近 90%。

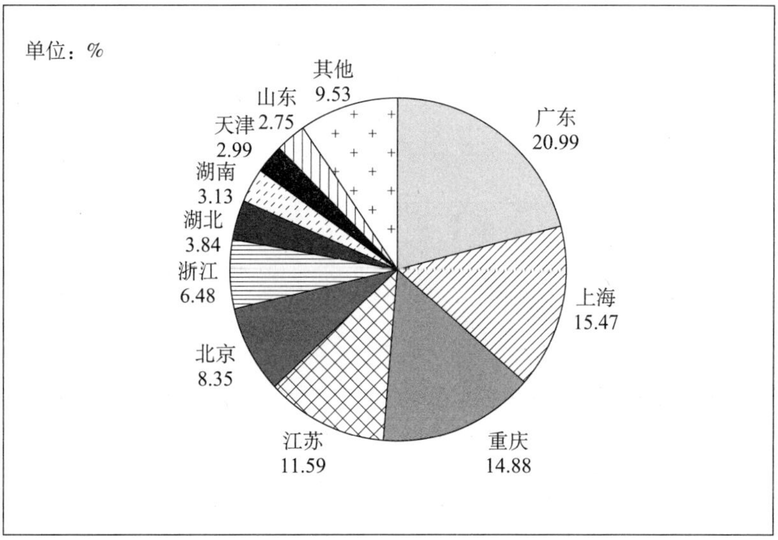

图 3－11　国外引进合同金额占全国比重图

数据来源：国家统计局，科学技术部．2018 中国科技统计年鉴［M］．北京：中国统计出版社，2018.

4. 技术外溢度指数四级指标框架及排名与分析

（1）指标框架

技术外溢度指数用技术市场成交合同数与技术流向地域合同数比值来衡量（见图 3－12）。

图 3－12　技术外溢度指数指标框架图

（2）技术外溢度指数具体指标分析

图 3－13 显示，技术市场成交合同数与技术流向地域合同数比值反映的是一个地区技术的外溢性，即若比值大于 1，表明该地区是技术净流出区，且比值越大，技术外溢性越强；若比值小于 1，表明该地区是技术净流入区。西藏—贵州是技术市场成交合同数与技术流向地域合同数比值最低的 10 个省份，全部小于 1；北京—吉林是技术市场

成交合同数与技术流向地域合同数比值最高的 10 个省份，全部超过 1，全国技术净流出的省份有 7 个，与 2016 年相同，其中陕西的比值为 1.76，居第 2 位。

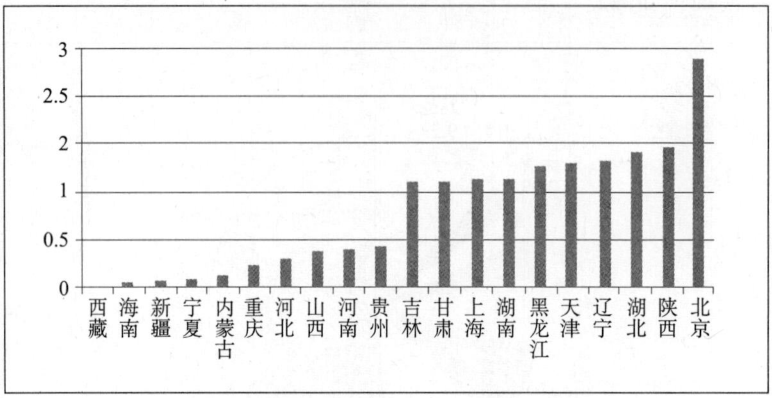

图 3-13 技术市场成交合同数与技术流向地域合同数比值排名图

数据来源：国家统计局，科学技术部 . 2018 中国科技统计年鉴 [M]. 北京：中国统计出版社，2018.

三、知识产权服务机构指数三级指标框架及排名与分析

1. 知识产权服务机构指数三级指标框架及指数排名

（1）指标框架

知识产权服务机构指数用专利代理指数进行测度（见图 3-14、表 3-3）。

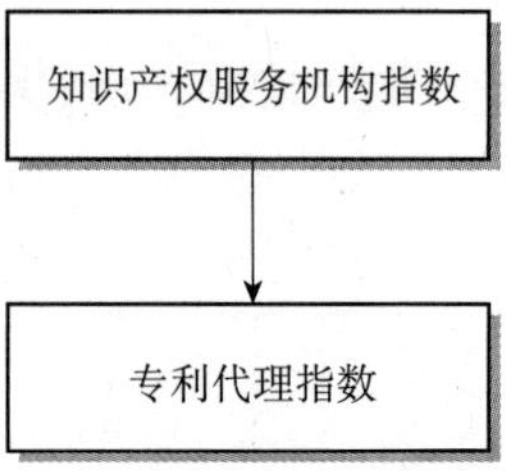

图 3-14 知识产权服务机构指数指标框架图

（2）指数及排名

表 3-3 知识产权服务机构指数及排名表

省份	知识产权服务机构		专利代理	
	指数	排名	指数	排名
北京	1.000	1	1.000	1
广东	0.679	2	0.679	2

续表 3 – 3

省份	知识产权服务机构		专利代理	
	指数	排名	指数	排名
江苏	0. 321	3	0. 321	3
上海	0. 253	4	0. 253	4
浙江	0. 208	5	0. 208	5
四川	0. 175	6	0. 175	6
山东	0. 140	7	0. 140	7
河南	0. 132	8	0. 132	8
安徽	0. 097	9	0. 097	9
湖北	0. 097	10	0. 097	9
陕西	0. 095	11	0. 095	11
辽宁	0. 094	12	0. 094	12
湖南	0. 090	13	0. 090	13
福建	0. 083	14	0. 083	14
重庆	0. 081	15	0. 081	15
天津	0. 069	16	0. 069	16
江西	0. 049	17	0. 049	17
河北	0. 042	18	0. 042	18
广西	0. 042	19	0. 042	18
云南	0. 036	20	0. 036	20
吉林	0. 033	21	0. 033	21
黑龙江	0. 031	22	0. 031	22
贵州	0. 029	23	0. 029	23
山西	0. 024	24	0. 024	24
甘肃	0. 010	25	0. 010	25
新疆	0. 010	26	0. 010	25
宁夏	0. 007	27	0. 007	27
内蒙古	0. 005	28	0. 005	28
青海	0. 005	29	0. 005	28
海南	0. 003	30	0. 003	30
西藏	0. 000	31	0. 000	31

观察表3－3可以发现，知识产权服务机构指数排名前10位的是：北京、广东、江苏、上海、浙江、四川、山东、河南、安徽和湖北。排名后10位的是：黑龙江、贵州、山西、甘肃、新疆、宁夏、内蒙古、青海、海南和西藏。

2. 专利代理指数四级指标框架及排名与分析

（1）指标框架

专利代理指数用专利代理机构数量来衡量（见图3－15）。

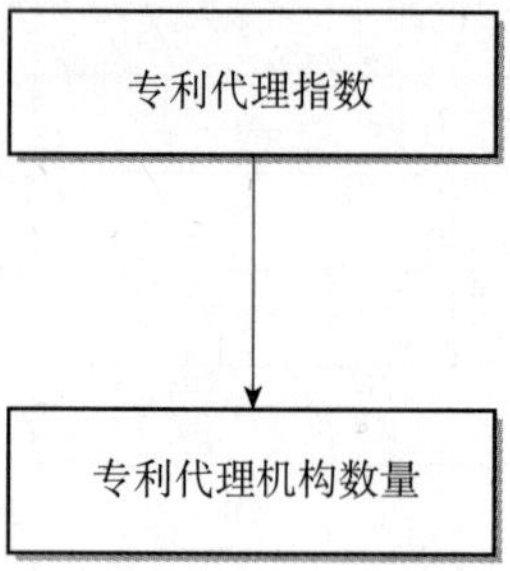

图3－15　专利代理指数指标框架图

（2）专利代理指数具体指标分析

图3－16显示，专利代理机构数量是衡量区域专利代理情况的重要指标。西藏—黑龙江是专利代理机构数量最少的10个省份，除黑龙江（18）、贵州（17）、山西（14）外，均不足10个；北京—安徽是专利代理机构数量最多的10个省市，其中排名第1位的北京更是多达577个，优势更为明显，凸显了政治和文化中心的地位。

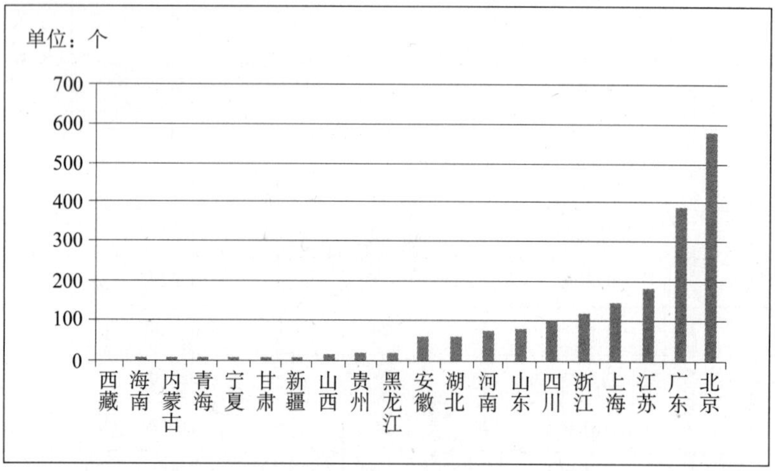

图3－16　专利代理机构数量排名图

数据来源：国家知识产权局网站．

图3－17显示，全国的专利代理机构主要集中在北京（25.36%）、广东（17.23%）、江苏（8.13%）和上海（6.42%）四省市，四者之和占全国总量的57.14%，超过一半；排名前10位的省份占全国总量的比重近80%。

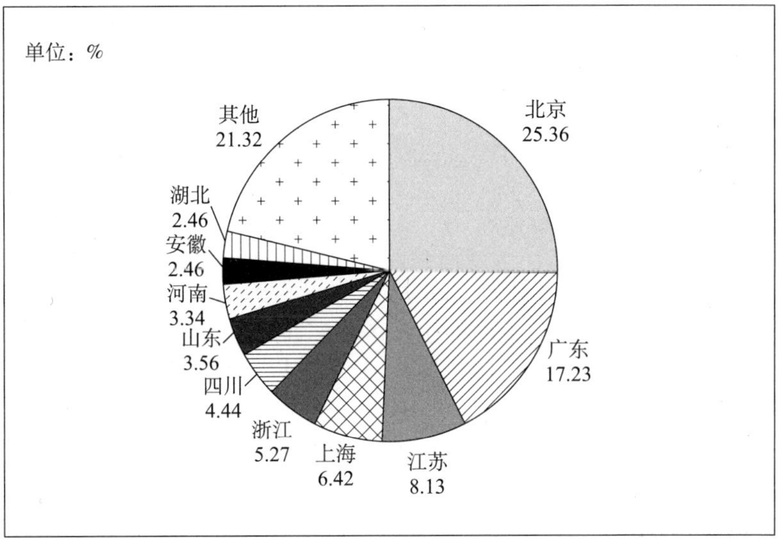

图 3－17　各地专利代理机构数量占全国比重图

数据来源：国家知识产权局网站.

四、企业技改、引进指数三级指标框架及排名与分析

1. 企业技改、引进指数三级指标框架及指数排名

（1）指标框架

企业技改、引进指数下设三个三级指标：技术改造指数、国内引进指数、国外引进指数（见图 3－18、表 3－4）。

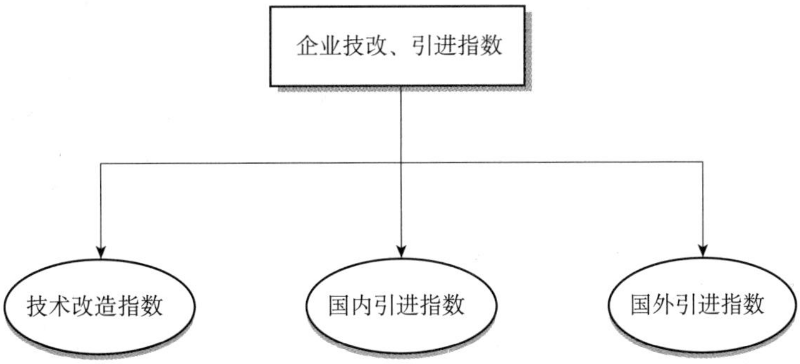

图 3－18　企业技改、引进指数指标框架图

（2）指数及排名

表 3－4　　知识产权企业技改、引进指数及排名表

省份	企业技改、引进		技术改造		国内引进		国外引进	
	指数	排名	指数	排名	指数	排名	指数	排名
广东	0.784	1	0.669	2	1.000	1	0.684	2
上海	0.610	2	0.344	7	0.487	3	1.000	1
江苏	0.510	3	1.000	1	0.275	5	0.256	4
山东	0.418	4	0.549	3	0.556	2	0.149	7
福建	0.260	5	0.413	5	0.210	7	0.157	6
浙江	0.259	6	0.395	6	0.317	4	0.066	13
湖南	0.213	7	0.486	4	0.078	16	0.074	11
辽宁	0.175	8	0.223	11	0.225	6	0.077	10
重庆	0.167	9	0.134	16	0.123	11	0.243	5
北京	0.162	10	0.143	15	0.083	15	0.260	3
安徽	0.156	11	0.331	8	0.106	13	0.032	17
河北	0.136	12	0.269	9	0.067	18	0.071	12
四川	0.121	13	0.182	12	0.151	8	0.029	18
河南	0.118	14	0.224	10	0.110	12	0.018	21
湖北	0.115	15	0.155	14	0.067	19	0.122	9
江西	0.100	16	0.114	17	0.150	9	0.035	15
贵州	0.083	17	0.098	19	0.150	10	0.002	26
广西	0.083	18	0.168	13	0.073	17	0.008	24
吉林	0.064	19	0.056	25	0.001	29	0.136	8
云南	0.062	20	0.075	23	0.100	14	0.009	23
陕西	0.059	21	0.097	20	0.058	20	0.023	20
山西	0.059	22	0.112	18	0.036	21	0.028	19
天津	0.048	23	0.077	22	0.017	24	0.049	14
内蒙古	0.033	24	0.053	26	0.011	25	0.035	16
黑龙江	0.032	25	0.047	27	0.035	22	0.012	22
甘肃	0.030	26	0.080	21	0.010	26	0.000	28
宁夏	0.029	27	0.068	24	0.017	23	0.002	27
新疆	0.012	28	0.028	28	0.003	28	0.005	25
青海	0.004	29	0.012	29	0.001	30	0.000	28
海南	0.004	30	0.005	30	0.005	27	0.000	28
西藏	0.000	31	0.000	31	0.000	31	0.000	28

企业技术改造指数、国内引进指数和国外引进指数三项指标考察的是大中型工业企业技改、引进和消化技术成果的投入和能力。观察表 3－4 可以发现，企业技改、引进指数排名前 10 位的是：广东、上海、江苏、山东、福建、浙江、湖南、辽宁、重庆和北京。

排名后 10 位的是：山西、天津、内蒙古、黑龙江、甘肃、宁夏、新疆、青海、海南和西藏。其中，4 年前前 10 中的内蒙古已经下滑至 24 位，可能表明当地工业企业承压严重。

2. 技术改造指数四级指标框架及排名与分析

（1）指标框架

技术改造指数用规模以上工业企业技术改造经费支出来衡量（见图 3－19）。

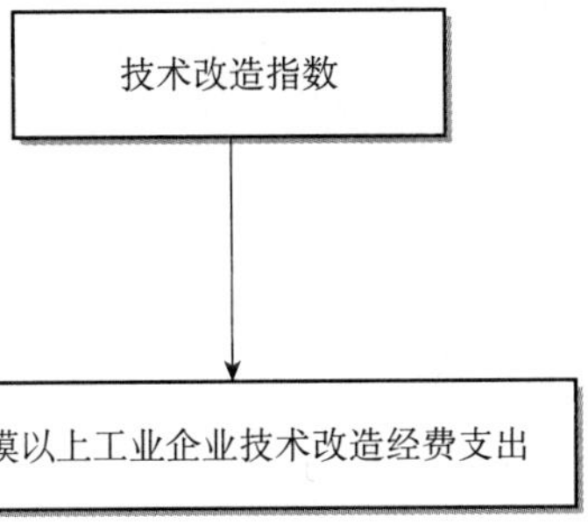

图 3－19　技术改造指数指标框架图

（2）技术改造指数具体指标分析

图 3－20 显示，西藏—天津是规模以上工业企业技术改造经费支出最少的 10 个省份，全部不足 50 亿元，其中西藏（0 亿元）、海南（2 亿元）的经费支出不足 5 亿元；江苏—河南是规模以上工业企业技术改造经费支出最多的 10 个省份，其中江苏位列第一，为 470 亿元，领先全国。其余排名前 10 省市差距不大。

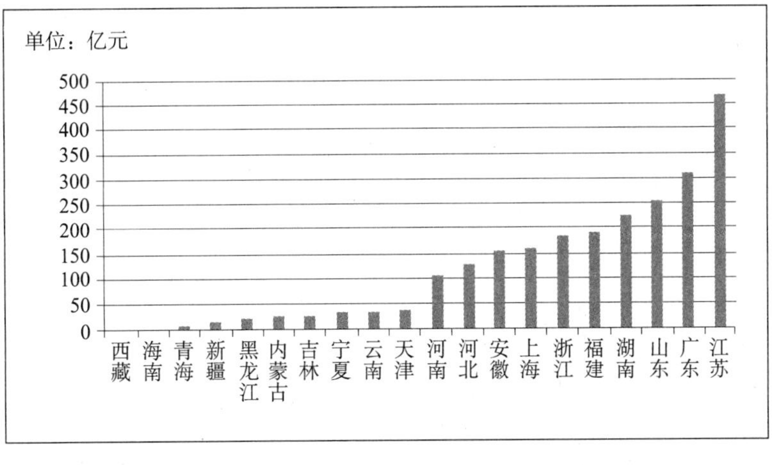

图 3－20　规模以上工业企业技术改造经费支出排名图

数据来源：国家统计局，科学技术部 . 2018 中国科技统计年鉴［M］. 北京：中国统计出版社，2018.

图 3－21 显示，规模以上工业企业技术改造经费支出相对分散。排名前 10 的省份在比重上只有江苏超过 15%，其余差距不大，表现较为均衡。而排名前 10 省份的规模以上工业企业技术改造经费支出总数占全国比重达到 70%。

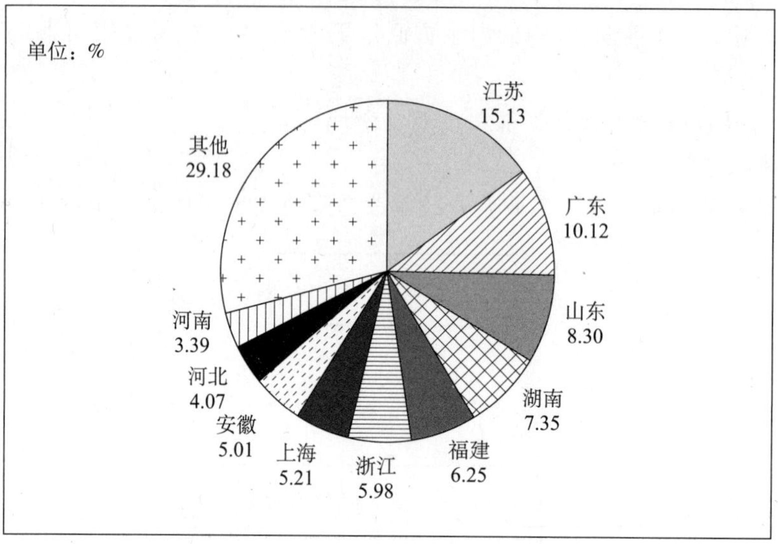

图 3－21 规模以上工业企业技术改造经费支出占全国比重图

数据来源：国家统计局，科学技术部. 2018 中国科技统计年鉴 [M]. 北京：中国统计出版社，2018.

3. 国内引进指数四级指标框架及排名与分析

(1) 指标框架

国内引进指数用规模以上工业企业购买国内技术经费支出来衡量（见图 3－22）。

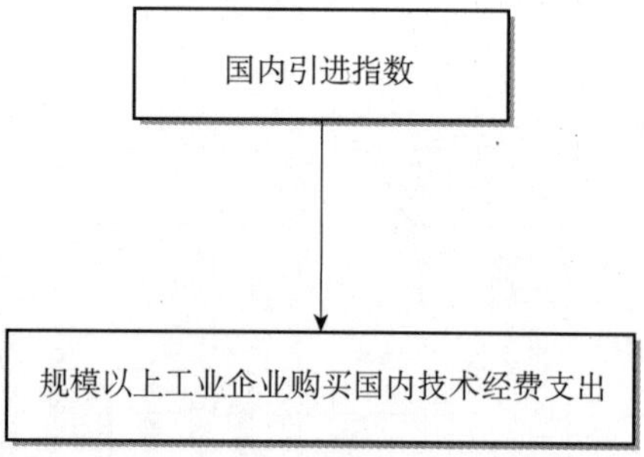

图 3－22 国内技术引进指数指标框架图

(2) 国内引进指数具体指标分析

图 3－23 显示，西藏—黑龙江是规模以上工业企业购买国内技术经费支出最少的 10 个省份；广东—贵州是规模以上工业企业购买国内技术经费支出最多的 10 个省份，呈阶梯状递增。

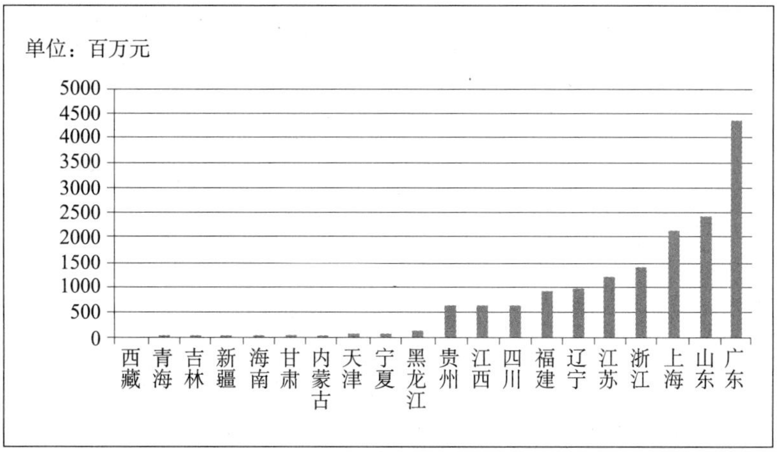

图 3－23 规模以上工业企业购买国内技术经费支出排名图

数据来源：国家统计局，科学技术部．2018 中国科技统计年鉴［M］．北京：中国统计出版社，2018.

图 3－24 显示，广东（22.10%）所占比例超过 20%，较 2016 年有较大幅度的回落，其他排名前 10 位的省市相差不大。排名前 10 的比重总和占超过四分之三。

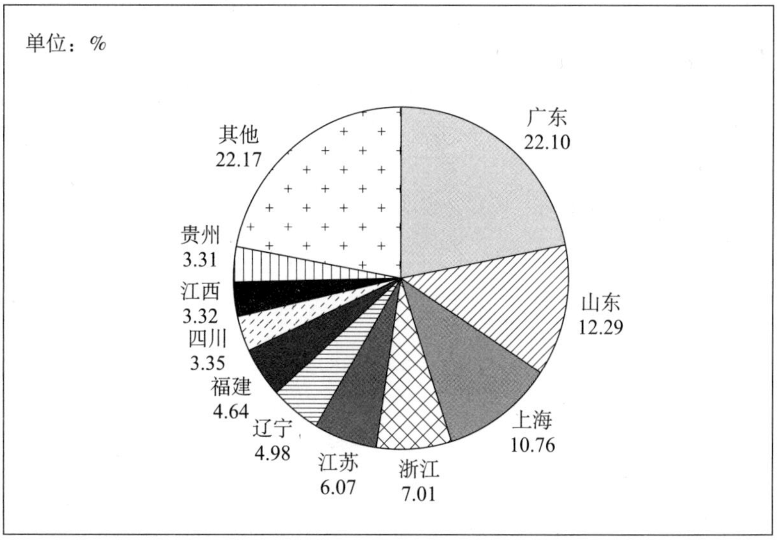

图 3－24 规模以上工业企业购买国内技术经费支出占全国比重图

数据来源：国家统计局，科学技术部．2018 中国科技统计年鉴［M］．北京：中国统计出版社，2018.

4. 国外引进指数四级指标框架及排名与分析

（1）指标框架

国外引进指数用规模以上工业企业技术引进、消化吸收经费支出来测度（见图 3－25）。

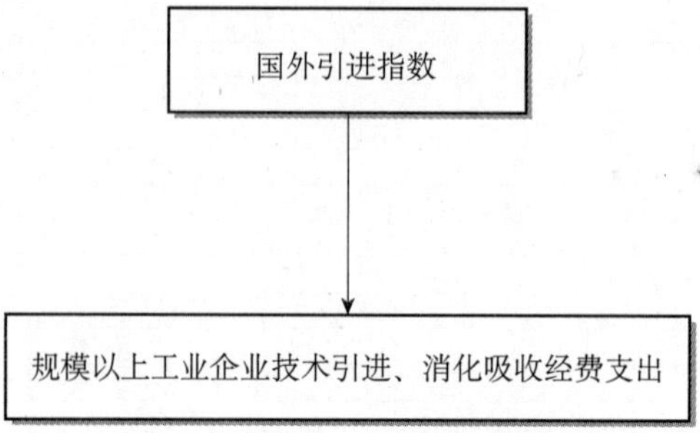

图 3－25 国外引进指数指标框架图

（2）国外引进指数具体指标分析

图 3－26 显示，海南—黑龙江是规模以上工业企业技术引进、消化吸收经费支出最少的 10 个省份，全部不足 5 亿元，但相对 2016 年已经有大幅提高；上海—辽宁是规模以上工业企业技术引进、消化吸收经费支出最多的 10 个省份，其中上海（143.90 亿元）、广东（98.50 亿元）居领先位置，领先于全国其他省份。上海相对 2016 年稍有回落，广东则有大幅度减少。

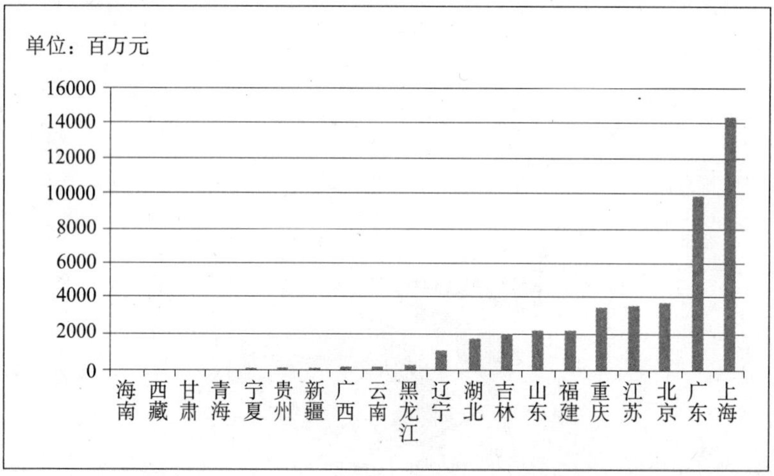

图 3－26 规模以上工业企业技术引进、消化吸收经费支出排名图

数据来源：国家统计局，科学技术部 . 2018 中国科技统计年鉴 [M]. 北京：中国统计出版社，2018.

图 3－27 显示，全国的规模以上工业企业技术引进、消化吸收经费支出相对集中。其中，上海（27.90%）、广东（19.10%）经费支出占比超过 15%，两者总计占全国总量的比重为 47%，接近一半；规模以上工业企业技术引进、消化吸收经费支出最多的 10 个省市占全国比重近 90%，超过五分之四。

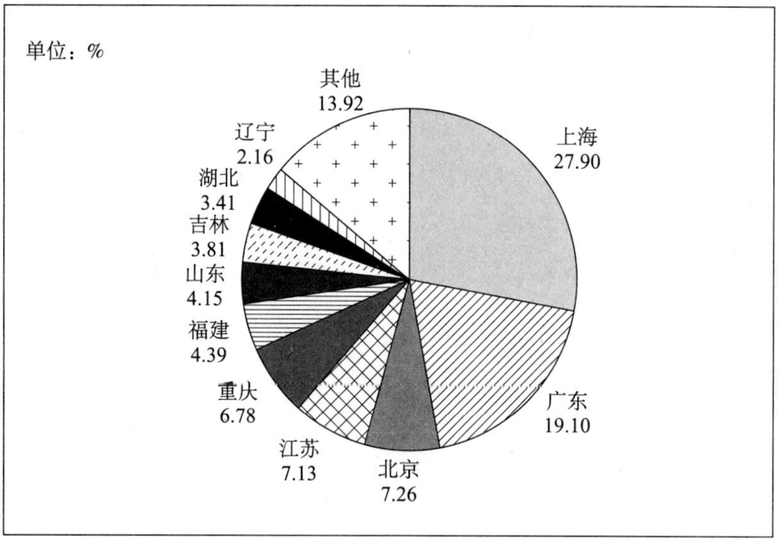

图 3－27　规模以上工业企业技术引进、消化吸收经费支出占全国比重图

数据来源：国家统计局，科学技术部．2018 中国科技统计年鉴［M］．北京：中国统计出版社，2018.

第四章　知识产权综合绩效指数各项指标排名与分析

一、知识产权综合绩效指数二级指标框架及排名与分析

1. 指标框架

知识产权综合绩效指数下设三个二级指标：宏观经济绩效指数、社会进步绩效指数、企业发展绩效指数（见图4－1、表4－1）。

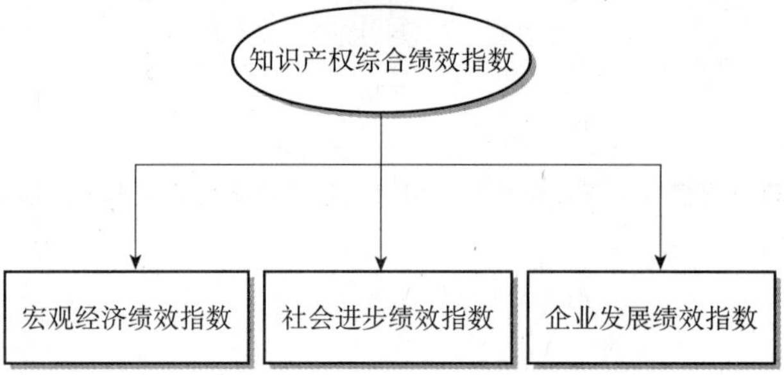

图4－1　知识产权综合绩效指数指标框架图

2. 指数及排名

表4－1　知识产权综合绩效指数及排名表

省　份	知识产权综合绩效		宏观经济绩效		社会进步绩效		企业发展绩效	
	指数	排名	指数	排名	指数	排名	指数	排名
上海	0.629	1	0.613	2	0.870	2	0.402	3
北京	0.598	2	0.610	3	0.902	1	0.282	9
浙江	0.562	3	0.480	7	0.706	3	0.501	2
江苏	0.545	4	0.681	1	0.682	5	0.272	10
广东	0.536	5	0.525	6	0.690	4	0.391	5
天津	0.527	6	0.586	4	0.610	6	0.384	6
重庆	0.466	7	0.541	5	0.459	16	0.399	4
湖南	0.410	8	0.431	14	0.473	14	0.327	7
安徽	0.401	9	0.430	15	0.477	12	0.295	8
湖北	0.397	10	0.463	10	0.476	13	0.251	11
福建	0.387	11	0.439	12	0.601	7	0.120	17
山东	0.378	12	0.433	13	0.528	9	0.172	14

续表 4－1

省　份	知识产权综合绩效		宏观经济绩效		社会进步绩效		企业发展绩效	
	指数	排名	指数	排名	指数	排名	指数	排名
陕西	0.362	13	0.476	8	0.537	8	0.073	24
河南	0.336	14	0.456	11	0.455	17	0.098	19
四川	0.334	15	0.464	9	0.446	19	0.092	21
吉林	0.326	16	0.336	18	0.469	15	0.173	13
河北	0.319	17	0.370	17	0.452	18	0.133	15
江西	0.313	18	0.381	16	0.427	22	0.131	16
山西	0.311	19	0.329	20	0.515	10	0.089	22
辽宁	0.308	20	0.287	23	0.428	21	0.209	12
西藏	0.278	21	0.133	30	0.194	31	0.506	1
广西	0.277	22	0.306	22	0.427	23	0.098	18
内蒙古	0.265	23	0.331	19	0.366	26	0.098	20
宁夏	0.253	24	0.231	24	0.442	20	0.086	23
海南	0.252	25	0.212	26	0.479	11	0.065	26
贵州	0.240	26	0.320	21	0.355	27	0.044	28
黑龙江	0.215	27	0.167	29	0.407	25	0.072	25
云南	0.198	28	0.221	25	0.309	30	0.062	27
青海	0.176	29	0.199	27	0.310	29	0.018	29
甘肃	0.174	30	0.183	28	0.331	28	0.009	30
新疆	0.173	31	0.101	31	0.413	24	0.005	31

知识产权综合绩效考察的是知识产权给当地经济和社会发展带来的影响。观察表 4－1 可以发现，知识产权综合绩效指数排名前 10 位的省份是：上海、北京、浙江、江苏、广东、天津、重庆、湖南、安徽和湖北，与指数报告 2018 基本相同。排名后 10 位的省份是：广西、内蒙古、宁夏、海南、贵州、黑龙江、云南、青海、甘肃和新疆。与指数报告 2018 相比，原排名第 18 位的内蒙古和排名第 21 位的海南下滑落入后 10 位。

从三个二级指标：宏观经济绩效指数、社会进步绩效指数和企业发展绩效指数来看，排在前 5 位的省份表现比较均衡，例如，上海在三个指标方面分别排名第 2 位、第 2 位和第 3 位。北京在三个指标方面分别排名第 3 位、第 1 位和第 9 位。广东分别排在第 6 位、第 4 位和第 5 位。但是后面的省份出现了较大的波动，重庆分别排在第 5 位、第 16 位和第 4 位，差异很大。

二、宏观经济绩效指数三级指标框架及排名与分析

1. 宏观经济绩效指数三级指标框架及指数排名

（1）指标框架

宏观经济绩效指数下设三个三级指标：经济发展水平指数、经济增长方式转变指数、经济结构优化指数（见图 4－2、表 4－2）。

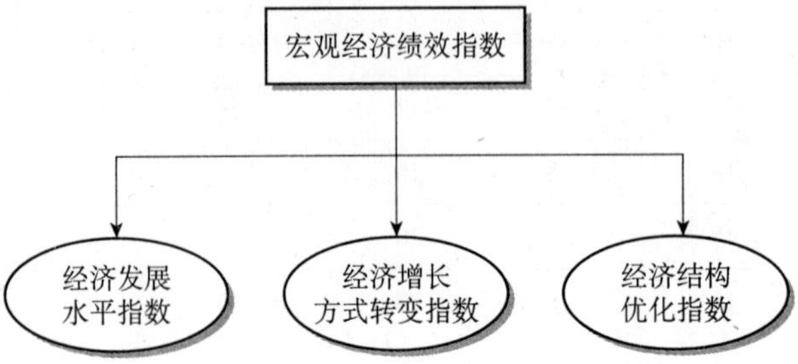

图 4－2　宏观经济绩效指数指标框架图

（2）指数及排名

表 4－2　知识产权宏观经济绩效指数及排名表

省　份	宏观经济绩效		经济发展水平		经济增长方式转变		经济结构优化	
	指数	排名	指数	排名	指数	排名	指数	排名
江苏	0.681	1	0.675	5	0.623	6	0.744	1
上海	0.613	2	0.992	1	0.540	14	0.308	12
北京	0.610	3	0.985	2	0.698	2	0.146	20
天津	0.586	4	0.790	3	0.683	3	0.284	14
重庆	0.541	5	0.418	9	0.630	5	0.575	5
广东	0.525	6	0.582	6	0.513	18	0.481	6
浙江	0.480	7	0.693	4	0.597	9	0.150	19
陕西	0.476	8	0.349	15	0.487	21	0.592	4
四川	0.464	9	0.251	23	0.516	17	0.625	3
湖北	0.463	10	0.351	13	0.598	8	0.440	7
河南	0.456	11	0.289	20	0.431	22	0.647	2
福建	0.439	12	0.521	7	0.581	11	0.215	16
山东	0.433	13	0.469	8	0.544	13	0.286	13
湖南	0.431	14	0.328	17	0.725	1	0.240	15
安徽	0.430	15	0.287	21	0.617	7	0.387	8
江西	0.381	16	0.294	19	0.536	15	0.312	11

续表 4－2

省份	宏观经济绩效		经济发展水平		经济增长方式转变		经济结构优化	
	指数	排名	指数	排名	指数	排名	指数	排名
河北	0.370	17	0.296	18	0.646	4	0.168	17
吉林	0.336	18	0.357	12	0.559	12	0.093	25
内蒙古	0.331	19	0.377	11	0.522	16	0.093	24
山西	0.329	20	0.349	14	0.253	29	0.385	9
贵州	0.320	21	0.144	29	0.495	20	0.320	10
广西	0.306	22	0.160	27	0.592	10	0.166	18
辽宁	0.287	23	0.389	10	0.362	24	0.111	22
宁夏	0.231	24	0.337	16	0.318	26	0.037	26
云南	0.221	25	0.156	28	0.399	23	0.109	23
海南	0.212	26	0.120	31	0.505	19	0.012	29
青海	0.199	27	0.275	22	0.312	27	0.012	30
甘肃	0.183	28	0.162	26	0.265	28	0.121	21
黑龙江	0.167	29	0.135	30	0.329	25	0.036	27
西藏	0.133	30	0.227	24	0.171	30	0.002	31
新疆	0.101	31	0.203	25	0.080	31	0.021	28

分析表 4－2 可以发现，宏观经济绩效指数排名前 10 位的省份是：江苏、上海、北京、天津、重庆、广东、浙江、陕西、四川和湖北，与指数报告 2018 大致相同，仅在排名上有轻微变化。排名后 10 位的省份是：广西、辽宁、宁夏、云南、海南、青海、甘肃、黑龙江、西藏和新疆，与指数报告 2018 也大致相同，同样仅在排名上有轻微的变化。

从总体来看，三个分项指标：经济发展水平指数、经济增长方式转变指数、经济结构优化指数这三个指标的排名一致性较强，反映出经济发展各层面的高度相关性。如北京、上海、天津、广东、江苏等经济发展绩效指数排名前列的省市，其经济发展水平指数、经济增长方式转变指数、经济结构优化指数排名也大致位居前列。

2. 经济发展水平指数四级指标框架及排名与分析

（1）指标框架

经济发展水平指数下设三个四级指标：非农经济比重、人均 GDP、城镇居民人均可支配收入（见图 4－3）。

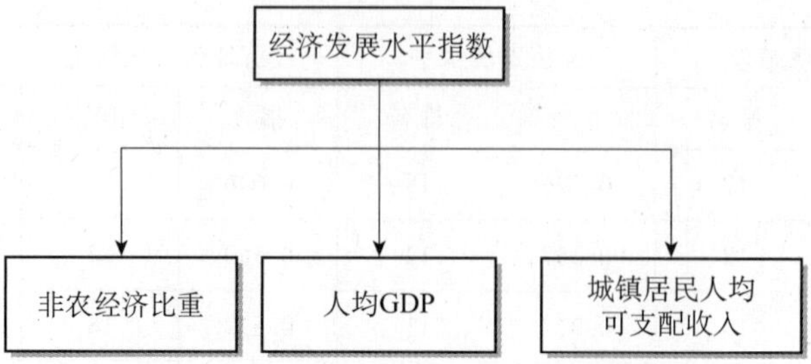

图 4－3　经济发展水平指数指标框架图

（2）经济发展水平指数具体指标分析

图 4－4 显示，非农经济比重是衡量区域第二三产业发展水平的一个重要指标。从整体来看，全国都比 2016 年有所提高，均在 75% 以上，从比例上看差距不大。但是，如果结合国内生产总值的总量来考虑，在体量上还是有相当的差距。海南—湖北是非农经济比重最低的 10 个省份，除湖北（90.05%）外全部不足 90%；上海—福建是非农经济比重最高的 10 个省份，其中超过 95% 的省份共有 7 个，比 2016 年增加两个，包括上海（99.64%）、北京（99.57%）、天津（99.09%）、浙江（96.26%）、广东（95.97%）、山西（95.37%）和江苏（95.29%）。

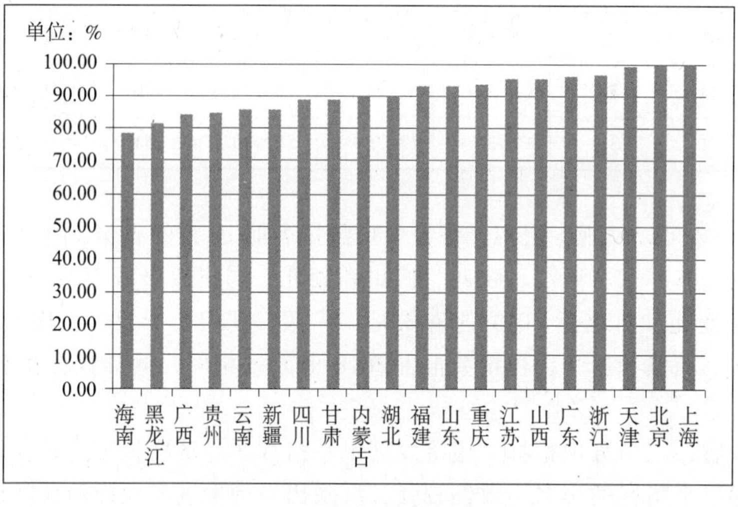

图 4－4　非农经济比重排名图

数据来源：国家统计局．2018 中国统计年鉴［M］．北京：中国统计出版社，2018.

图 4－5 显示，甘肃—青海是人均 GDP 最低的 10 个省份，全部不足 5 万元，但较 2016 年已有明显增长；北京—重庆是人均 GDP 最高的 10 个省份，其中北京（12.90 万元）、上海（12.67 万元）、天津（11.91 万元）的人均 GDP 在 12 万元左右，领先于全国其他省份。

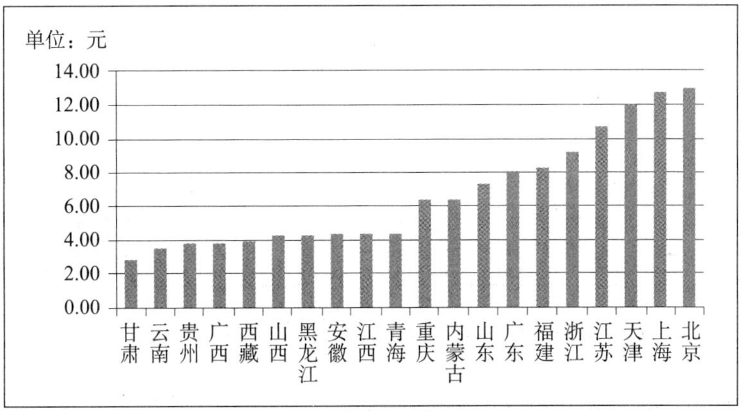

图 4-5　人均 GDP 排名图

数据来源：国家统计局. 2018 中国统计年鉴［M］. 北京：中国统计出版社，2018.

图 4-6 显示，该指标数据逐年稳定增长，西藏—宁夏是城镇居民人均可支配收入最低的 10 个省份，相互之间差异不大，其中最低的西藏城镇居民人均可支配收入为 1.5 万元；上海—内蒙古是城镇居民人均可支配收入最高的 10 个省份，呈阶梯状上升，其中上海（5.9 万元）、北京（5.7 万元）超过 5 万元，领先于全国其他省份。

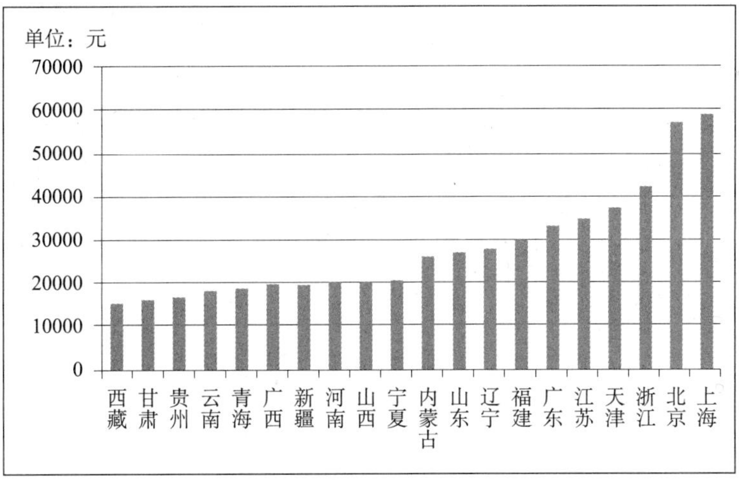

图 4-6　城镇居民人均可支配收入排名图

数据来源：国家统计局. 2018 中国统计年鉴［M］. 北京：中国统计出版社，2018.

3. 经济增长方式转变指数四级指标框架及排名与分析

（1）指标框架

经济增长方式转变指数下设两个四级指标：工业劳动生产率和综合能耗产出率

（见图 4－7）。

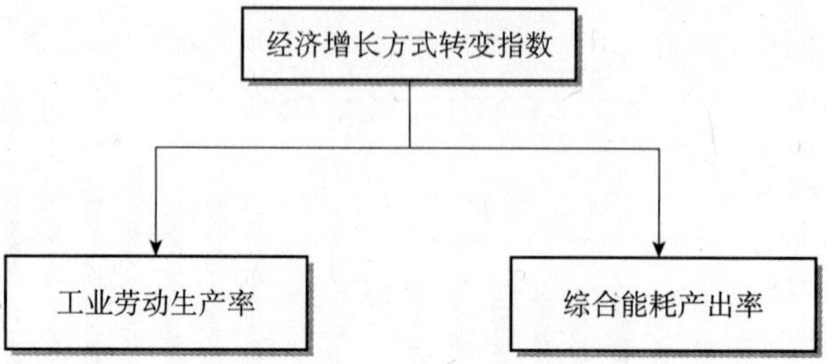

图 4－7　经济增长方式转变指数指标框架图

（2）经济增长方式转变指数具体指标分析

图 4－8 显示，全国各地工业劳动生产率差距很大，新疆—辽宁是工业劳动生产率最低的 10 个省份，均不足 50 万元/人，最低的西藏只有 9.71 万元/人；河北—吉林是工业劳动生产率最高的 10 个省份，其中，河北（98.12 万元/人）领先于全国其他省份。

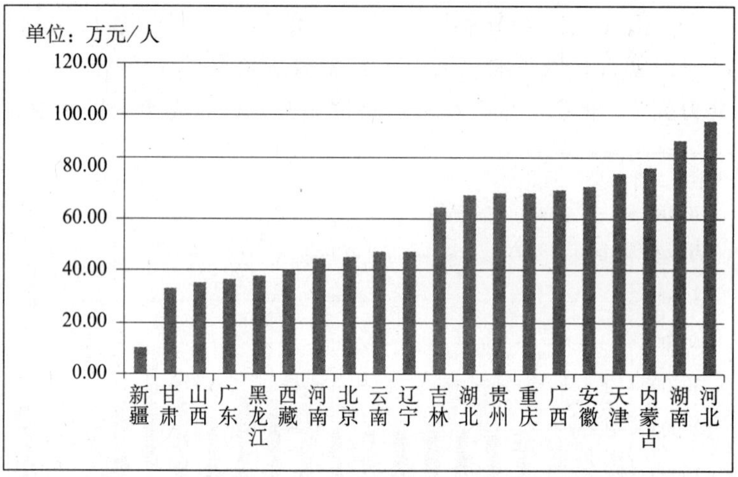

图 4－8　工业劳动生产率排名图

数据来源：课题组根据公开数据整理测算（2017）．中国科技统计网站 http：//www.sts.org.cn/zlhb/.

图 4－9 显示，西藏—贵州是综合能耗产出率最低的 10 个省份，而西藏的综合能耗产出率为 0，北京—海南是综合能耗产出率最高的 10 个省份。

4. 经济结构优化指数四级指标框架及排名与分析

（1）指标框架

经济结构优化指数下设两个四级指标：高技术产业投资额、高技术产品出口额占商品出口额比重（见图 4－10）。

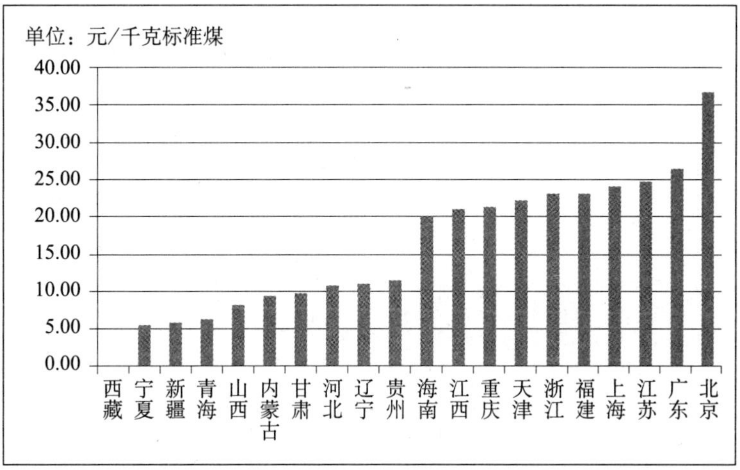

图4－9　综合能耗产出率排名图

数据来源：课题组根据公开数据整理测算（2017）. 中国科技统计网站 http：//www.sts.org.cn/zlhb/.

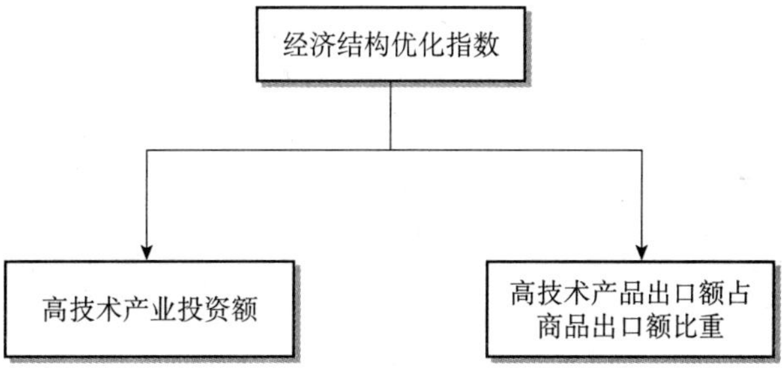

图4－10　经济结构优化指数指标框架图

（2）经济结构优化指数具体指标分析

图4－11显示，西藏—内蒙古是高技术产业投资额最低的10个省份，其中最低的西藏只有6亿元。排名后10位的省份除内蒙古、云南、黑龙江外，投资额均不足150亿元；江苏—重庆是投资额最高的10个省份，其中江苏为4069亿元，大幅度领先于其余省份。

图4－12显示，青海—山东是高技术产品出口额占商品出口额比重排名后10位的省份。陕西—天津是高技术产品出口额占商品出口额比重排名前10位的省份，总体呈递增态势，其中陕西最高，为77.68%，排在其后的四川（66.97%）、重庆（66.56%）和河南（65.71%）比重也超过65%。

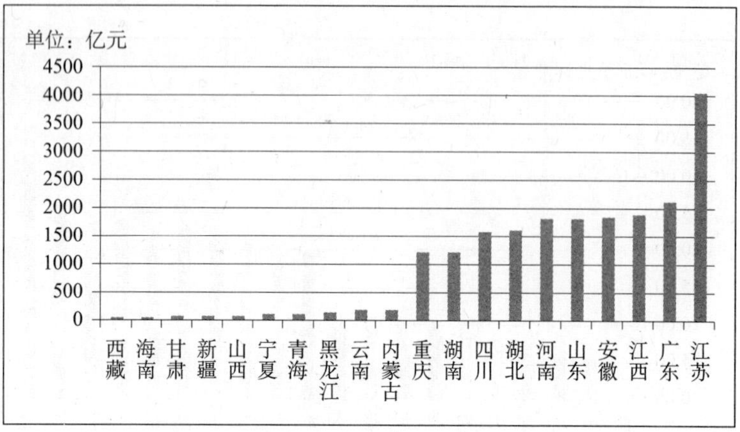

图 4－11 高技术产业投资额排名图

数据来源：课题组根据公开数据整理测算（2017）．中国科技统计网站 http：//www. sts. org. cn/zlhb/.

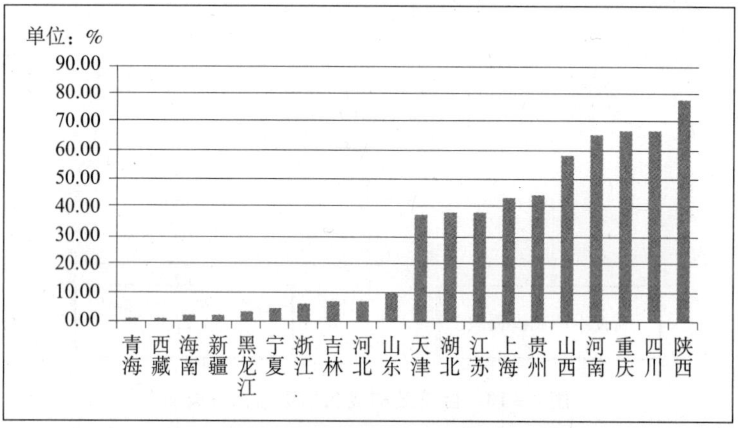

图 4－12 高技术产品出口额占商品出口额比重排名图

数据来源：课题组根据公开数据整理测算（2017）．中国科技统计网站 http：//www. sts. org. cn/zlhb/.

三、社会进步绩效指数三级指标框架及排名与分析

1. 社会进步绩效指数三级指标框架及指数排名

（1）指标框架

社会进步绩效指数下设四个三级指标：环境改善指数、社会发展指数、社会生活信息化指数以及文化进步指数（见图 4－13、表 4－3）。

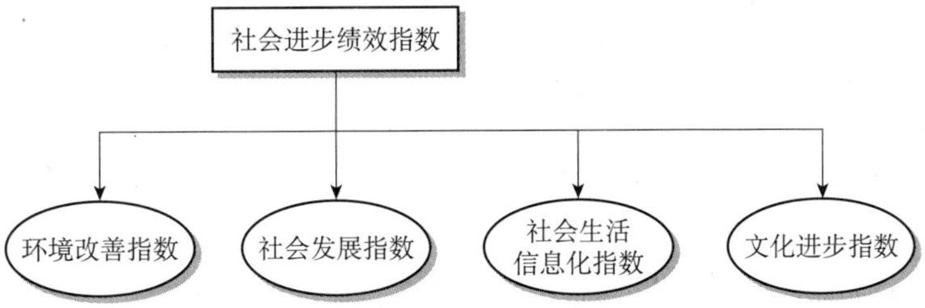

图 4-13　社会进步绩效指数指标框架图

(2) 指数及排名

表 4-3　知识产权社会进步绩效指数及排名表

省份	社会进步绩效		环境改善		社会发展		社会生活信息化		文化进步	
	指数	排名	指数	排名	指数	排名	指数	排名	指数	排名
北京	0.902	1	0.699	2	0.993	2	1.000	1	0.914	2
上海	0.870	2	0.906	1	1.000	1	0.766	2	0.810	3
浙江	0.706	3	0.605	12	0.791	4	0.642	4	0.786	4
广东	0.690	4	0.605	11	0.688	6	0.744	3	0.724	6
江苏	0.682	5	0.630	8	0.700	5	0.399	8	1.000	1
天津	0.610	6	0.536	19	0.887	3	0.463	7	0.554	14
福建	0.601	7	0.643	4	0.628	12	0.572	5	0.560	13
陕西	0.537	8	0.507	22	0.538	21	0.345	11	0.756	5
山东	0.528	9	0.641	5	0.686	7	0.298	18	0.488	23
山西	0.515	10	0.527	20	0.558	17	0.328	14	0.649	8
海南	0.479	11	0.547	17	0.673	9	0.328	13	0.368	28
安徽	0.477	12	0.566	15	0.571	15	0.076	29	0.696	7
湖北	0.476	13	0.582	14	0.554	18	0.203	21	0.566	12
湖南	0.473	14	0.640	6	0.540	20	0.101	28	0.610	9
吉林	0.469	15	0.358	28	0.662	10	0.303	17	0.553	15
重庆	0.459	16	0.550	16	0.623	13	0.317	15	0.346	30
河南	0.455	17	0.629	9	0.530	22	0.122	27	0.541	18
河北	0.452	18	0.527	21	0.562	16	0.310	16	0.410	25
四川	0.446	19	0.606	10	0.544	19	0.141	25	0.492	22
宁夏	0.442	20	0.471	24	0.430	25	0.354	10	0.512	21
辽宁	0.428	21	0.018	31	0.679	8	0.474	6	0.542	17
江西	0.427	22	0.547	18	0.509	24	0.062	31	0.588	10
广西	0.427	23	0.405	26	0.574	14	0.159	23	0.568	11
新疆	0.413	24	0.645	3	0.345	26	0.287	19	0.376	27
黑龙江	0.407	25	0.371	27	0.646	11	0.220	20	0.389	26

续表 4-3

省份	社会进步绩效		环境改善		社会发展		社会生活信息化		文化进步	
	指数	排名	指数	排名	指数	排名	指数	排名	指数	排名
内蒙古	0.366	26	0.050	30	0.518	23	0.354	9	0.543	16
贵州	0.355	27	0.479	23	0.242	28	0.159	22	0.540	19
甘肃	0.331	28	0.332	29	0.335	27	0.143	24	0.515	20
青海	0.310	29	0.411	25	0.148	29	0.332	12	0.347	29
云南	0.309	30	0.582	13	0.113	30	0.069	30	0.473	24
西藏	0.194	31	0.635	7	0.000	31	0.140	26	0.000	31

观察表 4-3 可以发现，社会进步绩效指数排名前 10 位的省份是：北京、上海、浙江、广东、江苏、天津、福建、陕西、山东和山西。排名后 10 位的省份是：江西、广西、新疆、黑龙江、内蒙古、贵州、甘肃、青海、云南和西藏。

从分项指标看，环境改善、社会发展、社会生活信息化、文化发展反映社会生活的方方面面，各个省份的表现并不均衡。尤其是环境改善指数和文化进步指数两个分项指数。环境改善指数方面，浙江、天津、陕西等社会进步绩效指数排名前 10 的省市表现却很差，分别为第 12、19、22 位，表明了经济发展在一定程度上以损失环境为代价。文化发展指数和当地文化环境和氛围紧密相关，除去江苏、北京、上海等省市之外，安徽、湖南等省份也表现抢眼。

2. 环境改善指数四级指标框架及排名与分析

（1）指标框架

环境改善指数下设两个四级指标：单位 GDP 电耗下降率、单位 GDP 二氧化硫排放下降率（见图 4-14）。

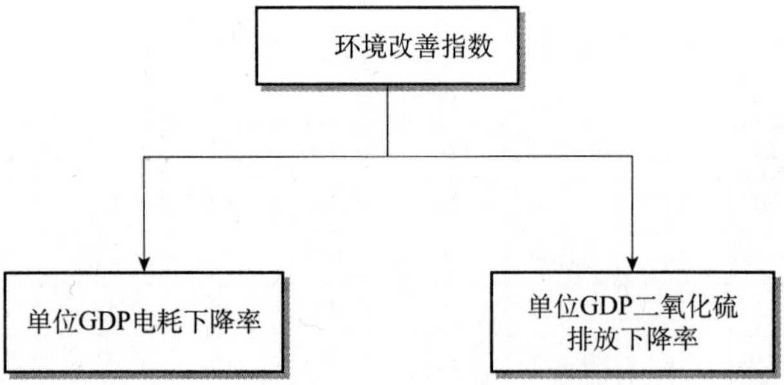

图 4-14 环境改善指数指标框架图

（2）环境改善指数具体指标分析

从图 4-15 中可以看出，辽宁—河北是单位 GDP 电耗下降率排名后 10 的省份，其中辽宁和内蒙古的下降率均低于负 20%；新疆—安徽是单位 GDP 电耗下降率排名前 10 的省份。总体来看，指数变化较为平滑，新疆、贵州业不太发达地区表现抢眼。而福建、重庆的表现也不错。

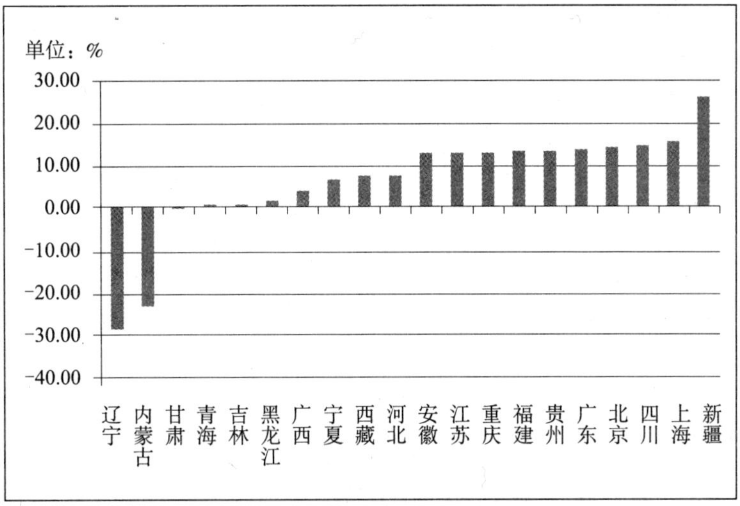

图 4－15　单位 GDP 电耗下降率排名图

数据来源：课题组根据公开数据整理测算（2017）. 中国科技统计网站 http：//www. sts. org. cn/zlhb/.

图 4－16 显示，内蒙古—宁夏是单位 GDP 二氧化硫排放下降率排名最低的 10 个省份，大部分是中西部省份；上海—云南是单位 GDP 二氧化硫排放下降率排名最高的 10 个省份，其中上海的单位 GDP 二氧化硫排放下降率最高，为 79. 56%，其他省份整体差异不大。单位 GDP 二氧化硫排放下降率可以反映各地对于环境治理和保护的重视程度，有些东部沿海经济发展较快地区着手“反哺”环境，同样也有一些传统上环境较好的省市也很重视保持，防患于未然。

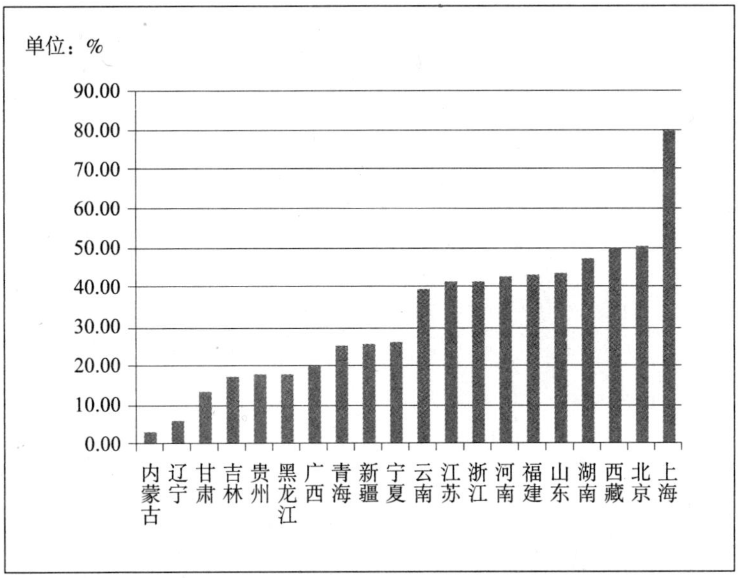

图 4－16　单位 GDP 二氧化硫排放下降率排名图

数据来源：课题组根据公开数据整理测算（2017）. 中国科技统计网站 http：//www. sts. org. cn/zlhb/.

3. 社会发展指数四级指标框架及排名与分析

（1）指标框架

社会发展指数用人口平均预期寿命来衡量（见图 4－17）。

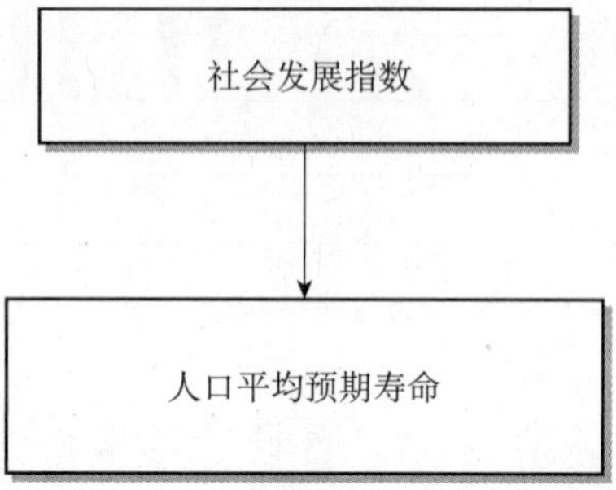

图 4－17　社会发展指数指标框架图

（2）社会发展指数具体指标分析

图 4－18 显示，全国各地人口预期寿命指数还是存在较大的差异。西藏—河南是人口平均预期寿命最短的 10 个省份，西藏（68.17）、云南（69.54）、青海（69.96）人口平均预期寿命均未达到 70 岁。而上海—吉林是人口平均预期寿命最长的 10 个省份，上海的人口平均预期寿命最长，为 80 岁。地区经济发展程度、生态环境、物质基础、医疗设施等因素，在很大程度上影响到当地的人口寿命的长短。排名第一的上海竟然比末位的西藏高出近 12 年，令人唏嘘。

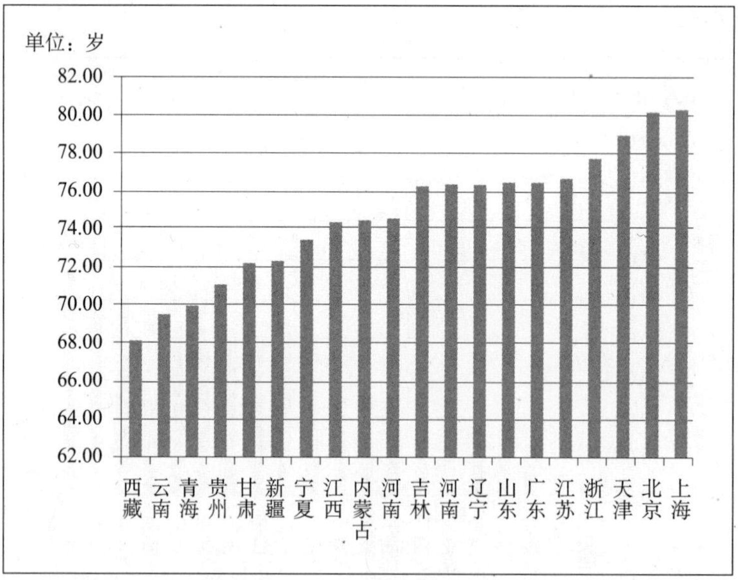

图 4－18　人口平均预期寿命排名图

数据来源：国家统计局．2018 中国统计年鉴［M］．北京：中国统计出版社，2018.

4. 社会生活信息化指数四级指标框架及排名与分析

（1）指标框架

社会生活信息化指数下设两个四级指标：互联网普及率和移动电话普及率（见图 4－19）。

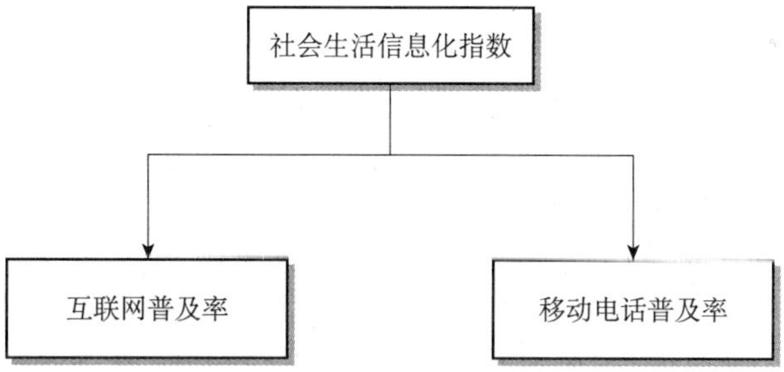

图 4－19　社会生活信息化指数指标框架图

（2）社会生活信息化指数具体指标分析

图 4－20 显示，云南—西藏是互联网普及率最低的 10 个省份，云南省互联网普及率最低，不足 39.9%，也就是说五分之三以上的家庭没有接入互联网。其中，云南最低，为 37.4%，但同比已有较大幅度增长；北京—新疆是互联网普及率最高的 10 个省份，其中位居前两位的北京（77.8%）、上海（74.1%）广东（74.0%）的互联网普及率超过了 70%，领先于其他省份。

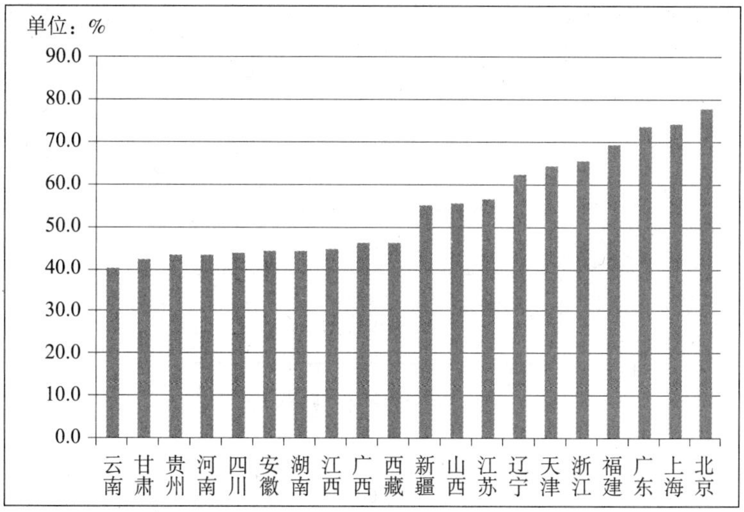

图 4－20　互联网普及率排名图

数据来源：国家统计局．2018 中国统计年鉴［M］．北京：中国统计出版社，2018.

图 4－21 显示，江西—四川是移动电话普及率最低的 10 个省份，最低的江西为 74. 6 部/百人；北京—辽宁是移动电话普及率最高的 10 个省份，其中北京高达 172. 9 部/百人，相当于平均每人拥有近 2 部移动电话。

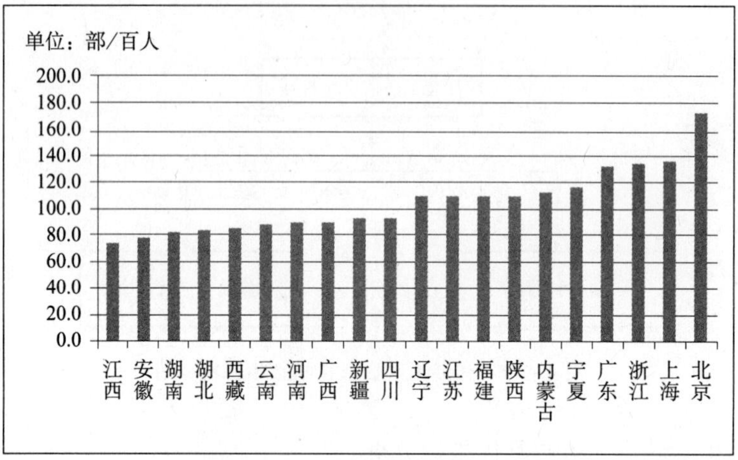

图 4－21 移动电话普及率排名图

数据来源：国家统计局 . 2018 中国统计年鉴［M］. 北京：中国统计出版社，2018.

5. 文化进步指数四级指标框架及排名与分析

（1）指标框架

文化进步指数是新增部分，用以反映知识产权的发展对文化的促进作用，知识产权的发展促进文化的传承、传播与创新，文化进步指数用各地区城镇居民家庭每人全年消费支出中文化领域占比来衡量（见图 4－22）。

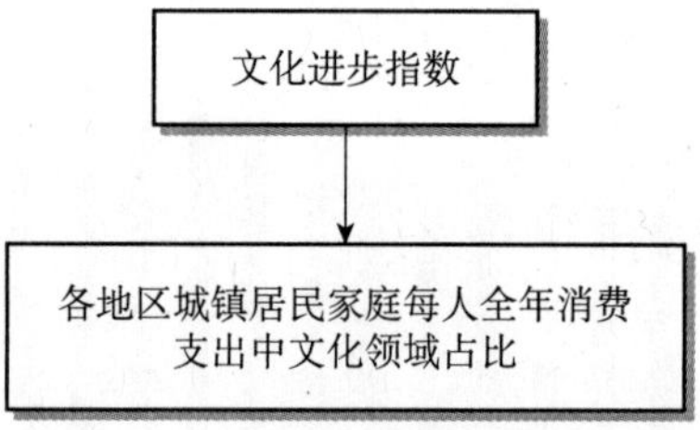

图 4－22 文化进步指数指标框架图

（2）文化进步指数具体指标分析

图 4－23 显示，各地区城镇居民家庭每人全年消费支出中文化领域占比整体呈现渐增态势，西藏最低；江苏最高，大多数省份数据较 2016 年、2015 年均有不同程度的增长，尤其是西部地区，比如西藏、青海等省份，表明随着生活水准的提高，以及消费观念的改变，文化消费开始成为日常消费的重要构成。

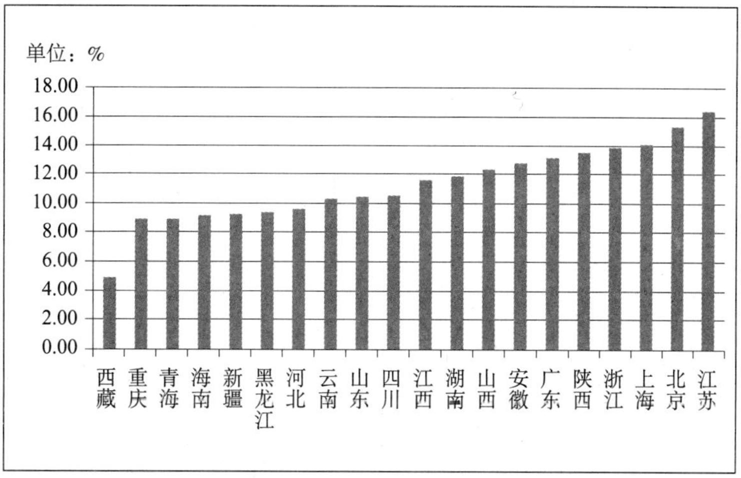

图 4－23　各地区城镇居民家庭每人全年消费支出中文化领域占比排名图

数据来源：国家统计局．2018 中国统计年鉴［M］．北京：中国统计出版社，2018.

四、企业发展绩效指数三级指标框架及排名与分析

1．企业发展绩效指数三级指标框架及指数排名

（1）指标框架

企业发展绩效指数用产品升级指数和设备更新指数来度量（见图 4－24、表 4－4）。

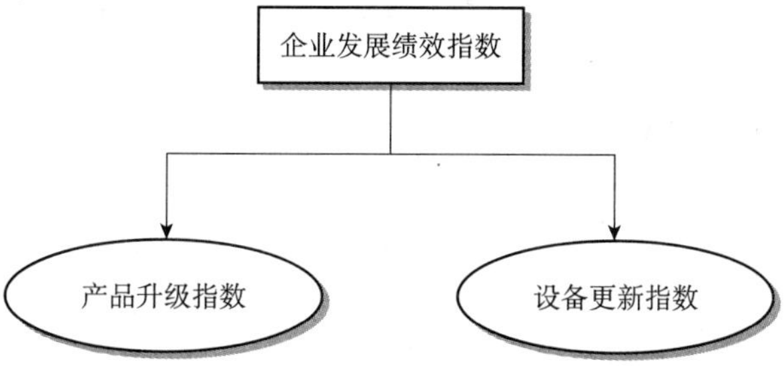

图 4－24　企业发展绩效指标框架图

（2）指数及排名

表 4－4　　知识产权企业发展绩效指数及排名表

省　份	企业发展绩效		产品升级		设备更新	
	指数	排名	指数	排名	指数	排名
西藏	0.506	1	0.012	29	1.000	1
浙江	0.501	2	1.000	1	0.002	27
上海	0.402	3	0.801	2	0.003	26

续表 4-4

省份	企业发展绩效		产品升级		设备更新	
	指数	排名	指数	排名	指数	排名
重庆	0.399	4	0.767	4	0.031	4
广东	0.391	5	0.782	3	0.000	30
天津	0.384	6	0.758	5	0.010	18
湖南	0.327	7	0.640	6	0.014	16
安徽	0.295	8	0.586	7	0.004	24
北京	0.282	9	0.563	8	0.002	28
江苏	0.272	10	0.538	9	0.006	22
湖北	0.251	11	0.475	10	0.027	7
辽宁	0.209	12	0.416	11	0.001	29
吉林	0.173	13	0.340	12	0.007	21
山东	0.172	14	0.314	13	0.030	6
河北	0.133	15	0.251	15	0.015	14
江西	0.131	16	0.263	14	0.000	31
福建	0.120	17	0.205	16	0.034	3
广西	0.098	18	0.192	17	0.004	25
河南	0.098	19	0.172	18	0.024	9
内蒙古	0.098	20	0.142	22	0.053	2
四川	0.092	21	0.171	19	0.013	17
山西	0.089	22	0.164	20	0.015	13
宁夏	0.086	23	0.149	21	0.023	10
陕西	0.073	24	0.120	24	0.026	8
黑龙江	0.072	25	0.137	23	0.008	20
海南	0.065	26	0.114	25	0.015	15
云南	0.062	27	0.102	26	0.023	11
贵州	0.044	28	0.058	27	0.030	5
青海	0.018	29	0.032	28	0.004	23
甘肃	0.009	30	0.002	30	0.016	12
新疆	0.005	31	0.000	31	0.009	19

观察表 4-4 可以发现，企业发展绩效指数排名前 10 位的省份是：西藏、浙江、上海、重庆、广东、天津、湖南、安徽、北京和江苏。除了传统的东部沿海省份外，西藏和重庆也位列其中。这看似“出乎意料”的结果，实际上已经成为多年以来的趋势。这也客观反映了报告选取部分相对指标的结果。排名后 10 位的省份是：山西、宁夏、

陕西、黑龙江、海南、云南、贵州、青海、甘肃和新疆。

从两个分项指数：产品升级指数和设备更新指数来看，两者之间的表现有些时候差距极大。譬如，浙江的产品升级指数排名第 1 位，而设备更新指数仅排在第 27 位，主要原因可能是设备更新存在一定的周期性。同样，西藏和内蒙古的产品升级指数分别排名第 29 和 22 位，设备更新指数却分别排在第 1、2 位。

2. 产品升级指数四级指标框架及排名与分析

（1）指标框架

产品升级指数采用规模以上工业企业新产品销售收入占主营业务收入比重指标进行评价（见图 4－25）。

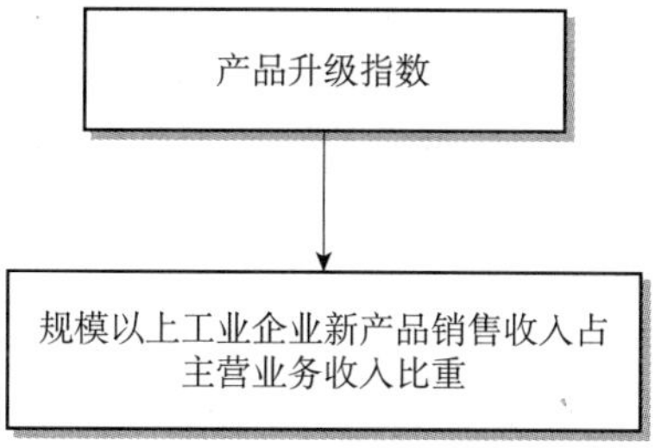

图 4－25　产品升级指数指标框架图

（2）产品升级指数具体指标分析

图 4－26 显示，新疆—内蒙古是规模以上工业企业新产品销售收入占主营业务收入比重最低的 10 个省份，均不足 10%；浙江—湖北是比重最高的 10 个省份，其中浙江（32.16%）位居第一。从总体上看，全国普遍比 2016 年提高有限，反映了企业在新产品的推出以及市场推广力度方面有待加强。

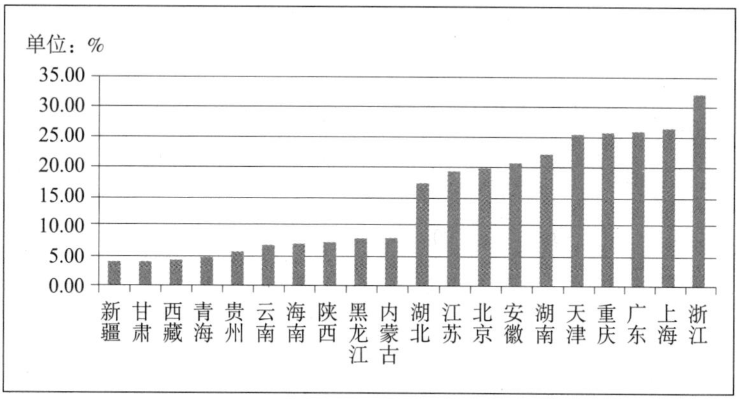

图 4－26　规模以上工业企业新产品销售收入占主营业务收入比重排名图

数据来源：国家统计局，科学技术部 . 2018 中国科技统计年鉴［M］. 北京：中国统计出版社，2018.

3. 设备更新指数四级指标框架及排名与分析

（1）指标框架

设备更新指数采用规模以上工业企业 R&D 仪器和设备更新情况进行评价（见表 4－27）。

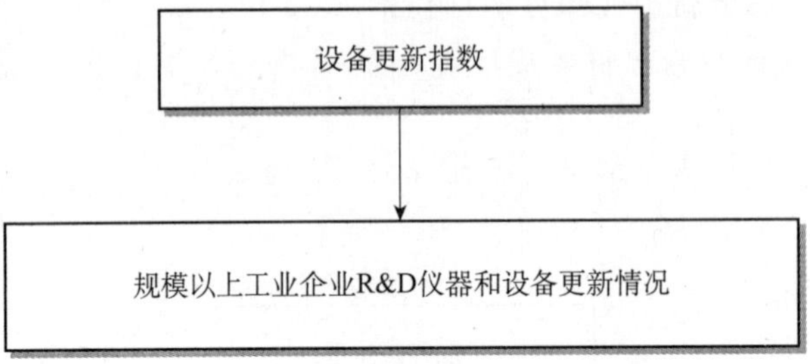

图 4－27　设备更新指数指标框架图

（2）设备更新指数具体指标分析

图 4－28 显示，规模以上工业企业 R&D 仪器和设备更新情况考察规模以上工业企业 R&D 内部经费仪器和设备支出与规模以上工业企业 R&D 仪器和设备原价的比值。江西—江苏是规模以上工业企业 R&D 仪器和设备更新比重最低的 10 个省份，均不足 15%。西藏—宁夏是比重最高的 10 个省份，其中，西藏比重约为 791.40%，大幅领先全国。排名靠前的省市大多为中西部地区省份，一方面由于这几个省份加大了新技术和设备的投入力度；另一方面也体现了中西部地区省份规模以上工业企业数量较少、原技术和设备基础薄弱的局面。

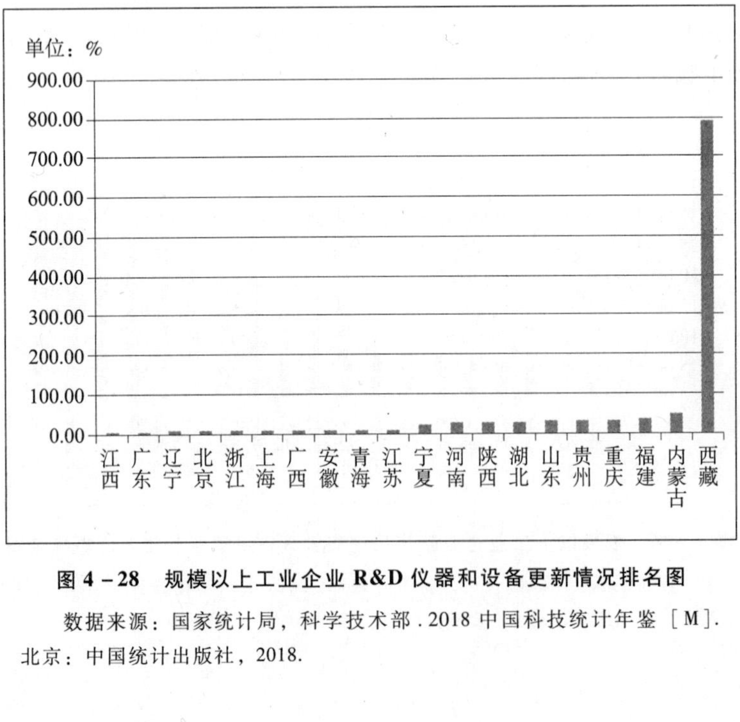

图 4－28　规模以上工业企业 R&D 仪器和设备更新情况排名图

数据来源：国家统计局，科学技术部．2018 中国科技统计年鉴［M］．北京：中国统计出版社，2018.

第五章　知识产权创造潜力指数各项指标排名与分析

一、知识产权创造潜力指数二级指标框架及排名与分析

1. 指标框架

知识产权创造潜力指数下设六个二级指标：创造投入指数、创造成果指数、创造环境指数、知识产权试点示范指数、企业创造潜力指数、知识产权行政保护指数（见图5－1、表5－1）。

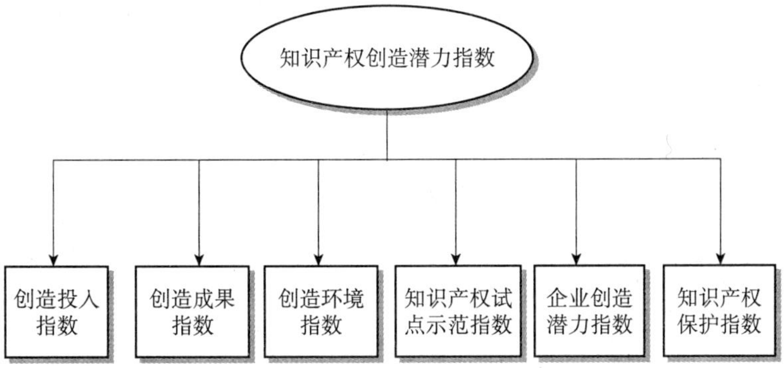

图5－1　知识产权创造潜力指数指标框架图

2. 指数及排名

表5－1　知识产权创造潜力指数及排名表

省份	创造潜力		创造投入		创造成果		创造环境		知识产权试点示范		企业创造潜力		知识产权保护	
	指数	排名	指数	排名	指数	排名	指数	排名	指数	排名	指数	排名	指数	排名
广东	0.648	1	0.496	3	0.595	1	0.529	3	0.775	1	0.845	1	0.649	2
江苏	0.606	2	0.680	2	0.462	3	0.525	4	0.731	2	0.743	2	0.495	3
北京	0.518	3	0.460	6	0.572	2	0.647	1	0.689	3	0.524	4	0.214	9
浙江	0.518	4	0.479	4	0.276	7	0.458	5	0.472	4	0.649	3	0.772	1
山东	0.419	5	0.732	1	0.224	9	0.408	6	0.371	5	0.487	6	0.295	4
上海	0.346	6	0.301	14	0.345	4	0.539	2	0.266	8	0.521	5	0.105	14
湖北	0.315	7	0.380	8	0.240	8	0.406	7	0.218	10	0.360	11	0.283	5
安徽	0.300	8	0.326	12	0.149	17	0.369	8	0.306	7	0.386	10	0.263	7
湖南	0.290	9	0.416	7	0.169	15	0.334	11	0.145	17	0.411	8	0.268	6

续表 5－1

省份	创造潜力		创造投入		创造成果		创造环境		知识产权试点示范		企业创造潜力		知识产权保护	
	指数	排名	指数	排名	指数	排名	指数	排名	指数	排名	指数	排名	指数	排名
河南	0.269	10	0.476	5	0.094	20	0.340	10	0.263	9	0.229	20	0.214	10
陕西	0.269	11	0.350	11	0.330	5	0.360	9	0.188	14	0.284	14	0.102	15
四川	0.268	12	0.324	13	0.208	11	0.305	15	0.319	6	0.283	15	0.168	12
福建	0.248	13	0.372	9	0.109	18	0.317	14	0.197	11	0.300	13	0.192	11
天津	0.238	14	0.248	15	0.173	14	0.322	13	0.163	15	0.474	7	0.051	20
河北	0.224	15	0.365	10	0.079	23	0.301	16	0.196	13	0.247	18	0.155	13
重庆	0.207	16	0.241	16	0.156	16	0.243	21	0.149	16	0.409	9	0.042	22
辽宁	0.203	17	0.146	23	0.223	10	0.257	19	0.197	12	0.335	12	0.061	17
江西	0.183	18	0.221	17	0.108	19	0.324	12	0.139	18	0.250	16	0.058	18
黑龙江	0.172	19	0.124	24	0.297	6	0.185	27	0.136	19	0.250	17	0.037	23
贵州	0.164	20	0.205	19	0.042	27	0.274	17	0.059	25	0.187	24	0.219	8
云南	0.152	21	0.214	18	0.072	25	0.251	20	0.091	22	0.236	19	0.048	21
甘肃	0.144	22	0.114	26	0.191	13	0.232	23	0.079	23	0.197	22	0.053	19
吉林	0.142	23	0.151	22	0.203	12	0.197	25	0.101	20	0.186	25	0.015	27
广西	0.126	24	0.200	20	0.056	26	0.268	18	0.054	26	0.103	30	0.078	16
山西	0.118	25	0.079	28	0.080	22	0.240	22	0.094	21	0.184	26	0.032	25
内蒙古	0.114	26	0.198	21	0.029	29	0.178	30	0.054	26	0.195	23	0.029	26
新疆	0.105	27	0.121	25	0.082	21	0.204	24	0.051	28	0.135	28	0.036	24
宁夏	0.095	28	0.112	27	0.017	30	0.196	26	0.033	30	0.209	21	0.004	30
海南	0.085	29	0.055	29	0.073	24	0.180	29	0.041	29	0.156	27	0.005	28
青海	0.067	30	0.052	30	0.030	28	0.149	31	0.063	24	0.107	29	0.005	29
西藏	0.037	31	0.016	31	0.000	31	0.180	28	0.000	31	0.024	31	0.000	31

分析表 5－1 可以发现，创造潜力指数排名前 10 位的省份是：广东、江苏、北京、浙江、山东、上海、湖北、安徽、湖南和河南，较指数报告 2018 变化不大，指数报告 2018 中排名前 10 位的天津跌到第 14 位。排名后 10 位的省份是：甘肃、吉林、广西、山西、内蒙古、新疆、宁夏、海南、青海和西藏。

整体看来，创造潜力指数排名较为稳定，各省份之间变动不大，东部省份仍然占据一定优势，前 10 位中只有湖南、湖北、河南三个省份是中西部省份。但是，我们在第二章的变异指数分析也表明，虽然排名落后，但是实际之间的差距并不大。

从分项指数来看，创造投入指数、创造成果指数、创造环境指数、知识产权试点示范指数、企业创造潜力指数、知识产权保护指数这六个指标是从不同维度对区域知识产权创造潜力进行度量和分析，因此其表现情况差别较大，总体不存在显著的一致性。

二、知识产权创造投入指数三级指标框架及排名与分析

1. 创造投入指数三级指标框架及指数排名

（1）指标框架

创造投入指数下设四个三级指标：人才投入指数、资本投入指数、文化投入指数和基础设施投入指数（见图5－2、表5－2）。

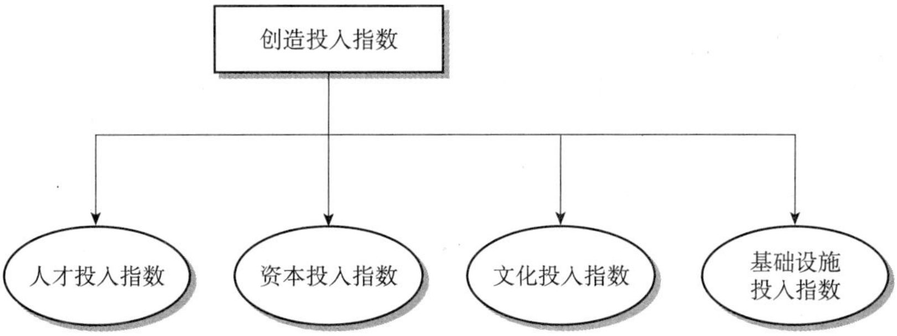

图5－2　创造投入指数指标框架图

（2）指数及排名

表5－2　知识产权创造投入指数及排名表

省份	创造投入		人才投入		资本投入		文化投入		基础设施投入	
	指数	排名	指数	排名	指数	排名	指数	排名	指数	排名
山东	0.732	1	0.390	6	0.537	3	1.000	1	1.000	1
江苏	0.680	2	0.742	1	0.467	4	0.546	4	0.964	2
广东	0.496	3	0.703	3	0.323	12	0.288	14	0.672	4
浙江	0.479	4	0.612	4	0.266	16	0.480	6	0.558	9
河南	0.476	5	0.201	11	0.241	17	0.663	2	0.799	3
北京	0.460	6	0.738	2	0.901	1	0.080	24	0.120	23
湖南	0.416	7	0.179	13	0.266	15	0.655	3	0.563	7
湖北	0.380	8	0.215	9	0.354	8	0.379	9	0.569	6
福建	0.372	9	0.253	8	0.352	9	0.424	7	0.459	11
河北	0.365	10	0.148	17	0.211	22	0.508	5	0.591	5
陕西	0.350	11	0.177	14	0.433	5	0.381	8	0.410	12
安徽	0.326	12	0.206	10	0.350	10	0.235	15	0.513	10
四川	0.324	13	0.189	12	0.240	18	0.303	11	0.562	8
上海	0.301	14	0.449	5	0.629	2	0.025	29	0.099	24

续表 5－2

省 份	创造投入		人才投入		资本投入		文化投入		基础设施投入	
	指数	排名	指数	排名	指数	排名	指数	排名	指数	排名
天津	0.248	15	0.372	7	0.381	7	0.063	26	0.175	22
重庆	0.241	16	0.170	15	0.391	6	0.109	22	0.292	16
江西	0.221	17	0.094	19	0.237	19	0.176	17	0.378	13
云南	0.214	18	0.065	22	0.177	23	0.294	13	0.319	15
贵州	0.205	19	0.045	26	0.216	21	0.304	10	0.254	17
广西	0.200	20	0.052	25	0.104	29	0.295	12	0.348	14
内蒙古	0.198	21	0.062	23	0.295	13	0.210	16	0.226	18
吉林	0.151	22	0.106	18	0.155	24	0.131	19	0.212	19
辽宁	0.146	23	0.152	16	0.276	14	0.067	25	0.088	25
黑龙江	0.124	24	0.073	21	0.132	25	0.116	21	0.175	21
新疆	0.121	25	0.025	30	0.129	26	0.139	18	0.190	20
甘肃	0.114	26	0.043	27	0.235	20	0.103	23	0.072	27
宁夏	0.112	27	0.058	24	0.334	11	0.024	30	0.033	30
山西	0.079	28	0.080	20	0.129	27	0.030	28	0.076	26
海南	0.055	29	0.026	29	0.027	31	0.125	20	0.043	28
青海	0.052	30	0.029	28	0.111	28	0.032	27	0.036	29
西藏	0.016	31	0.000	31	0.065	30	0.000	31	0.000	31

观察表 5－2 可以得出以下结论：创造投入指数排名前 10 位的省份是：山东、江苏、广东、浙江、河南、北京、湖南、湖北、福建和河北。在雄安新区建设、京津冀协同逐渐加速的背景下，河北预计未来将持续向好。排名后 10 位的省份是：吉林、辽宁、黑龙江、新疆、甘肃、宁夏、山西、海南、青海和西藏。

总体来看，与前几年类似，人才投入指数和资本投入指数的一致性较强，东部和中部地区相对于西部，人力资源和财力资源都更为集中，因此人才投入指数和资本投入指数较高，排名靠前，但是文化投入指数存在一定的独立性。人才投入指数和资本投入指数靠前的省市，文化投入指数排名不一定高，譬如，北京的人才投入指数和资本投入指数都处于第 2 位，但是文化投入指数却仅位于第 24 位。上海亦是如此，人才投入指数和资本投入指数分别处于第 5 和第 2 位，但是文化投入指数也仅处于第 29 位。部分是因为对于文化产业的重视程度不够，也有可能是文化产业发展的空间不够。但人才投入指数和资本投入指数靠后的省市，文化投入指数排名也相对靠后，主要是由于经济体量相对较小的省份，对文化产业投入的绝对值相应受到限制。

2. 人才投入指数四级指标框架及排名与分析

（1）指标框架

人才投入指数下设两个四级指标：R&D 人员全时当量总计、万人口 R&D 活动人员数（见图 5－3）。

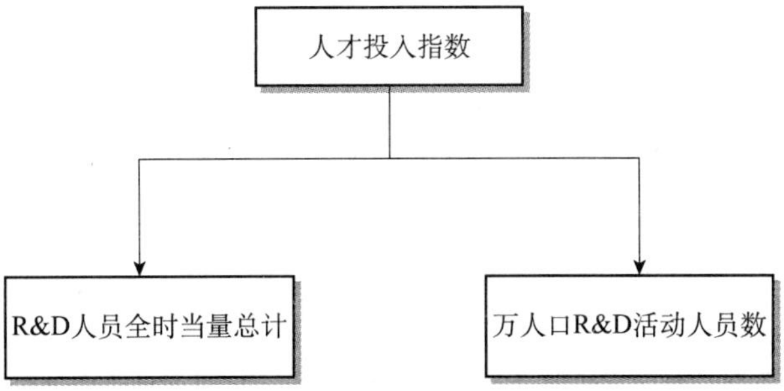

图 5－3　人才投入指数指标框架图

（2）人才投入指数具体指标分析

图 5－4 显示，西藏—吉林是 R&D 人员全时当量总计最少的 10 个省份，R&D 人员全时当量总计均不足 50000 人年，其中西藏、青海、海南和宁夏不足 10000 人年；广东—福建是 R&D 人员全时当量总计最多的 10 个省份，其中江苏（560002 人年）和广东（565287 人年）远高于全国其他省份，江苏更是在高基数的前提下，连年保持增长。

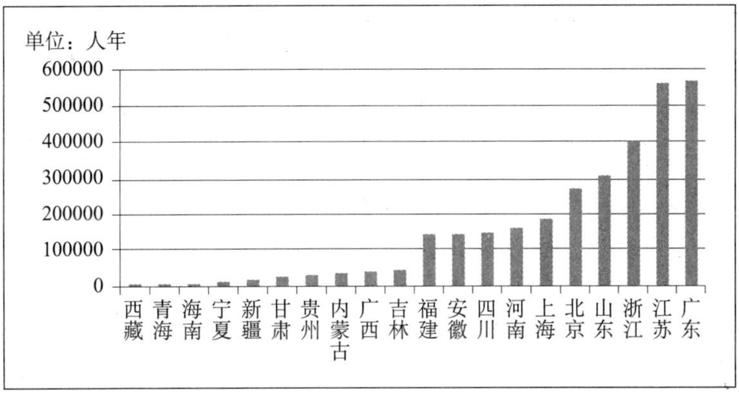

图 5－4　R&D 人员全时当量总计排名图

数据来源：国家统计局，科学技术部. 2018 中国科技统计年鉴［M］. 北京：中国统计出版社，2018.

图 5－5 显示，西藏—内蒙古是万人口 R&D 活动人员数最少的 10 个省份，相互之间差距不大，西藏最低，每万人口 R&D 活动人员数不足 10 人；北京—湖北是该项指标最多的 10 个省份，其中北京约 183 人/万人，大幅领先。

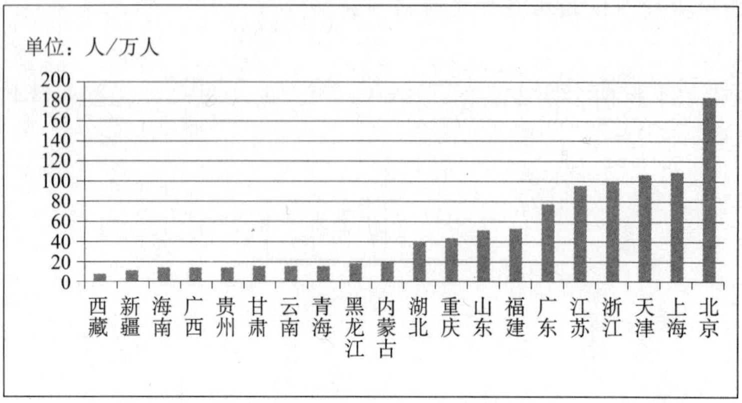

图 5-5 万人口 R&D 活动人员数排名图

数据来源：课题组根据公开数据整理测算（2017）. 中国科技统计网站 http：//www. sts. org. cn/zlhb/.

3. 资本投入指数四级指标框架及排名与分析

（1）指标框架

资本投入指数下设三个四级指标：R&D 经费支出占 GDP 比重、人均 R&D 经费内部支出、每名 R&D 活动人员新增仪器设备费（见图 5-6）。

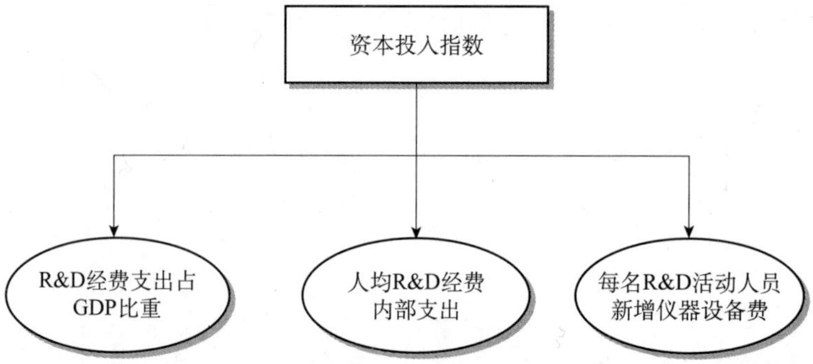

图 5-6 资本投入指数指标框架图

（2）资本投入指数具体指标分析

图 5-7 显示，西藏—黑龙江是 R&D 经费支出占 GDP 比重最低的 10 个省份，除云南和黑龙江外均不足 1%；北京—湖北是 R&D 经费支出占 GDP 比重最高的 10 个省份，其中北京的 R&D 经费支出占 GDP 比重为 6. 25%，远高于全国其他省份，看来全国科研中心的地位短期内难以被撼动。

图 5-8 显示，我国人均 R&D 经费内部支出额度不高，西藏—山西是该项指标最低的 10 个省份，其中，西藏最低，为 85 元/人，比 2016 年略有下降；北京—湖北是额度最高的 10 个省份，但是相互之间差距也很大。北京居全国首位，达到 7276 元/人，遥遥领先于其他省份。

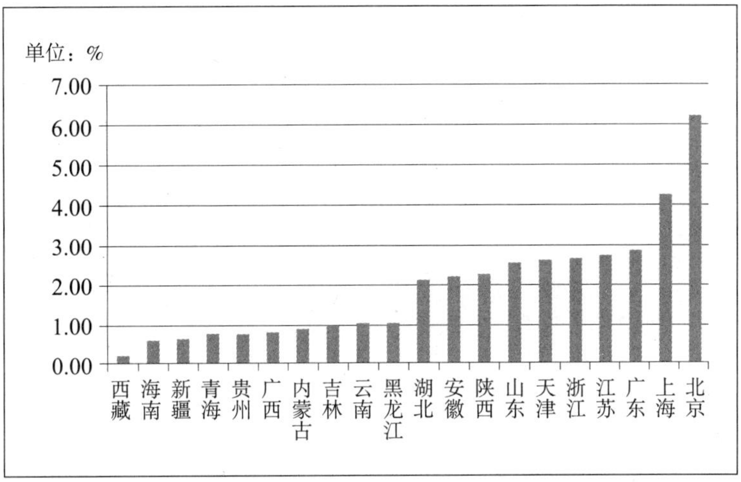

图 5－7　R&D 经费支出占 GDP 比重排名图

数据来源：课题组根据公开数据整理测算（2017）．中国科技统计网站 http：//www. sts. org. cn/zlhb/.

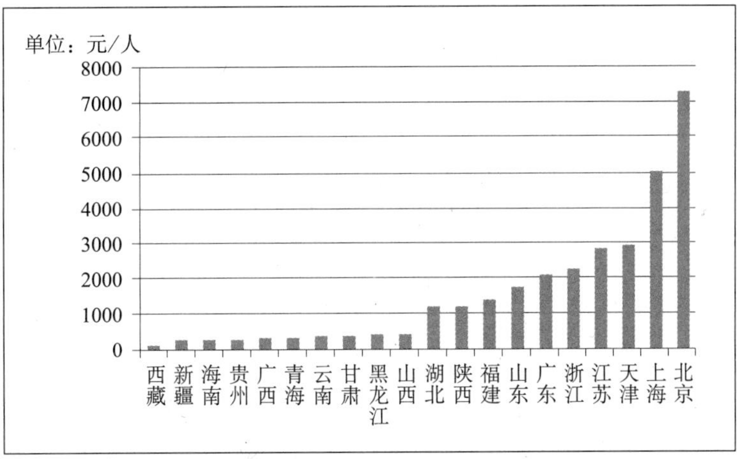

图 5－8　人均 R&D 经费内部支出排名图

数据来源：国家统计局，科学技术部．2018 中国科技统计年鉴［M］．北京：中国统计出版社，2018；国家统计局．2018 中国统计年鉴［M］．北京：中国统计出版社，2018.

图 5－9 显示，海南—新疆是企业每名 R&D 活动人员新增仪器设备费最低的 10 个省份，均不足 3 万元/人；山东—湖北是该项指标最高的 10 个省份，其中，山东处于第 1 位，约为 4.87 万元/人。

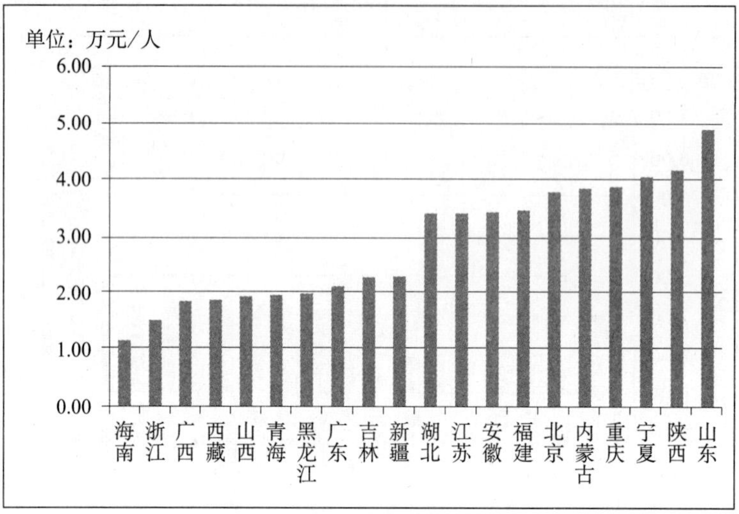

图 5－9 每名 R&D 活动人员新增仪器设备费排名图

数据来源：课题组根据公开数据整理测算（2017）. 中国科技统计网站 http：//www.sts.org.cn/zlhb/.

4. 文化投入指数四级指标框架及排名与分析

（1）指标框架

文化投入指数用文化产业固定资产投入指标进行测度（见图 5－10）。

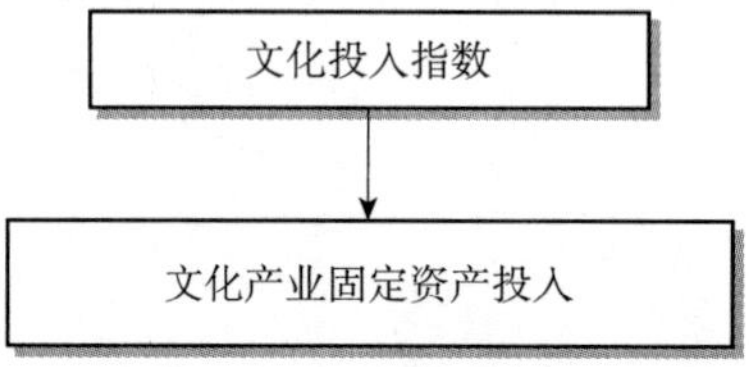

图 5－10 文化投入指数指标框架图

（2）文化投入指数具体指标分析

图 5－11 显示，西藏—重庆是文化产业固定资产投入最低的 10 个省份，均不足 140 亿元；山东—贵州是该项指标最高的 10 个省份，其中，山东处于第 1 位，约为 975 亿元，远超其他省份。

5. 基础设施投入指数四级指标框架及排名与分析

（1）指标框架

基础设施投入指数用全社会固定资产投资指标进行测度（见图 5－12）。

（2）基础设施投入指数具体指标分析

图 5－13 显示，西藏—天津是全社会固定资产投资最低的 10 个省份；山东—安徽是该项指标最高的 10 个省份，其中，山东处于第 1 位，约为 55203 亿元。

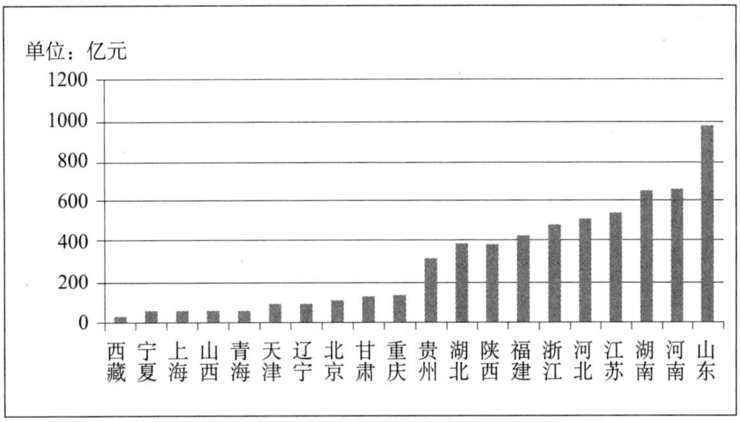

图 5－11　文化产业固定资产投入排名图

数据来源：国家统计局．2018 中国统计年鉴［M］．北京：中国统计出版社，2018.

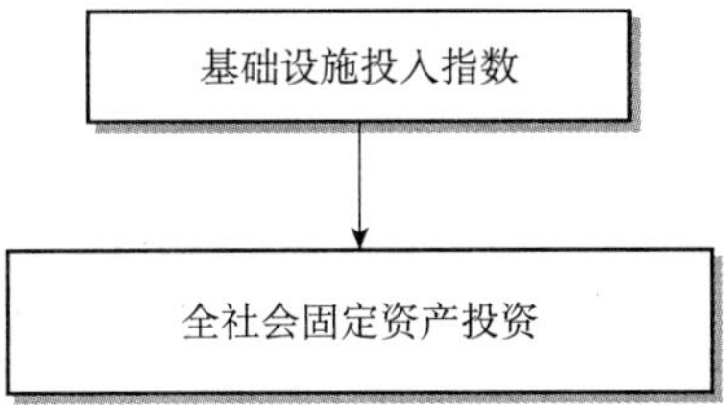

图 5－12　基础设施投入指数指标框架图

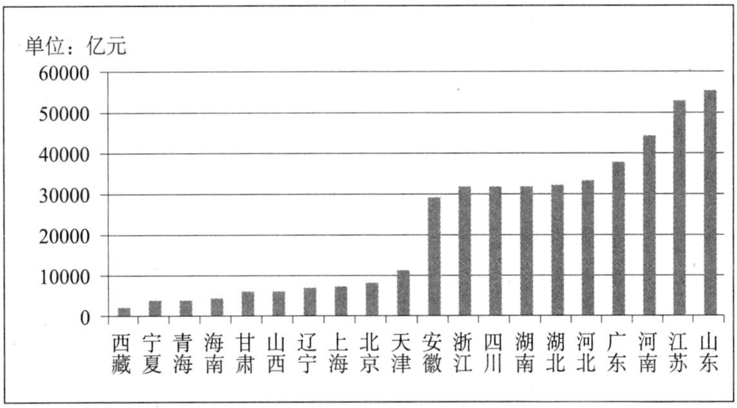

图 5－13　全社会固定资产投资排名图

数据来源：国家统计局．2018 中国统计年鉴［M］．北京：中国统计出版社，2018.

三、知识产权创造成果指数三级指标框架及排名与分析

1. 知识产权创造成果指数三级指标框架及指数排名

（1）指标框架

知识产权创造成果指数下设两个三级指标：论文指数、高新技术产业科技项目指数（见图 5－14、表 5－3）。

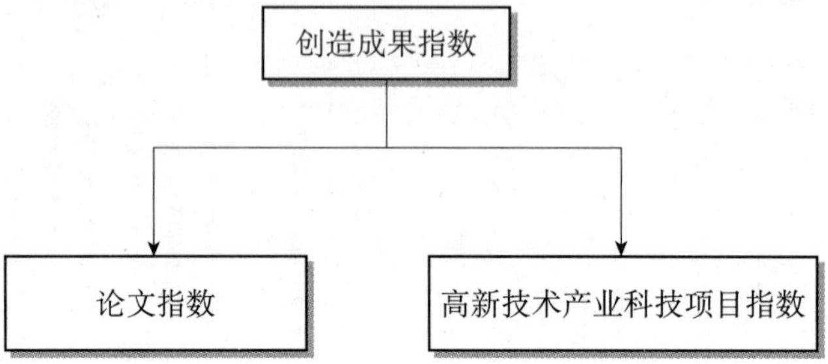

图 5－14　知识产权创造成果指数指标框架图

（2）指数及排名

表 5－3　知识产权创造成果指数及排名表

省份	创造成果		论文		高新技术产业科技项目	
	指数	排名	指数	排名	指数	排名
广东	0.595	1	0.189	16	1.000	1
北京	0.572	2	1.000	1	0.143	5
江苏	0.462	3	0.420	5	0.504	2
上海	0.345	4	0.575	3	0.114	8
陕西	0.330	5	0.617	2	0.044	18
黑龙江	0.297	6	0.564	4	0.030	20
浙江	0.276	7	0.190	15	0.362	3
湖北	0.240	8	0.391	7	0.089	11
山东	0.224	9	0.206	14	0.242	4
辽宁	0.223	10	0.394	6	0.051	17
四川	0.208	11	0.301	10	0.115	7
吉林	0.203	12	0.383	8	0.023	21
甘肃	0.191	13	0.375	9	0.006	27
天津	0.173	14	0.266	12	0.079	12
湖南	0.169	15	0.268	11	0.070	14

续表 5-3

省份	创造成果		论文		高新技术产业科技项目	
	指数	排名	指数	排名	指数	排名
重庆	0.156	16	0.233	13	0.079	13
安徽	0.149	17	0.178	17	0.120	6
福建	0.109	18	0.114	24	0.104	9
江西	0.108	19	0.123	21	0.092	10
河南	0.094	20	0.123	22	0.066	15
新疆	0.082	21	0.159	18	0.005	29
山西	0.080	22	0.141	19	0.019	23
河北	0.079	23	0.102	25	0.055	16
海南	0.073	24	0.135	20	0.011	25
云南	0.072	25	0.121	23	0.022	22
广西	0.056	26	0.096	26	0.015	24
贵州	0.042	27	0.052	28	0.031	19
青海	0.030	28	0.060	27	0.001	30
内蒙古	0.029	29	0.051	29	0.007	26
宁夏	0.017	30	0.028	30	0.006	28
西藏	0.000	31	0.000	31	0.000	31

分析表 5-3 可以发现，创造成果指数排名前 10 位的省份是：广东、北京、江苏、上海、陕西、黑龙江、浙江、湖北、山东和辽宁。排名后 10 位的省份是：山西、河北、海南、云南、广西、贵州、青海、内蒙古、宁夏和西藏。

从分项指数来看，论文指数、高新技术产业科技项目指数等各项指标之间表现颇不均衡，很多省市在几项分项指标的表现差异很大，譬如：北京的论文指数位列第 1 位，高新技术产业科技项目指数位列第 5 位。同样，安徽的论文指数位列第 17 位，但是高新技术产业科技项目指数却高居第 6 位。主要原因可能是国家产业化项目实际上数量并不多，因此分布也有很强的政策性和布局考虑。

2. 论文指数四级指标框架及排名与分析

（1）指标框架

论文指数用万名 R&D 活动人员科技论文数、国外主要检索工具收录我国科技论文数两个指标进行评价（见图 5-15）。

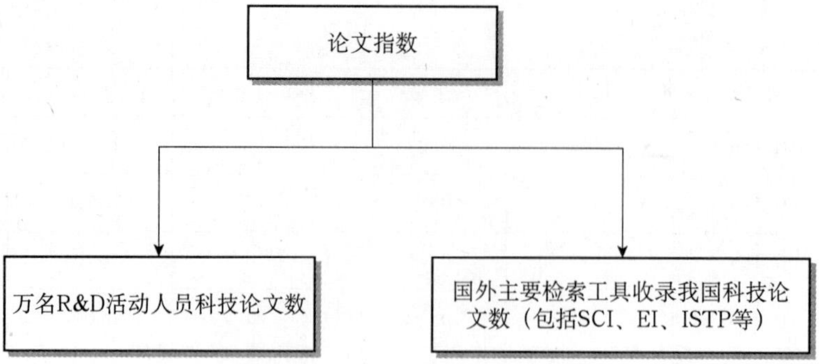

图 5－15　论文指数指标框架图

（2）论文指数具体指标分析

图 5－16 显示，西藏—福建是万名 R&D 活动人员科技论文数最低的 10 个省份，北京—四川的是万名 R&D 活动人员科技论文数最高的 10 个省份，其中，北京约为 2547 篇/万人，排名第 1 位。

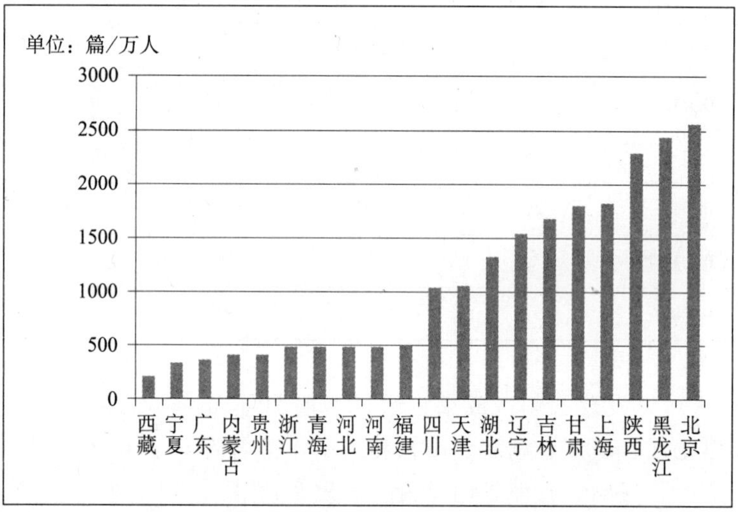

图 5－16　万名 R&D 活动人员科技论文数排名图

数据来源：课题组根据公开数据整理测算（2017）．中国科技统计网站 http：//www. sts. org. cn/zlhb/.

图 5－17 显示，西藏—山西是国外主要检索工具收录我国科技论文数最少的 10 个省份，其中西藏（53 篇）不足 60 篇，青海不到 500 篇；北京—辽宁是国外主要检索工具收录我国科技论文数最多的 10 个省份，其中北京 101770 篇，是排在第 2 名的江苏近 2 倍，数量远远超于其他省份。

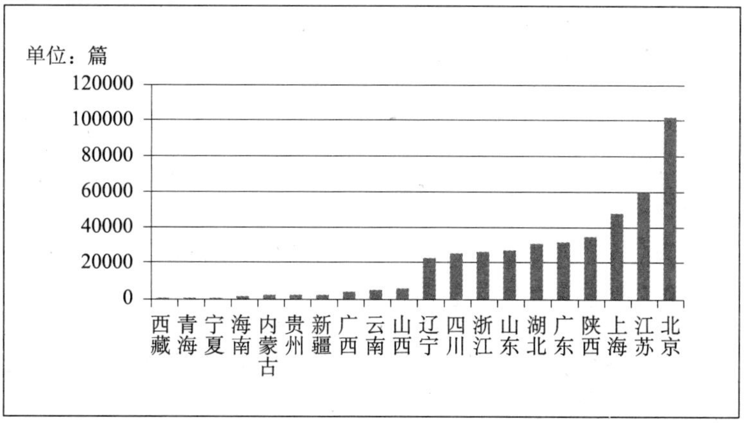

图 5－17 国外主要检索工具收录我国科技论文数排名图

数据来源：国家统计局，科学技术部 . 2018 中国科技统计年鉴［M］. 北京：中国统计出版社，2018.

图 5－18 显示，北京的国外主要检索工具收录我国科技论文数占全国比重最高，约为 17.58%，北京、江苏、上海三省市论文数之和超过全国总量的三分之一，排名前 10 位的省份该项指标之和占全国比重超过 70%。

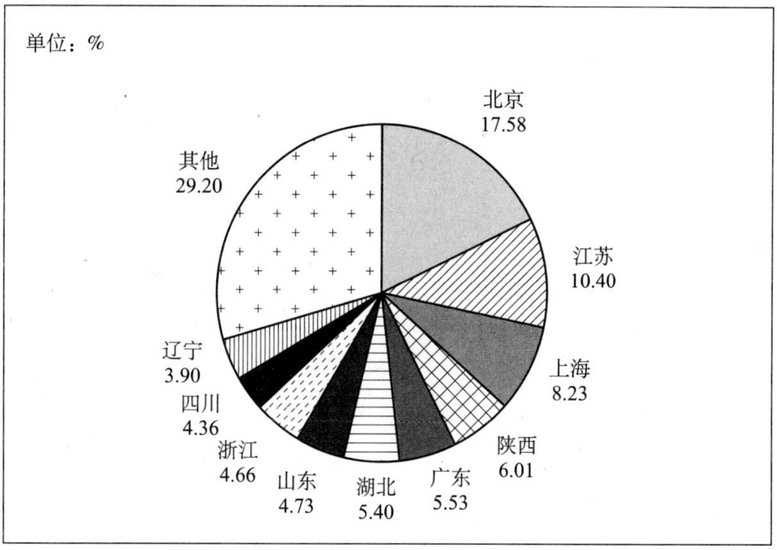

图 5－18 国外主要检索工具收录我国科技论文数占全国比重图

数据来源：国家统计局，科学技术部 . 2018 中国科技统计年鉴［M］. 北京：中国统计出版社，2018.

3. 高新技术产业科技项目指数四级指标框架及排名与分析

（1）指标框架

高新技术产业科技项目指数用高新技术产业新产品开发项目数指标进行测度（见图 5－19）。

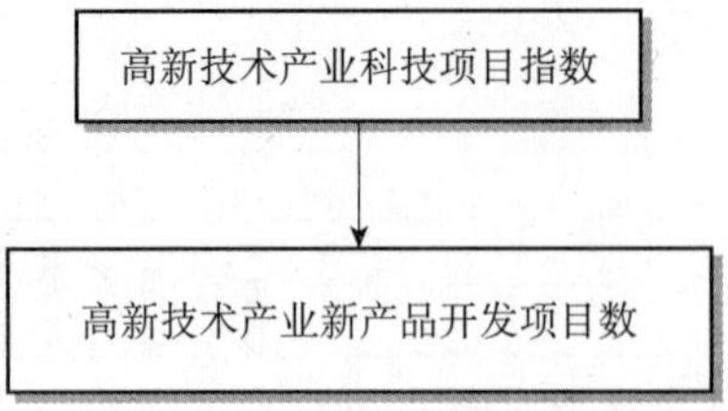

图 5－19　高新技术产业科技项目指数指标框架图

（2）高新技术产业科技项目指数具体指标分析

图 5－20 显示，高新技术产业新产品开发项目排名中，西藏—云南这 10 个省份都很低，均不超过 800（含）项。广东—江西为排名靠前的 10 个省份，其中，广东最高，为 32392 项，大幅领先于其他省份。

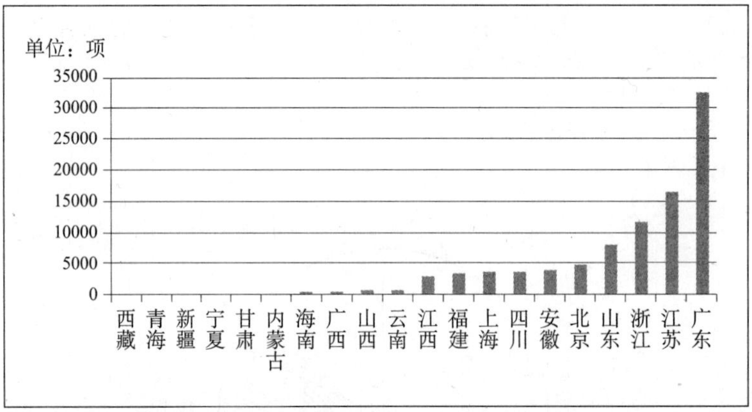

图 5－20　高新技术产业新产品开发项目数排名图

数据来源：国家统计局，科学技术部．2018 中国科技统计年鉴［M］．北京：中国统计出版社，2018；国家统计局．2018 中国统计年鉴［M］．北京：中国统计出版社，2018.

图 5－21 显示，高新技术产业新产品开发项目数分布相对集中，广东所占比重高达 28.44%，与 2016 年基本持平略有上升。排名第 2 位的江苏约占 14.33%，两省合计超过全国的三分之一。除去排名前 10 位的省份，其余 21 省份合计占 20.38%，省份之间的差距非常大。

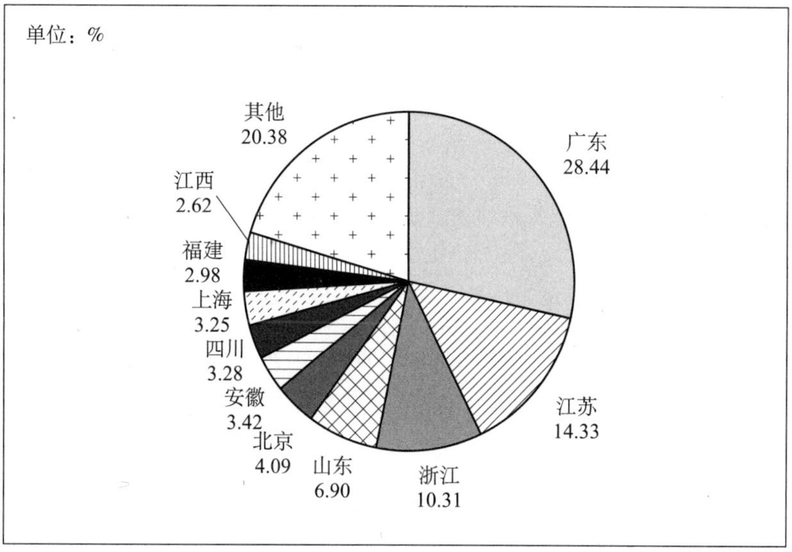

图 5－21　高新技术产业新产品开发项目数占全国比重排名图

数据来源：国家统计局，科学技术部 . 2018 中国科技统计年鉴［M］. 北京：中国统计出版社，2018；国家统计局 . 2018 中国统计年鉴［M］. 北京：中国统计出版社，2018.

四、知识产权创造环境指数三级指标框架及排名与分析

1. 知识产权创造环境指数三级指标框架及指数排名

（1）指标框架

知识产权创造环境指数下设八个三级指标：财政支持指数、金融环境指数、营商环境指数、生态环境指数、教育环境指数、文化环境指数、高新技术开发区指数以及科普指数（见图 5－22、表 5－4）。

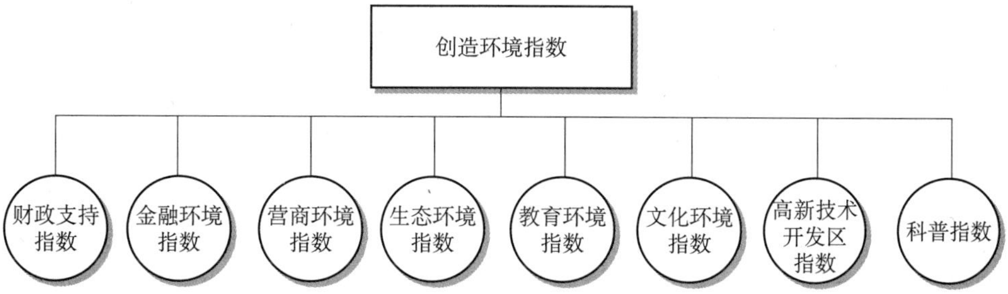

图 5－22　知识产权创造环境指数指标框架图

（2）指数及排名

表 5－4　　知识产权创造环境指数及排名表

省份	创造环境		财政支持		金融环境		营商环境		生态环境		教育环境		文化环境		高新技术开发区		科普	
	指数	排名	指数	排名	指数	排名	指数	排名	指数	排名	指数	排名	指数	排名	指数	排名	指数	排名
北京	0.647	1	0.964	2	0.753	2	0.407	26	0.333	7	0.517	13	0.430	6	1.000	1	0.773	1
上海	0.539	2	0.937	3	1.000	1	0.500	12	0.140	29	0.239	27	0.513	4	0.368	5	0.615	2
广东	0.529	3	1.000	1	0.327	6	0.694	1	0.257	17	0.462	17	0.427	7	0.639	2	0.423	11
江苏	0.525	4	0.709	6	0.309	7	0.635	3	0.260	15	0.654	4	0.647	1	0.442	3	0.544	8
浙江	0.458	5	0.709	5	0.416	4	0.494	16	0.192	26	0.579	8	0.550	2	0.284	7	0.441	10
山东	0.408	6	0.324	11	0.064	25	0.533	8	0.249	18	0.713	1	0.527	3	0.297	6	0.558	6
湖北	0.406	7	0.591	8	0.153	13	0.487	17	0.168	28	0.554	12	0.269	13	0.439	4	0.592	3
安徽	0.369	8	0.742	4	0.128	17	0.442	21	0.264	14	0.443	18	0.412	8	0.153	10	0.369	14
陕西	0.360	9	0.229	15	0.226	9	0.495	14	0.320	10	0.700	2	0.360	11	0.145	12	0.402	13
河南	0.340	10	0.236	14	0.031	27	0.523	9	0.229	22	0.605	6	0.455	5	0.145	11	0.498	9
湖南	0.334	11	0.166	18	0.084	20	0.555	6	0.258	16	0.441	19	0.398	9	0.188	9	0.579	4
江西	0.324	12	0.371	9	0.135	15	0.429	23	0.410	3	0.655	3	0.239	14	0.084	18	0.267	18
天津	0.322	13	0.609	7	0.284	8	0.581	5	0.120	30	0.594	7	0.213	17	0.093	17	0.082	27
福建	0.317	14	0.325	10	0.179	10	0.600	4	0.285	12	0.554	11	0.225	15	0.120	15	0.250	19
四川	0.305	15	0.145	20	0.073	23	0.465	20	0.233	21	0.416	22	0.366	10	0.189	8	0.552	7
河北	0.301	16	0.108	23	0.124	18	0.466	19	0.328	9	0.573	9	0.316	12	0.082	19	0.415	12
贵州	0.274	17	0.281	12	0.129	16	0.370	29	0.433	2	0.606	5	0.134	26	0.067	21	0.175	23
广西	0.268	18	0.144	21	0.029	28	0.498	13	0.194	25	0.565	10	0.224	16	0.125	14	0.368	15
辽宁	0.257	19	0.135	22	0.076	22	0.655	2	0.217	24	0.361	24	0.197	20	0.125	13	0.293	17
云南	0.251	20	0.087	25	0.018	29	0.383	28	0.331	8	0.426	20	0.165	22	0.021	28	0.579	5
重庆	0.243	21	0.173	16	0.148	14	0.433	22	0.218	23	0.467	16	0.208	18	0.064	22	0.236	20
山西	0.240	22	0.167	17	0.067	24	0.384	27	0.437	1	0.503	14	0.197	19	0.036	26	0.130	25
甘肃	0.232	23	0.056	28	0.123	19	0.413	25	0.267	13	0.476	15	0.156	24	0.040	25	0.323	16
新疆	0.204	24	0.084	26	0.155	12	0.292	30	0.374	5	0.306	25	0.156	23	0.041	24	0.221	22
吉林	0.197	25	0.151	19	0.000	31	0.512	11	0.119	31	0.408	23	0.171	21	0.100	16	0.114	26

续表 5－4

省份	创造环境		财政支持		金融环境		营商环境		生态环境		教育环境		文化环境		高新技术开发区		科普	
	指数	排名	指数	排名	指数	排名	指数	排名	指数	排名	指数	排名	指数	排名	指数	排名	指数	排名
宁夏	0.196	26	0.273	13	0.161	11	0.494	15	0.312	11	0.208	28	0.050	29	0.014	29	0.055	28
黑龙江	0.185	27	0.102	24	0.013	30	0.512	10	0.240	19	0.239	26	0.145	25	0.070	20	0.160	24
西藏	0.180	28	0.000	31	0.572	3	0.289	31	0.387	4	0.109	30	0.019	30	0.063	23	0.001	31
海南	0.180	29	0.072	27	0.081	21	0.553	7	0.181	27	0.421	21	0.071	28	0.009	30	0.049	29
内蒙古	0.178	30	0.048	30	0.059	26	0.428	24	0.335	6	0.206	29	0.088	27	0.035	27	0.226	21
青海	0.149	31	0.055	29	0.337	5	0.473	18	0.238	20	0.052	31	0.007	31	0.003	31	0.025	30

分析表 5－4 可以发现，创造环境指数排名前 10 位的省份是：北京、上海、广东、江苏、浙江、山东、湖北、安徽、陕西和河南。前 10 位中除河南外与指数报告 2018 基本一致，只是个别名次发生变化，原排名第 8 位的天津跌落至 13 位。排名后 10 位的省份是：山西、甘肃、新疆、吉林、宁夏、黑龙江、西藏、海南、内蒙古和青海。

创造环境指数主要从财政支持、金融环境、营商环境、教育环境、文化环境、生态环境和高新技术开发区等方面来观测。财政支持指数和金融环境指数的排名一致性较强，不出意外，仍以东部省份占优势。值得警惕的是，很多创造环境指数排名靠前的省份在教育环境指数方面表现很差，比如创造环境排名第 2 位的上海仅排在 27 位，同样，创造环境排名第 3 位的广东的教育环境指数仅排在第 17 位。同样生态环境也值得注意。江苏和广东整体环境较好，但是生态环境表现不如人意，表明经济发展方式仍然较为粗放。

2. 财政支持指数四级指标框架及排名与分析

（1）指标框架

财政支持指数用地方政府科技支出占比来测度（见图 5－23）。

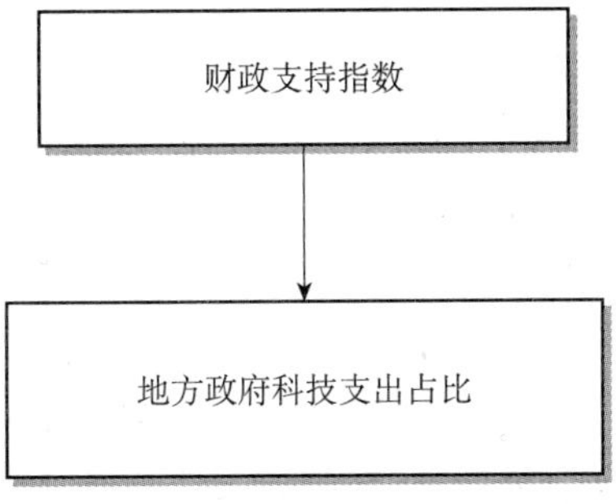

图 5－23　财政支持指数指标框架图

（2）财政支持指数具体指标分析

图 5 - 24 显示，西藏—辽宁是地方政府科技支出占比最少的 10 个省份，均不足 2%；广东—福建是地方政府科技支出占比最多的 10 个省份，其中排名前 3 位的广东、北京、上海远高于其他各省份，超过 5%。

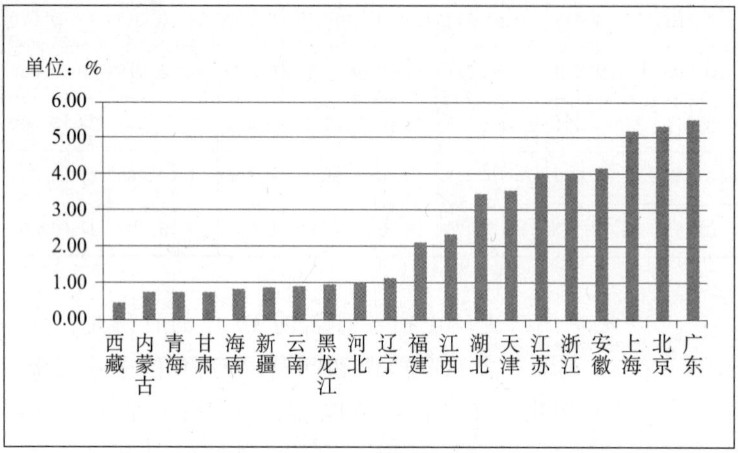

图 5 - 24 地方政府科技支出占比排名图

数据来源：国家统计局，科学技术部．2018 中国科技统计年鉴［M］．北京：中国统计出版社，2018；国家统计局．2018 中国统计年鉴［M］．北京：中国统计出版社，2018.

3．金融环境指数四级指标框架及排名与分析

（1）指标框架

金融环境指数用人均社会融资规模增量来测度（见图 5 - 25）。

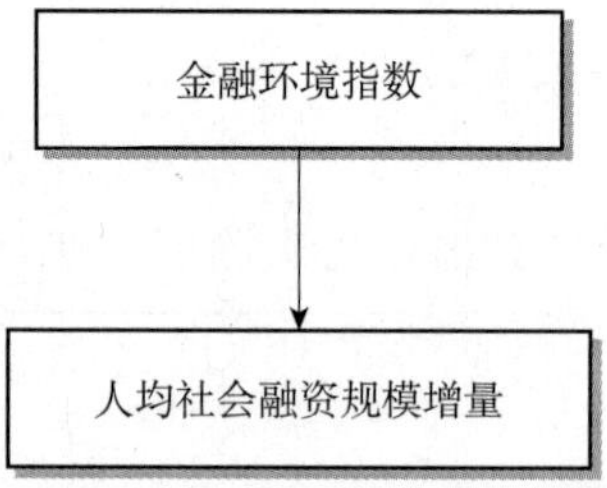

图 5 - 25 金融环境指数指标框架图

（2）金融环境指数具体指标分析

图 5 - 26 显示，吉林—辽宁是人均社会融资规模增量最少的 10 个省份，均不足 1 万元；上海—福建是人均社会融资规模增量最多的 10 个省份，其中排名前 3 位的上海、北京、西藏远高于其他各省份，超过 3 万元。

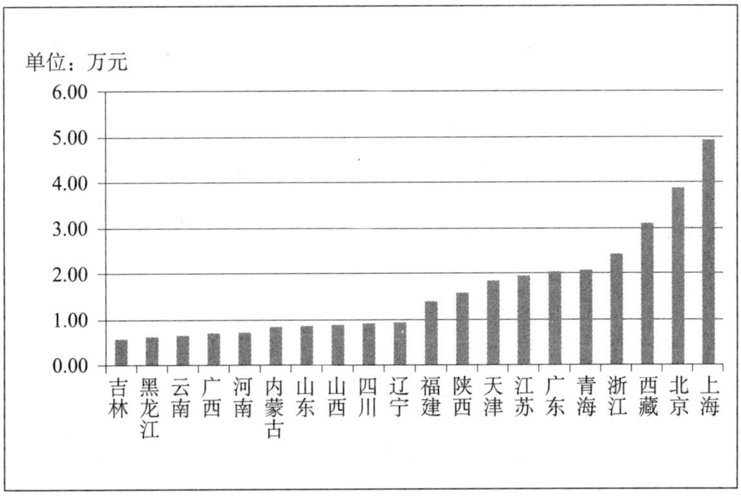

图 5－26　人均社会融资规模增量排名图

数据来源：中国人民银行，2018.

4. 营商环境指数四级指标框架及排名与分析

营商环境指数用外商投资总额占 GDP 比重和宏观税负指标进行评价（见图 5－27）。

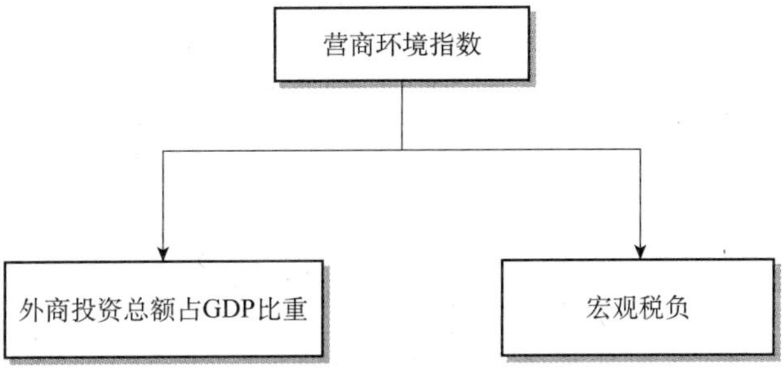

图 5－27　营商环境指数指标框架图

图 5－28 显示，新疆—内蒙古是外商投资总额占 GDP 比重最低的 10 个省份，均不足 20%，大部分是中西部地区，其中新疆（8.27%）外商投资总额占 GDP 比重甚至不足 10%；上海—浙江是外商投资总额占 GDP 比重最高的 10 个省份，其中上海的外商投资总额占 GDP 比重高达 175.94%，继续保持 2016 年的上升趋势，连续多年蝉联第一。从该指标可以看出，外商投资在地区上的分化更加明显，东部沿海经济发达省份具备引进外资的优越条件，是外商投资的热土。

图 5－29 显示，宏观税负是负向指标，上海—贵州是宏观税负最低的 10 个省份，上海的宏观税负为 21.68%；河南—青海是宏观税负排名前 10 位的省份。

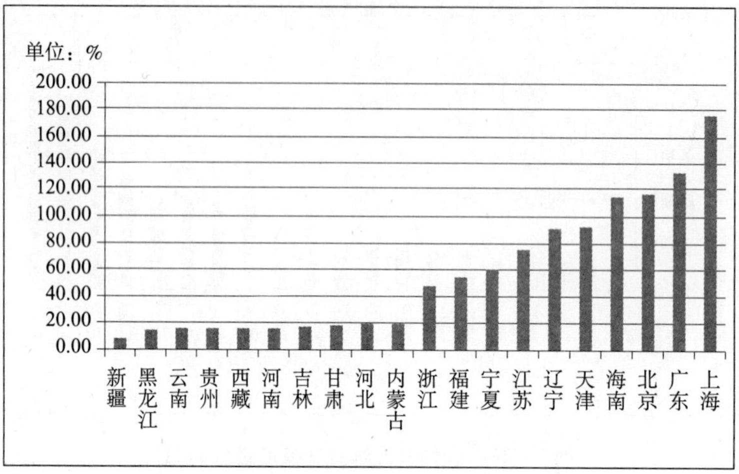

图 5-28 外商投资总额占 GDP 比重排名图

数据来源：国家统计局 . 2018 中国统计年鉴 [M]. 北京：中国统计出版社，2018.

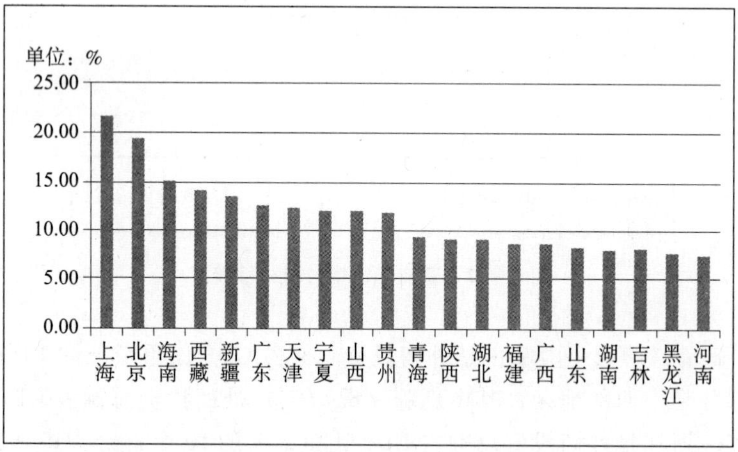

图 5-29 各地区宏观税负排名图

数据来源：国家统计局 . 2018 中国统计年鉴 [M]. 北京：中国统计出版社，2018.

5. 生态环境指数四级指标框架及排名与分析

（1）指标框架

生态环境指数用建成区绿化覆盖率、人均水资源量和地均二氧化碳排放量进行评价（见图5－30）。

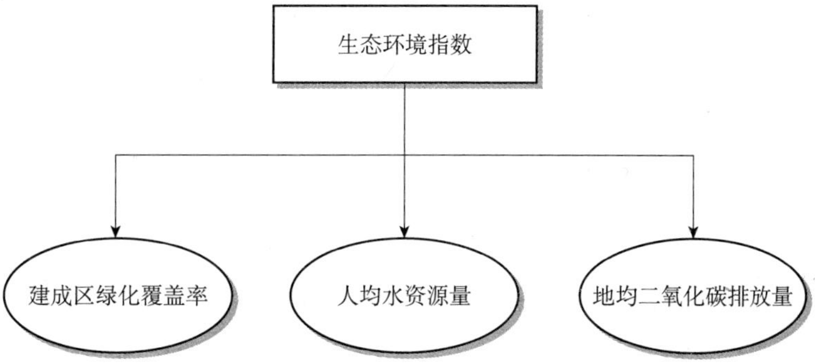

图5－30　生态环境指数指标框架图

（2）生态环境指数具体指标分析

图5－31显示，青海—上海是建成区绿化覆盖率最小的10个省份，全都不足40%。北京—辽宁是建成区绿化覆盖率最大的10个省份，其中排名第1位和第2位的北京和江西绿化覆盖率均超过45%。

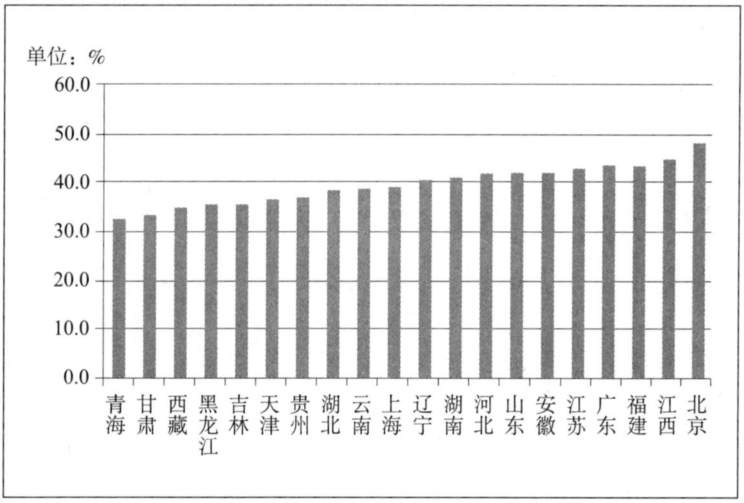

图5－31　建成区绿化覆盖率排名图

数据来源：国家统计局.2018中国统计年鉴［M］.北京：中国统计出版社，2018.

图5－32显示，天津—江苏人均水资源量最少的10个省份，全都不足500立方米。西藏—湖南是人均水资源量最多的10个省份，其中排名第1位的西藏人均水资源量为

140946.6 立方米，远远超过其他所有省份之和。

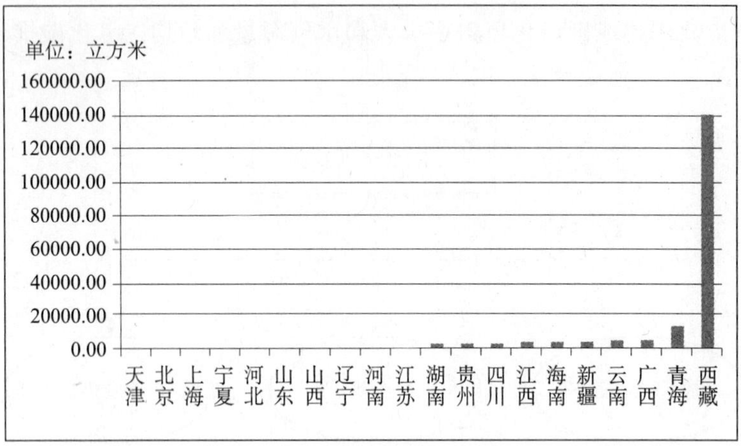

图 5 - 32　人均水资源量排名图

数据来源：国家统计局 .2018 中国统计年鉴［M］. 北京：中国统计出版社，2018.

图 5 - 33 显示，北京—福建是地均二氧化碳排放量最低的 10 个省份，其中北京、上海、西藏和海南地均二氧化碳排放量都不到 10 吨。贵州—宁夏是地均二氧化碳排放量最多的 10 个省份，排名前 3 位的贵州、山西、甘肃的排放量都超过了 150 吨。

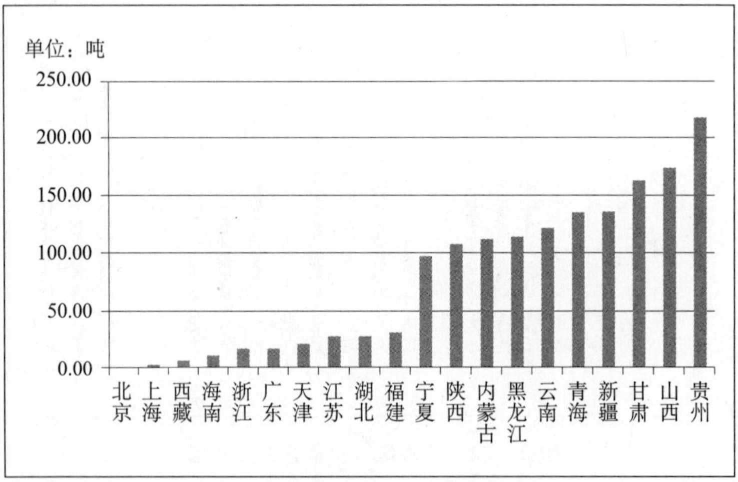

图 5 - 33　地均二氧化碳排放量排名图

数据来源：国家统计局 .2018 中国统计年鉴［M］. 北京：中国统计出版社，2018.

6. 教育环境指数四级指标框架及排名与分析

（1）指标框架

教育环境指数下设两个四级指标：地方政府财政支出中教育支出比重、每十万人口高等学校在校生数（见图 5－34）。

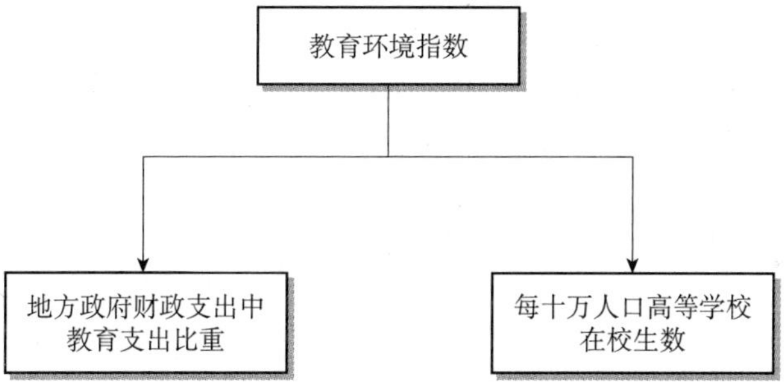

图 5－34　教育环境指数指标框架图

（2）教育环境指数具体指标分析

图 5－35 显示，地方政府财政支出中教育支出比重指标分布较为均衡，相互之间差距不大，上海—北京是地方政府财政支出中教育支出比重最低的 10 个省份。山东—云南是地方政府财政支出中教育支出比重最高的 10 个省份，超过 20% 的省份仅有山东（20.41%）。整体来看，教育支出占比较 2016 年基本持平，表明了在地方财政支出增加的情况下，教育支出相应得到保证，也体现了教育的重要性深入人心。

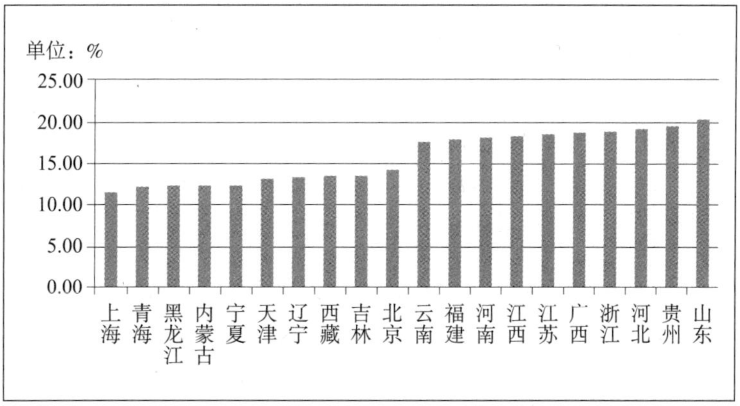

图 5－35　地方政府财政支出中教育支出比重排名图

数据来源：国家统计局．2018 中国统计年鉴［M］．北京：中国统计出版社，2018.

图 5－36 显示，西藏—广西是每十万人口高等学校在校生数最少的 10 个省份，均

不足 2000 人，其中西藏（1056 人）的每十万人口高等学校在校生数排名最后；天津—上海是每十万人口高等学校在校生数最多的 10 个省份，其中天津（3306 人）、陕西（2789 人）、北京（2731 人）的每十万人口高等学校在校生数约在 2700 人以上，处于领先位置。

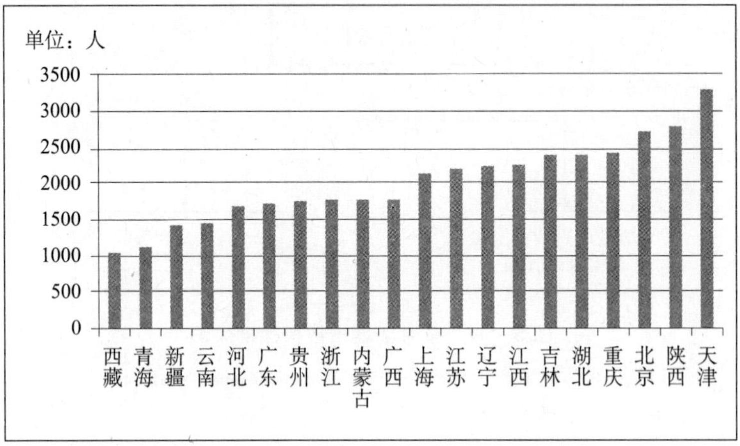

图 5－36　每十万人口高等学校在校生数排名图

数据来源：国家统计局．2018 中国统计年鉴［M］．北京：中国统计出版社，2018.

7. 文化环境指数四级指标框架及排名与分析

（1）指标框架

文化环境指数下设六个四级指标：文化产业法人单位数、文化产业从业人员数、图书出版量、录像、录音、电子出版物出版数量、出版发行机构数量、有线广播电视入户率（见图 5－37）。

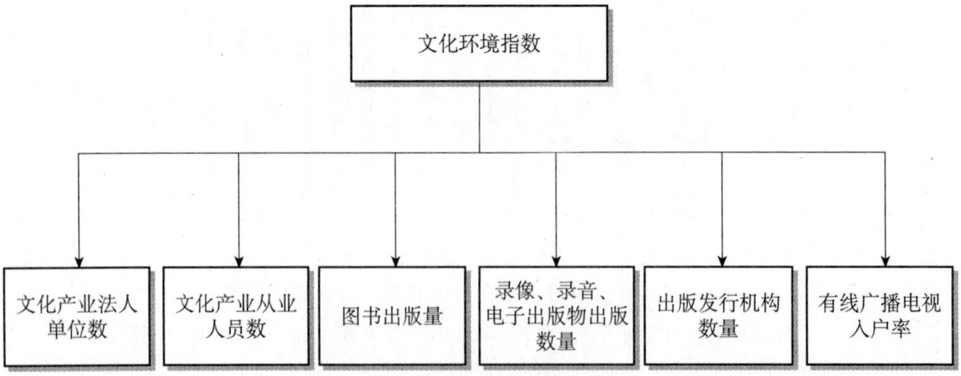

图 5－37　文化环境指数指标框架图

（2）文化环境指数具体指标分析

图 5－38 显示，海南—广西是文化产业法人单位数排名最低的 10 个省份，其中海南、青海、宁夏都不足 150 个；安徽—陕西是排名最高的 10 个省份，其中安徽以 2959 个排名第 1 位，相对其他省份的领先优势比较明显。

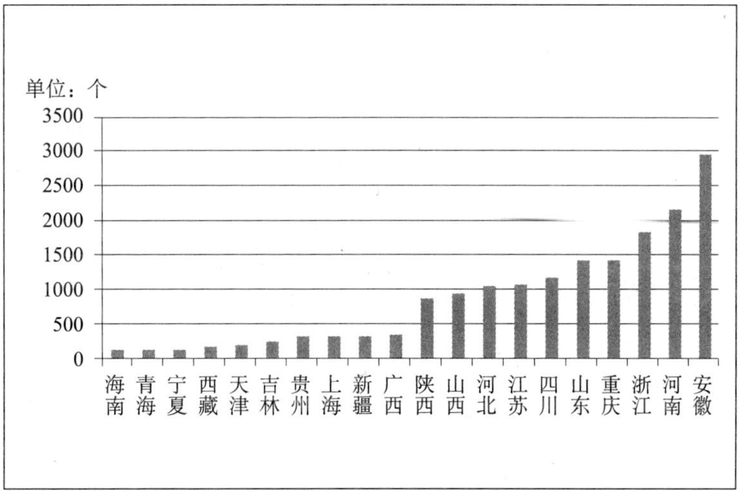

图 5－38　文化产业法人单位数排名图

数据来源：国家统计局．2018 中国统计年鉴［M］．北京：中国统计出版社，2018.

图 5－39 显示，西藏—贵州是文化产业从业人员数排名后 10 位的省份，均不足 2000 人。陕西—湖北是排名前 10 位的省份，其中，陕西（8732 人）、山东（7976 人）、河南（6782 人）、四川（6688 人）、江苏（6633 人）五省超过 6000 人。

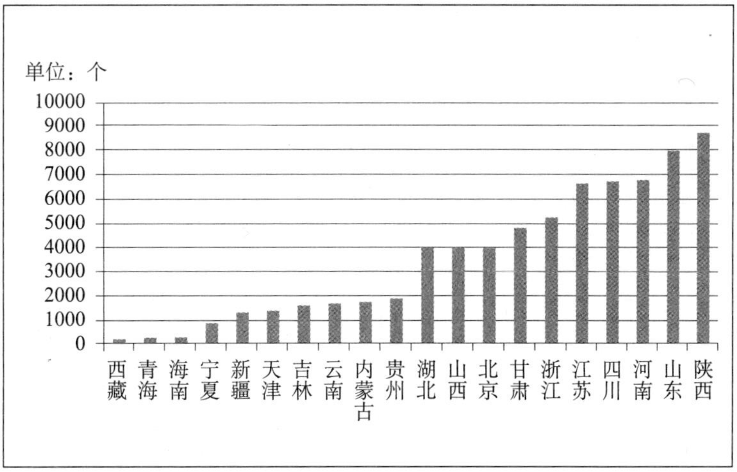

图 5－39　文化产业从业人员数排名图

数据来源：国家统计局，2018 中国统计年鉴［M］．北京：中国统计出版社，2018.

图 5 - 40 显示，西藏—山西为图书出版量最低的 10 个省份，除山西外均不超过 1（含）亿册。江苏—河北是排名前 10 位的省份，其中，江苏以 6.4 亿册排名第 1 位。

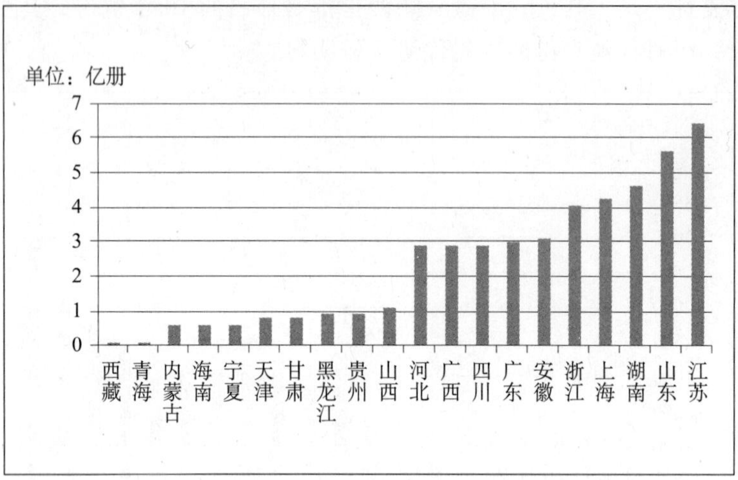

图 5 - 40　图书出版量排名图

数据来源：国家统计局，2018 中国统计年鉴［M］. 北京：中国统计出版社，2018.

图 5 - 41 显示，黑龙江—重庆是录像、录音、电子出版物出版数量最低的 10 个省份，其中，黑龙江、贵州和宁夏都为 0。上海—北京是录像、录音、电子出版物出版数量最高的 10 个省份，上海的出版数量高达 3920 万张。

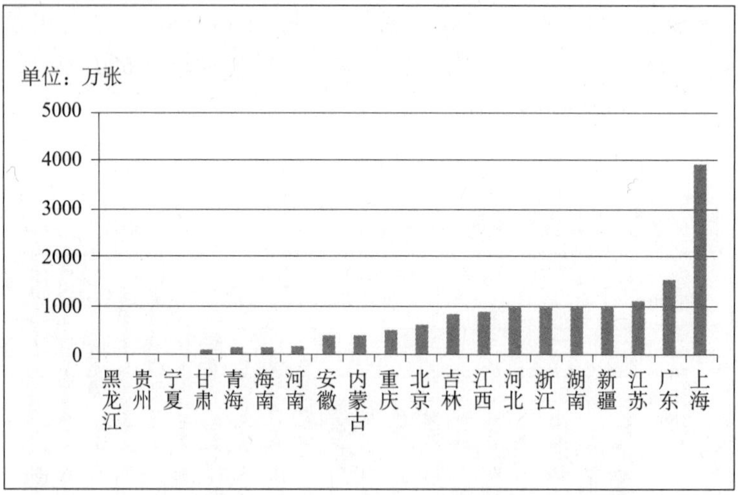

图 5 - 41　录像、录音、电子出版物出版数量排名图

数据来源：国家统计局，2018 中国统计年鉴［M］. 北京：中国统计出版社，2018.

图 5 - 42 显示，西藏—山西是出版发行机构数量排名最后的 10 个省份，其中，西

藏、青海、海南三省甚至不足1000处；江苏—广东是排名前10位的省份，其中，江苏（16513处）、河南（12362处）、浙江（11234处）三省超过10000处，位列前3位，稍领先于其他省份。

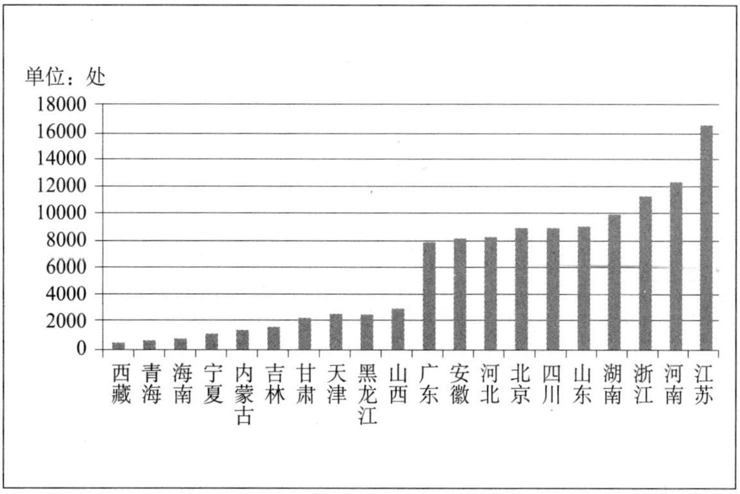

图5-42 出版发行机构数量排名图

数据来源：国家统计局.2018中国统计年鉴［M］. 北京：中国统计出版社，2018.

图5-43显示，甘肃—内蒙古是有线广播电视入户率排名后10位的省份，相互之间差距不大，排名最后一位的甘肃为23.8%；北京—陕西是排名前10位的省份，基本呈阶梯状上升，其中北京入户率超过100%。该指标近年来呈现较为稳定并小幅增长的态势。

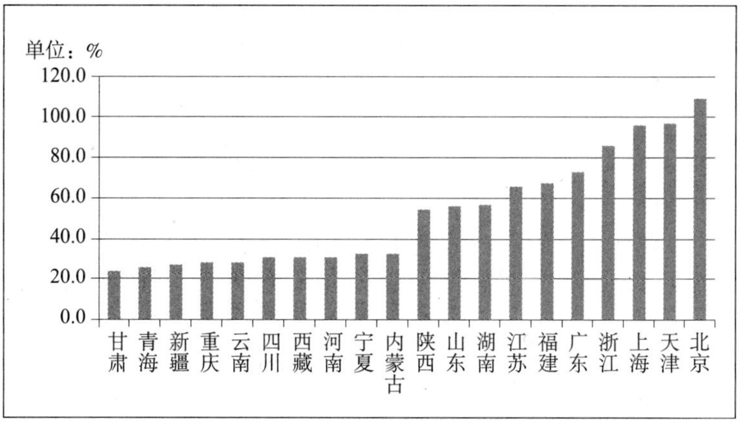

图5-43 有线广播电视入户率排名图

数据来源：国家统计局.2018中国统计年鉴［M］. 北京：中国统计出版社，2018.

8. 高新技术开发区指数四级指标框架及排名与分析

（1）指标框架

高新技术开发区指数下设两个四级指标：高新技术开发区从业人员数、高新技术开发区技术性收入（见图 5-44）。

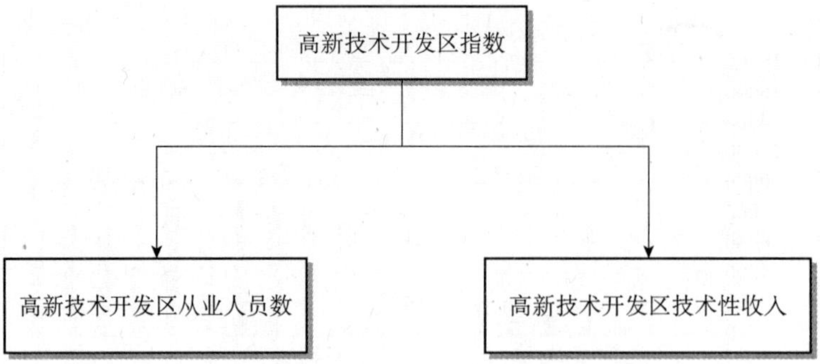

图 5-44 高新技术开发区指数指标框架图

（2）高新技术开发区指数具体指标分析

图 5-45 显示，高新技术开发区从业人员数指标差异较大。西藏—黑龙江是高新技术开发区从业排名最低的 10 个省份，西藏至今没有高新技术开发区，从业人员为 0；北京—四川是高新技术开发区从业排名最高的 10 个省份，其中北京、广东、江苏三省市的高新技术开发区从业人员超过 150 万人，并且较 2016 年增长明显。

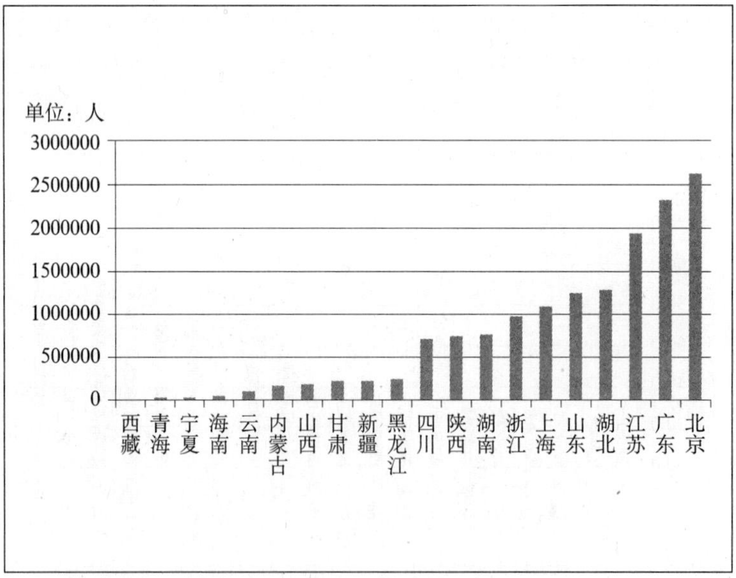

图 5-45 高新技术开发区从业人员数排名图

数据来源：国家统计局，科学技术部. 2018 中国科技统计年鉴［M］. 北京：中国统计出版社，2018.

图 5－46 显示，北京（13.50%）、广东（11.99%）两省市所占比重均超过 10%，是高新技术开发的龙头和重镇。排名靠前的 10 个省市所占比重之和略超 70%。

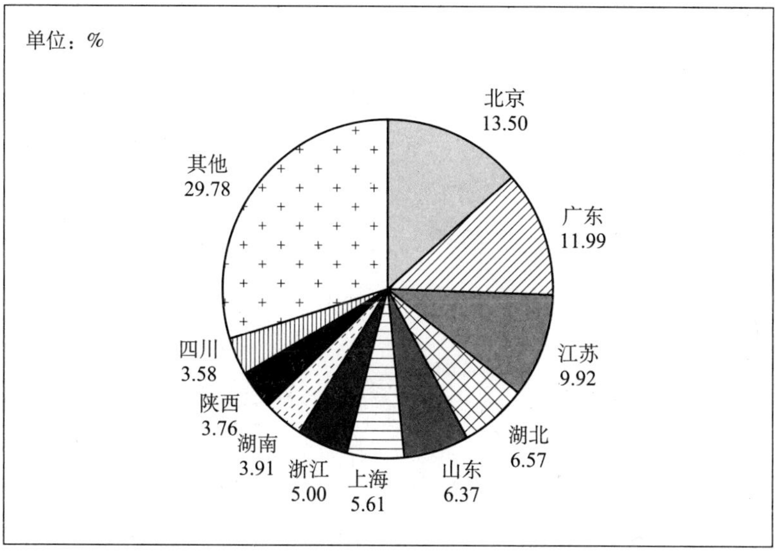

图 5－46　高新技术开发区从业人员数占全国比重图

数据来源：国家统计局，科学技术部. 2018 中国科技统计年鉴［M］. 北京：中国统计出版社，2018.

图 5－47 显示，新疆—重庆为高新技术开发区技术性收入最低的 10 个省份，其中，新疆、青海、甘肃三省份的收入都为 0。北京—四川是该项指标排名前 10 位的省份，其中，北京约为 9370 亿元，占据绝对优势，是第 2 名湖北（3656 亿元）的接近 3 倍。

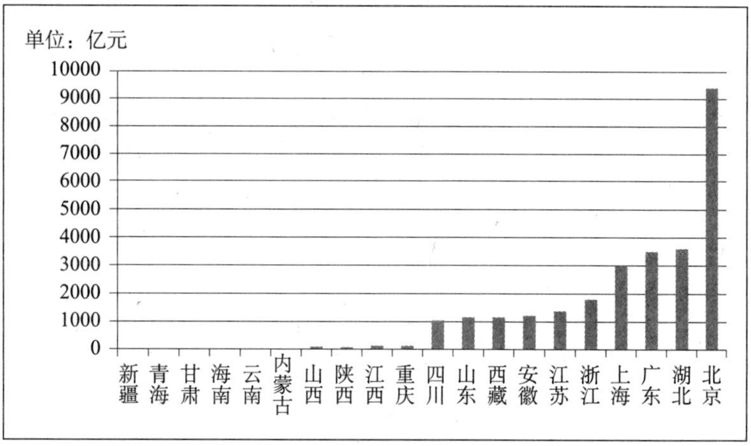

图 5－47　高新技术开发区技术性收入排名图

数据来源：国家统计局，科学技术部. 2018 中国科技统计年鉴［M］. 北京：中国统计出版社，2018.

图 5－48 显示，高新技术开发区技术性收入指标分布很不均衡，但较前几年，该指标的集中程度一直在降低。北京高新技术开发区技术性收入占全国的比重达到 28.13%，和 2016 年基本持平。除去排名靠前的 10 个省份，其余 21 省份合计比重只占到 17.31%，较 2016 年稍有下降。

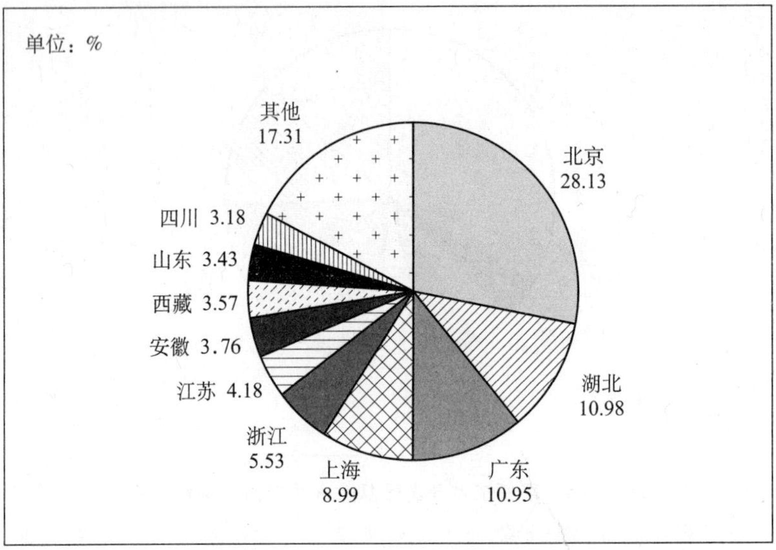

图 5－48 高新技术开发区技术性收入占全国比重图

数据来源：国家统计局，科学技术部．2018 中国科技统计年鉴［M］．北京：中国统计出版社，2018.

9．科普指数四级指标框架及排名与分析

（1）指标框架

科普指数下设两个四级指标：科普专职人员数量、科普年度筹集经费（见图 5－49）。

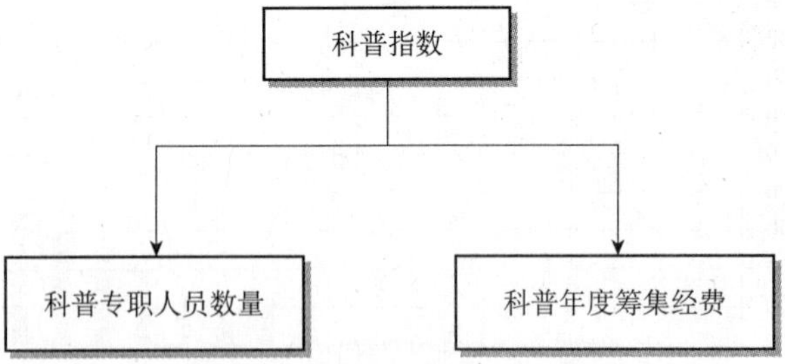

图 5－49 科普指数指标框架图

（2）科普指数具体指标分析

图 5－50 显示，全国科普专业人员数量指标对于反映当前和未来的科学技术发展情况有很强的指示作用。西藏—福建是科普专职人员数量排名最低的 10 个省份，均不到

5000 人，西藏最低，为 394 人；湖南—广西是高新技术开发区从业排名最高的 10 个省份，其中湖南以 14455 人位列第 1 位。

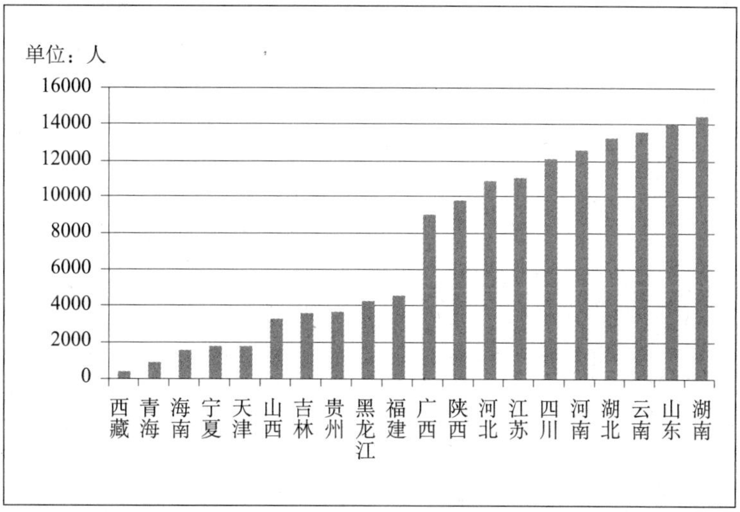

图 5－50　科普专职人员数量排名图

数据来源：国家统计局，科学技术部 . 2018 中国科技统计年鉴［M］. 北京：中国统计出版社，2018.

图 5－51 显示，吉林—新疆为科普年度筹集经费最低的 10 个省份，其中，吉林和西藏不足 1 亿元。北京—湖南是该项指标排名前 10 位的省份，其中，北京约为 26.9 亿元，占据绝对优势，是第 2 名上海（17.3 亿元）的近 1.6 倍。

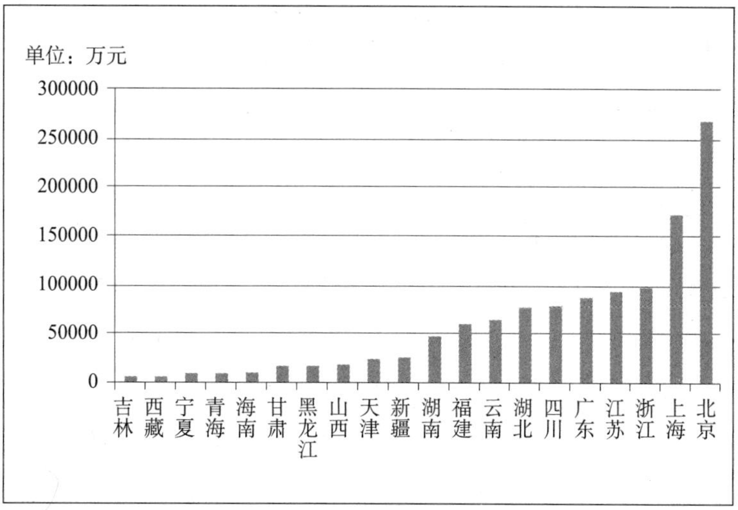

图 5－51　科普年度筹集经费排名图

数据来源：国家统计局，科学技术部 . 2018 中国科技统计年鉴［M］. 北京：中国统计出版社，2018.

五、知识产权试点示范指数三级指标框架及排名与分析

1. 知识产权试点示范指数三级指标框架及指数排名

（1）指标框架

知识产权试点示范指数下设四个三级指标：知识产权试点示范城市指数、知识产权试点示范单位指数、专利运营指数、文化产业示范指数（见图 5－52、表 5－5）。

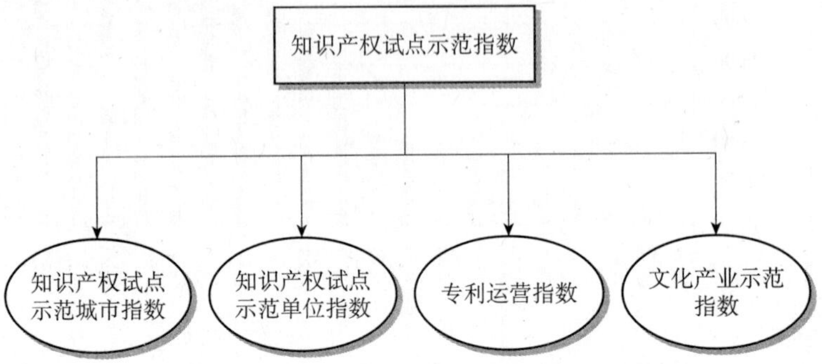

图 5－52 知识产权试点示范指数指标框架图

（2）指数及排名

表 5－5 知识产权试点示范指数指数及排名表

省份	知识产权试点示范		知识产权试点示范城市		知识产权试点示范单位		专利运营		文化产业示范	
	指数	排名	指数	排名	指数	排名	指数	排名	指数	排名
广东	0.775	1	0.500	2	0.774	2	0.875	2	0.950	2
江苏	0.731	2	1.000	1	1.000	1	0.375	4	0.550	4
北京	0.689	3	0.143	10	0.613	3	1.000	1	1.000	1
浙江	0.472	4	0.429	4	0.484	4	0.375	4	0.600	3
山东	0.371	5	0.500	2	0.032	23	0.500	3	0.450	7
四川	0.319	6	0.286	6	0.065	14	0.375	4	0.550	4
安徽	0.306	7	0.286	6	0.387	5	0.250	7	0.300	12
上海	0.266	8	0.071	14	0.194	8	0.250	7	0.550	4
河南	0.263	9	0.357	5	0.097	12	0.250	7	0.350	11
湖北	0.218	10	0.143	10	0.355	6	0.125	13	0.250	17
福建	0.197	11	0.214	8	0.323	7	0.000	18	0.250	17
辽宁	0.197	12	0.143	10	0.194	8	0.000	18	0.450	7
河北	0.196	13	0.071	14	0.065	14	0.250	7	0.400	9
陕西	0.188	14	0.071	14	0.032	23	0.250	7	0.400	9

续表 5-5

省　份	知识产权试点示范		知识产权试点示范城市		知识产权试点示范单位		专利运营		文化产业示范	
	指数	排名	指数	排名	指数	排名	指数	排名	指数	排名
天津	0.163	15	0.071	14	0.032	23	0.250	7	0.300	12
重庆	0.149	15	0.143	10	0.129	11	0.125	13	0.200	23
湖南	0.145	17	0.214	8	0.065	14	0.000	18	0.300	12
江西	0.139	18	0.071	14	0.161	10	0.125	13	0.200	23
黑龙江	0.136	19	0.071	14	0.097	12	0.125	13	0.250	17
吉林	0.101	20	0.071	14	0.032	23	0.000	18	0.300	12
山西	0.094	21	0.000	23	0.000	29	0.125	13	0.250	17
云南	0.091	22	0.000	23	0.065	14	0.000	18	0.300	12
甘肃	0.079	23	0.000	23	0.065	14	0.000	18	0.250	17
青海	0.063	24	0.000	23	0.000	29	0.000	18	0.250	17
贵州	0.059	25	0.071	14	0.065	14	0.000	18	0.100	27
内蒙古	0.054	25	0.000	23	0.065	14	0.000	18	0.150	25
广西	0.054	27	0.000	23	0.065	14	0.000	18	0.150	25
新疆	0.051	28	0.071	14	0.032	23	0.000	18	0.100	27
海南	0.041	28	0.000	23	0.065	14	0.000	18	0.100	27
宁夏	0.033	30	0.000	23	0.032	23	0.000	18	0.100	27
西藏	0.000	31	0.000	23	0.000	29	0.000	18	0.000	31

知识产权试点示范指数排名与各地的国家知识产权试点示范城市数、国家知识产权试点示范园区数、知识产权试点示范单位数以及文化产业示范基地数等指标相关。分析表 5-5 可以发现，知识产权试点示范指数排名前 10 位的省份是：广东、江苏、北京、浙江、山东、四川、安徽、上海、河南和湖北。排名后 10 位的省份是云南、甘肃、青海、贵州、内蒙古、广西、新疆、海南、宁夏和西藏。具体详见下文各指标分析。

2. 知识产权试点示范城市指数四级指标框架及排名与分析

(1) 指标框架

知识产权试点示范城市指数用国家知识产权试点示范城市数来度量（见图 5-53、表 5-6）。

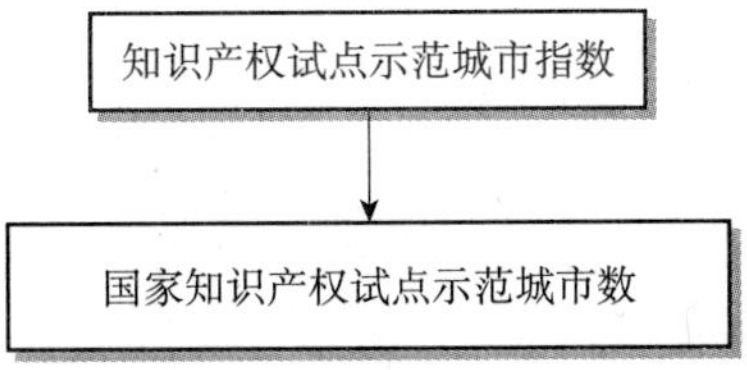

图 5-53　知识产权试点示范城市指数指标框架图

（2）知识产权试点示范城市指数具体指标分析

表 5－6 国家知识产权试点示范城市表

副省级	湖北武汉、江苏南京、广东广州、广东深圳、浙江杭州、山东济南、四川成都、黑龙江哈尔滨、山东青岛、陕西西安、辽宁大连、福建厦门、浙江宁波、吉林长春、辽宁沈阳
地级	山东东营、河南郑州、河南洛阳、江苏镇江、浙江温州、江苏苏州、福建泉州、福建福州、安徽芜湖、湖南长沙、山东烟台、江苏南通、广东东莞、江苏无锡、湖南株洲、江苏泰州、山东潍坊、山东淄博、安徽合肥、浙江嘉兴、河南南阳、浙江湖州、新疆昌吉州、河南新乡、贵州贵阳、广东佛山、江苏常州、湖北宜昌、河南安阳、广东中山、北京朝阳区、湖南湘潭、四川攀枝花、江西南昌、四川绵阳、广东惠州、四川德阳、北京海淀区、上海闵行区、天津西青区、重庆江北区、安徽马鞍山、广东汕头、河北石家庄、江苏徐州、重庆九龙坡区
县级	江苏常熟、江苏昆山、江苏江阴、江苏丹阳、江苏张家港、山东即墨、江苏海门、安徽宁国、浙江义乌

资料来源：国家知识产权局网站.
国家知识产权试点城市、国家知识产权示范城市、国家知识产权示范城市创建市
http://www.sipo.gov.cn/zlgls/zhc/cs/cssdzcwj/201104/t20110425_600890.html.
http://www.sipo.gov.cn/ztzl/ywzt/zscqsfszl/.

3. 知识产权试点示范单位指数四级指标框架及排名与分析

（1）指标框架

知识产权试点示范单位指数用企事业知识产权试点单位数来度量（见图 5－54）。

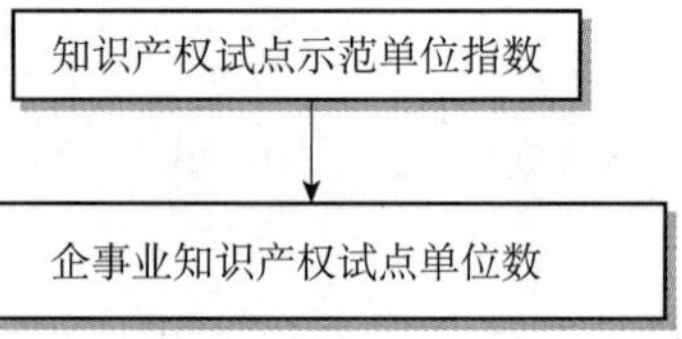

图 5－54 知识产权试点示范单位指数指标框架图

（2）知识产权试点示范单位指数具体指标分析

图 5－55 显示，山西—河北这 10 个省份企事业知识产权试点单位数都较少，是排名后 10 位的省份。江苏和广东超过 20 个试点单位，分列第 1 和第 2 位。

4. 专利运营指数四级指标框架及排名与分析

（1）指标框架

专利运营指数用国家专利运营试点企业数来度量（见图 5－56）。

（2）专利运营指数具体指标分析

图 5－57 显示，北京—安徽这 10 个省份国家专利运营试点企业数较多，是排名前 10 份的省份。北京和广东超过 5 个试点企业，分列第 1 和第 2 位。

5. 文化产业示范指数四级指标框架及排名与分析

（1）指标框架

文化产业示范指数用国家文化产业示范基地数来度量（见图 5－58、表 5－7）。

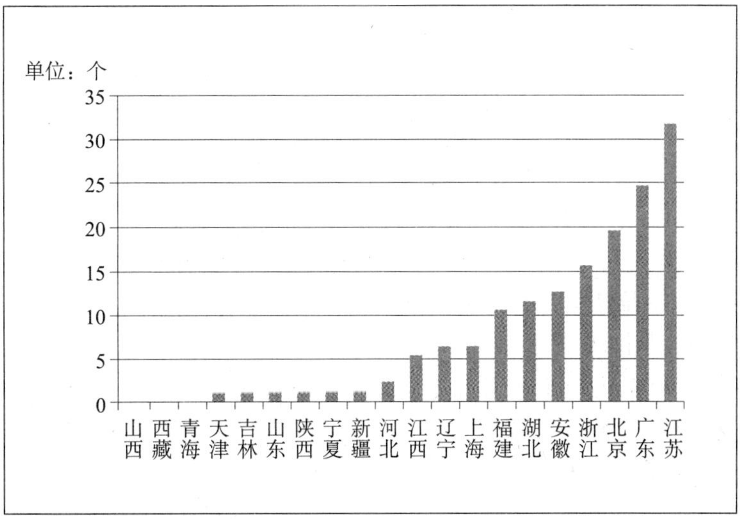

图 5－55　企事业知识产权试点单位数排名图

数据来源：国家知识产权局网站．全国企事业知识产权试点单位（第四批）http：//www. sipo. gov. cn/sipo2010/zlgls/zxdt/zxgzdt/201101/t20110126_ 488595. html.

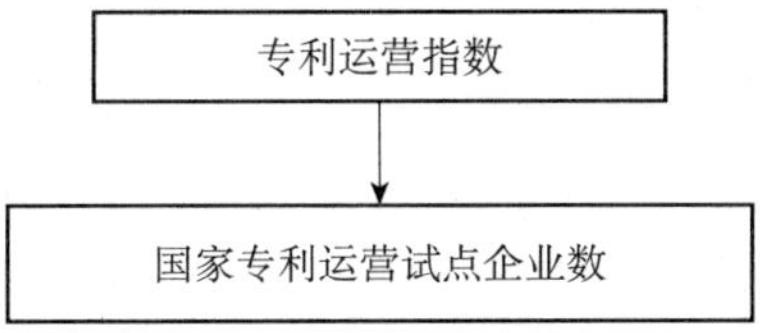

图 5－56　专利运营指数指标框架图

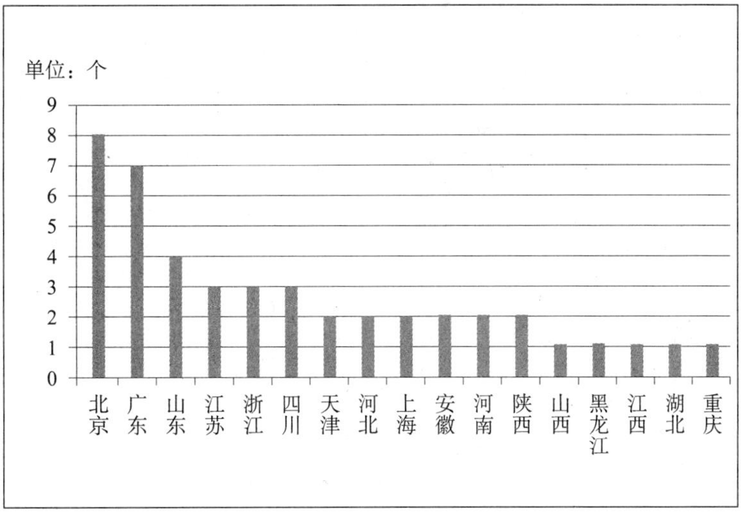

图 5－57　国家专利运营试点企业数排名图

数据来源：国家知识产权局网站．

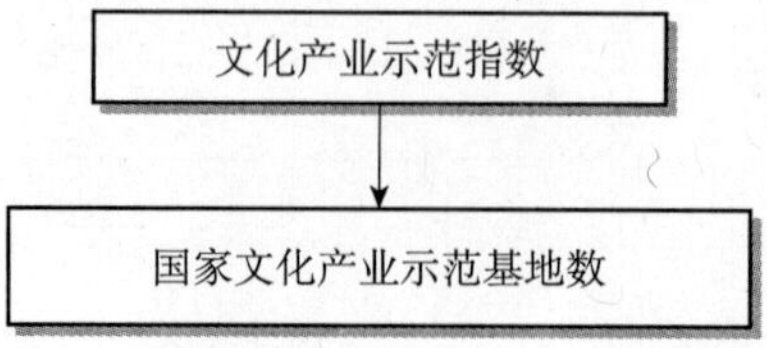

图 5－58 文化产业示范指数指标框架图

（2）文化产业示范指数具体指标分析

表 5－7 为第四批国家文化产业示范基地名单，各省份分布较为均衡。经过四批的积累，广东拥有国家文化产业示范基地 17 个，排名第 1 位。除广东外，超过 10 个的省份还有北京（16 个）、四川（12 个）、辽宁（10 个）、上海（10 个）、江苏（10 个）和浙江（10 个）六省份。

表 5－7　　国家文化产业示范基地表（第四批）　　单位：个

1. 北京数字娱乐发展有限公司、2. 北京京都文化投资管理公司、3. 北京贯辰传媒有限公司、
4. 北京人大文化科技园建设发展有限公司、5. 北京钧天坊古琴文化艺术传播有限公司、
6. 中央新闻纪录电影制片厂（动漫）、7. 北京中外名人文化产业集团有限公司、8. 天津神界漫画有限公司、
9. 天津市猛犸科技有限公司、10. 天津市津宝乐器有限公司、11. 大厂评剧歌舞团演艺有限责任公司、
12. 河北金音乐器集团有限公司、13. 蔚县圆通文化创意有限责任公司、
14. 阳城县皇城相府（集团）实业有限公司、15. 山西晋阳嫦娥文化艺术有限公司、
16. 内蒙古鄂尔多斯市达拉特旗响沙湾旅游有限公司（文化旅游）、17. 内蒙古力王工艺美术有限公司、
18. 大连圣亚旅游控股股份有限公司（文化旅游）、19. 沈阳三农博览园有限公司、
20. 吉林省宇平工艺品制造有限公司、21. 吉林禹硕动漫游戏科技股份有限公司、
22. 黑龙江冰尚杂技舞蹈演艺制作有限公司、23. 哈尔滨太阳岛风景区资产经营有限公司、
24. 上海天地软件创业园有限公司、25. 上海今日动画影视文化有限公司、26. 扬州智谷投资管理有限公司、
27. 江苏周庄文化创意产业投资发展有限公司、28. 江苏金一文化发展有限公司、
29. 杭州神采飞扬娱乐有限公司、30. 宁波音王集团有限公司、31. 衢州醉根艺品有限公司、
32. 桐城市佛光铜质工艺品有限公司、33. 蚌埠光彩投资有限责任公司、34. 中国宣纸集团公司、
35. 艾派集团（中国）有限公司、36. 莆田市集友艺术框业有限公司、37. 福安市珍华工艺品有限公司、
38. 萍乡市升华实业有限公司、39. 同方泰豪动漫产业投资有限公司、
40. 山东周村古商城旅游发展有限公司（文化旅游）、41. 威海刘公岛实业发展有限公司、
42. 潍坊杨家埠民俗艺术有限公司、43. 开封清明上河园股份有限公司、44. 镇平石佛寺珠宝玉雕有限公司、
45. 项城市汝阳刘笔业有限公司、46. 海豚传媒股份有限公司、47. 武汉艾立卡电子有限公司、
48. 湖南大剧院、49. 拓维信息系统股份有限公司、50. 广东中凯文化传媒有限公司、
51. 广州珠江钢琴集团股份有限公司、52. 羊城创意产业园、53. 深圳华强文化科技集团股份有限公司、
54. 深圳市永丰源实业有限公司、55. 深圳市同源南岭文化创意园有限公司、
56. 海南天涯在线网络科技有限公司、57. 广西钦州坭兴陶艺有限公司、58. 重庆商界传媒有限公司、
59. 凉山文化广播电影电视传媒有限公司、60. 贵州平坝县天龙旅游投资开发有限公司（文化旅游）、
61. 大理风花雪月文化传播有限责任公司、62. 拉萨市城关区古艺建筑美术公司、
63. 宝鸡市文化旅游产业开发建设有限公司、64. 西安大唐西市文化产业投资有限公司、
65. 陕西富平陶艺村有限责任公司、66. 敦煌飞天文化产业发展有限责任公司、67. 青海藏羊地毯集团有限公司、
68. 青海工艺美术厂有限责任公司、69. 宁夏华夏西部影视城有限公司（文化旅游）、
70. 新疆国际大巴扎开发有限公司

数据来源：国家文化部网站．国家文化产业示范基地（第四批）
http：//www. mcprc. gov. cn/sjzz/whcys_ 4769/cys_ gjwhcysfjdm/201112/t20111207_ 351235. htm.

六、企业创造潜力指数三级指标框架及排名与分析

1. 企业创造潜力指数三级指标框架及指数排名

（1）指标框架

企业创造潜力指数下设四个三级指标：企业科研基础指数、企业人才投入指数、企业资本投入指数、企业新产品开发指数（见图5－59、表5－8）。

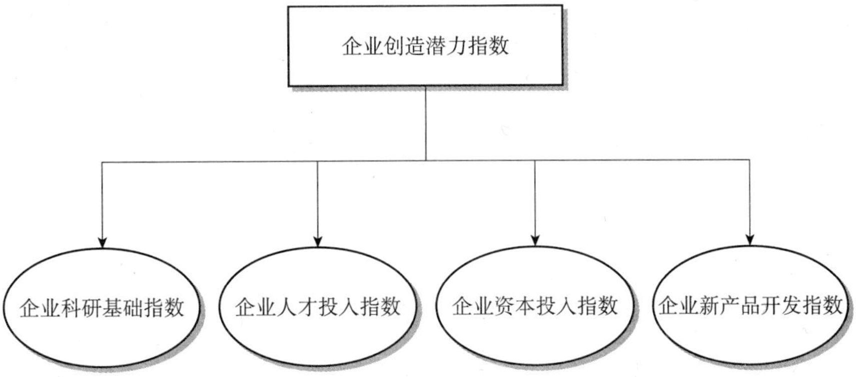

图5－59　企业创造指数指标框架图

（2）指数及排名

表5－8　企业创造潜力指数及排名表

省份	企业创造潜力		企业科研基础		企业人才投入		企业资本投入		企业新产品开发	
	指数	排名	指数	排名	指数	排名	指数	排名	指数	排名
广东	0.845	1	0.831	2	0.626	1	0.922	4	1.000	1
江苏	0.743	2	1.000	1	0.495	5	0.761	7	0.718	2
浙江	0.649	3	0.732	3	0.319	11	1.000	1	0.545	3
北京	0.524	4	0.600	4	0.486	6	0.899	5	0.112	11
上海	0.521	5	0.317	13	0.576	2	0.991	2	0.198	6
山东	0.487	6	0.328	12	0.510	4	0.680	10	0.430	4
天津	0.474	7	0.569	5	0.269	14	0.965	3	0.091	17
湖南	0.411	8	0.389	9	0.383	7	0.736	9	0.135	9
重庆	0.409	9	0.470	7	0.198	21	0.856	6	0.112	12
安徽	0.386	10	0.485	6	0.237	17	0.621	12	0.201	5
湖北	0.360	11	0.293	14	0.337	9	0.668	11	0.142	8
辽宁	0.335	12	0.262	18	0.240	16	0.744	8	0.094	16
福建	0.300	13	0.287	15	0.180	23	0.585	14	0.147	7

续表 5-8

省份	企业创造潜力		企业科研基础		企业人才投入		企业资本投入		企业新产品开发	
	指数	排名	指数	排名	指数	排名	指数	排名	指数	排名
陕西	0.284	14	0.230	20	0.331	10	0.515	15	0.061	18
四川	0.283	15	0.235	19	0.364	8	0.422	19	0.111	13
江西	0.250	16	0.392	8	0.143	25	0.357	22	0.109	15
黑龙江	0.250	17	0.075	27	0.295	12	0.602	13	0.027	23
河北	0.247	18	0.187	23	0.201	20	0.488	16	0.110	14
云南	0.236	19	0.379	10	0.091	28	0.437	18	0.038	19
河南	0.229	20	0.203	22	0.270	13	0.308	24	0.134	10
宁夏	0.209	21	0.338	11	0.085	29	0.403	20	0.009	28
甘肃	0.197	22	0.269	17	0.213	18	0.295	25	0.012	26
内蒙古	0.195	23	0.104	25	0.212	19	0.446	17	0.020	25
贵州	0.187	24	0.213	21	0.176	24	0.335	23	0.022	24
吉林	0.186	25	0.000	31	0.527	3	0.182	29	0.034	21
山西	0.184	26	0.167	24	0.180	22	0.358	21	0.031	22
海南	0.156	27	0.281	16	0.076	30	0.264	26	0.004	29
新疆	0.135	28	0.036	30	0.259	15	0.234	27	0.012	27
青海	0.107	29	0.091	26	0.127	27	0.206	28	0.003	30
广西	0.103	30	0.059	29	0.136	26	0.181	30	0.035	20
西藏	0.024	31	0.067	28	0.030	31	0.000	31	0.000	31

分析表 5-8 可以发现，企业创造潜力指数排名前 10 位的省份是：广东、江苏、浙江、北京、上海、山东、天津、湖南、重庆和安徽；排名后 10 位的省份是：甘肃、内蒙古、贵州、吉林、山西、海南、新疆、青海、广西和西藏。

在两个最基本的投入指标：企业人才投入指数和新产品开发指数方面排名第 1 位的都是广东。在企业资本投入方面，排名第 1 位的是浙江，企业科研基础指数排名第 1 位的是江苏。

2. 企业科研基础指数四级指标框架及排名与分析

(1) 指标框架

企业科研基础指数用规模以上工业企业中有科技机构的企业占全部企业比重、规模以上工业企业中有 R&D 活动的企业占全部企业比重两个指标来度量（见图 5-60）。

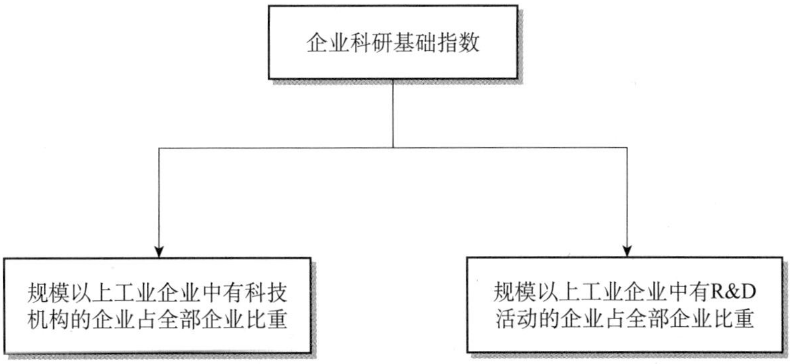

图 5－60　企业科研基础指数指标框架图

（2）企业科研基础指数具体指标分析

图 5－61 显示，吉林—上海是规模以上工业企业中有科技机构的企业占全部企业比重较低的 10 个省份，均不超过 7%。江苏—湖南是规模以上工业企业中有科技机构的企业占全部企业比重较高的 10 个省份，除江苏（42.97%）、广东（37.06%）、浙江（25.37%）外，各省份之间的差距并不明显。

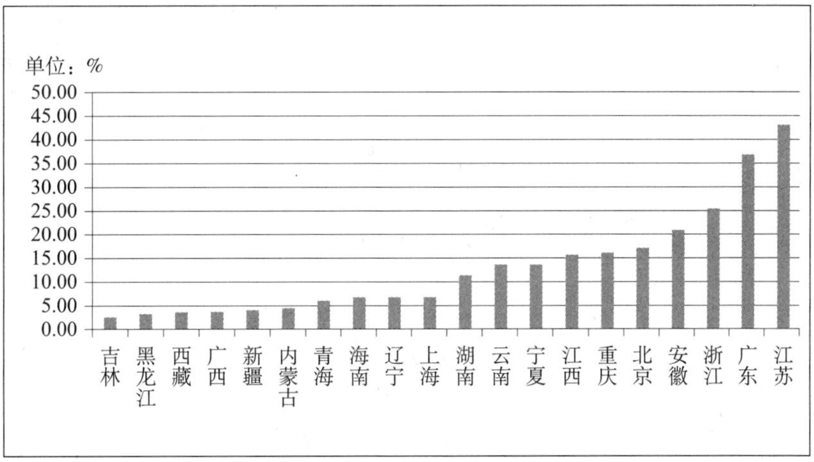

图 5－61　规模以上工业企业中有科技机构的企业占全部企业比重图

数据来源：国家统计局，科学技术部．2018 中国科技统计年鉴［M］．北京：中国统计出版社，2018.

图 5－62 显示，吉林—河南是规模以上工业企业中有 R&D 活动的企业占全部企业比重最低的 10 个省份，均不足 17%。江苏—云南则是排名最高的 10 个省份，其中，江苏比重最高，约为 42.55%。此外，天津、浙江、北京和广东四省份的比重也超过 30%。

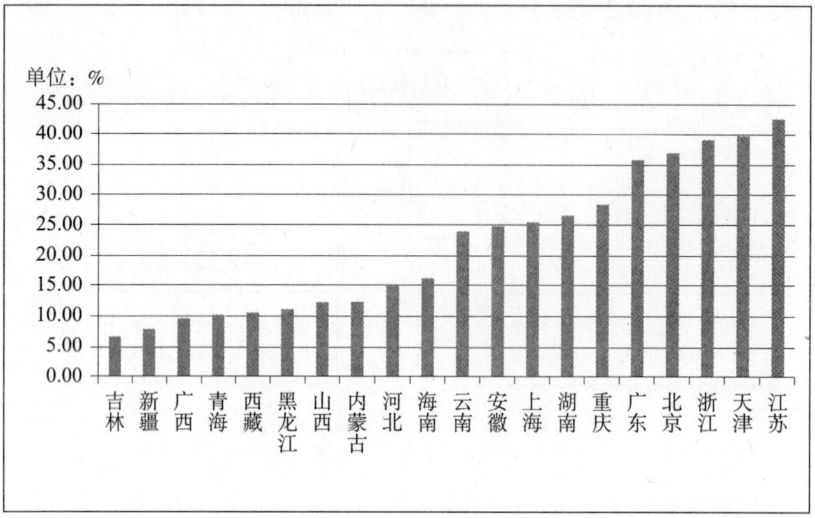

图 5－62　规模以上工业企业中有 R&D 活动的企业占全部企业比重排名图

数据来源：国家统计局，科学技术部 . 2018 中国科技统计年鉴 [M]. 北京：中国统计出版社，2018.

3. 企业人才投入指数四级指标框架及排名与分析

（1）指标框架

企业人才投入指数用规模以上工业企业 R&D 人员数量、规模以上工业企业研发机构硕士以上学历人员比重两个指标衡量（见图 5－63）。

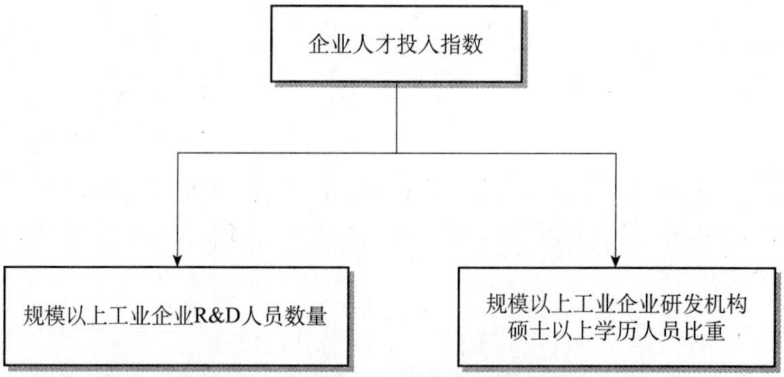

图 5－63　企业人才投入指数指标框架图

（2）企业人才投入指数具体指标分析

图 5－64 显示，西藏—云南是规模以上工业企业 R&D 人员数量排名最低的 10 个省份，除云南（33180 人）、贵州（32616 人）和内蒙古（31704 人）外均不足 30000 人。广东—河北则是排名最高的 10 个省份，其中，广东（69.6 万人）和江苏（58.9 万人）超过 50 万人，分列第 1、2 位。

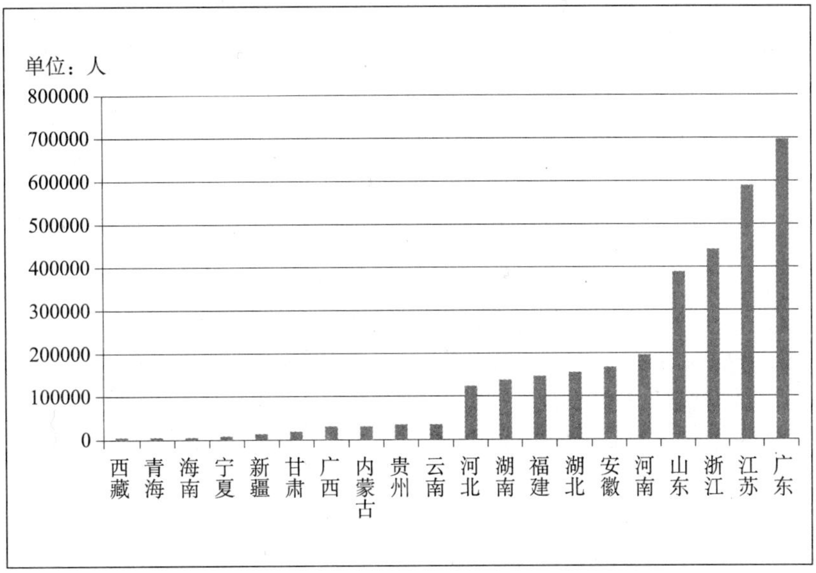

图 5－64　规模以上工业企业 R&D 人员数量排名图

数据来源：国家统计局，科学技术部．2018 中国科技统计年鉴［M］．北京：中国统计出版社，2018.

图 5－65 显示，浙江—广西是规模以上工业企业硕士以上学历人员比重最低，其中浙江、西藏最低，分别为 7.28% 和 8.67%。吉林—湖北是比重最高的 10 个省份，吉林最高，达到 30.78%。

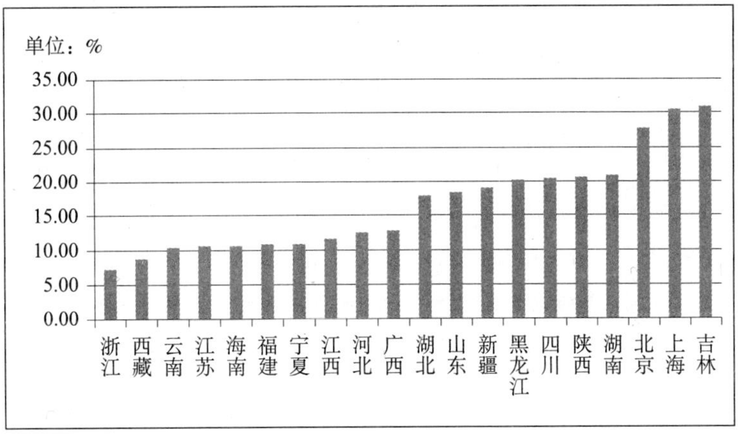

图 5－65　规模以上工业企业研发机构硕士以上学历人员比重排名图

数据来源：国家统计局，科学技术部．2018 中国科技统计年鉴［M］．北京：中国统计出版社，2018.

4. 企业资本投入指数四级指标框架及排名与分析

(1) 指标框架

企业资本投入指数用规模以上工业企业 R&D 经费占主营业务收入比重指标衡量（见图 5－66）。

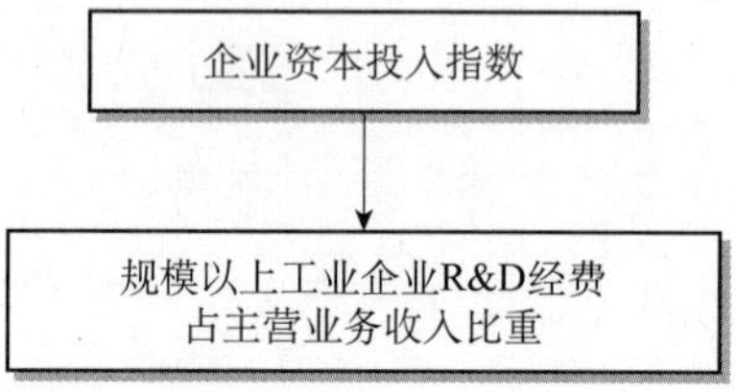

图 5－66　企业资本投入指数指标框架图

(2) 企业资本投入指数具体指标分析

图 5－67 显示，浙江—宁夏是规模以上工业企业 R&D 经费占主营业务收入比重排名靠前的 20 个省份，其中浙江（1.63%）排名第 1 位。除浙江外，还有上海（1.61%）、天津（1.58%）、广东（1.51%）、北京（1.48%）、重庆（1.41%）、江苏（1.27%）、辽宁（1.25%）、湖南（1.24%）、山东（1.15%）、湖北（1.14%）、安徽（1.07%）、黑龙江（1.04%）和福建（1.02%）超过 1%。

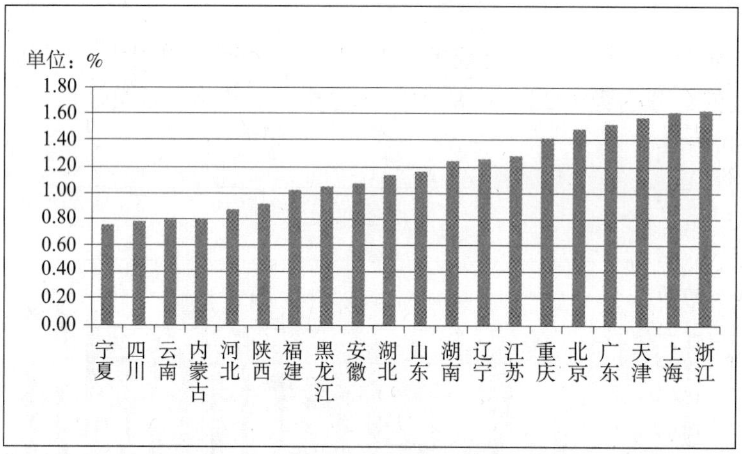

图 5－67　规模以上工业企业 R&D 经费占主营业务收入比重排名图

数据来源：国家统计局，科学技术部. 2018 中国科技统计年鉴［M］. 北京：中国统计出版社，2018.

5. 企业新产品开发指数四级指标框架及排名与分析

(1) 指标框架

企业新产品开发指数用规模以上工业企业开发新产品经费、规模以上工业企业新产品开发项目数两个指标衡量（见图 5－68）。

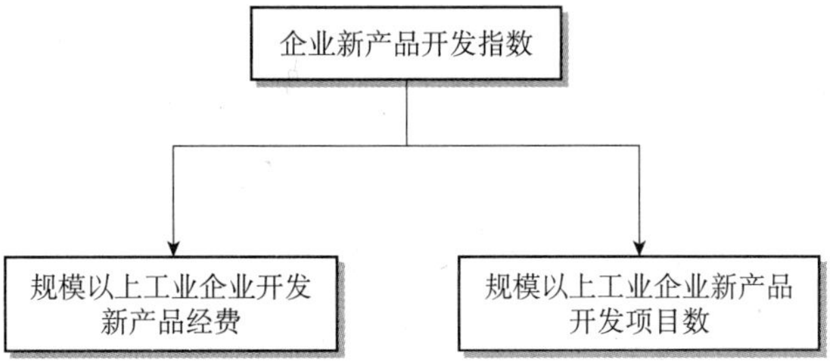

图 5－68　企业新产品开发指数指标框架图

（2）企业新产品开发指数具体指标分析

图 5－69 显示，西藏—山西是我国规模以上工业企业开发新产品经费排名最靠后的 10 个省份，西藏和青海的经费都不到 10 亿元。广东—河南是规模以上工业企业开发新产品经费排名最靠前的 10 个省份，均在 300 亿元以上，其中，广东（2828 亿元）、江苏（2150 亿元）、山东（1383 亿元）和浙江（1107 亿元）四省超过 1000 亿元。与 2016 年相比，广东有大幅增长，江苏、山东和浙江基本持平。

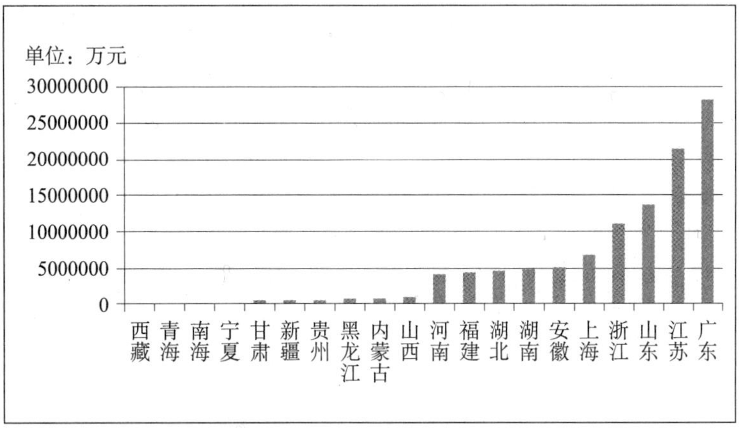

图 5－69　规模以上工业企业开发新产品经费排名图

数据来源：国家统计局，科学技术部．2018 中国科技统计年鉴［M］．北京：中国统计出版社，2018.

通过图 5－70 可以看出，广东、江苏、山东、浙江这四个省是我国规模以上工业企业开发新产品经费占全国比重最高的四个省，四省总和超过 50%。

图 5－71 显示，规模以上工业企业新产品开发项目数各省份差异非常大，西藏—山西是排名后 10 位的省份，西藏、青海、海南、新疆项目数不足 1000 项。广东—江西则是排名靠前的 10 个省份，广东、浙江和江苏分别以 10.3 万、7.2 万和 7 万项领先于其他省份。

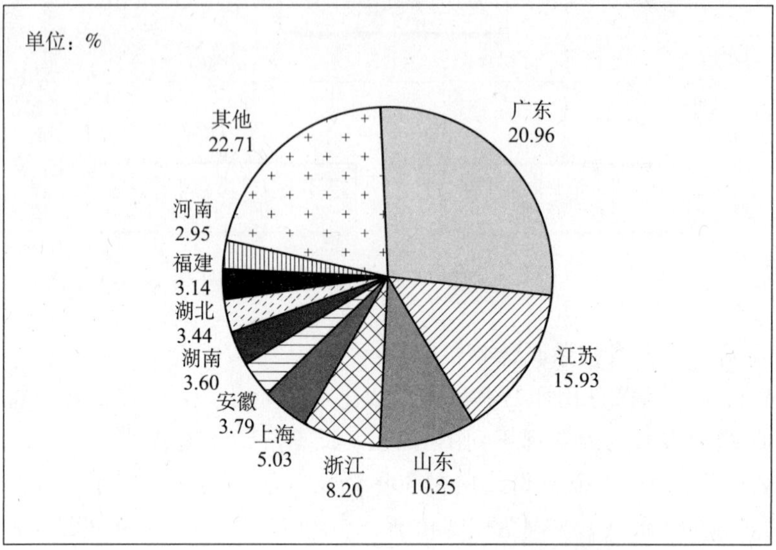

图 5 -70　规模以上工业企业开发新产品经费占全国比重图

数据来源：国家统计局，科学技术部 . 2018 中国科技统计年鉴 [M]. 北京：中国统计出版社，2018.

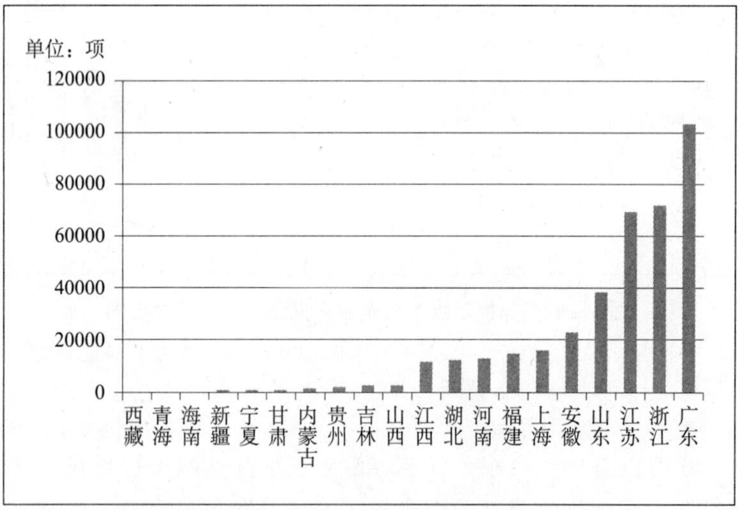

图 5 -71　规模以上工业企业新产品开发项目数排名图

数据来源：国家统计局，科学技术部 . 2018 中国科技统计年鉴 [M]. 北京：中国统计出版社，2018.

图 5－72 显示，广东、浙江、江苏所占比重较大三个省份总和为 51.25%，超过一半，比 2016 年略有上升。排名靠前的 10 个省市的总和接近 80%。

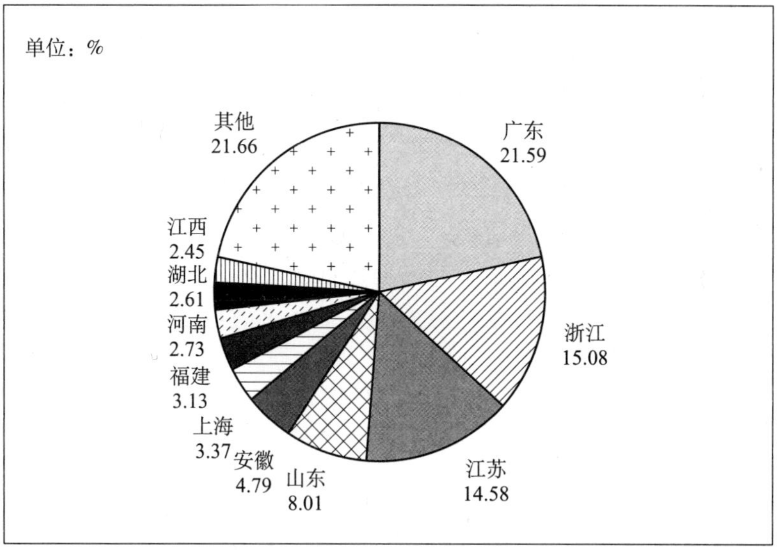

图 5－72　规模以上工业企业新产品开发项目数占全国比重图

数据来源：国家统计局，科学技术部．2018 中国科技统计年鉴［M］．北京：中国统计出版社，2018.

七、知识产权保护指数三级指标框架及排名与分析

1. 知识产权保护指数三级指标框架及指数排名

（1）指标框架

知识产权保护指数下设两个四级指标：专利行政执法指数和商标行政执法指数（见图 5－73、表 5－9）。

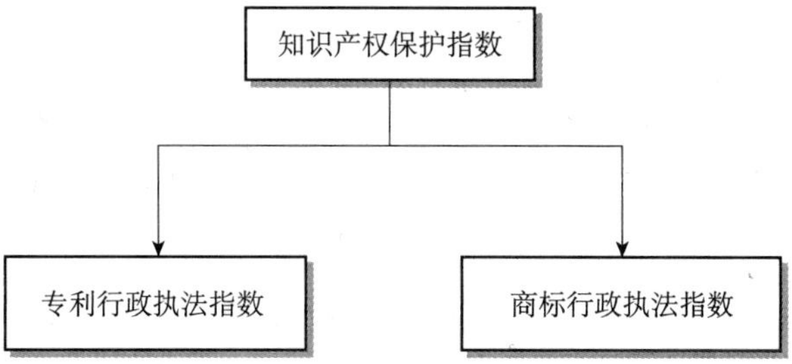

图 5－73　知识产权保护指数指标框架图

(2) 指数及排名

表 5－9 **知识产权保护指数及排名表**

省份	知识产权保护		专利行政执法		商标行政执法	
	指数	排名	指数	排名	指数	排名
浙江	0.772	1	0.623	1	0.921	2
广东	0.649	2	0.325	5	0.973	1
江苏	0.495	3	0.574	2	0.416	3
山东	0.295	4	0.376	3	0.214	9
湖北	0.283	5	0.190	7	0.376	5
湖南	0.268	6	0.342	4	0.195	10
安徽	0.263	7	0.138	11	0.389	4
贵州	0.219	8	0.318	6	0.120	15
北京	0.214	9	0.085	13	0.343	6
河南	0.214	10	0.181	8	0.246	7
福建	0.192	11	0.142	10	0.241	8
四川	0.168	12	0.170	9	0.166	13
河北	0.155	13	0.131	12	0.180	12
上海	0.105	14	0.016	25	0.193	11
陕西	0.102	15	0.064	16	0.140	14
广西	0.078	16	0.051	19	0.105	16
辽宁	0.061	17	0.065	15	0.057	19
江西	0.058	18	0.054	18	0.061	17
甘肃	0.053	19	0.051	20	0.056	20
天津	0.051	20	0.050	21	0.052	22
云南	0.048	21	0.035	23	0.061	18
重庆	0.042	22	0.041	22	0.042	23
黑龙江	0.037	23	0.067	14	0.007	28
新疆	0.036	24	0.058	17	0.014	26
山西	0.032	25	0.009	26	0.055	21
内蒙古	0.029	26	0.028	24	0.030	24
吉林	0.015	27	0.005	28	0.026	25
海南	0.005	28	0.006	27	0.004	29
青海	0.005	29	0.001	30	0.008	27
宁夏	0.004	30	0.005	29	0.003	30
西藏	0.000	31	0.000	31	0.001	31

分析表 5－9 可以发现，知识产权保护指数排名前 10 位的省份是：浙江、广东、江苏、山东、湖北、湖南、安徽、贵州、北京和河南；排名后 10 位的省份是：重庆、黑龙江、新疆、山西、内蒙古、吉林、海南、青海、宁夏和西藏。总体来看，经济发展越好的地区对知识产权保护的重视程度越高，这也符合知识产权保护的一个一般规律。

2. 专利行政执法指数四级指标框架及排名与分析

（1）指标框架

专利行政执法指数下设两个四级指标：专利侵权和其他纠纷结案量、查处专利假冒案件结案量（见图 5－74）。

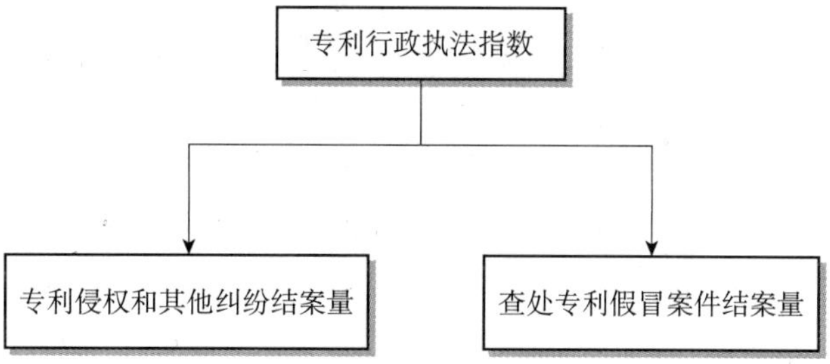

图 5－74　专利行政执法指数指标框架图

（2）专利行政执法指数具体指标分析

图 5－75 显示，西藏—宁夏是专利侵权和其他纠纷结案量排名最靠后的 10 个省份，其中，西藏为 0。浙江—黑龙江是排名靠前的 10 个省份，其中，浙江排名第 1 位，约为 11837 项。

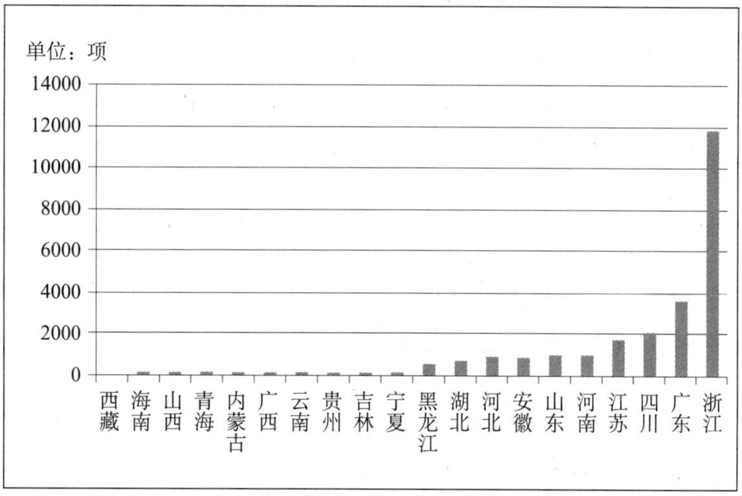

图 5－75　专利侵权和其他纠纷结案量排名图

数据来源：国家知识产权局．2017 专利统计年报．

图 5－76 显示，西藏—云南是查处冒充专利行为和假冒他人专利行为结案量排名靠后的 10 个省份，其中西藏的结案量为 0。江苏—安徽是排名靠前的 10 个省份，其中，江苏排名第 1 位，约为 6359 项。山东排名第 2 位，约为 4279 项，都较 2016 年有大幅增长。

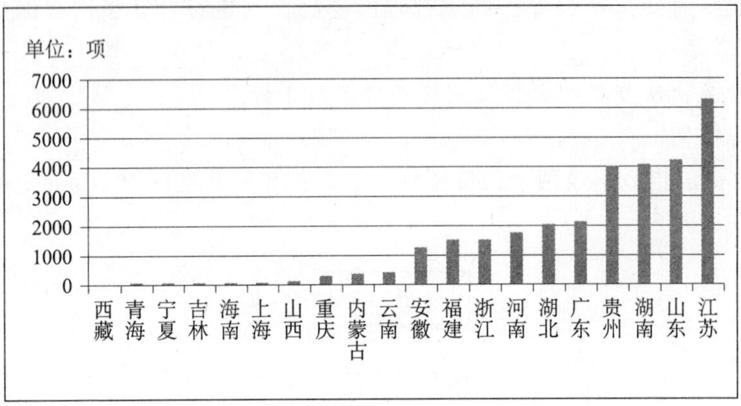

图 5－76 查处专利假冒案件结案量排名图

数据来源：国家知识产权局．2017 专利统计年报．

3. 商标行政执法指数四级指标框架及排名与分析

（1）指标框架

商标行政执法指数下设两个四级指标：查处商标违法案件总数、查处商标违法案件案值（见图 5－77）。

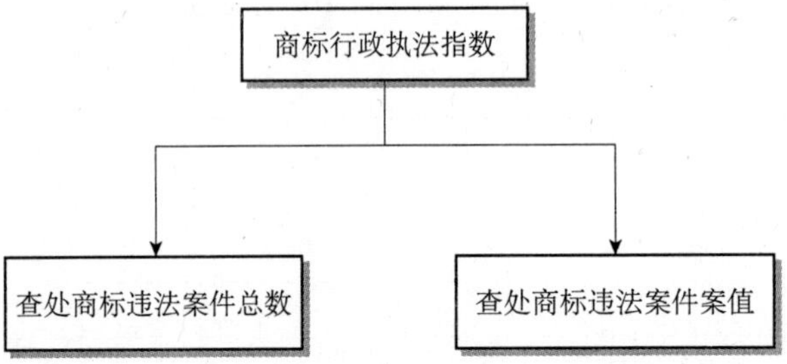

图 5－77 商标行政执法指数指标框架图

（2）商标行政执法指数具体指标分析

图 5－78 显示，宁夏—天津是查处商标一般违法案件量最少的 10 个省份，均不超过 350 件，其中，宁夏最低，约为 100 件；浙江—湖南是查处商标一般违法案件量最多的 10 个省份，其中浙江（3865 件）、广东（3659 件）领先于国内其他各省份。

图 5－79 显示，西藏—甘肃是查处商标违法案件案值最少的 10 个省份，均不足 350 万元；广东—安徽是查处商标违法案件案值最多的 10 个省份，其中，广东和浙江的查处力度远远超过全国其他省份，总额分别高达 1.09 亿元和 0.9 亿元，排名第 3 位的北京也超过了 4500 万元。

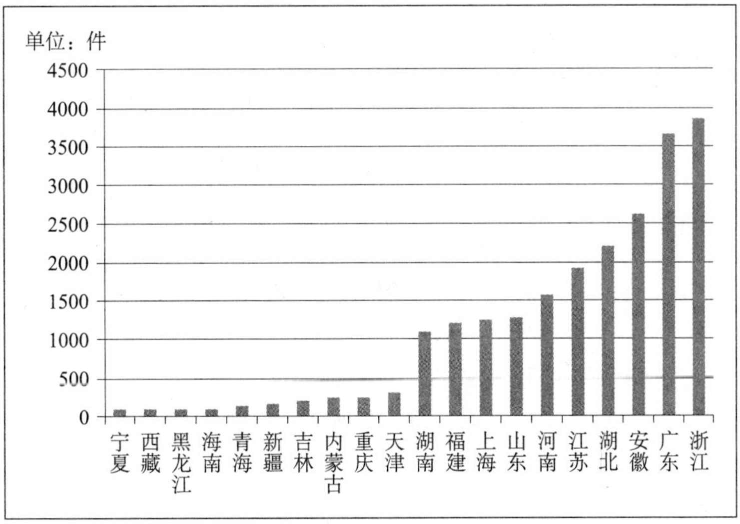

图 5-78　查处商标违法案件总数排名图

数据来源：国家统计局 .2017 中国知识产权统计年报［M］. 北京：知识产权出版社，2018.

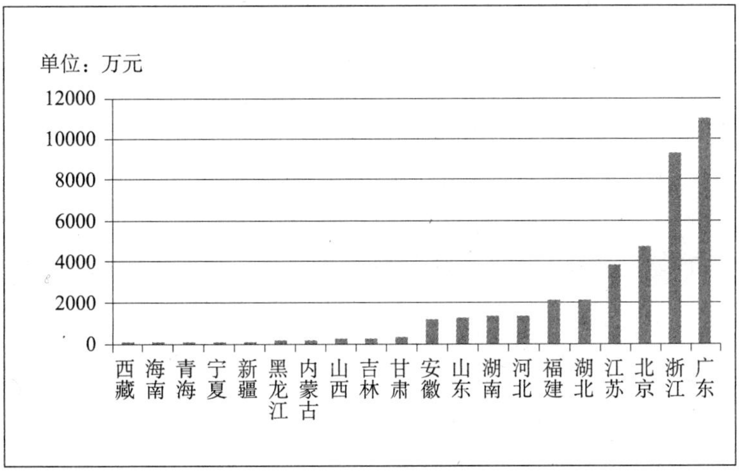

图 5-79　查处商标违法案件案值排名图

数据来源：国家统计局 .2017 中国知识产权统计年报［M］. 北京：知识产权出版社，2018.

第六章　知识产权综合实力进步指数 2019 排名与分析

一、知识产权综合实力进步指数指标框架

与知识产权指数相比，知识产权综合实力进步指数❶侧重于考察增量，关注各省份知识产权的进步情况。本报告前六章对中国区域知识产权综合实力各项指标的指数与排名作了较为全面细致的分析，基本完成了对中国区域知识产权发展现状的考察。第七章重点阐述知识产权综合实力进步指数情况。知识产权综合实力进步指数的指标框架如表 6－1 所示，评价方法同样为综合指数法。

表 6－1　　知识产权综合实力进步指数指标框架

知识产权综合实力进步指数	产出水平进步指数	百万人口年度专利申请量增幅 百万人口年度商标申请量增幅
	流动水平进步指数	技术市场成交合同金额与 GDP 比例增幅 年度专利申请代理量增幅
	促进经济社会发展进步指数	人均 GDP 增幅 单位 GDP 电耗降幅
	创造潜力进步指数	R&D 人员全时当量总计增幅 R&D 支出占 GDP 比重增幅

下面对知识产权综合实力进步指数的计算结果作详细分析（见表 6－2）。

二、知识产权综合实力进步指数排名与分析

表 6－2　　中国区域知识产权综合实力进步指数 2019 排名

省　份	知识产权综合实力进步		产出水平进步		流动水平进步		促进经济社会发展进步		创造潜力进步	
	指数	排名	指数	排名	指数	排名	指数	排名	指数	排名
西藏	0.726	1	1.000	1	0.609	2	0.720	13	0.573	7
贵州	0.715	2	0.570	2	0.809	1	0.815	3	0.667	3
宁夏	0.598	3	0.504	6	0.592	3	0.642	22	0.655	4
江西	0.569	4	0.519	5	0.391	10	0.657	21	0.709	2
河南	0.535	5	0.497	7	0.536	4	0.728	12	0.379	22

❶ 与指数报告 2018 相比，由于部分最新数据并未公布，因此课题组对个别指标进行替换。

续表 6-2

省　份	知识产权综合实力进步		产出水平进步		流动水平进步		促进经济社会发展进步		创造潜力进步	
	指数	排名	指数	排名	指数	排名	指数	排名	指数	排名
四川	0.532	6	0.408	13	0.391	11	0.786	4	0.544	9
广东	0.523	7	0.459	9	0.373	14	0.736	10	0.525	10
湖南	0.523	8	0.403	14	0.442	5	0.659	20	0.587	6
云南	0.516	9	0.396	15	0.414	6	0.708	16	0.547	8
青海	0.515	10	0.260	25	0.319	18	0.481	29	1.000	1
陕西	0.502	11	0.562	3	0.330	16	0.745	8	0.370	24
湖北	0.501	12	0.523	4	0.313	19	0.700	17	0.469	15
山西	0.482	13	0.304	21	0.394	8	0.843	2	0.387	21
河北	0.481	14	0.431	10	0.401	7	0.614	24	0.478	13
海南	0.481	15	0.465	8	0.390	12	0.715	15	0.351	25
福建	0.481	16	0.324	20	0.367	15	0.755	5	0.475	14
重庆	0.469	17	0.333	19	0.205	26	0.718	14	0.620	5
安徽	0.468	18	0.420	12	0.256	22	0.733	11	0.460	17
浙江	0.436	19	0.297	22	0.297	20	0.687	18	0.463	16
上海	0.423	20	0.274	23	0.230	24	0.746	7	0.443	19
江苏	0.411	21	0.344	18	0.174	30	0.751	6	0.374	23
山东	0.388	22	0.254	26	0.222	25	0.673	19	0.406	20
吉林	0.388	23	0.429	11	0.393	9	0.491	27	0.241	27
北京	0.387	24	0.183	28	0.181	29	0.738	9	0.446	18
新疆	0.377	25	0.124	30	0.277	21	0.870	1	0.236	28
甘肃	0.374	26	0.363	17	0.378	13	0.508	26	0.246	26
广西	0.363	27	0.266	24	0.196	27	0.491	28	0.499	12
辽宁	0.295	28	0.209	27	0.183	28	0.284	30	0.503	11
黑龙江	0.279	29	0.155	29	0.248	23	0.531	25	0.183	30
内蒙古	0.239	30	0.384	16	0.323	17	0.050	31	0.199	29
天津	0.216	31	0.112	31	0.103	31	0.624	23	0.026	31

中国区域知识产权综合实力进步指数最高的 10 个省份是：西藏、贵州、宁夏、江西、河南、四川、广东、湖南、云南和青海。最低的 10 个省份是：山东、吉林、北京、新疆、甘肃、广西、辽宁、黑龙江、内蒙古和天津。

纵览历史数据，不难发现，排名前 10 位的一直主要是中西部省份，表明了部分中西部省份起步虽然较晚，但是具备后发优势，正在缩短与发达地区的差距。

同时，这些指数也反映了另外一个现象，即同区域内省份逐渐出现分化的趋势，部分西部省份进步显著，也有部分原地踏步，甚至倒退，东部地区也有部分省份呈现疲态。

三、知识产权产出水平进步指数指标与排名

1. 知识产权产出水平进步指数排名与分析

分析表 6－3 可以发现，中国区域知识产权产出水平进步指数排名前 10 位的省份是：西藏、贵州、陕西、湖北、江西、宁夏、河南、海南、广东和河北。排名后 10 位的省份是：浙江、上海、广西、青海、山东、辽宁、北京、黑龙江、新疆和天津。与综合实力进步指数趋势类似，仍然是中西部省份靠前，东部省份稍靠后。

表 6－3　知识产权产出水平进步指数及排名

省　份	产出水平进步		百万人口年度专利申请量增幅		百万人口年度商标申请量增幅	
	指数	排名	指数	排名	指数	排名
西藏	1.000	1	1.000	1	1.000	1
贵州	0.570	2	0.776	4	0.365	12
陕西	0.562	3	0.856	2	0.269	22
湖北	0.523	4	0.484	12	0.562	3
江西	0.519	5	0.490	11	0.547	4
宁夏	0.504	6	0.808	3	0.199	27
河南	0.497	7	0.629	5	0.365	11
海南	0.465	8	0.600	6	0.331	16
广东	0.459	9	0.581	7	0.336	15
河北	0.431	10	0.419	14	0.443	6
吉林	0.429	11	0.386	17	0.471	5
安徽	0.420	12	0.274	20	0.566	2
四川	0.408	13	0.505	10	0.311	18
湖南	0.403	14	0.467	13	0.339	14
云南	0.396	15	0.552	8	0.240	23
内蒙古	0.384	16	0.394	16	0.374	10
甘肃	0.363	17	0.546	9	0.180	28
江苏	0.344	18	0.260	21	0.429	7
重庆	0.333	19	0.371	18	0.296	21
福建	0.324	20	0.222	24	0.427	8
山西	0.304	21	0.300	19	0.309	20

续表 6－3

省　份	产出水平进步		百万人口年度专利申请量增幅		百万人口年度商标申请量增幅	
	指数	排名	指数	排名	指数	排名
浙江	0.297	22	0.185	29	0.408	9
上海	0.274	23	0.403	15	0.144	29
广西	0.266	24	0.192	27	0.340	13
青海	0.260	25	0.203	25	0.317	17
山东	0.254	26	0.198	26	0.310	19
辽宁	0.209	27	0.188	28	0.231	24
北京	0.183	28	0.237	23	0.128	30
黑龙江	0.155	29	0.087	30	0.224	26
新疆	0.124	30	0.248	22	0.000	31
天津	0.112	31	0.000	31	0.224	25

2. 知识产权产出水平进步指数具体指标分析

（1）百万人口年度专利申请量增幅指标分析

图 6－1 表明，西藏—四川是 2017 年百万人口年度专利申请量增幅最高的 10 个省份，西藏领先于其他省份，增幅超过 50%。天津—新疆是 2017 年百万人口年度专利申请量增幅最低的 10 个省份，增幅全部为负值。

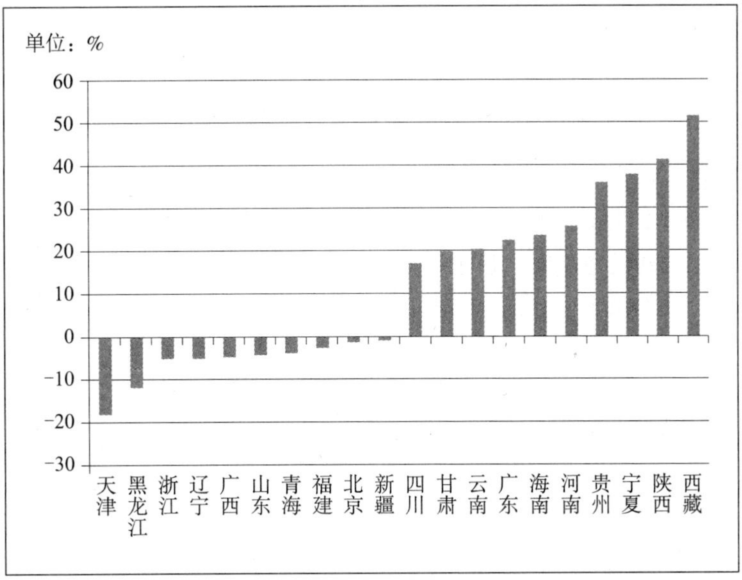

图 6－1　百万人口年度专利申请量增幅排名图

数据来源：2017 专利统计年报、2018 中国统计年鉴．数据年份：2017 年．

（2）百万人口年度商标申请量增幅指标分析

图6－2表明，西藏—内蒙古是2017年百万人口年度商标申请量同期增幅最高的10个省份，其中，西藏增长135.3%，领先于其他省份。新疆—陕西是增幅最低的10个省份。

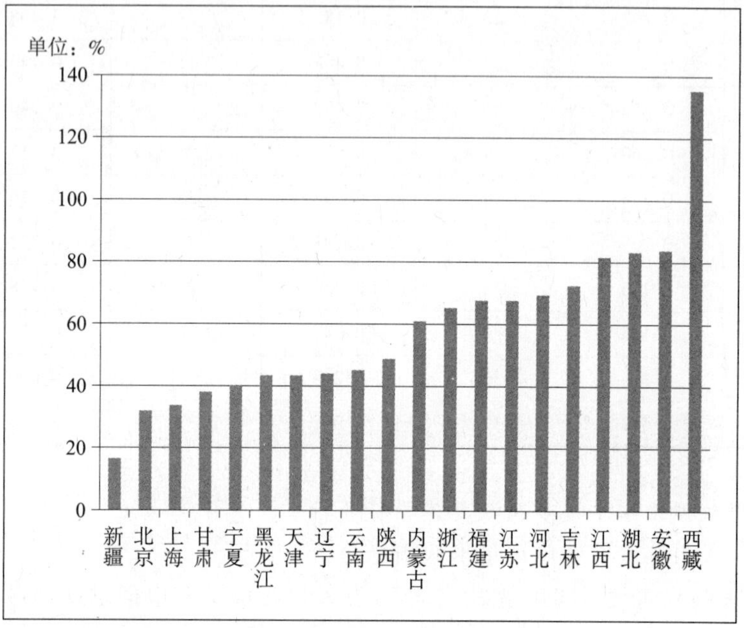

图6－2 百万人口年度商标申请量增幅排名图

数据来源：2017中国知识产权年报、2018中国统计年鉴．数据年份：2017年．

四、知识产权流动水平进步指数指标与排名

1．知识产权流动水平进步指数排名与分析

分析表6－4可以发现，中国区域知识产权流动水平进步指数排名靠前的10个省份是：贵州、西藏、宁夏、河南、湖南、云南、河北、山西、吉林和江西。排名后10位的省份是：安徽、黑龙江、上海、山东、重庆、广西、辽宁、北京、江苏和天津。

表6－4 知识产权流动水平进步指数及排名

省 份	流动水平进步		技术市场成交合同金额与GDP比例增幅		年度专利申请代理量增幅	
	指数	排名	指数	排名	指数	排名
贵州	0.809	1	1.000	1	0.619	4
西藏	0.609	2	0.219	28	1.000	1
宁夏	0.592	3	0.384	7	0.800	2
河南	0.536	4	0.279	14	0.793	3

续表 6-4

省份	流动水平进步		技术市场成交合同金额与 GDP 比例增幅		年度专利申请代理量增幅	
	指数	排名	指数	排名	指数	排名
湖南	0.442	5	0.472	5	0.412	13
云南	0.414	6	0.319	10	0.508	8
河北	0.401	7	0.354	9	0.449	11
山西	0.394	8	0.494	3	0.293	18
吉林	0.393	9	0.497	2	0.288	19
江西	0.391	10	0.259	19	0.524	6
四川	0.391	11	0.285	12	0.496	9
海南	0.390	12	0.246	22	0.535	5
甘肃	0.378	13	0.233	24	0.522	7
广东	0.373	14	0.255	20	0.490	10
福建	0.367	15	0.399	6	0.336	17
陕西	0.330	16	0.224	27	0.436	12
内蒙古	0.323	17	0.486	4	0.161	25
青海	0.319	18	0.272	15	0.366	16
湖北	0.313	19	0.235	23	0.390	15
浙江	0.297	20	0.377	8	0.218	24
新疆	0.277	21	0.281	13	0.274	21
安徽	0.256	22	0.231	26	0.282	20
黑龙江	0.248	23	0.260	18	0.236	23
上海	0.230	24	0.204	30	0.256	22
山东	0.222	25	0.286	11	0.157	26
重庆	0.205	26	0.000	31	0.411	14
广西	0.196	27	0.266	16	0.126	28
辽宁	0.183	28	0.262	17	0.104	29
北京	0.181	29	0.232	25	0.130	27
江苏	0.174	30	0.252	21	0.097	30
天津	0.103	31	0.206	29	0.000	31

总体来看，技术市场成交合同金额与 GDP 比例增幅、年度专利申请代理量增幅两个指标没有表现出较大的一致性，譬如：西藏两项指标的排名分别是第 28 位和第 1 位，两者相差非常大。

2. 知识产权流动水平进步指数具体指标分析

（1）技术市场成交合同金额与 GDP 比例增幅指标分析

图 6-3 显示，贵州—云南是 2017 年技术市场成交合同金额与 GDP 比例增幅排名前 10 位的省份，其中，贵州增幅更是超过 240%，这与贵州 2017 年基数太低有关系。重庆—海南是增幅后 10 位的省份，其中后 3 名全部为负，其中重庆降幅接近 70%。

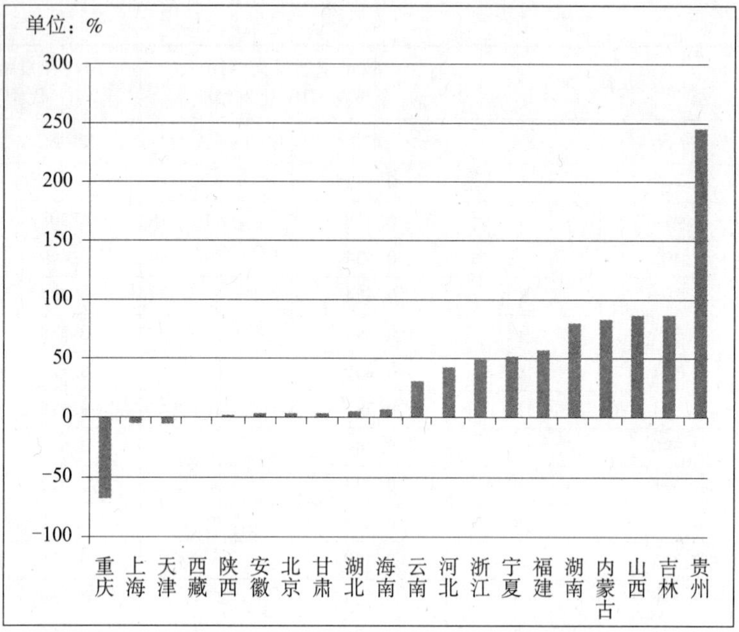

图 6－3　技术市场成交合同金额与 GDP 比例增幅排名图

数据来源：科学技术部、2018 中国统计年鉴．数据年份：2017 年．

（2）年度专利申请代理量增幅指标分析

图 6－4 显示，西藏—广东是 2017 年年度专利申请代理量增幅排名前 10 位的省份，排名第 1 位的西藏增幅接近 60%，其他省份总体上呈现阶梯状分布。天津—上海是增幅排名后 10 位的省份。

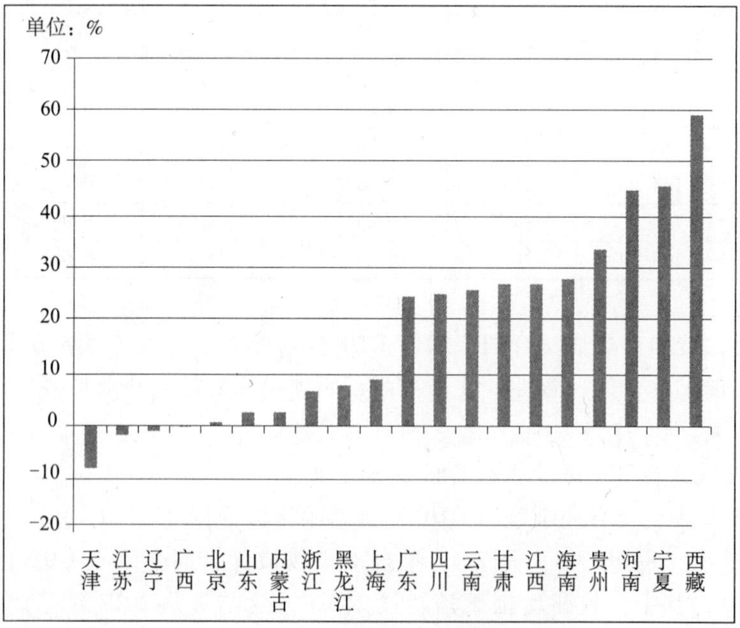

图 6－4　年度专利申请代理量增幅排名图

数据来源：2017 专利统计年报．数据年份：2017 年．

五、知识产权促进经济社会发展进步指数指标与排名

1. 知识产权促进经济社会发展进步指数排名与分析

分析表 6－5 可以发现，2018 中国区域知识产权促进经济社会发展进步指数排名前 10 位的省份是：新疆、山西、贵州、四川、福建、江苏、上海、陕西、北京和广东。排名后 10 位的省份是：宁夏、天津、河北、黑龙江、甘肃、吉林、广西、青海、辽宁和内蒙古。

表 6－5　知识产权促进经济社会发展进步指数及排名

省　份	促进经济社会发展进步		人均 GDP 增幅		单位 GDP 电耗降幅	
	指数	排名	指数	排名	指数	排名
新疆	0.870	1	0.741	7	1.000	1
山西	0.843	2	1.000	1	0.686	20
贵州	0.815	3	0.860	2	0.770	6
四川	0.786	4	0.779	5	0.792	3
福建	0.755	5	0.742	6	0.768	7
江苏	0.751	6	0.739	8	0.763	9
上海	0.746	7	0.680	15	0.811	2
陕西	0.745	8	0.795	3	0.694	18
北京	0.738	9	0.695	13	0.781	4
广东	0.736	10	0.696	12	0.776	5
安徽	0.733	11	0.709	11	0.758	10
河南	0.728	12	0.713	10	0.743	12
西藏	0.720	13	0.782	4	0.659	23
重庆	0.718	14	0.671	16	0.764	8
海南	0.715	15	0.688	14	0.742	13
云南	0.708	16	0.722	9	0.693	19
湖北	0.700	17	0.664	17	0.737	14
浙江	0.687	18	0.662	18	0.712	16
山东	0.673	19	0.592	22	0.754	11
湖南	0.659	20	0.615	21	0.703	17
江西	0.657	21	0.635	20	0.679	21
宁夏	0.642	22	0.639	19	0.646	24
天津	0.624	23	0.521	25	0.726	15
河北	0.614	24	0.565	24	0.662	22
黑龙江	0.531	25	0.507	26	0.555	26

续表 6－5

省份	促进经济社会发展进步		人均 GDP 增幅		单位 GDP 电耗降幅	
	指数	排名	指数	排名	指数	排名
甘肃	0.508	26	0.485	27	0.531	29
吉林	0.491	27	0.444	28	0.539	27
广西	0.491	28	0.391	30	0.591	25
青海	0.481	29	0.425	29	0.536	28
辽宁	0.284	30	0.568	23	0.000	31
内蒙古	0.050	31	0.000	31	0.099	30

2. 知识产权促进经济社会发展进步指数具体指标分析

（1）人均 GDP 增幅指标分析

图 6－5 显示，山西—河南是 2017 年人均 GDP 增幅最高的 10 个省份，其中山西达到近 18.35%。内蒙古—山东是人均 GDP 增幅最低的 10 个省份，其中，内蒙古增幅小于 0。

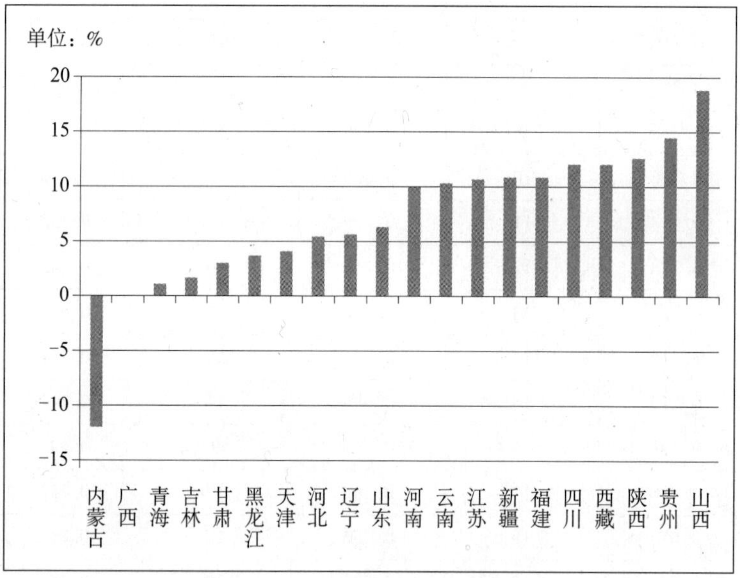

图 6－5 人均 GDP 增幅排名图

数据来源：2018 中国统计年鉴．数据年份：2017 年．

（2）单位 GDP 电耗下降率指标分析

图 6－6 显示，除辽宁和内蒙古外 2017 年全国单位 GDP 电耗普遍有所下降。新疆—安徽是单位 GDP 电耗下降最多的 10 个省份，其中新疆最高，约为 30%。辽宁—河北是下降率最低的 10 个省份其中辽宁和内蒙古的单位 GDP 电耗增幅超过了 20%。

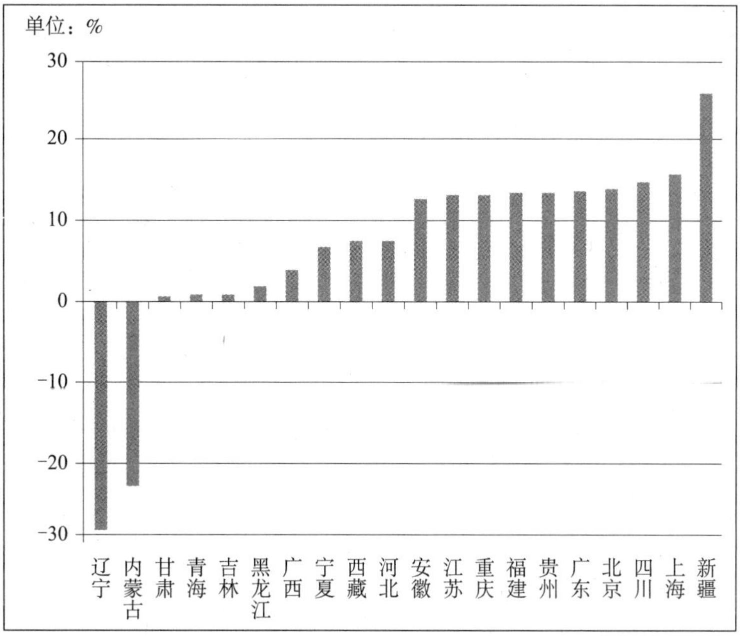

图6-6　单位GDP电耗下降率排名图

数据来源：2018中国统计年鉴．数据年份：2017年．

六、知识产权创造潜力进步指数指标与排名

1. 知识产权创造潜力进步指数排名与分析

分析表6-6可以发现，中国区域知识产权创造潜力进步指数排名前10位的省份是：青海、江西、贵州、宁夏、重庆、湖南、西藏、云南、四川和广东。排名后10位的省份是：河南、江苏、陕西、海南、甘肃、吉林、新疆、内蒙古、黑龙江和天津，除江苏和天津外，均为中西部省份。

表6-6　知识产权创造潜力进步指数及排名

省　份	创造潜力进步		R&D人员全时当量总计增幅		R&D支出占GDP比重增幅	
	指数	排名	指数	排名	指数	排名
青海	1.000	1	1.000	1	1.000	1
江西	0.709	2	0.741	2	0.676	5
贵州	0.667	3	0.645	3	0.689	4
宁夏	0.655	4	0.496	10	0.815	3
重庆	0.620	5	0.626	4	0.613	9
湖南	0.587	6	0.498	9	0.676	6
西藏	0.573	7	0.523	7	0.624	8

续表 6-6

省份	创造潜力进步		R&D 人员全时当量总计增幅		R&D 支出占 GDP 比重增幅	
	指数	排名	指数	排名	指数	排名
云南	0.547	8	0.568	6	0.526	15
四川	0.544	9	0.625	5	0.464	20
广东	0.525	10	0.498	8	0.552	13
辽宁	0.503	11	0.336	20	0.671	7
广西	0.499	12	0.167	26	0.830	2
河北	0.478	13	0.345	19	0.612	10
福建	0.475	14	0.432	13	0.519	16
湖北	0.469	15	0.361	18	0.578	12
浙江	0.463	16	0.423	14	0.503	17
安徽	0.460	17	0.379	16	0.542	14
北京	0.446	18	0.439	12	0.454	21
上海	0.443	19	0.309	22	0.578	11
山东	0.406	20	0.335	21	0.477	19
山西	0.387	21	0.468	11	0.307	29
河南	0.379	22	0.270	24	0.488	18
江苏	0.374	23	0.372	17	0.377	24
陕西	0.370	24	0.383	15	0.358	25
海南	0.351	25	0.283	23	0.420	22
甘肃	0.246	26	0.163	27	0.329	27
吉林	0.241	27	0.205	25	0.277	30
新疆	0.236	28	0.117	28	0.355	26
内蒙古	0.199	29	0.000	31	0.399	23
黑龙江	0.183	30	0.050	30	0.316	28
天津	0.026	31	0.052	29	0.000	31

2. 知识产权创造潜力进步指数具体指标分析

（1）R&D 人员全时当量总计增幅指标分析

图 6-7 显示，青海—宁夏是 2017 年 R&D 人员全时当量总计增幅最高的 10 个省份，其中青海增幅超过 35%；内蒙古—上海是 R&D 人员全时当量总计增幅最低的 10 个省份，均为负增长，黑龙江已经连续五年负增长。

（2）R&D 支出占 GDP 比重增幅指标分析

图 6-8 显示，青海—河北是 2017 年 R&D 支出占 GDP 比重增幅排名全国前 10 位的省份，其中，青海增幅超过了 30%，领先于其他省份。天津—海南是排名后 10 位的省份，其中天津下滑到 -10% 以下。

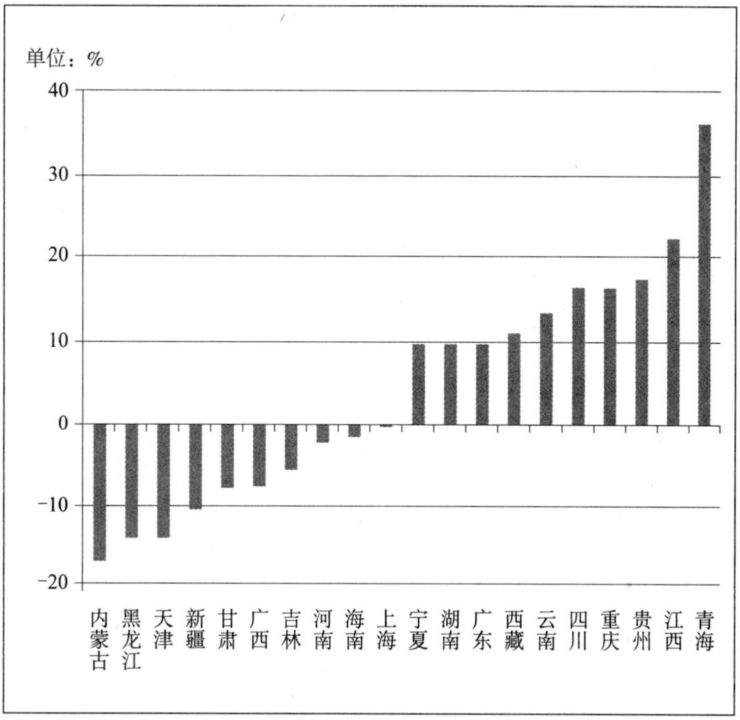

图 6－7　R&D 人员全时当量总计增幅排名图

数据来源：2018 中国统计年鉴．数据年份：2017 年．

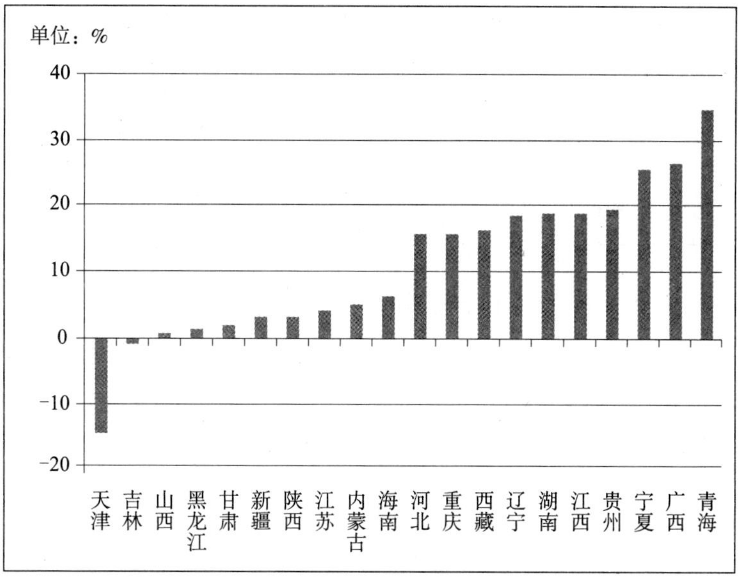

图 6－8　R&D 支出占 GDP 比重增幅排名图

数据来源：2018 中国统计年鉴．数据年份：2017 年．

第七章　中国区域专利指数2019排名与分析

一、中国区域专利指数2019指标框架

从某种意义上讲，专利是知识产权的核心。专利规模、专利效率、专利效益、专利发展速度和专利保护可以作为一个地区知识产权总体情况的核心指示。透过专利发展情况，可以知道地区知识产权的核心情况。

基于此，我们构建了中国区域专利指数。该指数一共分为三层指标，其中，一级指标有五个，分别是：专利规模指数、专利效率指数、专利效益指数、专利发展速度指数以及专利保护指数，力图全面反映各地区专利发展的情况。具体指标框架见表7-1。

表7-1　　专利指数2019指标框架

	一级指标	二级指标	三级指标
专利指数	专利规模指数	专利申请情况	百万人口年度国内专利申请量 百万人口年度PCT专利申请量
	专利效率指数	产出效率	（人才产出效率）万名专业技术人员年度职务发明专利申请量 （资本产出效率）亿元R&D经费内部支出年度发明专利申请量
		流动效率	年度专利申请代理量
	专利效益指数	专利有效性 专利金奖	百万人口国内专利有效量 专利金奖拥有量
	专利发展速度指数	专利规模发展 专利效益发展	百万人口年度国内专利申请量增幅 百万人口年度国内专利有效量增幅
	专利保护指数	专利执法	专利侵权和其他纠纷结案量 查处专利假冒案件结案量

下面对专利指数的计算结果作详细分析（见表7-2）。

二、专利指数及排名

表7-2　　专利指数及排名表

省　份	专利指数		专利规模		专利效率		专利效益		专利发展速度		专利保护	
	指数	排名	指数	排名	指数	排名	指数	排名	指数	排名	指数	排名
广东	0.568	1	0.821	2	0.658	1	0.521	2	0.514	6	0.325	5
北京	0.543	2	0.986	1	0.343	6	1.000	1	0.302	19	0.085	13

续表 7－2

省　份	专利指数		专利规模		专利效率		专利效益		专利发展速度		专利保护	
	指数	排名	指数	排名	指数	排名	指数	排名	指数	排名	指数	排名
江苏	0.425	3	0.488	4	0.523	3	0.337	5	0.203	25	0.574	2
浙江	0.390	4	0.435	5	0.392	5	0.368	4	0.131	30	0.623	1
上海	0.302	5	0.492	3	0.245	10	0.410	3	0.348	17	0.016	25
贵州	0.241	6	0.041	20	0.297	8	0.031	24	0.516	5	0.318	6
安徽	0.228	7	0.159	8	0.493	4	0.107	14	0.245	22	0.138	11
西藏	0.223	8	0.000	31	0.116	19	0.000	31	1.000	1	0.000	31
湖北	0.220	9	0.139	11	0.228	11	0.129	12	0.414	12	0.190	7
山东	0.217	10	0.140	10	0.185	12	0.184	7	0.202	27	0.376	3
湖南	0.214	11	0.056	18	0.146	16	0.145	9	0.380	15	0.342	4
宁夏	0.211	12	0.061	17	0.111	21	0.037	21	0.843	2	0.005	29
四川	0.210	13	0.115	13	0.322	7	0.096	15	0.346	18	0.170	9
陕西	0.209	14	0.148	9	0.249	9	0.155	8	0.428	9	0.064	16
河南	0.198	15	0.062	16	0.173	13	0.092	16	0.482	8	0.181	8
天津	0.192	16	0.347	6	0.163	14	0.239	6	0.161	29	0.050	21
广西	0.189	17	0.055	19	0.547	2	0.022	26	0.269	21	0.051	19
福建	0.173	18	0.213	7	0.141	17	0.133	10	0.237	23	0.142	10
江西	0.159	19	0.076	14	0.093	22	0.043	19	0.528	3	0.054	18
甘肃	0.144	20	0.040	21	0.089	24	0.021	27	0.520	4	0.051	20
河北	0.140	21	0.033	22	0.055	30	0.062	17	0.418	11	0.131	12
云南	0.135	22	0.019	25	0.081	26	0.034	23	0.509	7	0.035	23
重庆	0.124	23	0.116	12	0.150	15	0.112	13	0.199	28	0.041	22
辽宁	0.115	24	0.065	15	0.112	20	0.129	11	0.203	26	0.065	15
海南	0.115	25	0.014	28	0.091	23	0.038	20	0.425	10	0.006	27
吉林	0.104	26	0.031	24	0.082	25	0.037	22	0.366	16	0.005	28
青海	0.097	27	0.014	29	0.064	28	0.016	29	0.390	13	0.001	30
内蒙古	0.087	28	0.011	30	0.006	31	0.011	30	0.382	14	0.028	24
新疆	0.082	29	0.017	27	0.076	27	0.023	25	0.234	24	0.058	17
山西	0.080	30	0.018	26	0.059	29	0.017	28	0.295	20	0.009	26
黑龙江	0.078	31	0.033	23	0.133	18	0.056	18	0.102	31	0.067	14

从表 7－2 可以发现，专利指数排名前 10 位的省份是：广东、北京、江苏、浙江、上海、贵州、安徽、西藏、湖北和山东。排名后 10 位的省份是：云南、重庆、辽宁、海南、吉林、青海、内蒙古、新疆、山西和黑龙江。

从一级指标的表现来看，在专利规模、专利效率和专利效益指数方面，各省市表现基本一致，但是在专利发展速度和专利保护指数上，波动较大。江苏、浙江、山东 3 个省份在专利发展速度排名严重落后，不仅落后于中西部后发省份，也落后于广东、北京、上海等省份。

三、专利规模指数及排名

从表 7－3 专利规模指数及排名表可以看出，专利规模指数排名前 10 位的省份是：北京、广东、上海、江苏、浙江、天津、福建、安徽、陕西和山东。排名后 10 位的省份是：河北、黑龙江、吉林、云南、山西、新疆、海南、青海、内蒙古和西藏。

表 7－3　专利规模指数及排名表

省份	专利规模		省份	专利规模	
	指数	排名		指数	排名
北京	0.986	1	宁夏	0.061	17
广东	0.821	2	湖南	0.056	18
上海	0.492	3	广西	0.055	19
江苏	0.488	4	贵州	0.041	20
浙江	0.435	5	甘肃	0.040	21
天津	0.347	6	河北	0.033	22
福建	0.213	7	黑龙江	0.033	23
安徽	0.159	8	吉林	0.031	24
陕西	0.148	9	云南	0.019	25
山东	0.140	10	山西	0.018	26
湖北	0.139	11	新疆	0.017	27
重庆	0.116	12	海南	0.014	28
四川	0.115	13	青海	0.014	29
江西	0.076	14	内蒙古	0.011	30
辽宁	0.065	15	西藏	0.000	31
河南	0.062	16			

四、专利效率指数及排名

从表 7－4 专利效率指数及排名表可以看出，2017 年专利效率指数排名前 10 位的省份是：广东、广西、江苏、安徽、浙江、北京、四川、贵州、陕西和上海。基本上以东部省份为主，但中西部安徽、广西和贵州排名前 10 名，表明了中西部一些省份的专利效率同样较高。排名后 10 位的省份是：江西、海南、甘肃、吉林、云南、新疆、青海、山西、河北和内蒙古，主要以中西部省份为主，表明专利效率还是存在一定的地域特征。

表 7-4　专利效率指数及排名表

省份	专利效率		产出效率		流动效率	
	指数	排名	指数	排名	指数	排名
广东	0.658	1	0.317	8	1.000	1
广西	0.547	2	1.000	1	0.094	16
江苏	0.523	3	0.372	5	0.675	2
安徽	0.493	4	0.743	2	0.244	6
浙江	0.392	5	0.253	11	0.531	3
北京	0.343	6	0.368	6	0.318	4
四川	0.322	7	0.438	4	0.205	8
贵州	0.297	8	0.534	3	0.060	20
陕西	0.249	9	0.367	7	0.131	12
上海	0.245	10	0.276	10	0.215	7
湖北	0.228	11	0.302	9	0.153	10
山东	0.185	12	0.121	26	0.248	5
河南	0.173	13	0.176	19	0.171	9
天津	0.163	14	0.223	14	0.103	13
重庆	0.150	15	0.198	16	0.102	14
湖南	0.146	16	0.190	17	0.101	15
福建	0.141	17	0.140	22	0.143	11
黑龙江	0.133	18	0.230	13	0.037	22
西藏	0.116	19	0.231	12	0.000	31
辽宁	0.112	20	0.151	21	0.074	19
宁夏	0.111	21	0.213	15	0.009	28
江西	0.093	22	0.104	28	0.083	17
海南	0.091	23	0.178	18	0.005	29
甘肃	0.089	24	0.155	20	0.023	25
吉林	0.082	25	0.133	24	0.030	23
云南	0.081	26	0.119	27	0.042	21
新疆	0.076	27	0.134	23	0.018	26
青海	0.064	28	0.124	25	0.004	30
山西	0.059	29	0.091	29	0.027	24
河北	0.055	30	0.035	30	0.075	18
内蒙古	0.006	31	0.000	31	0.011	27

五、专利效益指数及排名

从表 7－5 专利效益指数及排名表可以看出，专利效益指数排名前 10 位的省份是：北京、广东、上海、浙江、江苏、天津、山东、陕西、湖南和福建，与指数报告 2017 基本一致。排名后 10 位的省份是：与吉林、云南、贵州、新疆、广西、甘肃、山西、青海、内蒙古和西藏。

表 7－5 专利效益指数及排名表

省份	专利效益		专利有效性		专利金奖	
	指数	排名	指数	排名	指数	排名
北京	1.000	1	1.000	1	1.000	1
广东	0.521	2	0.447	4	0.595	2
上海	0.410	3	0.590	3	0.230	4
浙江	0.368	4	0.601	2	0.135	10
江苏	0.337	5	0.431	5	0.243	3
天津	0.239	6	0.396	6	0.081	13
山东	0.184	7	0.137	9	0.230	4
陕西	0.155	8	0.120	11	0.189	7
湖南	0.145	9	0.073	15	0.216	6
福建	0.133	10	0.239	7	0.027	20
辽宁	0.129	11	0.097	13	0.162	8
湖北	0.129	12	0.109	12	0.149	9
重庆	0.112	13	0.157	8	0.068	15
安徽	0.107	14	0.133	10	0.081	13
四川	0.096	15	0.097	14	0.095	12
河南	0.092	16	0.062	17	0.122	11
河北	0.062	17	0.057	19	0.068	15
黑龙江	0.056	18	0.058	18	0.054	17
江西	0.043	19	0.072	16	0.014	24
海南	0.038	20	0.021	29	0.054	17
宁夏	0.037	21	0.048	20	0.027	20
吉林	0.037	22	0.046	21	0.027	20
云南	0.034	23	0.027	27	0.041	19
贵州	0.031	24	0.034	23	0.027	20
新疆	0.023	25	0.032	24	0.014	24

续表7-5

省份	专利效益		专利有效性		专利金奖	
	指数	排名	指数	排名	指数	排名
广西	0.022	26	0.030	25	0.014	24
甘肃	0.021	27	0.029	26	0.014	24
山西	0.017	28	0.035	22	0.000	29
青海	0.016	29	0.019	30	0.014	24
内蒙古	0.011	30	0.023	28	0.000	29
西藏	0.000	31	0.000	31	0.000	29

专利效益指数继续维持经济发达地区占优的局面，在分项指标（指标层）专利有效性和专利金奖，大部分省份表现有较高的一致性，波动较小，个别省市有一定的波动。

六、专利发展速度指数及排名

从表7-6专利发展速度指数及排名表上，我们可以看出，发展速度指数排名前10位的省份是：西藏、宁夏、江西、甘肃、贵州、广东、云南、河南、陕西和海南。排名后10位的省份是：安徽、福建、新疆、江苏、辽宁、山东、重庆、天津、浙江和黑龙江。

表7-6　专利发展速度指数及排名表

省份	专利发展速度		专利规模发展		专利效益发展	
	指数	排名	指数	排名	指数	排名
西藏	1.000	1	1.000	1	1.000	1
宁夏	0.843	2	0.808	3	0.878	2
江西	0.528	3	0.490	11	0.566	4
甘肃	0.520	4	0.546	9	0.493	5
贵州	0.516	5	0.776	4	0.257	19
广东	0.514	6	0.581	7	0.446	7
云南	0.509	7	0.552	8	0.466	6
河南	0.482	8	0.629	5	0.335	14
陕西	0.428	9	0.856	2	0.000	31
海南	0.425	10	0.600	6	0.250	21
河北	0.418	11	0.419	14	0.417	8
湖北	0.414	12	0.484	12	0.343	13

续表 7-6

省份	专利发展速度		专利规模发展		专利效益发展	
	指数	排名	指数	排名	指数	排名
青海	0.390	13	0.203	25	0.577	3
内蒙古	0.382	14	0.394	16	0.370	9
湖南	0.380	15	0.467	13	0.293	16
吉林	0.366	16	0.386	17	0.345	12
上海	0.348	17	0.403	15	0.292	17
四川	0.346	18	0.505	10	0.188	26
北京	0.302	19	0.237	23	0.367	10
山西	0.295	20	0.300	19	0.290	18
广西	0.269	21	0.192	27	0.346	11
安徽	0.245	22	0.274	20	0.215	24
福建	0.237	23	0.222	24	0.252	20
新疆	0.234	24	0.248	22	0.221	22
江苏	0.203	25	0.260	21	0.146	27
辽宁	0.203	26	0.188	28	0.218	23
山东	0.202	27	0.198	26	0.207	25
重庆	0.199	28	0.371	18	0.028	30
天津	0.161	29	0.000	31	0.322	15
浙江	0.131	30	0.185	29	0.078	29
黑龙江	0.102	31	0.087	30	0.117	28

与前些年一样，专利发展速度指数排名靠前的主要以中西部省份为主，部分原因是基数较小，因此虽然绝对增长值尽管可能不大，但是相对的发展速度指标就会较为靠前。但也有部分东部省份表现突出，比如广东位于第 6 位，海南位于第 10 位，走出了“独立行情”，发展态势十分看好。

而排名靠后的省份则既有东部省份，如福建、辽宁、浙江和江苏等，也有黑龙江、新疆等专利规模较小的省份。专利规模小，如果发展速度又缓慢的话，前景堪忧。

七、专利保护指数及排名

从表 7-7 专利保护指数及排名表上，我们可以看出，专利保护指数排名前 10 位的省份是：浙江、江苏、山东、湖南、广东、贵州、湖北、河南、四川、福建。与指数报告2017前10位相比，仅仅是是在排名上出现微小变化，都是专利保护工作做得较好的省份。排名后10位的省份是：重庆、云南、内蒙古、上海、山西、海南、吉林、宁夏、青海和西藏。

表7－7　专利保护指数及排名表

省　份	专利保护	
	指数	排名
浙江	0.623	1
江苏	0.574	2
山东	0.376	3
湖南	0.342	4
广东	0.325	5
贵州	0.318	6
湖北	0.190	7
河南	0.181	8
四川	0.170	9
福建	0.142	10
安徽	0.138	11
河北	0.131	12
北京	0.085	13
黑龙江	0.067	14
辽宁	0.065	15
陕西	0.064	16
新疆	0.058	17
江西	0.054	18
广西	0.051	19
甘肃	0.051	20
天津	0.050	21
重庆	0.041	22
云南	0.035	23
内蒙古	0.028	24
上海	0.016	25
山西	0.009	26

续表 7－7

省　份	专利保护	
	指数	排名
海南	0.006	27
吉林	0.005	28
宁夏	0.005	29
青海	0.001	30
西藏	0.000	31

整体上来看，不论是前 10 位，还是后 10 位，都缺乏明显的区域特点。而且多年以来，排名变化不大。大致上可以反映专利保护和地区经济关联并不大，主要还是看对知识产权保护的重视程度。

第八章　中国区域商标指数2019排名与分析

一、中国区域商标指数2019指标框架

商标是知识产权的重要组成部分。商标经常是品牌和商誉的载体，承载着组织、企业以及个人所构建的品牌的内涵和权益。商标在长期经营中所凝聚的声誉，是重要的无形资产。商标的申请、注册、保护状况是知识产权发展水平的重要体现。

因此，构建单独的商标指数十分有必要。商标指数一共由三层指标构成，其中，一级指标有四个，分别是：商标规模指数、商标效益指数、商标发展速度指数、商标保护指数，一级指标又由若干个二三级指标构成。具体如表8－1所示。

表8－1　商标指数2019指标框架

	一级指标	二级指标	三级指标
商标指数	商标规模指数	商标申请情况	百万人口年度商标申请量
	商标效益指数	商标有效性	百万人口有效商标量
		“中华老字号”	“中华老字号”拥有量
	商标发展速度指数	商标规模发展	百万人口年度商标申请量增幅
		商标效益发展	百万人口有效商标量增幅
	商标保护指数	商标执法	查处商标违法案件总数
			查处商标违法案件案值

下面对商标指数的计算结果作详细分析（见表8－2）。

二、商标指数及排名

表8－2　商标指数及排名

省　份	商标指数		商标规模		商标效益		商标发展速度		商标保护	
	指数	排名	指数	排名	指数	排名	指数	排名	指数	排名
北京	0.611	1	1.000	1	0.825	2	0.276	13	0.343	6
浙江	0.508	2	0.403	4	0.503	3	0.204	26	0.921	2
广东	0.503	3	0.409	3	0.362	4	0.269	14	0.973	1
上海	0.475	4	0.614	2	0.839	1	0.252	18	0.193	11
江苏	0.300	5	0.159	6	0.356	5	0.268	15	0.416	3
西藏	0.280	6	0.100	9	0.018	31	1.000	1	0.001	31

续表 8 – 2

省 份	商标指数		商标规模		商标效益		商标发展速度		商标保护	
	指数	排名	指数	排名	指数	排名	指数	排名	指数	排名
福建	0.264	7	0.306	5	0.260	7	0.249	21	0.241	8
安徽	0.251	8	0.077	11	0.097	16	0.440	2	0.389	4
湖北	0.239	9	0.070	12	0.101	15	0.408	4	0.376	5
山东	0.197	10	0.088	10	0.235	8	0.251	20	0.214	9
河南	0.186	11	0.057	18	0.087	18	0.352	5	0.246	7
河北	0.171	12	0.057	17	0.102	14	0.344	6	0.180	12
四川	0.164	13	0.065	13	0.173	9	0.252	19	0.166	13
江西	0.159	14	0.062	16	0.085	19	0.426	3	0.061	17
湖南	0.157	15	0.049	19	0.082	21	0.304	10	0.195	10
天津	0.146	16	0.104	8	0.264	6	0.165	29	0.052	22
陕西	0.129	17	0.063	14	0.117	12	0.197	27	0.140	14
贵州	0.129	18	0.026	28	0.036	27	0.334	7	0.120	15
重庆	0.122	19	0.110	7	0.126	11	0.211	25	0.042	23
吉林	0.116	20	0.046	22	0.081	22	0.313	8	0.026	25
广西	0.107	21	0.009	29	0.031	29	0.285	11	0.105	16
云南	0.102	22	0.033	25	0.096	17	0.219	23	0.061	18
甘肃	0.101	23	0.000	31	0.039	25	0.311	9	0.056	20
辽宁	0.100	24	0.047	20	0.131	10	0.164	30	0.057	19
内蒙古	0.096	25	0.041	23	0.045	23	0.267	16	0.030	24
山西	0.091	26	0.006	30	0.084	20	0.219	22	0.055	21
黑龙江	0.090	27	0.029	27	0.112	13	0.213	24	0.007	28
青海	0.087	28	0.037	24	0.021	30	0.283	12	0.008	27
宁夏	0.087	29	0.047	21	0.032	28	0.264	17	0.003	30
海南	0.073	30	0.062	15	0.043	24	0.183	28	0.004	29
新疆	0.045	31	0.033	26	0.039	26	0.093	31	0.014	26

商标指数排名前 10 位的省份是：北京、浙江、广东、上海、江苏、西藏、福建、安徽、湖北和山东。商标指数排名后 10 位的省份是：云南、甘肃、辽宁、内蒙古、山西、黑龙江、青海、宁夏、海南和新疆。与商标指数 2018 后 10 位相比，云南、青海、宁夏、新疆都是新面孔。

商标指数与当地经济发展水平有较强的关联关系。经济发达地区经常有更多的企业和产品，因此对应有更多的商标；同时，这些地区的市场竞争水平因此往往较高，因此品牌意识和商标保护意识也很强。

三、商标规模指数及排名

从表 8 - 3 商标规模指数及排名表可以看出，商标规模指数排名前 10 位的省份是：北京、上海、广东、浙江、福建、江苏、重庆、天津、西藏和山东，和指数报告 2018 前 10 位大体一致。排名后 10 位的省份是：吉林、内蒙古、青海、云南、新疆、黑龙江、贵州、广西、山西和甘肃。

表 8 - 3　　商标规模指数及排名表

省　份	专利规模		省　份	专利规模	
	指数	排名		指数	排名
北京	1.000	1	河北	0.057	17
上海	0.614	2	河南	0.057	18
广东	0.409	3	湖南	0.049	19
浙江	0.403	4	辽宁	0.047	20
福建	0.306	5	宁夏	0.047	21
江苏	0.159	6	吉林	0.046	22
重庆	0.110	7	内蒙古	0.041	23
天津	0.104	8	青海	0.037	24
西藏	0.100	9	云南	0.033	25
山东	0.088	10	新疆	0.033	26
安徽	0.077	11	黑龙江	0.029	27
湖北	0.070	12	贵州	0.026	28
四川	0.065	13	广西	0.009	29
陕西	0.063	14	山西	0.006	30
海南	0.062	15	甘肃	0.000	31
江西	0.062	16			

整体来看，商标规模的区域特征较为明显，排名前 10 位中主要以东部经济发达地区为主，只有重庆和西藏两个中西部省份。商标规模从一个角度说明经济的活跃度，因此经济发达地区商标规模指数表现更好。

四、商标效益指数及排名

从表 8 - 4 商标效益指数及排名表可以看出，商标效益指数排名前 10 位的省份是：上海、北京、浙江、广东、江苏、天津、福建、山东、四川和辽宁，与商标指数 2018 基本一致。排名后 10 位的省份是：吉林、内蒙古、海南、甘肃、新疆、贵州、宁夏、广西、青海和西藏。

表 8－4　　商标效益指数及排名

省　份	商标效益		商标有效性		“中华老字号”	
	指数	排名	指数	排名	指数	排名
上海	0.839	1	0.678	2	1.000	1
北京	0.825	2	1.000	1	0.650	2
浙江	0.503	3	0.500	3	0.506	4
广东	0.362	4	0.407	4	0.317	7
江苏	0.356	5	0.179	6	0.533	3
天津	0.264	6	0.162	7	0.367	5
福建	0.260	7	0.331	5	0.189	9
山东	0.235	8	0.103	9	0.367	5
四川	0.173	9	0.074	12	0.272	8
辽宁	0.131	10	0.073	13	0.189	9
重庆	0.126	11	0.146	8	0.106	22
陕西	0.117	12	0.085	11	0.150	12
黑龙江	0.112	13	0.046	25	0.178	11
河北	0.102	14	0.054	17	0.150	12
湖北	0.101	15	0.059	15	0.144	15
安徽	0.097	16	0.055	16	0.139	17
云南	0.096	17	0.047	23	0.144	15
河南	0.087	18	0.052	19	0.122	18
江西	0.085	19	0.047	24	0.122	18
山西	0.084	20	0.018	29	0.150	12
湖南	0.082	21	0.052	20	0.111	20
吉林	0.081	22	0.051	21	0.111	20
内蒙古	0.045	23	0.050	22	0.039	26
海南	0.043	24	0.086	10	0.000	30
甘肃	0.039	25	0.000	31	0.078	23
新疆	0.039	26	0.061	14	0.017	27
贵州	0.036	27	0.022	28	0.050	24
宁夏	0.032	28	0.053	18	0.011	28
广西	0.031	29	0.011	30	0.050	24
青海	0.021	30	0.036	26	0.006	29
西藏	0.018	31	0.035	27	0.000	30

商标效益指数仍然维持经济发达地区占优的局面，在商标有效性和中华老字号上，各省份有一定的一致性。排名靠前的省份历史上大都积淀深厚，经济富饶，文化灿烂。

五、商标发展速度指数及排名

从表 8－5 商标发展速度指数及排名表上，商标发展速度指数排名前 10 位的省份是：西藏、安徽、江西、湖北、河南、河北、贵州、吉林、甘肃和湖南。排名后 10 位的省份是：山西、云南、黑龙江、重庆、浙江、陕西、海南、天津、辽宁和新疆。

表 8－5　商标发展速度指数及排名

省　份	商标发展速度		商标规模发展		商标效益发展	
	指数	排名	指数	排名	指数	排名
西藏	1.000	1	1.000	1	1.000	1
安徽	0.440	2	0.566	2	0.315	7
江西	0.426	3	0.547	4	0.306	8
湖北	0.408	4	0.562	3	0.255	11
河南	0.352	5	0.365	11	0.338	5
河北	0.344	6	0.443	6	0.245	13
贵州	0.334	7	0.365	12	0.303	9
吉林	0.313	8	0.471	5	0.155	22
甘肃	0.311	9	0.180	28	0.442	2
湖南	0.304	10	0.339	14	0.269	10
广西	0.285	11	0.340	13	0.231	14
青海	0.283	12	0.317	17	0.248	12
北京	0.276	13	0.128	30	0.425	3
广东	0.269	14	0.336	15	0.202	15
江苏	0.268	15	0.429	7	0.108	26
内蒙古	0.267	16	0.374	10	0.161	21
宁夏	0.264	17	0.199	27	0.330	6
上海	0.252	18	0.144	29	0.361	4
四川	0.252	19	0.311	18	0.192	18
山东	0.251	20	0.310	19	0.192	19
福建	0.249	21	0.427	8	0.071	29
山西	0.219	22	0.309	20	0.129	23
云南	0.219	23	0.240	23	0.197	17
黑龙江	0.213	24	0.224	26	0.201	16

续表 8－5

省　份	商标发展速度		商标规模发展		商标效益发展	
	指数	排名	指数	排名	指数	排名
重庆	0.211	25	0.296	21	0.126	24
浙江	0.204	26	0.408	9	0.000	31
陕西	0.197	27	0.269	22	0.125	25
海南	0.183	28	0.331	16	0.034	30
天津	0.165	29	0.224	25	0.105	27
辽宁	0.164	30	0.231	24	0.097	28
新疆	0.093	31	0.000	31	0.185	20

商标发展速度指数与之前几个指数完全相反，排名靠前的大都是中西部地区，这些地区由于发展较晚，基数较小，相对速度较快。东部地区由于基数较大，因此增速相对较慢。但是值得注意的是，山西、陕西等省份商标规模并不大，但是增速却较慢，表明当地经济活跃度堪忧。

六、商标保护指数及排名

从表 8－6 商标保护指数及排名表上，我们可以看出，商标保护指数排名前 10 位的省份是：广东、浙江、江苏、安徽、湖北、北京、河南、福建、山东和湖南。排名后 10 位的省份是：天津、重庆、内蒙古、吉林、新疆、青海、黑龙江、海南、宁夏和西藏。商标保护指数的高低反映了当地执法机构的重视程度、能力和效果。从排名上来看，重庆、天津等商标指数排名靠前的省份在商标保护方面的表现很不理想，不利于当地营商环境的完善和发展。

表 8－6　　商标保护指数及排名

省　份	商标保护		查处商标违法案件总数		查处商标违法案件案值	
	指数	排名	指数	排名	指数	排名
广东	0.973	1	0.945	2	1.000	1
浙江	0.921	2	1.000	1	0.842	2
江苏	0.416	3	0.483	5	0.349	4
安徽	0.389	4	0.673	3	0.105	10
湖北	0.376	5	0.561	4	0.192	5
北京	0.343	6	0.253	11	0.434	3
河南	0.246	7	0.392	6	0.101	11
福建	0.241	8	0.293	9	0.189	6

续表 8－6

省　份	商标保护		查处商标违法案件总数		查处商标违法案件案值	
	指数	排名	指数	排名	指数	排名
山东	0.214	9	0.311	7	0.117	9
湖南	0.195	10	0.267	10	0.123	8
上海	0.193	11	0.307	8	0.080	13
河北	0.180	12	0.235	13	0.125	7
四川	0.166	13	0.247	12	0.086	12
陕西	0.140	14	0.226	14	0.054	14
贵州	0.120	15	0.188	15	0.053	15
广西	0.105	16	0.169	16	0.041	18
江西	0.061	17	0.077	20	0.046	16
云南	0.061	18	0.091	17	0.031	21
辽宁	0.057	19	0.075	21	0.040	19
甘肃	0.056	20	0.084	19	0.027	22
山西	0.055	21	0.089	18	0.021	24
天津	0.052	22	0.060	22	0.045	17
重庆	0.042	23	0.045	23	0.039	20
内蒙古	0.030	24	0.044	24	0.015	25
吉林	0.026	25	0.029	25	0.023	23
新疆	0.014	26	0.020	26	0.009	27
青海	0.008	27	0.010	27	0.006	29
黑龙江	0.007	28	0.002	29	0.012	26
海南	0.004	29	0.004	28	0.005	30
宁夏	0.003	30	0.000	31	0.006	28
西藏	0.001	31	0.002	30	0.000	31

第九章　中国高质量知识产权发展指数 2019 排名与分析

一、中国高质量知识产权发展指数指标框架

中国高质量知识产权发展指数指标体系由 10 个指标构成，分别是：规模以上工业企业新产品销售收入、地方财政科技支出、技术市场成交额占当地 GDP 比重、产品质量优等品率、百万人口 PCT 申请量、专利授权率、百万人口专利授权量、百万人口马德里商标注册申请量、百万人口商标申请量、百万人口有效商标量。所有指标的权重见表 9－1。

表 9－1　　高质量知识产权发展指数指标框架

	序号	指标	权重
中国高质量知识产权发展指数	1	规模以上工业企业新产品销售收入	1/10
	2	地方财政科技支出	1/10
	3	技术市场成交额占当地 GDP 比重	1/10
	4	产品质量优等品率	1/10
	5	百万人口 PCT 申请量	1/10
	6	专利授权率	1/10
	7	百万人口专利授权量	1/10
	8	百万人口马德里商标注册申请量	1/10
	9	百万人口商标申请量	1/10
	10	百万人口有效商标量	1/10

下面对指数的计算结果作详细分析（见表 9－2）。

二、中国高质量知识产权发展指数及排名

表 9－2　　高质量知识产权发展指数排名

省　份	高质量知识产权发展		省　份	高质量知识产权发展	
	指数	排名		指数	排名
北京	0.745	1	河南	0.170	17
广东	0.654	2	吉林	0.159	18
上海	0.512	3	云南	0.156	19
浙江	0.482	4	海南	0.152	20
江苏	0.378	5	内蒙古	0.150	21
山东	0.342	6	山西	0.150	22
福建	0.289	7	新疆	0.142	23

续表 9－2

省　份	高质量知识产权发展		省　份	高质量知识产权发展	
	指数	排名		指数	排名
天津	0.242	8	陕西	0.136	24
湖南	0.206	9	青海	0.127	25
辽宁	0.197	10	西藏	0.123	26
湖北	0.196	11	四川	0.110	27
河北	0.187	12	甘肃	0.109	28
江西	0.183	13	宁夏	0.097	29
重庆	0.183	14	贵州	0.091	30
安徽	0.175	15	广西	0.078	31
黑龙江	0.174	16			

从高质量知识产权发展指数排名可以看出，指数排名前10位的省份是：北京、广东、上海、浙江、江苏、山东、福建、天津、湖南和辽宁。排名后10位的省份是：山西、新疆、陕西、青海、西藏、四川、甘肃、宁夏、贵州和广西。东部高质量知识产权发展指数较高，而东北地区及中西部地区高质量知识产权发展指数较低。

与知识产权综合实力指数进行对比发现，高质量知识产权发展指数排名前10位中，大部分重合，只有福建、湖南和辽宁不在综合实力指数前10位中，分别位于第13位、第11位和 第16位。说明当前中国知识产权发展区域分布基本呈现量质均衡的局面。量变带来质变，只有达到一定的基础，才能攀爬到更高的高度。

同时，北京、广东和上海位列高质量知识产权发展指数三甲，这三个地区也是我国规划的科技创新中心，未来有望获得更好发展。

从图9－1规模以上工业企业新产品销售收入指数排名表中看出，排名前10位的省份是：广东、江苏、浙江、山东、上海、安徽、湖南、湖北、河南和重庆。排名后10位的省份有内蒙古、云南、黑龙江、贵州、新疆、甘肃、宁夏、海南、青海和西藏，除黑龙江外，其余省份均为中西部省份。

从图9－2产品质量优等品率指数排名表中看出，排名前10位的省份是：广东、浙江、上海、湖南、海南、西藏、江西、北京、辽宁和云南。排名后10位的省份有：天津、山西、贵州、陕西、吉林、新疆、青海、重庆、四川和宁夏。不难发现，产品质量优等品率和经济发展水平关联不大，一些中西部省份产品质量优等品率排在前列。

从图9－3地方财政科技支出指数排名表中看出，地方财政科技支出排名前10位的省份是：广东、江苏、上海、北京、浙江、安徽、湖北、山东、河南和江西。排名后10位的省份是山西、黑龙江、吉林、新疆、内蒙古、甘肃、宁夏、海南、青海和西藏。

由图9－4百万人口PCT申请量指数排名可以看出，排名前10位的省份有：广东、北京、上海、江苏、浙江、湖北、山东、福建、天津和辽宁。排名后10位的省份是：甘肃、广西、黑龙江、江西、贵州、云南、内蒙古、青海、新疆和西藏，其中，排名后3名的省份PCT申请量指数均接近于0。

从图9－5专利授权率指数排名看出，专利授权率指数排在前10位的省份是：黑龙江、河北、北京、新疆、浙江、上海、山西、吉林、重庆和内蒙古。排在后10位的省份有：河南、江苏、湖北、甘肃、西藏、四川、贵州、陕西、安徽和广西。从这些省份可以看出，专利授权率指数排名受区域的影响不是很明显。

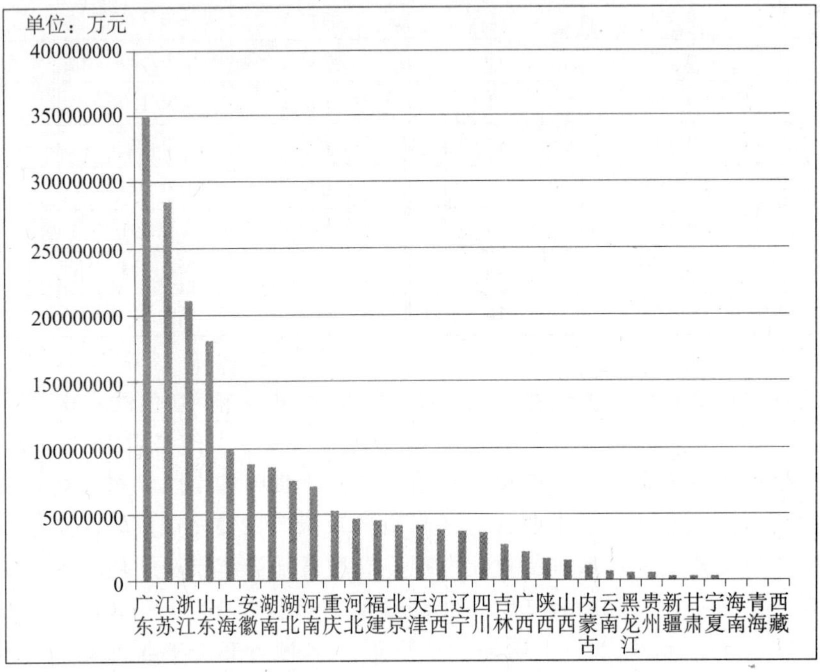

图9－1　规模以上工业企业新产品销售收入指数排名图

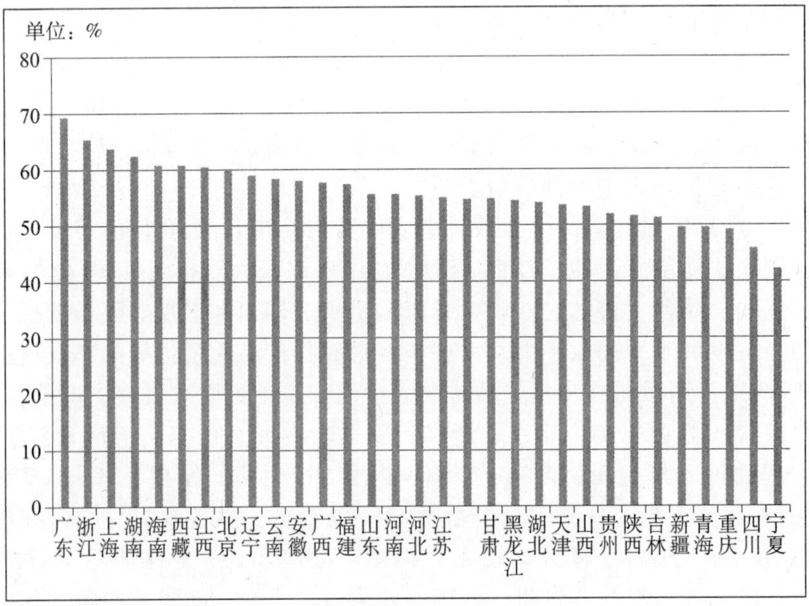

图9－2　产品质量优等品率指数排名图

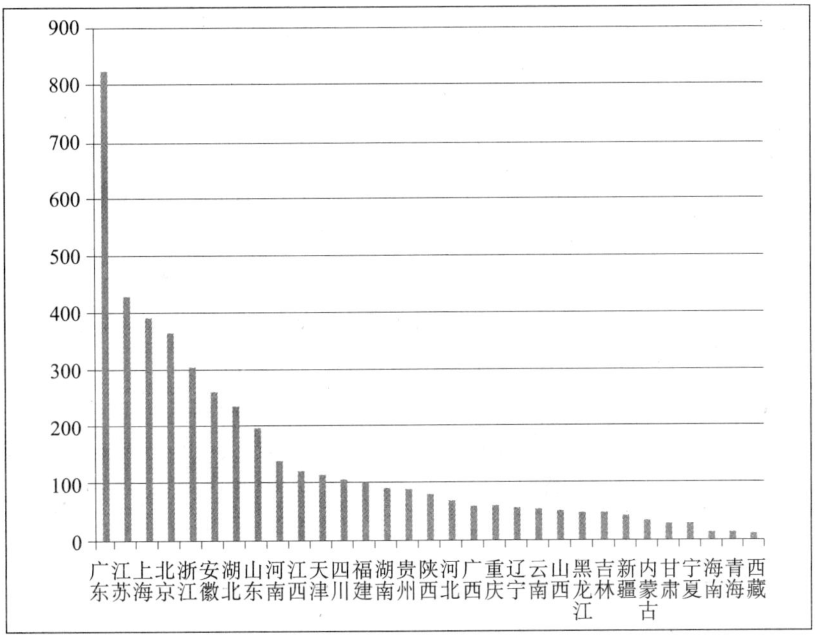

图 9－3　地方财政科技支出指数排名

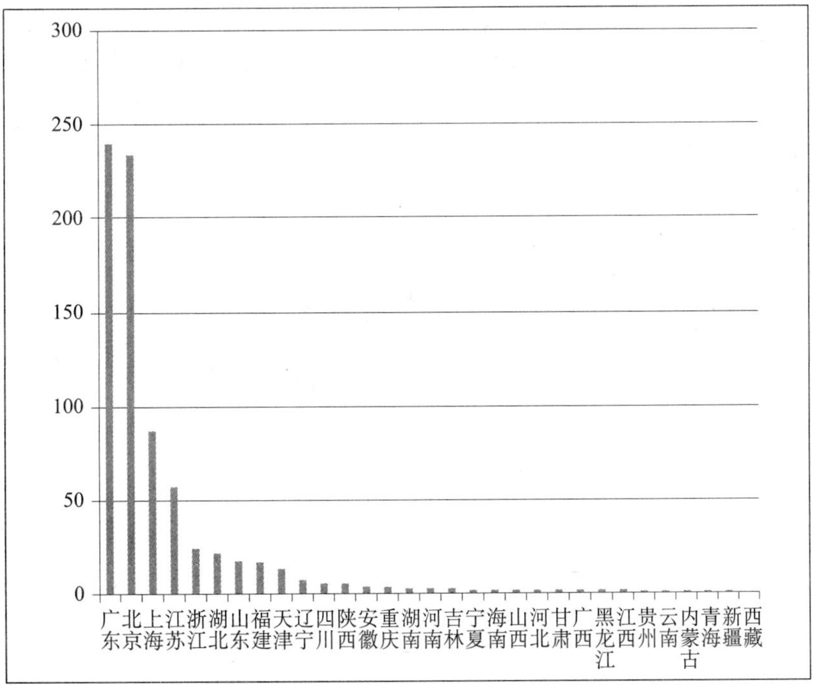

图 9－4　百万人口 PCT 申请量指数排名

由图 9－6 百万人口专利授权量指数排名表看出，排在前 10 位的省份是：北京、浙江、上海、广东、江苏、天津、福建、重庆、山东和安徽，除重庆外其余各省均为东部省份；排名后 10 位的省份是：甘肃、贵州、新疆、广西、山西、云南、青海、内蒙古、海南和西藏，主要为中西部省份。

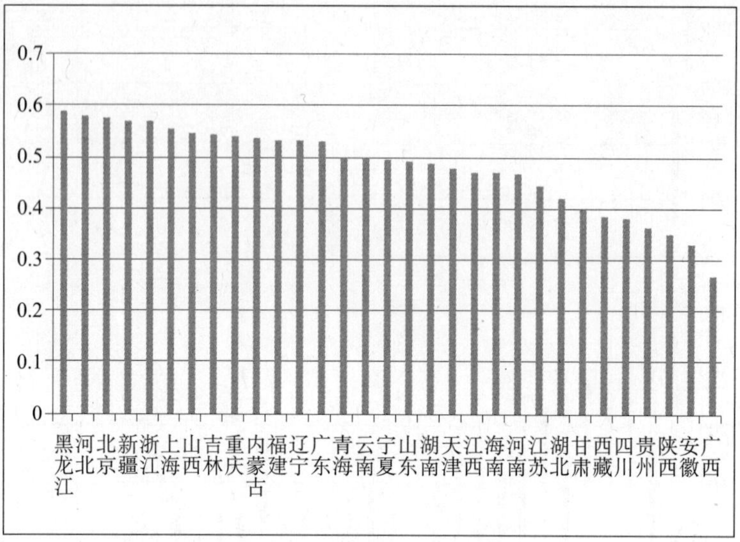

图 9－5 专利授权率指数排名

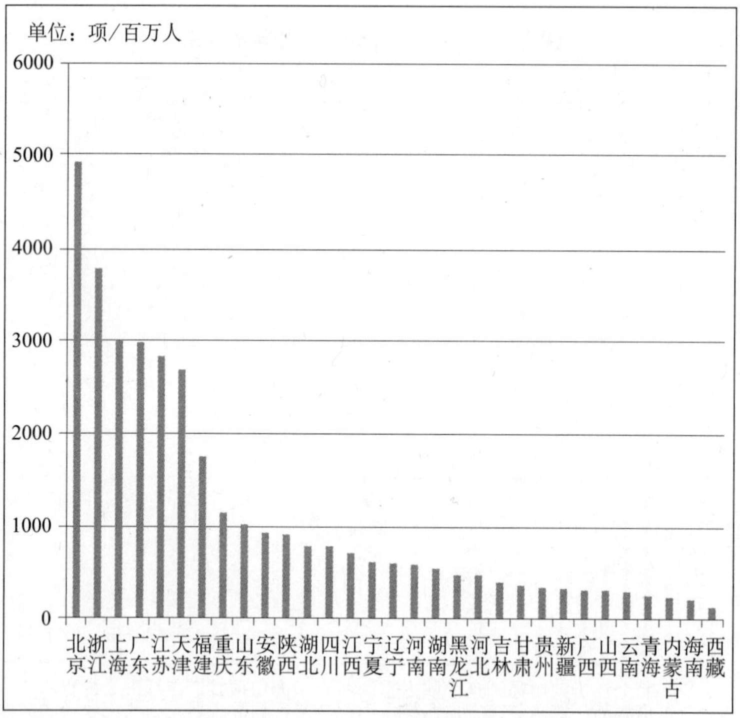

图 9－6 百万人口专利授权量指数排名

由图 9－7 技术市场成交额占当地 GDP 比重排名表看出，排在前 10 位的省份是北京、陕西、天津、湖北、上海、青海、甘肃、辽宁、吉林和四川，其中北京领先优势较为明显；排在后 10 位的省份是：重庆、河北、福建、广西、宁夏、河南、内蒙古、海南、新疆和西藏。

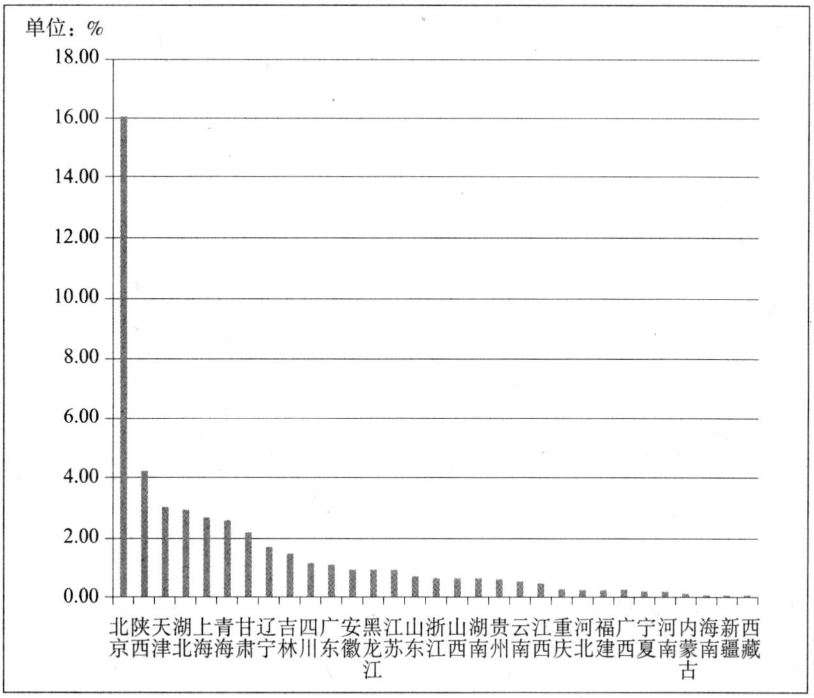

图 9－7　技术市场成交额占当地 GDP 比重指数排名

由图 9－8 百万人口有效商标量排名表看出，排在前 10 位的是：北京、上海、浙江、广东、福建、江苏、天津、重庆、山东和海南，其中北京领先优势明显；排在后 10 位的省份是：内蒙古、云南、江西、黑龙江、青海、西藏、贵州、山西、广西和甘肃。

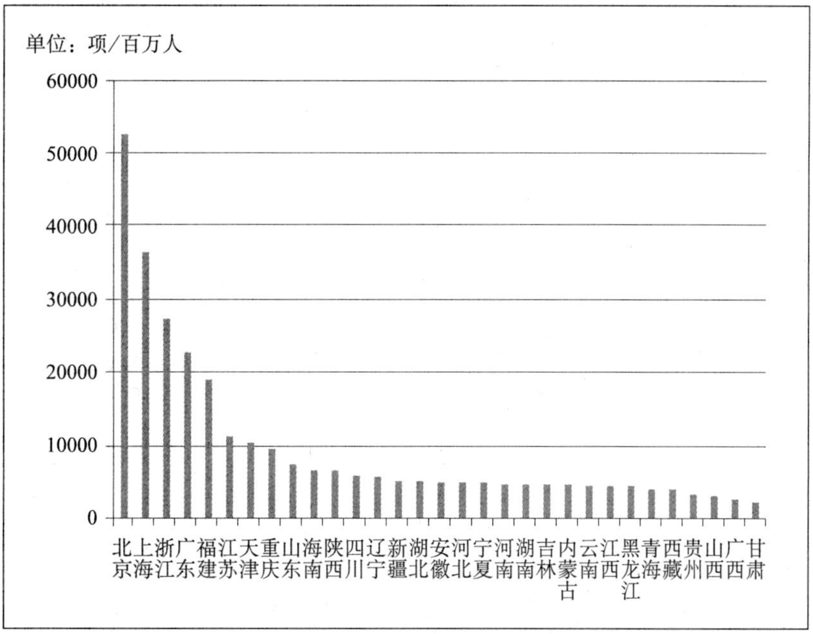

图 9－8　百万人口有效商标量

由图 9－9 百万人口商标申请量排名看出，排名前 10 位的省份有：北京、上海、广东、浙江、福建、江苏、重庆、天津、西藏和山东。

排名后 10 位的省份有：吉林、内蒙古、青海、云南、新疆、黑龙江、贵州、广西、山西和甘肃。

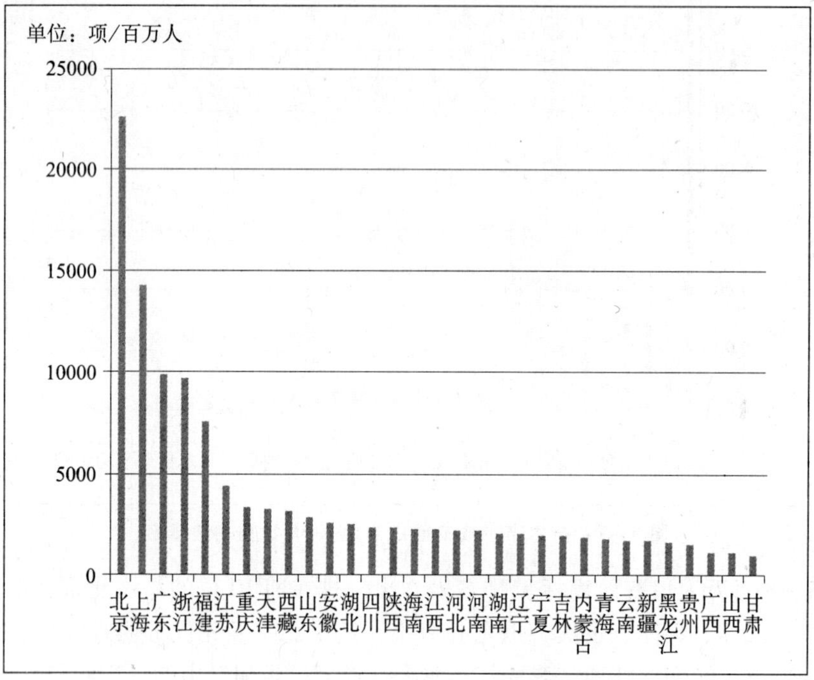

图 9－9 百万人口商标申请量排名

附录一　各省份知识产权分项指标指数及排名

（附录）表 1 -1　　北京知识产权分项指标指数及排名表

知识产权指数　0.591			综合排名　1		
指标	指数	排名	指标	指数	排名
知识产权产出水平	0.603	1			
人均产出指数	0.849	1	外贸额与 PCT 专利比	1.000	1
专利总量指数	0.842	1	产出效率指数	0.368	6
商标总量指数	1.000	1	人才产出效率	0.568	3
版权总量指数	1.000	1	资本产出效率	0.168	15
集成电路布图设计总量	0.403	2	企业产出指数	0.495	3
农业植物新品种总量指数	1.000	1	企业产出规模	0.285	4
产出质量指数	0.711	1	企业产出质量	0.452	4
专利有效性	0.876	1	企业产出效率	0.748	3
商标有效性	1.000	1	高校和研发机构产出指数	0.592	3
专利金奖指数	1.000	1	高校和研发机构产出规模	0.370	6
“中华老字号”指数	0.650	2	高校和研发机构产出质量	1.000	1
“中国地理标志”指数	0.022	27	高校和研发机构产出效率	0.405	14
集成电路布图设计登记发证	0.427	2			
知识产权流动水平	0.646	1			
技术市场交易指数	0.777	1	专利代理指数	1.000	1
技术市场规模指数	1.000	1	企业技改、引进指数	0.162	10
技术市场开放度指数	0.330	5	技术改造指数	0.143	15
技术外溢度指数	1.000	1	国内引进指数	0.083	15
知识产权服务机构指数	1.000	1	国外引进指数	0.260	3
知识产权创造潜力	0.518	3			
创造投入指数	0.460	6	创造成果指数	0.572	2
人才投入指数	0.738	2	论文指数	1.000	1
资本投入指数	0.901	1	高新技术产业科技项目	0.143	5
文化投入指数	0.080	24	创造环境指数	0.647	1
基础设施投入指数	0.120	23	财政支持指数	0.964	2

续表 1-1

知识产权指数 0.591			综合排名 1		
指标	指数	排名	指标	指数	排名
金融环境指数	0.753	2	专利运营指数	1.000	1
营商环境指数	0.407	26	文化产业示范指数	1.000	1
生态环境指数	0.333	7	企业创造潜力指数	0.524	4
教育环境指数	0.517	13	企业科研基础指数	0.600	4
文化环境指数	0.430	6	企业人才投入指数	0.486	6
高新技术开发区指数	1.000	1	企业资本投入指数	0.899	5
科普指数	0.773	1	企业新产品开发指数	0.112	11
知识产权试点示范指数	0.689	3	知识产权保护指数	0.214	9
知识产权试点示范城市指数	0.143	10	专利行政执法指数	0.085	13
知识产权试点示范单位指数	0.613	3	商标行政执法指数	0.343	6
知识产权综合绩效	0.598	2			
宏观经济绩效	0.610	3	社会发展	0.993	2
经济发展水平	0.985	2	社会生活信息化	1.000	1
经济增长方式转变	0.698	2	文化进步	0.914	2
经济结构优化	0.146	20	企业发展绩效	0.282	9
社会进步绩效	0.902	1	产品升级指数	0.563	8
环境改善	0.699	2	设备更新指数	0.002	28

(附录)表 1-2　　广东知识产权分项指标指数及排名表

知识产权指数 0.564			综合排名 2		
指标	指数	排名	指标	指数	排名
知识产权产出水平	0.467	3			
人均产出指数	0.285	3	“中华老字号”指数	0.317	7
专利总量指数	0.742	2	“中国地理标志”指数	0.513	2
商标总量指数	0.409	3	集成电路布图设计登记发证	0.203	4
版权总量指数	0.012	13	外贸额与 PCT 专利比	0.498	2
集成电路布图设计总量	0.184	4	产出效率指数	0.317	8
农业植物新品种总量指数	0.076	18	人才产出效率	0.403	9
产出质量指数	0.432	3	资本产出效率	0.230	9
专利有效性	0.489	4	企业产出指数	0.932	1
商标有效性	0.407	4	企业产出规模	1.000	1
专利金奖指数	0.595	2	企业产出质量	1.000	1

续表 1-2

知识产权指数 0.564			综合排名 2		
指标	指数	排名	指标	指数	排名
企业产出效率	0.795	2	高校和研发机构产出质量	0.288	7
高校和研发机构产出指数	0.373	7	高校和研发机构产出效率	0.335	24
高校和研发机构产出规模	0.495	2			
知识产权流动水平	0.606	2			
技术市场交易指数	0.353	3	专利代理指数	0.679	2
技术市场规模指数	0.137	6	企业技改、引进指数	0.784	1
技术市场开放度指数	0.652	2	技术改造指数	0.669	2
技术外溢度指数	0.271	17	国内引进指数	1.000	1
知识产权服务机构指数	0.679	2	国外引进指数	0.684	2
知识产权创造潜力	0.648	1			
创造投入指数	0.496	3	科普指数	0.423	11
人才投入指数	0.703	3	高新技术开发区指数	0.639	2
资本投入指数	0.323	12	知识产权试点示范指数	0.775	1
文化投入指数	0.288	14	知识产权试点示范城市指数	0.500	2
基础设施投入指数	0.672	4	知识产权试点示范单位指数	0.774	2
创造成果指数	0.595	1	专利运营指数	0.875	2
论文指数	0.189	16	文化产业示范指数	0.950	2
高新技术产业科技项目	1.000	1	企业创造潜力指数	0.845	1
创造环境指数	0.529	3	企业科研基础指数	0.831	2
财政支持指数	1.000	1	企业人才投入指数	0.626	1
金融环境指数	0.327	6	企业资本投入指数	0.922	4
营商环境指数	0.694	1	企业新产品开发指数	1.000	1
生态环境指数	0.257	17	知识产权保护指数	0.649	2
教育环境指数	0.462	17	专利行政执法指数	0.325	5
文化环境指数	0.427	7	商标行政执法指数	0.973	1
知识产权综合绩效	0.536	5			
宏观经济绩效	0.525	6	社会发展	0.688	6
经济发展水平	0.582	6	社会生活信息化	0.744	3
经济增长方式转变	0.513	18	文化进步	0.724	6
经济结构优化	0.481	6	企业发展绩效	0.391	5
社会进步绩效	0.690	4	产品升级指数	0.782	3
环境改善	0.605	11	设备更新指数	0.000	30

(附录)表 1-3 江苏知识产权分项指标指数及排名表

知识产权指数 0.504			综合排名 3		
指标	指数	排名	指标	指数	排名
知识产权产出水平	0.479	2			
人均产出指数	0.213	5	外贸额与 PCT 专利比	0.146	7
专利总量指数	0.587	4	产出效率指数	0.372	5
商标总量指数	0.159	6	人才产出效率	0.495	6
版权总量指数	0.055	3	资本产出效率	0.249	7
集成电路布图设计总量	0.167	5	企业产出指数	0.601	2
农业植物新品种总量指数	0.097	11	企业产出规模	0.795	2
产出质量指数	0.272	5	企业产出质量	0.675	2
专利有效性	0.406	5	企业产出效率	0.333	12
商标有效性	0.179	6	高校和研发机构产出指数	0.935	1
专利金奖指数	0.243	3	高校和研发机构产出规模	1.000	1
“中华老字号”指数	0.533	3	高校和研发机构产出质量	0.907	2
“中国地理标志”指数	0.203	13	高校和研发机构产出效率	0.898	2
集成电路布图设计登记发证	0.197	5			
知识产权流动水平	0.385	4			
技术市场交易指数	0.323	6	专利代理指数	0.321	3
技术市场规模指数	0.115	7	企业技改、引进指数	0.510	3
技术市场开放度指数	0.499	3	技术改造指数	1.000	1
技术外溢度指数	0.356	13	国内引进指数	0.275	5
知识产权服务机构指数	0.321	3	国外引进指数	0.256	4
知识产权创造潜力	0.606	2			
创造投入指数	0.680	2	营商环境指数	0.635	3
人才投入指数	0.742	1	生态环境指数	0.260	15
资本投入指数	0.467	4	教育环境指数	0.654	4
文化投入指数	0.546	4	文化环境指数	0.647	1
基础设施投入指数	0.964	2	科普指数	0.544	8
创造成果指数	0.462	3	高新技术开发区指数	0.442	3
论文指数	0.420	5	知识产权试点示范指数	0.731	2
高新技术产业科技项目	0.504	2	知识产权试点示范城市指数	1.000	1
创造环境指数	0.525	4	知识产权试点示范单位指数	1.000	1
财政支持指数	0.709	6	专利运营指数	0.375	4
金融环境指数	0.309	7	文化产业示范指数	0.550	4

续表 1－3

知识产权指数　0.504			综合排名　3		
指标	指数	排名	指标	指数	排名
企业创造潜力指数	0.743	2	企业新产品开发指数	0.718	2
企业科研基础指数	1.000	1	知识产权保护指数	0.495	3
企业人才投入指数	0.495	5	专利行政执法指数	0.574	2
企业资本投入指数	0.761	7	商标行政执法指数	0.416	3
知识产权综合绩效	0.545	4			
宏观经济绩效	0.681	1	社会发展	0.700	5
经济发展水平	0.675	5	社会生活信息化	0.399	8
经济增长方式转变	0.623	6	文化进步	1.000	1
经济结构优化	0.744	1	企业发展绩效	0.272	10
社会进步绩效	0.682	5	产品升级指数	0.538	9
环境改善	0.630	8	设备更新指数	0.006	22

(附录)表 1－4　　上海知识产权分项指标指数及排名表

知识产权指数　0.455			综合排名　4		
指标	指数	排名	指标	指数	排名
知识产权产出水平	0.388	4			
人均产出指数	0.477	2	外贸额与 PCT 专利比	0.126	11
专利总量指数	0.486	5	产出效率指数	0.276	10
商标总量指数	0.614	2	人才产出效率	0.454	7
版权总量指数	0.193	2	资本产出效率	0.097	27
集成电路布图设计总量	1.000	1	企业产出指数	0.317	6
农业植物新品种总量指数	0.095	12	企业产出规模	0.224	7
产出质量指数	0.511	2	企业产出质量	0.309	5
专利有效性	0.526	3	企业产出效率	0.418	8
商标有效性	0.678	2	高校和研发机构产出指数	0.360	8
专利金奖指数	0.230	4	高校和研发机构产出规模	0.255	12
“中华老字号”指数	1.000	1	高校和研发机构产出质量	0.453	4
“中国地理标志”指数	0.015	28	高校和研发机构产出效率	0.371	18
集成电路布图设计登记发证	1.000	1			
知识产权流动水平	0.457	3			
技术市场交易指数	0.507	2	技术市场开放度指数	0.868	1
技术市场规模指数	0.173	4	技术外溢度指数	0.478	8

续表 1－4

知识产权指数 0.455			综合排名 4		
指标	指数	排名	指标	指数	排名
知识产权服务机构指数	0.253	4	技术改造指数	0.344	7
专利代理指数	0.253	4	国内引进指数	0.487	3
企业技改、引进指数	0.610	2	国外引进指数	1.000	1
知识产权创造潜力	0.346	6			
创造投入指数	0.301	14	科普指数	0.615	2
人才投入指数	0.449	5	高新技术开发区指数	0.368	5
资本投入指数	0.629	2	知识产权试点示范指数	0.266	8
文化投入指数	0.025	29	知识产权试点示范城市指数	0.071	14
基础设施投入指数	0.099	24	知识产权试点示范单位指数	0.194	8
创造成果指数	0.345	4	专利运营指数	0.250	7
论文指数	0.575	3	文化产业示范指数	0.550	4
高新技术产业科技项目	0.114	8	企业创造潜力指数	0.521	5
创造环境指数	0.539	2	企业科研基础指数	0.317	13
财政支持指数	0.937	3	企业人才投入指数	0.576	2
金融环境指数	1.000	1	企业资本投入指数	0.991	2
营商环境指数	0.500	12	企业新产品开发指数	0.198	6
生态环境指数	0.140	29	知识产权保护指数	0.105	14
教育环境指数	0.239	27	专利行政执法指数	0.016	25
文化环境指数	0.513	4	商标行政执法指数	0.193	11
知识产权综合绩效	0.629	1			
宏观经济绩效	0.613	2	社会发展	1.000	1
经济发展水平	0.992	1	社会生活信息化	0.766	2
经济增长方式转变	0.540	14	文化进步	0.810	3
经济结构优化	0.308	12	企业发展绩效	0.402	3
社会进步绩效	0.870	2	产品升级指数	0.801	2
环境改善	0.906	1	设备更新指数	0.003	26

(附录)表 1－5 浙江知识产权分项指标指数及排名表

知识产权指数 0.418			综合排名 5		
指标	指数	排名	指标	指数	排名
知识产权产出水平	0.364	5			
人均产出指数	0.245	4	专利总量指数	0.599	3

续表 1－5

知识产权指数 0.418			综合排名 5		
指标	指数	排名	指标	指数	排名
商标总量指数	0.403	4	产出效率指数	0.253	11
版权总量指数	0.016	9	人才产出效率	0.275	12
集成电路布图设计总量	0.104	6	资本产出效率	0.231	8
农业植物新品种总量指数	0.102	10	企业产出指数	0.449	5
产出质量指数	0.326	4	企业产出规模	0.544	3
专利有效性	0.638	2	企业产出质量	0.641	3
商标有效性	0.500	3	企业产出效率	0.163	24
专利金奖指数	0.135	10	高校和研发机构产出指数	0.548	4
“中华老字号”指数	0.506	4	高校和研发机构产出规模	0.444	3
“中国地理标志”指数	0.354	3	高校和研发机构产出质量	0.517	3
集成电路布图设计登记发证	0.094	7	高校和研发机构产出效率	0.683	3
外贸额与 PCT 专利比	0.055	21			
知识产权流动水平	0.228	6			
技术市场交易指数	0.217	9	专利代理指数	0.208	5
技术市场规模指数	0.056	15	企业技改、引进指数	0.259	6
技术市场开放度指数	0.305	6	技术改造指数	0.395	6
技术外溢度指数	0.290	16	国内引进指数	0.317	4
知识产权服务机构指数	0.208	5	国外引进指数	0.066	13
知识产权创造潜力	0.518	4			
创造投入指数	0.479	4	教育环境指数	0.579	8
人才投入指数	0.612	4	文化环境指数	0.550	2
资本投入指数	0.266	16	科普指数	0.441	10
文化投入指数	0.480	6	高新技术开发区指数	0.284	7
基础设施投入指数	0.558	9	知识产权试点示范指数	0.472	4
创造成果指数	0.276	7	知识产权试点示范城市指数	0.429	4
论文指数	0.190	15	知识产权试点示范单位指数	0.484	4
高新技术产业科技项目	0.362	3	专利运营指数	0.375	4
创造环境指数	0.458	5	文化产业示范指数	0.600	3
财政支持指数	0.709	5	企业创造潜力指数	0.649	3
金融环境指数	0.416	4	企业科研基础指数	0.732	3
营商环境指数	0.494	16	企业人才投入指数	0.319	11
生态环境指数	0.192	26	企业资本投入指数	1.000	1

续表 1-5

知识产权指数 0.418			综合排名 5		
指标	指数	排名	指标	指数	排名
企业新产品开发指数	0.545	3	专利行政执法指数	0.623	1
知识产权保护指数	0.772	1	商标行政执法指数	0.921	2
知识产权综合绩效	0.562	3			
宏观经济绩效	0.480	7	社会发展	0.791	4
经济发展水平	0.693	4	社会生活信息化	0.642	4
经济增长方式转变	0.597	9	文化进步	0.786	4
经济结构优化	0.150	19	企业发展绩效	0.501	2
社会进步绩效	0.706	3	产品升级指数	1.000	1
环境改善	0.605	12	设备更新指数	0.002	27

(附录)表 1-6　　山东知识产权分项指标指数及排名表

知识产权指数 0.311			综合排名 6		
指标	指数	排名	指标	指数	排名
知识产权产出水平	0.197	11			
人均产出指数	0.081	10	外贸额与 PCT 专利比	0.136	9
专利总量指数	0.147	10	产出效率指数	0.121	26
商标总量指数	0.088	10	人才产出效率	0.172	19
版权总量指数	0.015	11	资本产出效率	0.070	29
集成电路布图设计总量	0.008	15	企业产出指数	0.233	8
农业植物新品种总量指数	0.148	6	企业产出规模	0.213	8
产出质量指数	0.154	9	企业产出质量	0.251	6
专利有效性	0.120	9	企业产出效率	0.236	15
商标有效性	0.103	9	高校和研发机构产出指数	0.393	6
专利金奖指数	0.230	4	高校和研发机构产出规模	0.337	7
“中华老字号”指数	0.367	5	高校和研发机构产出质量	0.320	6
“中国地理标志”指数	0.114	20	高校和研发机构产出效率	0.522	9
集成电路布图设计登记发证	0.010	14			
知识产权流动水平	0.250	5			
技术市场交易指数	0.191	12	知识产权服务机构指数	0.140	7
技术市场规模指数	0.079	12	专利代理指数	0.140	7
技术市场开放度指数	0.178	7	企业技改、引进指数	0.418	4
技术外溢度指数	0.318	14	技术改造指数	0.549	3

续表 1－6

知识产权指数　0.311			综合排名　6		
指标	指数	排名	指标	指数	排名
国内引进指数	0.556	2	国外引进指数	0.149	7
知识产权创造潜力	0.419	5			
创造投入指数	0.732	1	科普指数	0.558	6
人才投入指数	0.390	6	高新技术开发区指数	0.297	6
资本投入指数	0.537	3	知识产权试点示范指数	0.371	5
文化投入指数	1.000	1	知识产权试点示范城市指数	0.500	2
基础设施投入指数	1.000	1	知识产权试点示范单位指数	0.032	23
创造成果指数	0.224	9	专利运营指数	0.500	3
论文指数	0.206	14	文化产业示范指数	0.450	7
高新技术产业科技项目	0.242	4	企业创造潜力指数	0.487	6
创造环境指数	0.408	6	企业科研基础指数	0.328	12
财政支持指数	0.324	11	企业人才投入指数	0.510	4
金融环境指数	0.064	25	企业资本投入指数	0.680	10
营商环境指数	0.533	8	企业新产品开发指数	0.430	4
生态环境指数	0.249	18	知识产权保护指数	0.295	4
教育环境指数	0.713	1	专利行政执法指数	0.376	3
文化环境指数	0.527	3	商标行政执法指数	0.214	9
知识产权综合绩效	0.378	12			
宏观经济绩效	0.433	13	社会发展	0.686	7
经济发展水平	0.469	8	社会生活信息化	0.298	18
经济增长方式转变	0.544	13	文化进步	0.488	23
经济结构优化	0.286	13	企业发展绩效	0.172	14
社会进步绩效	0.528	9	产品升级指数	0.314	13
环境改善	0.641	5	设备更新指数	0.030	6

(附录)表 1－7　安徽知识产权分项指标指数及排名表

知识产权指数　0.301			综合排名　7		
指标	指数	排名	指标	指数	排名
知识产权产出水平	0.362	6			
人均产出指数	0.133	7	版权总量指数	0.004	21
专利总量指数	0.172	9	集成电路布图设计总量	0.236	3
商标总量指数	0.077	11	农业植物新品种总量指数	0.176	3

续表 1-7

知识产权指数　0.301			综合排名　7		
指标	指数	排名	指标	指数	排名
产出质量指数	0.130	12	资本产出效率	0.587	2
专利有效性	0.112	11	企业产出指数	0.479	4
商标有效性	0.055	16	企业产出规模	0.260	5
专利金奖指数	0.081	13	企业产出质量	0.176	7
“中华老字号”指数	0.139	17	企业产出效率	1.000	1
“中国地理标志”指数	0.218	11	高校和研发机构产出指数	0.327	12
集成电路布图设计登记发证	0.210	3	高校和研发机构产出规模	0.306	8
外贸额与 PCT 专利比	0.096	13	高校和研发机构产出质量	0.128	17
产出效率指数	0.743	2	高校和研发机构产出效率	0.547	6
人才产出效率	0.899	2			
知识产权流动水平	0.143	13			
技术市场交易指数	0.175	15	专利代理指数	0.097	9
技术市场规模指数	0.057	14	企业技改、引进指数	0.156	11
技术市场开放度指数	0.080	13	技术改造指数	0.331	8
技术外溢度指数	0.387	11	国内引进指数	0.106	13
知识产权服务机构指数	0.097	9	国外引进指数	0.032	17
知识产权创造潜力	0.300	8			
创造投入指数	0.326	12	科普指数	0.369	14
人才投入指数	0.206	10	高新技术开发区指数	0.153	10
资本投入指数	0.350	10	知识产权试点示范指数	0.306	7
文化投入指数	0.235	15	知识产权试点示范城市指数	0.286	6
基础设施投入指数	0.513	10	知识产权试点示范单位指数	0.387	5
创造成果指数	0.149	17	专利运营指数	0.250	7
论文指数	0.178	17	文化产业示范指数	0.300	12
高新技术产业科技项目	0.120	6	企业创造潜力指数	0.386	10
创造环境指数	0.369	8	企业科研基础指数	0.485	6
财政支持指数	0.742	4	企业人才投入指数	0.237	17
金融环境指数	0.128	17	企业资本投入指数	0.621	12
营商环境指数	0.442	21	企业新产品开发指数	0.201	5
生态环境指数	0.264	14	知识产权保护指数	0.263	7
教育环境指数	0.443	18	专利行政执法指数	0.138	11
文化环境指数	0.412	8	商标行政执法指数	0.389	4

续表 1-7

知识产权指数　0.301			综合排名　7		
指标	指数	排名	指标	指数	排名
知识产权综合绩效	0.401	9			
宏观经济绩效	0.430	15	社会发展	0.571	15
经济发展水平	0.287	21	社会生活信息化	0.076	29
经济增长方式转变	0.617	7	文化进步	0.696	7
经济结构优化	0.387	8	企业发展绩效	0.295	8
社会进步绩效	0.477	12	产品升级指数	0.586	7
环境改善	0.566	15	设备更新指数	0.004	24

(附录)表 1-8　湖北知识产权分项指标指数及排名表

知识产权指数　0.279			综合排名　8		
指标	指数	排名	指标	指数	排名
知识产权产出水平	0.223	10			
人均产出指数	0.059	15	外贸额与 PCT 专利比	0.489	3
专利总量指数	0.132	13	产出效率指数	0.302	9
商标总量指数	0.070	12	人才产出效率	0.392	10
版权总量指数	0.014	12	资本产出效率	0.212	10
集成电路布图设计总量	0.029	10	企业产出指数	0.159	13
农业植物新品种总量指数	0.051	22	企业产出规模	0.120	12
产出质量指数	0.184	7	企业产出质量	0.118	10
专利有效性	0.092	13	企业产出效率	0.239	14
商标有效性	0.059	15	高校和研发机构产出指数	0.413	5
专利金奖指数	0.149	9	高校和研发机构产出规模	0.414	5
“中华老字号”指数	0.144	15	高校和研发机构产出质量	0.278	8
“中国地理标志”指数	0.321	5	高校和研发机构产出效率	0.547	7
集成电路布图设计登记发证	0.033	12			
知识产权流动水平	0.180	7			
技术市场交易指数	0.327	5	专利代理指数	0.097	9
技术市场规模指数	0.206	3	企业技改、引进指数	0.115	15
技术市场开放度指数	0.135	8	技术改造指数	0.155	14
技术外溢度指数	0.641	3	国内引进指数	0.067	19
知识产权服务机构指数	0.097	9	国外引进指数	0.122	9

续表 1－8

知识产权指数 0.279			综合排名 8		
指标	指数	排名	指标	指数	排名
知识产权创造潜力	0.315	7			
创造投入指数	0.380	8	科普指数	0.592	3
人才投入指数	0.215	9	高新技术开发区指数	0.439	4
资本投入指数	0.354	8	知识产权试点示范指数	0.218	10
文化投入指数	0.379	9	知识产权试点示范城市指数	0.143	10
基础设施投入指数	0.569	6	知识产权试点示范单位指数	0.355	6
创造成果指数	0.240	8	专利运营指数	0.125	13
论文指数	0.391	7	文化产业示范指数	0.250	17
高新技术产业科技项目	0.089	11	企业创造潜力指数	0.360	11
创造环境指数	0.406	7	企业科研基础指数	0.293	14
财政支持指数	0.591	8	企业人才投入指数	0.337	9
金融环境指数	0.153	13	企业资本投入指数	0.668	11
营商环境指数	0.487	17	企业新产品开发指数	0.142	8
生态环境指数	0.168	28	知识产权保护指数	0.283	5
教育环境指数	0.554	12	专利行政执法指数	0.190	7
文化环境指数	0.269	13	商标行政执法指数	0.376	5
知识产权综合绩效	0.397	10			
宏观经济绩效	0.463	10	社会发展	0.554	18
经济发展水平	0.351	13	社会生活信息化	0.203	21
经济增长方式转变	0.598	8	文化进步	0.566	12
经济结构优化	0.440	7	企业发展绩效	0.251	11
社会进步绩效	0.476	13	产品升级指数	0.475	10
环境改善	0.582	14	设备更新指数	0.027	7

（附录）表 1－9　　天津知识产权分项指标指数及排名表

知识产权指数 0.269			综合排名 9		
指标	指数	排名	指标	指数	排名
知识产权产出水平	0.180	13			
人均产出指数	0.129	8	集成电路布图设计总量	0.026	11
专利总量指数	0.394	6	农业植物新品种总量指数	0.091	15
商标总量指数	0.104	8	产出质量指数	0.147	10
版权总量指数	0.031	6	专利有效性	0.323	6

续表 1 - 9

知识产权指数　0. 269			综合排名　9		
指标	指数	排名	指标	指数	排名
商标有效性	0. 162	7	企业产出指数	0. 153	14
专利金奖指数	0. 081	13	企业产出规模	0. 121	11
“中华老字号”指数	0. 367	5	企业产出质量	0. 106	12
“中国地理标志”指数	0. 004	30	企业产出效率	0. 233	16
集成电路布图设计登记发证	0. 036	10	高校和研发机构产出指数	0. 248	15
外贸额与 PCT 专利比	0. 054	22	高校和研发机构产出规模	0. 191	14
产出效率指数	0. 223	14	高校和研发机构产出质量	0. 177	13
人才产出效率	0. 305	11	高校和研发机构产出效率	0. 376	17
资本产出效率	0. 140	19			
知识产权流动水平	0. 130	15			
技术市场交易指数	0. 272	7	专利代理指数	0. 069	16
技术市场规模指数	0. 154	5	企业技改、引进指数	0. 048	23
技术市场开放度指数	0. 110	9	技术改造指数	0. 077	22
技术外溢度指数	0. 550	5	国内引进指数	0. 017	24
知识产权服务机构指数	0. 069	16	国外引进指数	0. 049	14
知识产权创造潜力	0. 238	14			
创造投入指数	0. 248	15	科普指数	0. 082	27
人才投入指数	0. 372	7	高新技术开发区指数	0. 093	17
资本投入指数	0. 381	7	知识产权试点示范指数	0. 163	15
文化投入指数	0. 063	26	知识产权试点示范城市指数	0. 071	14
基础设施投入指数	0. 175	22	知识产权试点示范单位指数	0. 032	23
创造成果指数	0. 173	14	专利运营指数	0. 250	7
论文指数	0. 266	12	文化产业示范指数	0. 300	12
高新技术产业科技项目	0. 079	12	企业创造潜力指数	0. 474	7
创造环境指数	0. 322	13	企业科研基础指数	0. 569	5
财政支持指数	0. 609	7	企业人才投入指数	0. 269	14
金融环境指数	0. 284	8	企业资本投入指数	0. 965	3
营商环境指数	0. 581	5	企业新产品开发指数	0. 091	17
生态环境指数	0. 120	30	知识产权保护指数	0. 051	20
教育环境指数	0. 594	7	专利行政执法指数	0. 050	21
文化环境指数	0. 213	17	商标行政执法指数	0. 052	22

续表 1－9

知识产权指数　0.269			综合排名　9		
指标	指数	排名	指标	指数	排名
知识产权综合绩效	0.527	6			
宏观经济绩效	0.586	4	社会发展	0.887	3
经济发展水平	0.790	3	社会生活信息化	0.463	7
经济增长方式转变	0.683	3	文化进步	0.554	14
经济结构优化	0.284	14	企业发展绩效	0.384	6
社会进步绩效	0.610	6	产品升级指数	0.758	5
环境改善	0.536	19	设备更新指数	0.010	18

（附录）表 1－10　　陕西知识产权分项指标指数及排名表

知识产权指数　0.263			综合排名　10		
指标	指数	排名	指标	指数	排名
知识产权产出水平	0.259	9			
人均产出指数	0.086	9	外贸额与 PCT 专利比	0.096	14
专利总量指数	0.198	8	产出效率指数	0.367	7
商标总量指数	0.063	14	人才产出效率	0.409	8
版权总量指数	0.007	17	资本产出效率	0.324	5
集成电路布图设计总量	0.089	8	企业产出指数	0.104	21
农业植物新品种总量指数	0.072	19	企业产出规模	0.069	16
产出质量指数	0.137	11	企业产出质量	0.064	17
专利有效性	0.115	10	企业产出效率	0.181	22
商标有效性	0.085	11	高校和研发机构产出指数	0.601	2
专利金奖指数	0.189	7	高校和研发机构产出规模	0.440	4
“中华老字号”指数	0.150	12	高校和研发机构产出质量	0.363	5
“中国地理标志”指数	0.232	9	高校和研发机构产出效率	1.000	1
集成电路布图设计登记发证	0.089	8			
知识产权流动水平	0.161	10			
技术市场交易指数	0.328	4	专利代理指数	0.095	11
技术市场规模指数	0.234	2	企业技改、引进指数	0.059	21
技术市场开放度指数	0.009	21	技术改造指数	0.097	20
技术外溢度指数	0.742	2	国内引进指数	0.058	20
知识产权服务机构指数	0.095	11	国外引进指数	0.023	20

续表 1－10

知识产权指数　0.263			综合排名　10		
指标	指数	排名	指标	指数	排名
知识产权创造潜力	0.269	11			
创造投入指数	0.350	11	科普指数	0.402	13
人才投入指数	0.177	14	高新技术开发区指数	0.145	12
资本投入指数	0.433	5	知识产权试点示范指数	0.188	14
文化投入指数	0.381	8	知识产权试点示范城市指数	0.071	14
基础设施投入指数	0.410	12	知识产权试点示范单位指数	0.032	23
创造成果指数	0.330	5	专利运营指数	0.250	7
论文指数	0.617	2	文化产业示范指数	0.400	9
高新技术产业科技项目	0.044	18	企业创造潜力指数	0.284	14
创造环境指数	0.360	9	企业科研基础指数	0.230	20
财政支持指数	0.229	15	企业人才投入指数	0.331	10
金融环境指数	0.226	9	企业资本投入指数	0.515	15
营商环境指数	0.495	14	企业新产品开发指数	0.061	18
生态环境指数	0.320	10	知识产权保护指数	0.102	15
教育环境指数	0.700	2	专利行政执法指数	0.064	16
文化环境指数	0.360	11	商标行政执法指数	0.140	14
知识产权综合绩效	0.362	13			
宏观经济绩效	0.476	8	社会发展	0.538	21
经济发展水平	0.349	15	社会生活信息化	0.345	11
经济增长方式转变	0.487	21	文化进步	0.756	5
经济结构优化	0.592	4	企业发展绩效	0.073	24
社会进步绩效	0.537	8	产品升级指数	0.120	24
环境改善	0.507	22	设备更新指数	0.026	8

(附录)表 1－11　湖南知识产权分项指标指数及排名表

知识产权指数　0.259			综合排名　11		
指标	指数	排名	指标	指数	排名
知识产权产出水平	0.166	15			
人均产出指数	0.053	16	集成电路布图设计总量	0.014	13
专利总量指数	0.071	16	农业植物新品种总量指数	0.127	8
商标总量指数	0.049	19	产出质量指数	0.113	14
版权总量指数	0.006	18	专利有效性	0.069	16

续表 1－11

知识产权指数 0.259			综合排名 11		
指标	指数	排名	指标	指数	排名
商标有效性	0.052	20	企业产出指数	0.135	16
专利金奖指数	0.216	6	企业产出规模	0.084	14
“中华老字号”指数	0.111	20	企业产出质量	0.095	14
“中国地理标志”指数	0.218	11	企业产出效率	0.226	18
集成电路布图设计登记发证	0.017	13	高校和研发机构产出指数	0.336	11
外贸额与 PCT 专利比	0.106	12	高校和研发机构产出规模	0.283	9
产出效率指数	0.190	17	高校和研发机构产出质量	0.189	12
人才产出效率	0.244	16	高校和研发机构产出效率	0.535	8
资本产出效率	0.137	20			
知识产权流动水平	0.169	9			
技术市场交易指数	0.204	10	专利代理指数	0.090	13
技术市场规模指数	0.041	17	企业技改、引进指数	0.213	7
技术市场开放度指数	0.090	11	技术改造指数	0.486	4
技术外溢度指数	0.480	7	国内引进指数	0.078	16
知识产权服务机构指数	0.090	13	国外引进指数	0.074	11
知识产权创造潜力	0.290	9			
创造投入指数	0.416	7	科普指数	0.579	4
人才投入指数	0.179	13	高新技术开发区指数	0.188	9
资本投入指数	0.266	15	知识产权试点示范指数	0.145	17
文化投入指数	0.655	3	知识产权试点示范城市指数	0.214	8
基础设施投入指数	0.563	7	知识产权试点示范单位指数	0.065	14
创造成果指数	0.169	15	专利运营指数	0.000	18
论文指数	0.268	11	文化产业示范指数	0.300	12
高新技术产业科技项目	0.070	14	企业创造潜力指数	0.411	8
创造环境指数	0.334	11	企业科研基础指数	0.389	9
财政支持指数	0.166	18	企业人才投入指数	0.383	7
金融环境指数	0.084	20	企业资本投入指数	0.736	9
营商环境指数	0.555	6	企业新产品开发指数	0.135	9
生态环境指数	0.258	16	知识产权保护指数	0.268	6
教育环境指数	0.441	19	专利行政执法指数	0.342	4
文化环境指数	0.398	9	商标行政执法指数	0.195	10

续表 1－11

知识产权指数 0.259			综合排名 11		
指标	指数	排名	指标	指数	排名
知识产权综合绩效	0.410	8			
宏观经济绩效	0.431	14	社会发展	0.540	20
经济发展水平	0.328	17	社会生活信息化	0.101	28
经济增长方式转变	0.725	1	文化进步	0.610	9
经济结构优化	0.240	15	企业发展绩效	0.327	7
社会进步绩效	0.473	14	产品升级指数	0.640	6
环境改善	0.640	6	设备更新指数	0.014	16

(附录)表 1－12　　四川知识产权分项指标指数及排名表

知识产权指数 0.256			综合排名 12		
指标	指数	排名	指标	指数	排名
知识产权产出水平	0.268	8			
人均产出指数	0.073	12	外贸额与 PCT 专利比	0.150	6
专利总量指数	0.147	11	产出效率指数	0.438	4
商标总量指数	0.065	13	人才产出效率	0.551	5
版权总量指数	0.033	5	资本产出效率	0.325	4
集成电路布图设计总量	0.073	9	企业产出指数	0.299	7
农业植物新品种总量指数	0.049	23	企业产出规模	0.252	6
产出质量指数	0.248	6	企业产出质量	0.173	8
专利有效性	0.095	12	企业产出效率	0.470	5
商标有效性	0.074	12	高校和研发机构产出指数	0.284	14
专利金奖指数	0.095	12	高校和研发机构产出规模	0.258	11
“中华老字号”指数	0.267	8	高校和研发机构产出质量	0.229	11
“中国地理标志”指数	1.000	1	高校和研发机构产出效率	0.365	19
集成电路布图设计登记发证	0.055	9			
知识产权流动水平	0.153	11			
技术市场交易指数	0.163	17	专利代理指数	0.175	6
技术市场规模指数	0.079	11	企业技改、引进指数	0.121	13
技术市场开放度指数	0.093	10	技术改造指数	0.182	12
技术外溢度指数	0.318	15	国内引进指数	0.151	8
知识产权服务机构指数	0.175	6	国外引进指数	0.029	18

续表 1－12

知识产权指数 0.256			综合排名 12		
指标	指数	排名	指标	指数	排名
知识产权创造潜力	0.268	12			
创造投入指数	0.324	13	科普指数	0.552	7
人才投入指数	0.189	12	高新技术开发区指数	0.189	8
资本投入指数	0.240	18	知识产权试点示范指数	0.319	6
文化投入指数	0.303	11	知识产权试点示范城市指数	0.286	6
基础设施投入指数	0.562	8	知识产权试点示范单位指数	0.065	14
创造成果指数	0.208	11	专利运营指数	0.375	4
论文指数	0.301	10	文化产业示范指数	0.550	4
高新技术产业科技项目	0.115	7	企业创造潜力指数	0.283	15
创造环境指数	0.305	15	企业科研基础指数	0.235	19
财政支持指数	0.145	20	企业人才投入指数	0.364	8
金融环境指数	0.073	23	企业资本投入指数	0.422	19
营商环境指数	0.465	20	企业新产品开发指数	0.111	13
生态环境指数	0.233	21	知识产权保护指数	0.168	12
教育环境指数	0.416	22	专利行政执法指数	0.17	9
文化环境指数	0.366	10	商标行政执法指数	0.166	13
知识产权综合绩效	0.334	15			
宏观经济绩效	0.464	9	社会发展	0.544	19
经济发展水平	0.251	23	社会生活信息化	0.141	25
经济增长方式转变	0.516	17	文化进步	0.492	22
经济结构优化	0.625	3	企业发展绩效	0.092	21
社会进步绩效	0.446	19	产品升级指数	0.171	19
环境改善	0.606	10	设备更新指数	0.013	17

(附录)表 1－13 福建知识产权分项指标指数及排名表

知识产权指数 0.239			综合排名 13		
指标	指数	排名	指标	指数	排名
知识产权产出水平	0.178	14			
人均产出指数	0.168	6	集成电路布图设计总量	0.098	7
专利总量指数	0.278	7	农业植物新品种总量指数	0.129	7
商标总量指数	0.306	5	产出质量指数	0.182	8
版权总量指数	0.026	7	专利有效性	0.245	7

续表 1－13

知识产权指数　0. 239			综合排名　13		
指标	指数	排名	指标	指数	排名
商标有效性	0. 331	5	企业产出指数	0. 174	10
专利金奖指数	0. 027	20	企业产出规模	0. 160	9
“中华老字号”指数	0. 189	9	企业产出质量	0. 168	9
“中国地理标志”指数	0. 295	6	企业产出效率	0. 195	20
集成电路布图设计登记发证	0. 115	6	高校和研发机构产出指数	0. 225	18
外贸额与 PCT 专利比	0. 070	18	高校和研发机构产出规模	0. 187	15
产出效率指数	0. 140	22	高校和研发机构产出质量	0. 133	16
人才产出效率	0. 168	20	高校和研发机构产出效率	0. 355	20
资本产出效率	0. 111	25			
知识产权流动水平	0. 144	12			
技术市场交易指数	0. 089	20	专利代理指数	0. 083	14
技术市场规模指数	0. 016	23	企业技改、引进指数	0. 260	5
技术市场开放度指数	0. 075	14	技术改造指数	0. 413	5
技术外溢度指数	0. 177	21	国内引进指数	0. 210	7
知识产权服务机构指数	0. 083	14	国外引进指数	0. 157	6
知识产权创造潜力	0. 248	13			
创造投入指数	0. 372	9	科普指数	0. 250	19
人才投入指数	0. 253	8	高新技术开发区指数	0. 120	15
资本投入指数	0. 352	9	知识产权试点示范指数	0. 197	11
文化投入指数	0. 424	7	知识产权试点示范城市指数	0. 214	8
基础设施投入指数	0. 459	11	知识产权试点示范单位指数	0. 323	7
创造成果指数	0. 109	18	专利运营指数	0. 000	18
论文指数	0. 114	24	文化产业示范指数	0. 250	17
高新技术产业科技项目	0. 104	9	企业创造潜力指数	0. 300	13
创造环境指数	0. 317	14	企业科研基础指数	0. 287	15
财政支持指数	0. 325	10	企业人才投入指数	0. 180	23
金融环境指数	0. 179	10	企业资本投入指数	0. 585	14
营商环境指数	0. 600	4	企业新产品开发指数	0. 147	7
生态环境指数	0. 285	12	知识产权保护指数	0. 192	11
教育环境指数	0. 554	11	专利行政执法指数	0. 142	10
文化环境指数	0. 225	15	商标行政执法指数	0. 241	8

续表 1－13

知识产权指数 0.239			综合排名 13		
指标	指数	排名	指标	指数	排名
知识产权综合绩效	0.387	11			
宏观经济绩效	0.439	12	社会发展	0.628	12
经济发展水平	0.521	7	社会生活信息化	0.572	5
经济增长方式转变	0.581	11	文化进步	0.560	13
经济结构优化	0.215	16	企业发展绩效	0.120	17
社会进步绩效	0.601	7	产品升级指数	0.205	16
环境改善	0.643	4	设备更新指数	0.034	3

(附录)表 1－14　　重庆知识产权分项指标指数及排名表

知识产权指数 0.238			综合排名 14		
指标	指数	排名	指标	指数	排名
知识产权产出水平	0.141	19			
人均产出指数	0.072	13	外贸额与 PCT 专利比	0.031	28
专利总量指数	0.144	12	产出效率指数	0.198	16
商标总量指数	0.110	7	人才产出效率	0.268	13
版权总量指数	0.044	4	资本产出效率	0.128	22
集成电路布图设计总量	0.025	12	企业产出指数	0.120	19
农业植物新品种总量指数	0.034	27	企业产出规模	0.089	13
产出质量指数	0.079	19	企业产出质量	0.096	13
专利有效性	0.143	8	企业产出效率	0.174	23
商标有效性	0.146	8	高校和研发机构产出指数	0.237	17
专利金奖指数	0.068	15	高校和研发机构产出规模	0.143	18
“中华老字号”指数	0.106	22	高校和研发机构产出质量	0.161	14
“中国地理标志”指数	0.026	25	高校和研发机构产出效率	0.406	13
集成电路布图设计登记发证	0.035	11			
知识产权流动水平	0.140	14			
技术市场交易指数	0.171	16	专利代理指数	0.081	15
技术市场规模指数	0.014	24	企业技改、引进指数	0.167	9
技术市场开放度指数	0.407	4	技术改造指数	0.134	16
技术外溢度指数	0.092	26	国内引进指数	0.123	11
知识产权服务机构指数	0.081	15	国外引进指数	0.243	5

续表 1－14

知识产权指数　0.238			综合排名　14		
指标	指数	排名	指标	指数	排名
知识产权创造潜力	0.207	16			
创造投入指数	0.241	16	科普指数	0.236	20
人才投入指数	0.170	15	高新技术开发区指数	0.064	22
资本投入指数	0.391	6	知识产权试点示范指数	0.149	16
文化投入指数	0.109	22	知识产权试点示范城市指数	0.143	10
基础设施投入指数	0.292	16	知识产权试点示范单位指数	0.129	11
创造成果指数	0.156	16	专利运营指数	0.125	13
论文指数	0.233	13	文化产业示范指数	0.200	23
高新技术产业科技项目	0.079	13	企业创造潜力指数	0.409	9
创造环境指数	0.243	21	企业科研基础指数	0.470	7
财政支持指数	0.173	16	企业人才投入指数	0.198	21
金融环境指数	0.148	14	企业资本投入指数	0.856	6
营商环境指数	0.433	22	企业新产品开发指数	0.112	12
生态环境指数	0.218	23	知识产权保护指数	0.042	22
教育环境指数	0.467	16	专利行政执法指数	0.041	22
文化环境指数	0.208	18	商标行政执法指数	0.042	23
知识产权综合绩效	0.466	7			
宏观经济绩效	0.541	5	社会发展	0.623	13
经济发展水平	0.418	9	社会生活信息化	0.317	15
经济增长方式转变	0.630	5	文化进步	0.346	30
经济结构优化	0.575	5	企业发展绩效	0.399	4
社会进步绩效	0.459	16	产品升级指数	0.767	4
环境改善	0.550	16	设备更新指数	0.031	4

（附录）表 1－15　　河南知识产权分项指标指数及排名表

知识产权指数　0.217			综合排名　15		
指标	指数	排名	指标	指数	排名
知识产权产出水平	0.158	17			
人均产出指数	0.061	14	集成电路布图设计总量	0.000	25
专利总量指数	0.078	15	农业植物新品种总量指数	0.164	5
商标总量指数	0.057	18	产出质量指数	0.109	15
版权总量指数	0.004	22	专利有效性	0.056	17

续表 1－15

知识产权指数 0.217			综合排名 15		
指标	指数	排名	指标	指数	排名
商标有效性	0.052	19	企业产出指数	0.102	22
专利金奖指数	0.122	11	企业产出规模	0.130	10
“中华老字号”指数	0.122	18	企业产出质量	0.111	11
“中国地理标志”指数	0.343	4	企业产出效率	0.065	28
集成电路布图设计登记发证	0.000	23	高校和研发机构产出指数	0.340	9
外贸额与 PCT 专利比	0.070	19	高校和研发机构产出规模	0.274	10
产出效率指数	0.176	19	高校和研发机构产出质量	0.150	15
人才产出效率	0.190	18	高校和研发机构产出效率	0.597	4
资本产出效率	0.162	16			
知识产权流动水平	0.104	16			
技术市场交易指数	0.061	25	专利代理指数	0.132	8
技术市场规模指数	0.014	25	企业技改、引进指数	0.118	14
技术市场开放度指数	0.011	19	技术改造指数	0.224	10
技术外溢度指数	0.159	23	国内引进指数	0.110	12
知识产权服务机构指数	0.132	8	国外引进指数	0.018	21
知识产权创造潜力	0.269	10			
创造投入指数	0.476	5	科普指数	0.498	9
人才投入指数	0.201	11	高新技术开发区指数	0.145	11
资本投入指数	0.241	17	知识产权试点示范指数	0.263	9
文化投入指数	0.663	2	知识产权试点示范城市指数	0.357	5
基础设施投入指数	0.799	3	知识产权试点示范单位指数	0.097	12
创造成果指数	0.094	20	专利运营指数	0.250	7
论文指数	0.123	22	文化产业示范指数	0.350	11
高新技术产业科技项目	0.066	15	企业创造潜力指数	0.229	20
创造环境指数	0.340	10	企业科研基础指数	0.203	22
财政支持指数	0.236	14	企业人才投入指数	0.270	13
金融环境指数	0.031	27	企业资本投入指数	0.308	24
营商环境指数	0.523	9	企业新产品开发指数	0.134	10
生态环境指数	0.229	22	知识产权保护指数	0.214	10
教育环境指数	0.605	6	专利行政执法指数	0.181	8
文化环境指数	0.455	5	商标行政执法指数	0.246	7

续表 1－15

知识产权指数 0.217			综合排名 15		
指标	指数	排名	指标	指数	排名
知识产权综合绩效	0.336	14			
宏观经济绩效	0.456	11	社会发展	0.530	22
经济发展水平	0.289	20	社会生活信息化	0.122	27
经济增长方式转变	0.431	22	文化进步	0.541	18
经济结构优化	0.647	2	企业发展绩效	0.098	19
社会进步绩效	0.455	17	产品升级指数	0.172	18
环境改善	0.629	9	设备更新指数	0.024	9

（附录）表 1－16　辽宁知识产权分项指标指数及排名表

知识产权指数 0.207			综合排名 16		
指标	指数	排名	指标	指数	排名
知识产权产出水平	0.143	18			
人均产出指数	0.035	23	外贸额与 PCT 专利比	0.086	16
专利总量指数	0.066	18	产出效率指数	0.151	21
商标总量指数	0.047	20	人才产出效率	0.195	17
版权总量指数	0.011	15	资本产出效率	0.107	26
集成电路布图设计总量	0.006	17	企业产出指数	0.102	23
农业植物新品种总量指数	0.046	24	企业产出规模	0.042	19
产出质量指数	0.127	13	企业产出质量	0.074	16
专利有效性	0.079	15	企业产出效率	0.188	21
商标有效性	0.073	13	高校和研发机构产出指数	0.303	13
专利金奖指数	0.162	8	高校和研发机构产出规模	0.241	13
“中华老字号”指数	0.189	9	高校和研发机构产出质量	0.244	10
“中国地理标志”指数	0.295	6	高校和研发机构产出效率	0.423	12
集成电路布图设计登记发证	0.006	16			
知识产权流动水平	0.172	8			
技术市场交易指数	0.247	8	专利代理指数	0.094	12
技术市场规模指数	0.094	8	企业技改、引进指数	0.175	8
技术市场开放度指数	0.088	12	技术改造指数	0.223	11
技术外溢度指数	0.557	4	国内引进指数	0.225	6
知识产权服务机构指数	0.094	12	国外引进指数	0.077	10

续表 1－16

知识产权指数 0.207			综合排名 16		
指标	指数	排名	指标	指数	排名
知识产权创造潜力	0.203	17			
创造投入指数	0.146	23	科普指数	0.293	17
人才投入指数	0.152	16	高新技术开发区指数	0.125	13
资本投入指数	0.276	14	知识产权试点示范指数	0.197	12
文化投入指数	0.067	25	知识产权试点示范城市指数	0.143	10
基础设施投入指数	0.088	25	知识产权试点示范单位指数	0.194	8
创造成果指数	0.223	10	专利运营指数	0.000	18
论文指数	0.394	6	文化产业示范指数	0.450	7
高新技术产业科技项目	0.051	17	企业创造潜力指数	0.335	12
创造环境指数	0.257	19	企业科研基础指数	0.262	18
财政支持指数	0.135	22	企业人才投入指数	0.240	16
金融环境指数	0.076	22	企业资本投入指数	0.744	8
营商环境指数	0.655	2	企业新产品开发指数	0.094	16
生态环境指数	0.217	24	知识产权保护指数	0.061	17
教育环境指数	0.361	24	专利行政执法指数	0.065	15
文化环境指数	0.197	20	商标行政执法指数	0.057	19
知识产权综合绩效	0.308	20			
宏观经济绩效	0.287	23	社会发展	0.679	8
经济发展水平	0.389	10	社会生活信息化	0.474	6
经济增长方式转变	0.362	24	文化进步	0.542	17
经济结构优化	0.111	22	企业发展绩效	0.209	12
社会进步绩效	0.428	21	产品升级指数	0.416	11
环境改善	0.018	31	设备更新指数	0.001	29

(附录)表 1－17 广西知识产权分项指标指数及排名表

知识产权指数 0.189			综合排名 17		
指标	指数	排名	指标	指数	排名
知识产权产出水平	0.287	7			
人均产出指数	0.030	25	集成电路布图设计总量	0.001	24
专利总量指数	0.056	20	农业植物新品种总量指数	0.070	20
商标总量指数	0.009	29	产出质量指数	0.053	24
版权总量指数	0.012	14	专利有效性	0.027	24

续表 1－17

知识产权指数 0.189			综合排名 17		
指标	指数	排名	指标	指数	排名
商标有效性	0.011	30	企业产出指数	0.164	11
专利金奖指数	0.014	24	企业产出规模	0.057	18
“中华老字号”指数	0.050	24	企业产出质量	0.033	20
“中国地理标志”指数	0.232	9	企业产出效率	0.402	9
集成电路布图设计登记发证	0.000	23	高校和研发机构产出指数	0.188	22
外贸额与 PCT 专利比	0.034	27	高校和研发机构产出规模	0.130	19
产出效率指数	1.000	1	高校和研发机构产出质量	0.090	20
人才产出效率	1.000	1	高校和研发机构产出效率	0.343	22
资本产出效率	1.000	1			
知识产权流动水平	0.067	22			
技术市场交易指数	0.077	22	专利代理指数	0.042	18
技术市场规模指数	0.011	26	企业技改、引进指数	0.083	18
技术市场开放度指数	0.008	22	技术改造指数	0.168	13
技术外溢度指数	0.211	18	国内引进指数	0.073	17
知识产权服务机构指数	0.042	18	国外引进指数	0.008	24
知识产权创造潜力	0.126	24			
创造投入指数	0.200	20	科普指数	0.368	15
人才投入指数	0.052	25	高新技术开发区指数	0.125	14
资本投入指数	0.104	29	知识产权试点示范指数	0.054	26
文化投入指数	0.295	12	知识产权试点示范城市指数	0.000	23
基础设施投入指数	0.348	14	知识产权试点示范单位指数	0.065	14
创造成果指数	0.056	26	专利运营指数	0.000	18
论文指数	0.096	26	文化产业示范指数	0.150	25
高新技术产业科技项目	0.015	24	企业创造潜力指数	0.103	30
创造环境指数	0.268	18	企业科研基础指数	0.059	29
财政支持指数	0.144	21	企业人才投入指数	0.136	26
金融环境指数	0.029	28	企业资本投入指数	0.181	30
营商环境指数	0.498	13	企业新产品开发指数	0.035	20
生态环境指数	0.194	25	知识产权保护指数	0.078	16
教育环境指数	0.565	10	专利行政执法指数	0.051	19
文化环境指数	0.224	16	商标行政执法指数	0.105	16

续表 1－17

知识产权指数 0.189			综合排名 17		
指标	指数	排名	指标	指数	排名
知识产权综合绩效	0.277	22			
宏观经济绩效	0.306	22	社会发展	0.574	14
经济发展水平	0.160	27	社会生活信息化	0.159	23
经济增长方式转变	0.592	10	文化进步	0.568	11
经济结构优化	0.166	18	企业发展绩效	0.098	18
社会进步绩效	0.427	23	产品升级指数	0.192	17
环境改善	0.405	26	设备更新指数	0.004	25

（附录）表 1－18 河北知识产权分项指标指数及排名表

知识产权指数 0.175			综合排名 18		
指标	指数	排名	指标	指数	排名
知识产权产出水平	0.080	27			
人均产出指数	0.041	19	外贸额与 PCT 专利比	0.049	25
专利总量指数	0.046	22	产出效率指数	0.035	30
商标总量指数	0.057	17	人才产出效率	0.032	30
版权总量指数	0.003	24	资本产出效率	0.038	30
集成电路布图设计总量	0.003	21	企业产出指数	0.058	28
农业植物新品种总量指数	0.095	13	企业产出规模	0.061	17
产出质量指数	0.079	20	企业产出质量	0.085	15
专利有效性	0.053	18	企业产出效率	0.028	30
商标有效性	0.054	17	高校和研发机构产出指数	0.188	21
专利金奖指数	0.068	15	高校和研发机构产出规模	0.130	20
“中华老字号”指数	0.150	12	高校和研发机构产出质量	0.094	19
“中国地理标志”指数	0.170	14	高校和研发机构产出效率	0.340	23
集成电路布图设计登记发证	0.009	15			
知识产权流动水平	0.079	20			
技术市场交易指数	0.059	26	专利代理指数	0.042	18
技术市场规模指数	0.018	22	企业技改、引进指数	0.136	12
技术市场开放度指数	0.035	16	技术改造指数	0.269	9
技术外溢度指数	0.123	25	国内引进指数	0.067	18
知识产权服务机构指数	0.042	18	国外引进指数	0.071	12

续表 1－18

知识产权指数　0.175			综合排名　18		
指标	指数	排名	指标	指数	排名
知识产权创造潜力	0.224	15			
创造投入指数	0.365	10	科普指数	0.415	12
人才投入指数	0.148	17	高新技术开发区指数	0.082	19
资本投入指数	0.211	22	知识产权试点示范指数	0.196	13
文化投入指数	0.508	5	知识产权试点示范城市指数	0.071	14
基础设施投入指数	0.591	5	知识产权试点示范单位指数	0.065	14
创造成果指数	0.079	23	专利运营指数	0.250	7
论文指数	0.102	25	文化产业示范指数	0.400	9
高新技术产业科技项目	0.055	16	企业创造潜力指数	0.247	18
创造环境指数	0.301	16	企业科研基础指数	0.187	23
财政支持指数	0.108	23	企业人才投入指数	0.201	20
金融环境指数	0.124	18	企业资本投入指数	0.488	16
营商环境指数	0.466	19	企业新产品开发指数	0.110	14
生态环境指数	0.328	9	知识产权保护指数	0.155	13
教育环境指数	0.573	9	专利行政执法指数	0.131	12
文化环境指数	0.316	12	商标行政执法指数	0.180	12
知识产权综合绩效	0.319	17			
宏观经济绩效	0.370	17	社会发展	0.562	16
经济发展水平	0.296	18	社会生活信息化	0.310	16
经济增长方式转变	0.646	4	文化进步	0.410	25
经济结构优化	0.168	17	企业发展绩效	0.133	15
社会进步绩效	0.452	18	产品升级指数	0.251	15
环境改善	0.527	21	设备更新指数	0.015	14

(附录)表 1－19　江西知识产权分项指标指数及排名表

知识产权指数　0.172			综合排名　19		
指标	指数	排名	指标	指数	排名
知识产权产出水平	0.112	20			
人均产出指数	0.050	18	集成电路布图设计总量	0.004	18
专利总量指数	0.123	14	农业植物新品种总量指数	0.046	25
商标总量指数	0.062	16	产出质量指数	0.062	22
版权总量指数	0.016	10	专利有效性	0.080	14

续表 1－19

知识产权指数 0.172			综合排名 19		
指标	指数	排名	指标	指数	排名
商标有效性	0.047	24	企业产出指数	0.096	24
专利金奖指数	0.014	24	企业产出规模	0.074	15
“中华老字号”指数	0.122	18	企业产出质量	0.055	18
“中国地理标志”指数	0.148	17	企业产出效率	0.160	25
集成电路布图设计登记发证	0.003	18	高校和研发机构产出指数	0.248	16
外贸额与 PCT 专利比	0.022	29	高校和研发机构产出规模	0.176	16
产出效率指数	0.104	28	高校和研发机构产出质量	0.050	23
人才产出效率	0.112	27	高校和研发机构产出效率	0.517	10
资本产出效率	0.096	28			
知识产权流动水平	0.079	19			
技术市场交易指数	0.090	19	专利代理指数	0.049	17
技术市场规模指数	0.026	20	企业技改、引进指数	0.100	16
技术市场开放度指数	0.041	15	技术改造指数	0.114	17
技术外溢度指数	0.203	19	国内引进指数	0.150	9
知识产权服务机构指数	0.049	17	国外引进指数	0.035	15
知识产权创造潜力	0.183	18			
创造投入指数	0.221	17	科普指数	0.267	18
人才投入指数	0.094	19	高新技术开发区指数	0.084	18
资本投入指数	0.237	19	知识产权试点示范指数	0.139	18
文化投入指数	0.176	17	知识产权试点示范城市指数	0.071	14
基础设施投入指数	0.378	13	知识产权试点示范单位指数	0.161	10
创造成果指数	0.108	19	专利运营指数	0.125	13
论文指数	0.123	21	文化产业示范指数	0.200	23
高新技术产业科技项目	0.092	10	企业创造潜力指数	0.250	16
创造环境指数	0.324	12	企业科研基础指数	0.392	8
财政支持指数	0.371	9	企业人才投入指数	0.143	25
金融环境指数	0.135	15	企业资本投入指数	0.357	22
营商环境指数	0.429	23	企业新产品开发指数	0.109	15
生态环境指数	0.410	3	知识产权保护指数	0.058	18
教育环境指数	0.655	3	专利行政执法指数	0.054	18
文化环境指数	0.239	14	商标行政执法指数	0.061	17

续表 1－19

知识产权指数　0.172			综合排名　19		
指标	指数	排名	指标	指数	排名
知识产权综合绩效	0.313	18			
宏观经济绩效	0.381	16	社会发展	0.509	24
经济发展水平	0.294	19	社会生活信息化	0.062	31
经济增长方式转变	0.536	15	文化进步	0.588	10
经济结构优化	0.312	11	企业发展绩效	0.131	16
社会进步绩效	0.427	22	产品升级指数	0.263	14
环境改善	0.547	18	设备更新指数	0.000	31

(附录)表 1－20　吉林知识产权分项指标指数及排名表

知识产权指数　0.165			综合排名　20		
指标	指数	排名	指标	指数	排名
知识产权产出水平	0.095	24			
人均产出指数	0.051	17	外贸额与 PCT 专利比	0.186	5
专利总量指数	0.033	24	产出效率指数	0.133	24
商标总量指数	0.046	22	人才产出效率	0.107	28
版权总量指数	0.004	23	资本产出效率	0.160	17
集成电路布图设计总量	0.000	25	企业产出指数	0.021	30
农业植物新品种总量指数	0.171	4	企业产出规模	0.013	25
产出质量指数	0.080	18	企业产出质量	0.019	24
专利有效性	0.038	20	企业产出效率	0.032	29
商标有效性	0.051	21	高校和研发机构产出指数	0.189	20
专利金奖指数	0.027	20	高校和研发机构产出规模	0.114	21
“中华老字号”指数	0.111	20	高校和研发机构产出质量	0.097	18
“中国地理标志”指数	0.144	18	高校和研发机构产出效率	0.355	21
集成电路布图设计登记发证	0.000	23			
知识产权流动水平	0.096	17			
技术市场交易指数	0.189	13	专利代理指数	0.033	21
技术市场规模指数	0.070	13	企业技改、引进指数	0.064	19
技术市场开放度指数	0.034	17	技术改造指数	0.056	25
技术外溢度指数	0.464	10	国内引进指数	0.001	29
知识产权服务机构指数	0.033	21	国外引进指数	0.136	8

续表 1 -20

知识产权指数 0.165			综合排名 20		
指标	指数	排名	指标	指数	排名
知识产权创造潜力	0.142	23			
创造投入指数	0.151	22	科普指数	0.114	26
人才投入指数	0.106	18	高新技术开发区指数	0.100	16
资本投入指数	0.155	24	知识产权试点示范指数	0.101	20
文化投入指数	0.131	19	知识产权试点示范城市指数	0.071	14
基础设施投入指数	0.212	19	知识产权试点示范单位指数	0.032	23
创造成果指数	0.203	12	专利运营指数	0.000	18
论文指数	0.383	8	文化产业示范指数	0.300	12
高新技术产业科技项目	0.023	21	企业创造潜力指数	0.186	25
创造环境指数	0.197	25	企业科研基础指数	0.000	31
财政支持指数	0.151	19	企业人才投入指数	0.527	3
金融环境指数	0.000	31	企业资本投入指数	0.182	29
营商环境指数	0.512	11	企业新产品开发指数	0.034	21
生态环境指数	0.119	31	知识产权保护指数	0.015	27
教育环境指数	0.408	23	专利行政执法指数	0.005	28
文化环境指数	0.171	21	商标行政执法指数	0.026	25
知识产权综合绩效	0.326	16			
宏观经济绩效	0.336	18	社会发展	0.662	10
经济发展水平	0.357	12	社会生活信息化	0.303	17
经济增长方式转变	0.559	12	文化进步	0.553	15
经济结构优化	0.093	25	企业发展绩效	0.173	13
社会进步绩效	0.469	15	产品升级指数	0.340	12
环境改善	0.358	28	设备更新指数	0.007	21

(附录)表 1 -21 贵州知识产权分项指标指数及排名表

知识产权指数 0.164			综合排名 21		
指标	指数	排名	指标	指数	排名
知识产权产出水平	0.190	12			
人均产出指数	0.024	27	集成电路布图设计总量	0.008	16
专利总量指数	0.049	21	农业植物新品种总量指数	0.036	26
商标总量指数	0.026	28	产出质量指数	0.068	21
版权总量指数	0.001	28	专利有效性	0.030	22

续表 1-21

知识产权指数　0.164			综合排名　21		
指标	指数	排名	指标	指数	排名
商标有效性	0.022	28	企业产出指数	0.191	9
专利金奖指数	0.027	20	企业产出规模	0.040	20
“中华老字号”指数	0.050	24	企业产出质量	0.031	21
“中国地理标志”指数	0.258	8	企业产出效率	0.503	4
集成电路布图设计登记发证	0.004	17	高校和研发机构产出指数	0.135	25
外贸额与 PCT 专利比	0.088	15	高校和研发机构产出规模	0.086	22
产出效率指数	0.534	3	高校和研发机构产出质量	0.022	25
人才产出效率	0.565	4	高校和研发机构产出效率	0.297	26
资本产出效率	0.502	3			
知识产权流动水平	0.061	23			
技术市场交易指数	0.070	23	专利代理指数	0.029	23
技术市场规模指数	0.028	19	企业技改、引进指数	0.083	17
技术市场开放度指数	0.008	23	技术改造指数	0.098	19
技术外溢度指数	0.175	22	国内引进指数	0.150	10
知识产权服务机构指数	0.029	23	国外引进指数	0.002	26
知识产权创造潜力	0.164	20			
创造投入指数	0.205	19	科普指数	0.175	23
人才投入指数	0.045	26	高新技术开发区指数	0.067	21
资本投入指数	0.216	21	知识产权试点示范指数	0.059	25
文化投入指数	0.304	10	知识产权试点示范城市指数	0.071	14
基础设施投入指数	0.254	17	知识产权试点示范单位指数	0.065	14
创造成果指数	0.042	27	专利运营指数	0.000	18
论文指数	0.052	28	文化产业示范指数	0.100	27
高新技术产业科技项目	0.031	19	企业创造潜力指数	0.187	24
创造环境指数	0.274	17	企业科研基础指数	0.213	21
财政支持指数	0.281	12	企业人才投入指数	0.176	24
金融环境指数	0.129	16	企业资本投入指数	0.335	23
营商环境指数	0.370	29	企业新产品开发指数	0.022	24
生态环境指数	0.433	2	知识产权保护指数	0.219	8
教育环境指数	0.606	5	专利行政执法指数	0.318	6
文化环境指数	0.134	26	商标行政执法指数	0.120	15

续表 1-21

知识产权指数 0.164			综合排名 21		
指标	指数	排名	指标	指数	排名
知识产权综合绩效	0.240	26			
宏观经济绩效	0.320	21	社会发展	0.242	28
经济发展水平	0.144	29	社会生活信息化	0.159	22
经济增长方式转变	0.495	20	文化进步	0.540	19
经济结构优化	0.320	10	企业发展绩效	0.044	28
社会进步绩效	0.355	27	产品升级指数	0.058	27
环境改善	0.479	23	设备更新指数	0.030	5

(附录)表 1-22 黑龙江知识产权分项指标指数及排名表

知识产权指数 0.158			综合排名 22		
指标	指数	排名	指标	指数	排名
知识产权产出水平	0.158	16			
人均产出指数	0.078	11	外贸额与 PCT 专利比	0.131	10
专利总量指数	0.036	23	产出效率指数	0.230	13
商标总量指数	0.029	27	人才产出效率	0.252	14
版权总量指数	0.005	19	资本产出效率	0.207	11
集成电路布图设计总量	0.002	23	企业产出指数	0.059	27
农业植物新品种总量指数	0.317	2	企业产出规模	0.015	24
产出质量指数	0.087	16	企业产出质量	0.024	23
专利有效性	0.046	19	企业产出效率	0.139	26
商标有效性	0.046	25	高校和研发机构产出指数	0.337	10
专利金奖指数	0.054	17	高校和研发机构产出规模	0.162	17
"中华老字号"指数	0.178	11	高校和研发机构产出质量	0.269	9
"中国地理标志"指数	0.155	16	高校和研发机构产出效率	0.580	5
集成电路布图设计登记发证	0.001	21			
知识产权流动水平	0.088	18			
技术市场交易指数	0.200	11	专利代理指数	0.031	22
技术市场规模指数	0.045	16	企业技改、引进指数	0.032	25
技术市场开放度指数	0.020	18	技术改造指数	0.047	27
技术外溢度指数	0.536	6	国内引进指数	0.035	22
知识产权服务机构指数	0.031	22	国外引进指数	0.012	22

续表 1－22

知识产权指数 0.158			综合排名 22		
指标	指数	排名	指标	指数	排名
知识产权创造潜力	0.172	19			
创造投入指数	0.124	24	科普指数	0.160	24
人才投入指数	0.073	21	高新技术开发区指数	0.070	20
资本投入指数	0.132	25	知识产权试点示范指数	0.136	19
文化投入指数	0.116	21	知识产权试点示范城市指数	0.071	14
基础设施投入指数	0.175	21	知识产权试点示范单位指数	0.097	12
创造成果指数	0.297	6	专利运营指数	0.125	13
论文指数	0.564	4	文化产业示范指数	0.250	17
高新技术产业科技项目	0.030	20	企业创造潜力指数	0.250	17
创造环境指数	0.185	27	企业科研基础指数	0.075	27
财政支持指数	0.102	24	企业人才投入指数	0.295	12
金融环境指数	0.013	30	企业资本投入指数	0.602	13
营商环境指数	0.512	10	企业新产品开发指数	0.027	23
生态环境指数	0.240	19	知识产权保护指数	0.037	23
教育环境指数	0.239	26	专利行政执法指数	0.067	14
文化环境指数	0.145	25	商标行政执法指数	0.007	28
知识产权综合绩效	0.215	27			
宏观经济绩效	0.167	29	社会发展	0.646	11
经济发展水平	0.135	30	社会生活信息化	0.220	20
经济增长方式转变	0.329	25	文化进步	0.389	26
经济结构优化	0.036	27	企业发展绩效	0.072	25
社会进步绩效	0.407	25	产品升级指数	0.137	23
环境改善	0.371	27	设备更新指数	0.008	20

(附录)表 1－23　山西知识产权分项指标指数及排名表

知识产权指数 0.138			综合排名 23		
指标	指数	排名	指标	指数	排名
知识产权产出水平	0.074	29			
人均产出指数	0.012	30	集成电路布图设计总量	0.003	20
专利总量指数	0.017	27	农业植物新品种总量指数	0.031	28
商标总量指数	0.006	30	产出质量指数	0.048	25
版权总量指数	0.001	26	专利有效性	0.026	25

续表 1-23

知识产权指数 0.138			综合排名 23		
指标	指数	排名	指标	指数	排名
商标有效性	0.018	29	企业产出指数	0.020	31
专利金奖指数	0.000	29	企业产出规模	0.017	22
“中华老字号”指数	0.150	12	企业产出质量	0.028	22
“中国地理标志”指数	0.066	24	企业产出效率	0.015	31
集成电路布图设计登记发证	0.000	23	高校和研发机构产出指数	0.200	19
外贸额与 PCT 专利比	0.076	17	高校和研发机构产出规模	0.062	25
产出效率指数	0.091	29	高校和研发机构产出质量	0.071	21
人才产出效率	0.067	29	高校和研发机构产出效率	0.468	11
资本产出效率	0.115	23			
知识产权流动水平	0.049	26			
技术市场交易指数	0.065	24	专利代理指数	0.024	24
技术市场规模指数	0.029	18	企业技改、引进指数	0.059	22
技术市场开放度指数	0.006	25	技术改造指数	0.112	18
技术外溢度指数	0.158	24	国内引进指数	0.036	21
知识产权服务机构指数	0.024	24	国外引进指数	0.028	19
知识产权创造潜力	0.118	25			
创造投入指数	0.079	28	科普指数	0.130	25
人才投入指数	0.080	20	高新技术开发区指数	0.036	26
资本投入指数	0.129	27	知识产权试点示范指数	0.094	21
文化投入指数	0.030	28	知识产权试点示范城市指数	0.000	23
基础设施投入指数	0.076	26	知识产权试点示范单位指数	0.000	29
创造成果指数	0.080	22	专利运营指数	0.125	13
论文指数	0.141	19	文化产业示范指数	0.250	17
高新技术产业科技项目	0.019	23	企业创造潜力指数	0.184	26
创造环境指数	0.240	22	企业科研基础指数	0.167	24
财政支持指数	0.167	17	企业人才投入指数	0.180	22
金融环境指数	0.067	24	企业资本投入指数	0.358	21
营商环境指数	0.384	27	企业新产品开发指数	0.031	22
生态环境指数	0.437	1	知识产权保护指数	0.032	25
教育环境指数	0.503	14	专利行政执法指数	0.009	26
文化环境指数	0.197	19	商标行政执法指数	0.055	21

续表 1－23

知识产权指数　0.138			综合排名　23		
指标	指数	排名	指标	指数	排名
知识产权综合绩效	0.311	19			
宏观经济绩效	0.329	20	社会发展	0.558	17
经济发展水平	0.349	14	社会生活信息化	0.328	14
经济增长方式转变	0.253	29	文化进步	0.649	8
经济结构优化	0.385	9	企业发展绩效	0.089	22
社会进步绩效	0.515	10	产品升级指数	0.164	20
环境改善	0.527	20	设备更新指数	0.015	13

（附录）表 1－24　云南知识产权分项指标指数及排名表

知识产权指数　0.126			综合排名　24		
指标	指数	排名	指标	指数	排名
知识产权产出水平	0.097	23			
人均产出指数	0.036	22	外贸额与 PCT 专利比	0.053	23
专利总量指数	0.022	26	产出效率指数	0.119	27
商标总量指数	0.033	25	人才产出效率	0.124	25
版权总量指数	0.007	16	资本产出效率	0.114	24
集成电路布图设计总量	0.003	19	企业产出指数	0.088	25
农业植物新品种总量指数	0.114	9	企业产出规模	0.030	21
产出质量指数	0.061	23	企业产出质量	0.035	19
专利有效性	0.022	27	企业产出效率	0.200	19
商标有效性	0.047	23	高校和研发机构产出指数	0.180	23
专利金奖指数	0.041	19	高校和研发机构产出规模	0.083	23
“中华老字号”指数	0.144	15	高校和研发机构产出质量	0.061	22
“中国地理标志”指数	0.118	19	高校和研发机构产出效率	0.397	15
集成电路布图设计登记发证	0.001	22			
知识产权流动水平	0.059	24			
技术市场交易指数	0.078	21	专利代理指数	0.036	20
技术市场规模指数	0.026	21	企业技改、引进指数	0.062	20
技术市场开放度指数	0.009	20	技术改造指数	0.075	23
技术外溢度指数	0.201	20	国内引进指数	0.100	14
知识产权服务机构指数	0.036	20	国外引进指数	0.009	23

续表 1-24

知识产权指数 0.126			综合排名 24		
指标	指数	排名	指标	指数	排名
知识产权创造潜力	0.152	21			
创造投入指数	0.214	18	科普指数	0.579	5
人才投入指数	0.065	22	高新技术开发区指数	0.021	28
资本投入指数	0.177	23	知识产权试点示范指数	0.091	22
文化投入指数	0.294	13	知识产权试点示范城市指数	0.000	23
基础设施投入指数	0.319	15	知识产权试点示范单位指数	0.065	14
创造成果指数	0.072	25	专利运营指数	0.000	18
论文指数	0.121	23	文化产业示范指数	0.300	12
高新技术产业科技项目	0.022	22	企业创造潜力指数	0.236	19
创造环境指数	0.251	20	企业科研基础指数	0.379	10
财政支持指数	0.087	25	企业人才投入指数	0.091	28
金融环境指数	0.018	29	企业资本投入指数	0.437	18
营商环境指数	0.383	28	企业新产品开发指数	0.038	19
生态环境指数	0.331	8	知识产权保护指数	0.048	21
教育环境指数	0.426	20	专利行政执法指数	0.035	23
文化环境指数	0.165	22	商标行政执法指数	0.061	18
知识产权综合绩效	0.198	28			
宏观经济绩效	0.221	25	社会发展	0.113	30
经济发展水平	0.156	28	社会生活信息化	0.069	30
经济增长方式转变	0.399	23	文化进步	0.473	24
经济结构优化	0.109	23	企业发展绩效	0.062	27
社会进步绩效	0.309	30	产品升级指数	0.102	26
环境改善	0.582	13	设备更新指数	0.023	11

(附录)表 1-25 甘肃知识产权分项指标指数及排名表

知识产权指数 0.124			综合排名 25		
指标	指数	排名	指标	指数	排名
知识产权产出水平	0.104	21			
人均产出指数	0.030	24	集成电路布图设计总量	0.000	25
专利总量指数	0.058	19	农业植物新品种总量指数	0.093	14
商标总量指数	0.000	31	产出质量指数	0.085	17
版权总量指数	0.001	27	专利有效性	0.023	26

续表 1-25

知识产权指数　0.124			综合排名　25		
指标	指数	排名	指标	指数	排名
商标有效性	0.000	31	企业产出指数	0.086	26
专利金奖指数	0.014	24	企业产出规模	0.016	23
“中华老字号”指数	0.078	23	企业产出质量	0.013	27
“中国地理标志”指数	0.166	15	企业产出效率	0.229	17
集成电路布图设计登记发证	0.000	23	高校和研发机构产出指数	0.165	24
外贸额与 PCT 专利比	0.311	4	高校和研发机构产出规模	0.067	24
产出效率指数	0.155	20	高校和研发机构产出质量	0.036	24
人才产出效率	0.132	23	高校和研发机构产出效率	0.393	16
资本产出效率	0.179	14			
知识产权流动水平	0.075	21			
技术市场交易指数	0.184	14	专利代理指数	0.010	25
技术市场规模指数	0.086	10	企业技改、引进指数	0.030	26
技术市场开放度指数	0.001	29	技术改造指数	0.080	21
技术外溢度指数	0.465	9	国内引进指数	0.010	26
知识产权服务机构指数	0.010	25	国外引进指数	0.000	28
知识产权创造潜力	0.144	22			
创造投入指数	0.114	26	科普指数	0.323	16
人才投入指数	0.043	27	高新技术开发区指数	0.040	25
资本投入指数	0.235	20	知识产权试点示范指数	0.079	23
文化投入指数	0.103	23	知识产权试点示范城市指数	0.000	23
基础设施投入指数	0.072	27	知识产权试点示范单位指数	0.065	14
创造成果指数	0.191	13	专利运营指数	0.000	18
论文指数	0.375	9	文化产业示范指数	0.250	17
高新技术产业科技项目	0.006	27	企业创造潜力指数	0.197	22
创造环境指数	0.232	23	企业科研基础指数	0.269	17
财政支持指数	0.056	28	企业人才投入指数	0.213	18
金融环境指数	0.123	19	企业资本投入指数	0.295	25
营商环境指数	0.413	25	企业新产品开发指数	0.012	26
生态环境指数	0.267	13	知识产权保护指数	0.053	19
教育环境指数	0.476	15	专利行政执法指数	0.051	20
文化环境指数	0.156	24	商标行政执法指数	0.056	20

续表 1－25

知识产权指数 0.124			综合排名 25		
指标	指数	排名	指标	指数	排名
知识产权综合绩效	0.174	30			
宏观经济绩效	0.183	28	社会发展	0.335	27
经济发展水平	0.162	26	社会生活信息化	0.143	24
经济增长方式转变	0.265	28	文化进步	0.515	20
经济结构优化	0.121	21	企业发展绩效	0.009	30
社会进步绩效	0.331	28	产品升级指数	0.002	30
环境改善	0.332	29	设备更新指数	0.016	12

(附录)表 1－26 宁夏知识产权分项指标指数及排名表

知识产权指数 0.115			综合排名 26		
指标	指数	排名	指标	指数	排名
知识产权产出水平	0.093	25			
人均产出指数	0.037	20	外贸额与 PCT 专利比	0.044	26
专利总量指数	0.067	17	产出效率指数	0.213	15
商标总量指数	0.047	21	人才产出效率	0.245	15
版权总量指数	0.005	20	资本产出效率	0.180	13
集成电路布图设计总量	0.000	25	企业产出指数	0.160	12
农业植物新品种总量指数	0.067	21	企业产出规模	0.009	28
产出质量指数	0.024	30	企业产出质量	0.006	28
专利有效性	0.035	21	企业产出效率	0.466	6
商标有效性	0.053	18	高校和研发机构产出指数	0.031	29
专利金奖指数	0.027	20	高校和研发机构产出规模	0.007	29
“中华老字号”指数	0.011	28	高校和研发机构产出质量	0.005	29
“中国地理标志”指数	0.000	31	高校和研发机构产出效率	0.081	29
集成电路布图设计登记发证	0.000	23			
知识产权流动水平	0.017	28			
技术市场交易指数	0.015	28	专利代理指数	0.007	27
技术市场规模指数	0.007	27	企业技改、引进指数	0.029	27
技术市场开放度指数	0.003	28	技术改造指数	0.068	24
技术外溢度指数	0.036	28	国内引进指数	0.017	23
知识产权服务机构指数	0.007	27	国外引进指数	0.002	27

续表 1－26

知识产权指数　0.115			综合排名　26		
指标	指数	排名	指标	指数	排名
知识产权创造潜力	0.095	28			
创造投入指数	0.112	27	科普指数	0.055	28
人才投入指数	0.058	24	高新技术开发区指数	0.014	29
资本投入指数	0.334	11	知识产权试点示范指数	0.033	30
文化投入指数	0.024	30	知识产权试点示范城市指数	0.000	23
基础设施投入指数	0.033	30	知识产权试点示范单位指数	0.032	23
创造成果指数	0.017	30	专利运营指数	0.000	18
论文指数	0.028	30	文化产业示范指数	0.100	27
高新技术产业科技项目	0.006	28	企业创造潜力指数	0.209	21
创造环境指数	0.196	26	企业科研基础指数	0.338	11
财政支持指数	0.273	13	企业人才投入指数	0.085	29
金融环境指数	0.161	11	企业资本投入指数	0.403	20
营商环境指数	0.494	15	企业新产品开发指数	0.009	28
生态环境指数	0.312	11	知识产权保护指数	0.004	30
教育环境指数	0.208	28	专利行政执法指数	0.005	29
文化环境指数	0.050	29	商标行政执法指数	0.003	30
知识产权综合绩效	0.253	24			
宏观经济绩效	0.231	24	社会发展	0.430	25
经济发展水平	0.337	16	社会生活信息化	0.354	10
经济增长方式转变	0.318	26	文化进步	0.512	21
经济结构优化	0.037	26	企业发展绩效	0.086	23
社会进步绩效	0.442	20	产品升级指数	0.149	21
环境改善	0.471	24	设备更新指数	0.023	10

(附录)表 1－27　　内蒙古知识产权分项指标指数及排名表

知识产权指数　0.110			综合排名　27		
指标	指数	排名	指标	指数	排名
知识产权产出水平	0.044	31			
人均产出指数	0.028	26	集成电路布图设计总量	0.003	22
专利总量指数	0.012	30	农业植物新品种总量指数	0.085	16
商标总量指数	0.041	23	产出质量指数	0.036	26
版权总量指数	0.000	29	专利有效性	0.019	29

续表 1－27

知识产权指数　0.110			综合排名　27		
指标	指数	排名	指标	指数	排名
商标有效性	0.050	22	企业产出指数	0.050	29
专利金奖指数	0.000	29	企业产出规模	0.010	27
“中华老字号”指数	0.039	26	企业产出质量	0.014	26
“中国地理标志”指数	0.077	23	企业产出效率	0.126	27
集成电路布图设计登记发证	0.002	20	高校和研发机构产出指数	0.104	27
外贸额与 PCT 专利比	0.064	20	高校和研发机构产出规模	0.019	27
产出效率指数	0.000	31	高校和研发机构产出质量	0.018	26
人才产出效率	0.000	31	高校和研发机构产出效率	0.274	27
资本产出效率	0.000	31			
知识产权流动水平	0.020	27			
技术市场交易指数	0.020	27	专利代理指数	0.005	28
技术市场规模指数	0.006	28	企业技改、引进指数	0.033	24
技术市场开放度指数	0.004	27	技术改造指数	0.053	26
技术外溢度指数	0.052	27	国内引进指数	0.011	25
知识产权服务机构指数	0.005	28	国外引进指数	0.035	16
知识产权创造潜力	0.114	26			
创造投入指数	0.198	21	科普指数	0.226	21
人才投入指数	0.062	23	高新技术开发区指数	0.035	27
资本投入指数	0.295	13	知识产权试点示范指数	0.054	26
文化投入指数	0.210	16	知识产权试点示范城市指数	0.000	23
基础设施投入指数	0.226	18	知识产权试点示范单位指数	0.065	14
创造成果指数	0.029	29	专利运营指数	0.000	18
论文指数	0.051	29	文化产业示范指数	0.150	25
高新技术产业科技项目	0.007	26	企业创造潜力指数	0.195	23
创造环境指数	0.178	30	企业科研基础指数	0.104	25
财政支持指数	0.048	30	企业人才投入指数	0.212	19
金融环境指数	0.059	26	企业资本投入指数	0.446	17
营商环境指数	0.428	24	企业新产品开发指数	0.020	25
生态环境指数	0.335	6	知识产权保护指数	0.029	26
教育环境指数	0.206	29	专利行政执法指数	0.028	24
文化环境指数	0.088	27	商标行政执法指数	0.030	24

续表 1－27

知识产权指数　0.110			综合排名　27		
指标	指数	排名	指标	指数	排名
知识产权综合绩效	0.265	23			
宏观经济绩效	0.331	19	社会发展	0.518	23
经济发展水平	0.377	11	社会生活信息化	0.354	9
经济增长方式转变	0.522	16	文化进步	0.543	16
经济结构优化	0.093	24	企业发展绩效	0.098	20
社会进步绩效	0.366	26	产品升级指数	0.142	22
环境改善	0.050	30	设备更新指数	0.053	2

(附录)表 1－28　　海南知识产权分项指标指数及排名表

知识产权指数　0.110			综合排名　28		
指标	指数	排名	指标	指数	排名
知识产权产出水平	0.097	22			
人均产出指数	0.037	21	外贸额与 PCT 专利比	0.050	24
专利总量指数	0.016	28	产出效率指数	0.178	18
商标总量指数	0.062	15	人才产出效率	0.156	22
版权总量指数	0.022	8	资本产出效率	0.199	12
集成电路布图设计总量	0.000	25	企业产出指数	0.143	15
农业植物新品种总量指数	0.084	17	企业产出规模	0.002	30
产出质量指数	0.032	28	企业产出质量	0.004	29
专利有效性	0.019	28	企业产出效率	0.424	7
商标有效性	0.086	10	高校和研发机构产出指数	0.097	28
专利金奖指数	0.054	17	高校和研发机构产出规模	0.015	28
“中华老字号”指数	0.006	29	高校和研发机构产出质量	0.005	28
“中国地理标志”指数	0.011	29	高校和研发机构产出效率	0.270	28
集成电路布图设计登记发证	0.000	23			
知识产权流动水平	0.006	30			
技术市场交易指数	0.010	30	专利代理指数	0.003	30
技术市场规模指数	0.003	29	企业技改、引进指数	0.004	30
技术市场开放度指数	0.005	26	技术改造指数	0.005	30
技术外溢度指数	0.021	30	国内引进指数	0.005	27
知识产权服务机构指数	0.003	30	国外引进指数	0.000	28

续表 1-28

知识产权指数 0.110			综合排名 28		
指标	指数	排名	指标	指数	排名
知识产权创造潜力	0.085	29			
创造投入指数	0.055	29	科普指数	0.049	29
人才投入指数	0.026	29	高新技术开发区指数	0.009	30
资本投入指数	0.027	31	知识产权试点示范指数	0.041	29
文化投入指数	0.125	20	知识产权试点示范城市指数	0.000	23
基础设施投入指数	0.043	28	知识产权试点示范单位指数	0.065	14
创造成果指数	0.073	24	专利运营指数	0.000	18
论文指数	0.135	20	文化产业示范指数	0.100	27
高新技术产业科技项目	0.011	25	企业创造潜力指数	0.156	27
创造环境指数	0.180	29	企业科研基础指数	0.281	16
财政支持指数	0.072	27	企业人才投入指数	0.076	30
金融环境指数	0.081	21	企业资本投入指数	0.264	26
营商环境指数	0.553	7	企业新产品开发指数	0.004	29
生态环境指数	0.181	27	知识产权保护指数	0.005	28
教育环境指数	0.421	21	专利行政执法指数	0.006	27
文化环境指数	0.071	28	商标行政执法指数	0.004	29
知识产权综合绩效	0.252	25			
宏观经济绩效	0.212	26	社会发展	0.673	9
经济发展水平	0.120	31	社会生活信息化	0.328	13
经济增长方式转变	0.505	19	文化进步	0.368	28
经济结构优化	0.012	29	企业发展绩效	0.065	26
社会进步绩效	0.479	11	产品升级指数	0.114	25
环境改善	0.547	17	设备更新指数	0.015	15

(附录)表 1-29 西藏知识产权分项指标指数及排名表

知识产权指数 0.098			综合排名 29		
指标	指数	排名	指标	指数	排名
知识产权产出水平	0.076	28			
人均产出指数	0.022	28	集成电路布图设计总量	0.010	14
专利总量指数	0.001	31	农业植物新品种总量指数	0.000	30
商标总量指数	0.100	9	产出质量指数	0.017	31
版权总量指数	0.000	31	专利有效性	0.001	31

续表 1－29

知识产权指数 0.098			综合排名 29		
指标	指数	排名	指标	指数	排名
商标有效性	0.035	27	企业产出指数	0.110	20
专利金奖指数	0.000	29	企业产出规模	0.000	31
"中华老字号"指数	0.000	31	企业产出质量	0.000	31
"中国地理标志"指数	0.085	21	企业产出效率	0.331	13
集成电路布图设计登记发证	0.000	23	高校和研发机构产出指数	0.000	31
外贸额与 PCT 专利比	0.000	31	高校和研发机构产出规模	0.000	31
产出效率指数	0.231	12	高校和研发机构产出质量	0.000	31
人才产出效率	0.162	21	高校和研发机构产出效率	0.000	31
资本产出效率	0.300	6			
知识产权流动水平	0.000	31			
技术市场交易指数	0.000	31	专利代理指数	0.000	31
技术市场规模指数	0.000	31	企业技改、引进指数	0.000	31
技术市场开放度指数	0.000	30	技术改造指数	0.000	31
技术外溢度指数	0.000	31	国内引进指数	0.000	31
知识产权服务机构指数	0.000	31	国外引进指数	0.000	28
知识产权创造潜力	0.037	31			
创造投入指数	0.016	31	科普指数	0.001	31
人才投入指数	0.000	31	高新技术开发区指数	0.063	23
资本投入指数	0.065	30	知识产权试点示范指数	0.000	31
文化投入指数	0.000	31	知识产权试点示范城市指数	0.000	23
基础设施投入指数	0.000	31	知识产权试点示范单位指数	0.000	29
创造成果指数	0.000	31	专利运营指数	0.000	18
论文指数	0.000	31	文化产业示范指数	0.000	31
高新技术产业科技项目	0.000	31	企业创造潜力指数	0.024	31
创造环境指数	0.180	28	企业科研基础指数	0.067	28
财政支持指数	0.000	31	企业人才投入指数	0.030	31
金融环境指数	0.572	3	企业资本投入指数	0.000	31
营商环境指数	0.289	31	企业新产品开发指数	0.000	31
生态环境指数	0.387	4	知识产权保护指数	0.000	31
教育环境指数	0.109	30	专利行政执法指数	0.000	31
文化环境指数	0.019	30	商标行政执法指数	0.001	31

续表 1 - 29

知识产权指数 0.098			综合排名 29		
指标	指数	排名	指标	指数	排名
知识产权综合绩效	0.278	21			
宏观经济绩效	0.133	30	社会发展	0.000	31
经济发展水平	0.227	24	社会生活信息化	0.140	26
经济增长方式转变	0.171	30	文化进步	0.000	31
经济结构优化	0.002	31	企业发展绩效	0.506	1
社会进步绩效	0.194	31	产品升级指数	0.012	29
环境改善	0.635	7	设备更新指数	1.000	1

(附录)表 1 - 30　　新疆知识产权分项指标指数及排名表

知识产权指数 0.094			综合排名 30		
指标	指数	排名	指标	指数	排名
知识产权产出水平	0.086	26			
人均产出指数	0.017	29	外贸额与 PCT 专利比	0.011	30
专利总量指数	0.023	25	产出效率指数	0.134	23
商标总量指数	0.033	26	人才产出效率	0.126	24
版权总量指数	0.001	25	资本产出效率	0.142	18
集成电路布图设计总量	0.000	25	企业产出指数	0.129	18
农业植物新品种总量指数	0.028	29	企业产出规模	0.010	26
产出质量指数	0.030	29	企业产出质量	0.016	25
专利有效性	0.028	23	企业产出效率	0.360	11
商标有效性	0.061	14	高校和研发机构产出指数	0.118	26
专利金奖指数	0.014	24	高校和研发机构产出规模	0.031	26
“中华老字号”指数	0.017	27	高校和研发机构产出质量	0.018	27
“中国地理标志”指数	0.081	22	高校和研发机构产出效率	0.305	25
集成电路布图设计登记发证	0.002	19			
知识产权流动水平	0.011	29			
技术市场交易指数	0.011	29	专利代理指数	0.010	25
技术市场规模指数	0.002	30	企业技改、引进指数	0.012	28
技术市场开放度指数	0.007	24	技术改造指数	0.028	28
技术外溢度指数	0.024	29	国内引进指数	0.003	28
知识产权服务机构指数	0.010	25	国外引进指数	0.005	25

续表 1-30

知识产权指数　0.094			综合排名　30		
指标	指数	排名	指标	指数	排名
知识产权创造潜力	0.105	27			
创造投入指数	0.121	25	科普指数	0.221	22
人才投入指数	0.025	30	高新技术开发区指数	0.041	24
资本投入指数	0.129	26	知识产权试点示范指数	0.051	28
文化投入指数	0.139	18	知识产权试点示范城市指数	0.071	14
基础设施投入指数	0.190	20	知识产权试点示范单位指数	0.032	23
创造成果指数	0.082	21	专利运营指数	0.000	18
论文指数	0.159	18	文化产业示范指数	0.100	27
高新技术产业科技项目	0.005	29	企业创造潜力指数	0.135	28
创造环境指数	0.204	24	企业科研基础指数	0.036	30
财政支持指数	0.084	26	企业人才投入指数	0.259	15
金融环境指数	0.155	12	企业资本投入指数	0.234	27
营商环境指数	0.292	30	企业新产品开发指数	0.012	27
生态环境指数	0.374	5	知识产权保护指数	0.036	24
教育环境指数	0.306	25	专利行政执法指数	0.058	17
文化环境指数	0.156	23	商标行政执法指数	0.014	26
知识产权综合绩效	0.173	31			
宏观经济绩效	0.101	31	社会发展	0.345	26
经济发展水平	0.203	25	社会生活信息化	0.287	19
经济增长方式转变	0.080	31	文化进步	0.376	27
经济结构优化	0.021	28	企业发展绩效	0.005	31
社会进步绩效	0.413	24	产品升级指数	0.000	31
环境改善	0.645	3	设备更新指数	0.009	19

(附录)表 1-31　　青海知识产权分项指标指数及排名表

知识产权指数　0.090			综合排名　31		
指标	指数	排名	指标	指数	排名
知识产权产出水平	0.065	30			
人均产出指数	0.011	31	集成电路布图设计总量	0.000	25
专利总量指数	0.016	29	农业植物新品种总量指数	0.000	30
商标总量指数	0.037	24	产出质量指数	0.033	27
版权总量指数	0.000	30	专利有效性	0.016	30

续表 1－31

知识产权指数 0.090			综合排名 31		
指标	指数	排名	指标	指数	排名
商标有效性	0.036	26	企业产出指数	0.132	17
专利金奖指数	0.014	24	企业产出规模	0.002	29
“中华老字号”指数	0.006	29	企业产出质量	0.002	30
“中国地理标志”指数	0.026	25	企业产出效率	0.392	10
集成电路布图设计登记发证	0.000	23	高校和研发机构产出指数	0.023	30
外贸额与 PCT 专利比	0.136	8	高校和研发机构产出规模	0.002	30
产出效率指数	0.124	25	高校和研发机构产出质量	0.001	30
人才产出效率	0.120	26	高校和研发机构产出效率	0.066	30
资本产出效率	0.128	21			
知识产权流动水平	0.054	25			
技术市场交易指数	0.152	18	专利代理指数	0.005	28
技术市场规模指数	0.088	9	企业技改、引进指数	0.004	29
技术市场开放度指数	0.000	30	技术改造指数	0.012	29
技术外溢度指数	0.367	12	国内引进指数	0.001	30
知识产权服务机构指数	0.005	28	国外引进指数	0.000	28
知识产权创造潜力	0.067	30			
创造投入指数	0.052	30	科普指数	0.025	30
人才投入指数	0.029	28	高新技术开发区指数	0.003	31
资本投入指数	0.111	28	知识产权试点示范指数	0.063	24
文化投入指数	0.032	27	知识产权试点示范城市指数	0.000	23
基础设施投入指数	0.036	29	知识产权试点示范单位指数	0.000	29
创造成果指数	0.030	28	专利运营指数	0.000	18
论文指数	0.060	27	文化产业示范指数	0.250	17
高新技术产业科技项目	0.001	30	企业创造潜力指数	0.107	29
创造环境指数	0.149	31	企业科研基础指数	0.091	26
财政支持指数	0.055	29	企业人才投入指数	0.127	27
金融环境指数	0.337	5	企业资本投入指数	0.206	28
营商环境指数	0.473	18	企业新产品开发指数	0.003	30
生态环境指数	0.238	20	知识产权保护指数	0.005	29
教育环境指数	0.052	31	专利行政执法指数	0.001	30
文化环境指数	0.007	31	商标行政执法指数	0.008	27

续表 1-31

知识产权指数　0.090			综合排名　31		
指标	指数	排名	指标	指数	排名
知识产权综合绩效	0.176	29			
宏观经济绩效	0.199	27	社会发展	0.148	29
经济发展水平	0.275	22	社会生活信息化	0.332	12
经济增长方式转变	0.312	27	文化进步	0.347	29
经济结构优化	0.012	30	企业发展绩效	0.018	29
社会进步绩效	0.310	29	产品升级指数	0.032	28
环境改善	0.411	25	设备更新指数	0.004	23

附录二　指标体系的构建

一、指标体系建立原则

1. 从少从简，有的放矢

指标选取并非多多益善，关键在于评价的目的性与指标的重要性，即指标对于指数的影响程度大小。在选取知识产权指标时，我们尽量选择那些影响大、较为重要的指标，遵循少而精的原则。

2. 具代表性，存差异性

毋庸置疑，指标应具有代表性，能很好地反映研究对象某方面的特性。同时，指标也应该有明显的差异性，同质的指标没有意义，会对指数最终的赋权产生一定的影响。

3. 数据可得，资料客观

知识产权综合实力指数2019在构建时，遵循之前的惯例，全部选取客观指标，从《中国统计年鉴》、《中国科技统计年鉴》、《专利年报》、《专利统计年鉴》等资料中获得客观数据。

二、指标体系的构成

中国区域知识产权指数报告2019指标体系由四个二级指标构成，即：知识产权产出水平、知识产权流动水平、知识产权综合绩效与知识产权创造潜力。二级指标又由若干个三级指标解释，详见附录四。

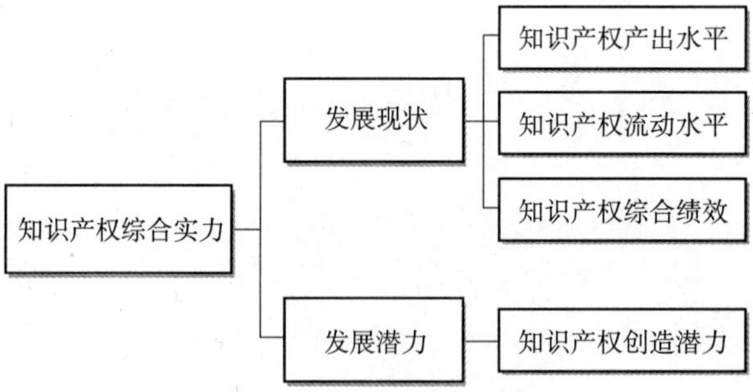

（附录）图2－1　指标设计思路图

附录三　数据处理

1. 样本选取

本文选取的样本是中国内地 31 个省、市、自治区，以省为单位进行区域知识产权综合实力的比较，是因为我国的省级行政区实在政治、经济、人文、地理等多种因素作用下，经过长期历史演变而形成的具有特色的地区单元，省级政府既是国家宏观经济政策的承受着优势发展省级经济的责任者，并且目前我国的知识产权管理机构设置在省一级较为完备。由于历史原因，中国台湾、中国香港、中国澳门等地区的统计数据与中国内地各省份的数据具有不用程度的差异，因此不在本报告研究范围之内。

2. 数据搜集

为保障数据的科学、准确，本报告采用的基础数据全部来源于公开出版的年鉴或者相关部门公布的权威指标数据，具体如下：《中国统计年鉴 2018》、《中国知识产权统计年报 2017》、《专利统计年报 2017》、《中国科技统计年鉴 2018》、2017 年各省市统计公报、中华老字号评选委员会、中国商标网、中国人民银行网站、国家知识产权局网站。数据年份为 2017 年。

3. 数据标准化

数据标准化主要是指数据无量纲化处理。

由于各项指标数据的量纲不同，因此，要对这些指标进行综合集成，所有指标数据都必须进行无量纲化处理。对于客观指标原始数据无量纲处理，本书主要采取阈值法对数据进行无量纲化处理。

阈值法的计算公式为：$X_i = \frac{(x_i - x_{min})}{(x_{max} - x_{min})}$，$X_i$ 为转换后的值，x_{max} 为最大样本值，x_{min} 为最小样本值，x_i 为原始值。

逆向指标的计算公式为：$X_i = \frac{x_{max} - x_i}{x_{max} - x_{min}}$，$X_i$ 为转换后的值，x_{max} 为最大样本值，x_{min} 为最小样本值 x_i 为原始值。

附录四　综合评价指数的计算

本报告结合国内外通用规则以及报告的具体目标，拟采用综合评价指数法对我国区域知识产权综合实力进行评价。综合指数法分为线性加权模型、乘法评价模型、加乘混合评价模型等几种形式。本报告的指标体系各指标的重要程度较大，指标值的差异不大，而且各个指标间基本相互独立，各指标只影响综合评价值而指标之间不相互影响，因此采用线性加权模型进行计算。

各指标度量了区域知识产权综合实力的不同层面，其重要程度难以精确区分，因此在确定权重时各类指标按照不同层级取相等权重。各指标的具体权重见附录表 4－1。

（附录）表 4－1　　知识产权指数指标权重

一级	二级	三级	四级	权重
知识产权产出水平	人均产出指数	专利总量指数	百万人口年度国内发明专利申请量	1/400
			百万人口年度国内实用新型专利申请量	1/400
			百万人口年度国内外观设计专利申请量	1/400
			百万人口年度 PCT 专利申请量	1/400
		商标总量指数	百万人口年度商标申请量	1/100
		版权总量指数	百万人口年度版权合同登记量	1/200
			百万人口年度作品自愿登记量	1/200
		集成电路布图设计总量指数	百万人口年度集成电路布图设计登记申请量	1/100
		农业植物新品种总量指数	百万人口年度农业植物新品种申请量	1/100
	产出质量指数	专利有效性指数	百万人口国内发明专利有效量	1/420
			百万人口国内实用新型专利有效量	1/420
			百万人口国内外观设计专利有效量	1/420
		商标有效性指数	百万人口有效商标量	1/140
		专利金奖指数	专利金奖拥有量	1/140
		“中华老字号”指数	“中华老字号”拥有量（三批，共 1000 多家）	1/140
		“中国地理标志”指数	“中国地理标志”拥有量	1/140
		集成电路布图设计登记发证指数	百万人口年度集成电路布图设计登记发证量	1/140
		外贸额与 PCT 专利比指数	每十亿美元对外贸易出口额 PCT 专利申请量（件/十亿美元）	1/140
	产出效率指数	人才产出效率指数	万名 R&D 活动人员年度职务发明专利申请量	1/40
		资本产出效率指数	亿元 R&D 经费内部支出年度发明专利申请量	1/40

续（附录）表 4-1

一级	二级	三级	四级	权重
知识产权产出水平	企业产出指数	企业产出规模指数	年度企业职务发明专利受理量	1/180
			年度企业职务实用新型专利受理量	1/180
			年度企业职务外观设计专利受理量	1/180
		企业产出质量指数	企业职务发明专利有效量	1/180
			企业职务实用新型专利有效量	1/180
			企业职务外观设计专利有效量	1/180
		企业产出效率指数	规模以上工业企业万名 R&D 人员年度发明专利申请量	1/120
			规模以上工业企业亿元 R&D 经费内部支出年度发明专利申请量	1/120
	高校和研发机构产出指数	高校和研发机构产出规模指数	各地区高校和研发机构专利年度申请量	1/60
		高校和研发机构产出质量指数	各地区高校和研发机构有效发明专利量	1/60
		高校和研发机构产出效率指数	高校和研发机构万名 R&D 人员专利年度申请量	1/120
			高校和研发机构亿元 R&D 经费内部支出专利年度申请量	1/120
知识产权流动水平	技术市场交易指数	技术市场规模指数	技术市场成交合同金额	1/72
			技术市场成交合同金额与 GDP 比例	1/72
		技术市场开放度指数	国外引进合同数	1/72
			国外引进合同金额	1/72
		技术外溢度指数	技术市场成交合同数与技术流向地域合同数比值	1/36
	知识产权服务机构指数	专利代理指数	专利代理机构数量	1/12
	企业技改、引进指数	技术改造指数	规模以上工业企业技术改造经费支出	1/36
		国内引进指数	规模以上工业企业购买国内技术经费支出	1/36
		国外引进指数	规模以上工业企业技术引进、消化吸收经费支出	1/36
知识产权综合绩效指数	宏观经济绩效	经济发展水平指数	非农经济比重	1/108
			人均 GDP	1/108
			城镇居民人均可支配收入	1/108
		经济增长方式转变指数	工业劳动生产率	1/72
			综合能耗产出率	1/72
		经济结构优化指数	高技术产业投资额	1/72
			高技术产品出口额占商品出口额比重	1/72

续（附录）表 4-1

一级	二级	三级	四级	权重
知识产权综合绩效	社会进步绩效指数	环境改善指数	单位 GDP 电耗下降率	1/96
			单位 GDP 二氧化硫排放下降率	1/96
		社会发展指数	人口平均预期寿命	1/48
		社会生活信息化指数	互联网普及率	1/96
			移动电话普及率	1/96
		文化进步指数	各地区城镇居民家庭每人全年消费支出中文化领域占比	1/48
	企业发展绩效指数	产品升级指数	规模以上工业企业新产品销售收入占主营业务收入比重	1/24
		设备更新指数	规模以上工业企业 R&D 仪器和设备更新情况	1/24
知识产权创造潜力	创造投入指数	人才投入指数	R&D 人员全时当量总计	1/192
			万人口 R&D 活动人员数	1/192
		资本投入指数	R&D 经费支出占 GDP 比重	1/288
			人均 R&D 经费内部支出	1/288
			每名 R&D 活动人员新增仪器设备费	1/288
		文化投入指数	文化产业固定资产投入	1/96
		基础设施投入指数	全社会固定资产投资	1/96
	创造成果指数	论文指数	万名 R&D 活动人员科技论文数	1/96
			国外主要检索工具收录我国科技论文数	1/96
		高新技术产业科技项目指数	高新技术产业新产品开发项目数	1/48
	创造环境指数	财政支持指数	地方政府科技支出占比	1/192
		金融环境指数	人均社会融资规模增量	1/192
		营商环境指数	外商投资总额占 GDP 比重	1/384
			宏观税负	1/384
		生态环境指数	建成区绿化覆盖率	1/576
			人均水资源量	1/576
			地均二氧化碳排放量	1/576
		教育环境指数	地方政府财政支出中教育支出比重	1/384
			每十万人口高等学校在校生数	1/384
		文化环境指数	文化产业法人单位数	1/1152
			文化产业从业人员数	1/1152
			图书出版量	1/1152
			录像、录音、电子出版物出版数量	1/1152

续（附录）表 4－1

一级	二级	三级	四级	权重
知识产权创造潜力	创造环境指数	文化环境指数	出版发行机构数量	1/1152
			有线广播电视入户率	1/1152
		高新技术开发区指数	高新技术开发区从业人员数	1/384
			高新技术开发区技术性收入	1/384
		科普指数	科普专职人员数量	1/384
			科普年度筹集经费	1/384
	知识产权试点示范指数	知识产权试点示范城市指数	国家知识产权试点示范城市数	1/96
		知识产权试点示范单位指数	企事业知识产权试点单位数	1/96
		专利运营指数	国家专利运营试点企业数	1/96
		文化产业示范指数	国家文化产业示范基地数	1/96
	企业创造潜力指数	企业科研基础指数	规模以上工业企业中有科技机构的企业占全部企业比重	1/192
			规模以上工业企业中有 R&D 活动的企业占全部企业比重	1/192
		企业人才投入指数	规模以上工业企业 R&D 人员数量	1/192
			规模以上工业企业研发机构硕士以上学历人员比重	1/192
		企业资本投入指数	规模以上工业企业 R&D 经费占主营业务收入比重	1/96
		企业新产品开发指数	规模以上工业企业开发新产品经费	1/192
			规模以上工业企业新产品开发项目数	1/192
	知识产权保护指数	专利行政执法指数	专利侵权和其他纠纷结案量	1/96
			查处专利假冒案件结案量	1/96
		商标行政执法指数	查处商标违法案件总数	1/96
			查处商标违法案件案值	1/96

北京知识产权诉讼报告 2019

统计说明

1. 为统计的准确和一致，主要采集生效判决；

2. 采集判决总数共计 1125 份，其中侵害著作权案件判决书 300 份（2016 年、2017 年、2018 年各 100 件）；侵害商标权案件判决书 463 份（一审 260 件、二审 203 件）；侵害专利权案件判决书 362 份（一审 171 件、二审 191 件）。因法院通过网站上传判决书具有随机性，故基于随机选取的上述判决书内容而采集的数据不一定综合或平均反映各类案件的情况；

3. 数据计算仅保留个位；金额均为人民币，单位均为元；

4. 因研究项目采集量较大，据以统计的部分判决数摘录可能存在误差。尽管研究过程中已采取有效手段控制，囿于研究水平限制，谬误难免存在。敬请阅览指正。

判决书来源：北京法院审判信息网 http：//www. bjcourt. gov. cn/cpws/index. htm；首都律师　北大法宝 bjlx. pkulaw. cn/case/bjlx；知产宝 www. iphouse. cn。

侵害商标权案件判决书分析报告

研究采集 2016 年、2017 年、2018 年共计 463 份判决书，其中，一审判决书 260 份，二审判决书 203 份。为便于比较分析，本报告仅分析一审判决中的主要信息，对二审判决仅分析判决结果。

一、审理法院分布

海淀区	朝阳区	石景山区	东城区	西城区	丰台区	昌平区	北京市第一中级人民法院	北京知识产权法院
30	59	30	57	38	42	2	1	1
11.5%	22.7%	11.5%	21.9%	14.6%	16.2%	0.8%	0.4%	0.4%

分析：

1. 根据 2016 年 1 月 1 日起施行的《北京市高级人民法院关于北京市基层人民法院知识产权民事案件管辖调整的规定》，自 2016 年 1 月 1 日可以审理侵害商标权案件的北京市基层法院有：

	管辖法院	管辖区域
北京知识产权法院	海淀区人民法院	海淀区
	石景山区人民法院	石景山区、门头沟区、昌平区、延庆区
	朝阳区人民法院	朝阳区
	东城区人民法院	东城区、通州区、顺义区、怀柔区、平谷区、密云区
	西城区人民法院	西城区、大兴区
	丰台区人民法院	丰台区、房山区

2. 管辖范围根据 2017 年 11 月 2 日发布的《北京市高级人民法院关于调整本市法院知识产权民事案件管辖的规定》调整为：基层人民法院管辖诉讼标的额在 1 亿元以下且当事人住所地均在本市的，以及诉讼标的额在 5000 万元以下且当事人一方住所地不在本市或者涉外、涉港澳台的著作权、商标、技术合同、不正当竞争、特许经营合同等第一审知识产权民事案件。

资料来源：北京法院网 http：//bjgy. chinacourt. org/article/detail/2015/12/id/1770294. shtml。

二、案件类型（案由）

侵害商标专用权案件的案由主要有两类，即侵害商标权纠纷和侵害商标专用权及不正当竞争纠纷；研究采集的一审判决书中，侵害商标权纠纷案件为 212 件，占比 81.5%；侵害商标专用权及不正当竞争纠纷案件为 48 件，占比 18.5%。

	侵害商标权纠纷	侵害商标专用权及不正当竞争纠纷
数量(件)	212	48
占比	81.5%	18.5%

三、当事人涉外案件的情况

	原告	被告
涉外(件)	22	4
非涉外(件)	238	256

研究选取的 260 份一审判决书中，原告涉外的案件共有 22 件，被告涉外案件有 4 件。

这一统计结论表明，当事人涉外的侵害商标权案件中，中国当事人一般充当被告，说明我国市场主体对知识产权品牌意识尚不重视，傍名牌、搭便车的现象仍大量存在。侵害外国企业商标权是中国目前的市场问题，探究原因，大致有以下几点：高额利润诱惑；现行政策法规尚不完善，执法力度有待加强；消费者看重品牌价值，忽略产品质量本身。

四、原告聘请律师的情况

	聘请律师	未聘请
数量(件)	244	16

研究选取的 260 份一审判决书中，原告聘请律师参与诉讼的案件共有 244 件，未聘请律师参与诉讼的案件共有 16 件，占比分别为 93.8% 和 6.2%。

五、涉及驰名商标的情况

	涉及驰名商标	未涉及驰名商标
数量(件)	59	201

研究选取的 260 份一审判决书中，涉及驰名商标的共有 59 件，占比约为 22.7%。

涉及驰名商标的 59 件案件中，其中有 58 件案件法院均判定被告实施了侵权行为，应承担原告的经济损失。

商标是否驰名对被告是否实施侵权行为的认定有一定影响。择取典型判决书中的一段：（2017）京 0107 民初 17809 号：

"考虑到注册商标的知名度，且被告不能证明该企业名称使用方式符合商业惯例。"

在确定赔偿数额中也会考虑其商标的驰名度，"本院依法适用法定赔偿方式确定损害赔偿数额，本院酌情考虑的因素包括：原告注册商标的知名度和声誉。注册商标经过原告及相关公司的持续使用和宣传，相关商品多次获奖，且于 2013 年被商标局认定为驰名商标，商标的知名度较高。"

六、原告的诉讼请求与法院判决的情况

侵犯商标权案件中，原告的诉讼请求主要有三种——停止侵权、消除影响及赔偿损失。就此三种诉讼请求分析如下：

（一）停止侵权

	法院支持	法院未支持
数量(件)	204	37

侵权诉讼中，原告请求法院停止侵权是最主要的诉讼请求。法院确定被告实施了侵权行为后，一般都会支持停止侵权的诉讼请求。

研究选取的 260 份一审判决书中，原告请求停止侵权的案件共有 241 件，法院判决停止侵权的案件有 204 件，占比约为 84.6%。

法院确认被告有侵权行为的，有时却不会判决停止侵权，主要原因为侵权行为已经停止，或被告并非直接销售商。择取判决书中的典型论述分析：

1. （2017）京 0108 民初 46866 号判决书："被告网站 www.ecmoban.com 中涉及'美丽说'的模板均已下架，故对于原告要求停止侵权一项，本院不再另行支持。"

2. （2015）朝民（知）初字第 47620 号判决书认为："先锋时代公司不是涉案侵权产品的直接销售者，故对雷柏科技公司要求其停止销售的诉讼请求，本院不予支持。"

（二）消除影响

	法院支持	法院未支持
数量(件)	33	47

研究选取的 260 份一审判决书中，原告请求消除影响的案件有 80 件，法院判决消除影响的案件有 33 件，占比约为 41.3%。

当被告对原告注册商标的商誉带来负面影响时，法院会支持消除影响的诉讼请求。择取判决书中的典型论述分析：

（2018）京 0108 民初 19830 号判决书："鉴于本案中六间房公司的侵权主观恶意明显，且侵权持续时间较长，侵权情节恶劣，足以导致大量相关公众产生混淆或误认，给二原告造成了不良影响，故对二原告有关消除影响的诉讼请求，本院予以支持。至于发布消除影响声明的位置及期间，本院将综合考虑被诉侵权行为实施的范围及造成的影响等因素酌情予以确定。"

（三）赔偿损失

法院判赔总额(元)	43124299.65
原告索赔总额(元)	161033042.0
判赔比	26.8%

研究选取的228份一审判决书中，原告索赔总额为161033042.0元，法院判赔总额为43124299.65元，判赔比为26.8%。

按照2014年5月1日起实施的新《中华人民共和国商标法》（以下简称《商标法》）第六十三条规定，侵害商标专用权的赔偿数额的确定方式有四种，即按照权利人因被侵权所受到的实际损失、侵权人因侵权所获得的利益、商标许可使用费的倍数及法定赔偿（300万元以下）。

其中，法定赔偿的范围由原来的50万元增加到了300万元，并且新增了参照商标许可使用费的倍数确定的方式。研究选取的260份一审判决书中，原告索赔超过50万元的案件有77件，但是判决赔偿数额超过50万元的案件有23件。

关于合理费用的判决，根据《最高人民法院关于审理商标民事纠纷案件适用法律若干问题的解释》第十七条的规定，合理费用涉及对侵权行为进行调查、取证的合理费用及律师费等费用。

除上述三类主要的诉讼请求外，也有部分原告会提出赔礼道歉的诉讼请求，但法院基本不会支持这一诉讼请求。理由是，赔礼道歉的民事责任主要适用侵犯人身权的场合，而商标权是一种财产性质的权利，不应适用赔礼道歉的民事责任。

权利人提出此种诉讼请求是为了恢复因侵权行为造成相关公众对其商标的不当影响，应当提出消除影响的诉讼请求而不是赔礼道歉。因此在商标侵权案件中，即使侵权成立也不应判令被控侵权人承担赔礼道歉的民事责任。

择取判决书中的典型论述分析：

（2018）京0106民初7898号判决书："赔礼道歉不属于商标侵权的责任承担方式，故关于绿色食品中心要求赔礼道歉的诉讼请求，本院不予支持。"

（四）法院驳回诉讼请求情况

研究选取的260份一审判决书中，共有26份判决书驳回了原告的诉讼请求，占比约为10.0%。

1. 商标不相同或不近似。

（2015）朝民（知）初字第39929号判决书：与内蒙古小牛公司的商标相比，虽然都包含了"小牛"字样，但除"小牛"字样之外，还包含了其他汉字、图形及字母的组合，二者在构图、颜色、各要素组合后的整体结构上并不近似。

2. 在先使用并有一定影响。

《商标法》第五十九条第三款规定："商标注册人申请商标注册前，他人已经在同一种商品或者类似商品上先于商标注册人使用与注册商标相同或者近似并有一定影响的商标的，注册商标专用权人无权禁止该使用人在原使用范围内继续使用该商标，但可以要求其附加适当区别标识。”

（2017）京 0102 民初 20277 号判决书：但根据食全食美公司、被告禾煜公司提供的现有证据确定，禾煜公司在涉案商品上使用未注册商标标识“食全食美”的起始时间早于原告引证商标核准注册的日期，且其在网络店铺公开销售、有买家评价等事实证明其在先使用已经具有一定影响；在原告涉案引证商标核准注册后，禾煜公司所销售的涉案商品包装上同时附加有第 6114275 号“禾煜”文字及图注册商标作为适当区别标志，不致造成相关公众的混淆误认，符合《商标法》第五十九条第三款的规定。

3. 已无侵权行为。

（2015）海民（知）初字第 27438 号判决书：但被告与翰林公司之间系租赁场地关系，而原告的商标注册时间晚于翰林公司与被告签约时间，且使用范围有限，被告表示并不知道该使用行为构成侵权，且原告并无证据证实其曾向被告提出上述翰林公司使用的行为侵权并要求被告给予干预。因此，即使翰林公司的行为构成侵权，被告对此并无过错，现翰林公司已经不在该处经营，新的经营者不再使用“翰林”商标，故原告要求被告停止侵权的诉讼请求已经无履行对象，无需再行判令支持。

4. 非商标性使用。

（2017）京 0105 民初 3238 号判决书：结合上述事实，森瑞科仪公司是将“RMLD－IS”作为所售商品的名称来使用，而非作为商品商标来使用。上述使用方式，并不起到区分商品来源的作用，森瑞科仪公司在同时明确标注所销售的商品品牌为“美国汉斯”的情况下，并不侵犯安耐捷公司对“RMLD”及“RMLD－IS”注册商标的专用权。

七、二审判决结果

	维持	改判
数量（件）	172	31
占比	84.7%	15.3%

研究选取的 203 份二审判决书中，二审法院维持一审判决的为 172 件，占 84.7%，改判的为 31 件，占 115.3%。

《中华人民共和国民事诉讼法》第 170 条规定，对上诉案件改判的情形有如下两种，分别是：

1. 原判决认定事实错误或适用法律错误：

（2018）京 73 民终 1001 号判决书：综上，本院认为，禹容公司对“大姨妈”字样的使用并非描述性的合理使用，一审判决对此认定有误，本院予以纠正。

（2018）京 73 民终 545 号判决书：综上，一审判决认定事实基本清楚，但适用法律存在犯错误，本院对此予以纠正。

2. 原判决认定基本事实不清：

（2018）京 73 民终 7 号判决书：一审法院仅凭销售发票便认定梦迪安娜经营部是涉案皮带的销售主体错误，本院予以纠正。综上，一审判决认定事实部分不清，应当予以撤销。

附判决书案号：

一审：

（2017）京0107民初17809号
（2018）京0108民初36532号
（2018）京0105民初72541号
（2017）京0102民初27842号
（2018）京0106民初29646号
（2017）京0105民初75597号
（2018）京0106民初3442号
（2018）京0102民初2086号
（2018）京0108民初33376号
（2018）京0108民初33380号
（2018）京0102民初477号
（2018）京0102民初1913号
（2018）京0102民初1916号
（2018）京0105民初13177号
（2018）京0107民初14209号
（2018）京0102民初1907号
（2018）京0102民初44655号
（2018）京0108民初44301号
（2018）京0101民初12730号
（2018）京0105民初27534号
（2018）京0102民初30615号
（2018）京0107民初26102号
（2016）京0108民初33404号
（2018）京0107民初27155号
（2018）京0102民初7643号
（2018）京0102民初14246号
（2017）京0101民初11328号
（2017）京0107民初12516号
（2017）京0101民初12777号
（2017）京0107民初17942号
（2017）京0101民初9003号
（2017）京0101民初14578号
（2017）京0101民初8515号
（2016）京0108民初5788号
（2016）京0108民初5792号
（2016）京0101民初15905号
（2017）京0101民初4272号
（2016）京0106民初17586号
（2016）京0105民初33941号
（2017）京0107民初13905号
（2017）京0101民初10801号
（2017）京0106民初13818号
（2017）京0107民初13824号
（2017）京0101民初4023号
（2017）京0107民初10914号
（2017）京0106民初18655号
（2016）京0101民初19417号
（2016）京0105民初52487号
（2016）京0106民初17586号
（2017）京0105民初47104号
（2016）京0102民初19189号
（2017）京0105民初47106号

（2018）京 0107 民初 26101 号
（2017）京 0108 民初 12066 号
（2018）京 0102 民初 44302 号
（2018）京 0102 民初 44298 号
（2018）京 0101 民初 11394 号
（2018）京 0107 民初 27154 号
（2018）京 0101 民初 14948 号
（2018）京 0101 民初 14952 号
（2018）京 0106 民初 7898 号
（2018）京 0101 民初 14926 号
（2017）京 0106 民初 24029 号
（2018）京 0108 民初 33379 号
（2018）京 0101 民初 3846 号
（2018）京 0101 民初 3616 号
（2017）京 0101 民初 13978 号
（2018）京 0108 民初 13255 号
（2018）京 0108 民初 19830 号
（2018）京 0107 民初 25311 号
（2017）京 0108 民初 46866 号
（2018）京 0108 民初 27010 号
（2018）京 0101 民初 14805 号
（2018）京 0102 民初 17484 号
（2017）京 0105 民初 47105 号
（2016）京 0108 民初 3518 号
（2016）京 0108 民初 29360 号
（2016）京 0108 民初 18738 号
（2017）京 0101 民初 13687 号
（2017）京 0101 民初 12796 号
（2016）京 0105 民初 33941 号
（2017）京 0107 民初 14607 号
（2017）京 0107 民初 13905 号
（2017）京 0101 民初 10801 号
（2016）京 0106 民初 26214 号
（2017）京 0101 民初 4023 号
（2017）京 0107 民初 13830 号
（2016）京 0105 民初 32336 号
（2017）京 0107 民初 12943 号
（2017）京 0107 民初 6010 号
（2017）京 0106 民初 18655 号
（2017）京 0106 民初 7012 号
（2016）京 0102 民初 27224 号
（2017）京 0105 民初 38223 号
（2016）京 0106 民初 10774 号
（2017）京 0107 民初 12944 号
（2016）京 0105 民初 34209 号
（2016）京 0105 民初 66112 号
（2017）京 0101 民初 7846 号
（2017）京 0107 民初 1878 号
（2017）京 0105 民初 4674 号
（2017）京 0102 民初 1263 号
（2016）京 0105 民初 13232 号
（2016）京 0105 民初 2217 号
（2016）京 0102 民初 25343 号
（2017）京 0106 民初 9515 号
（2014）一中民初字第 1704 号
（2016）京 0105 民初 61300 号

（2015）丰民（知）初字第 18687 号
（2018）京 0108 民初 23734 号
（2018）京 0107 民初 14142 号
（2016）京 0108 民初 31968 号
（2018）京 0105 民初 61604 号
（2017）京 0108 民初 43926 号
（2017）京 0102 民初 1260 号
（2017）京 0105 民初 77669 号
（2018）京 0102 民初 15933 号
（2017）京 0108 民初 11224 号
（2018）京 0102 民初 5782 号
（2017）京 0101 民初 4475 号
（2017）京 0105 民初 69662 号
（2017）京 0105 民初 74824 号
（2018）京 0101 民初 9262 号
（2018）京 0101 民初 9247 号
（2018）京 0102 民初 1912 号
（2017）京 0101 民初 22370 号
（2017）京 0108 民初 20357 号
（2018）京 0107 民初 11606 号
（2018）京 0106 民初 9869 号
（2018）京 0106 民初 9870 号
（2017）京 0108 民初 3657 号
（2017）京 0107 民初 20017 号
（2017）京 0102 民初 20277 号
（2017）京 0101 民初 1387 号
（2018）京 0101 民初 3460 号
（2018）京 0101 民初 3160 号
（2016）京 0105 民初 55531 号
（2017）京 0105 民初 15186 号
（2016）京 0101 民初 10736 号
（2017）京 0101 民初 4064 号
（2017）京 0101 民初 2553 号
（2017）京 0108 民初 1659 号
（2016）京 0108 民初 9478 号
（2016）京 0105 民初 26530 号
（2017）京 0101 民初 2344 号
（2016）京 0106 民初 18056 号
（2016）京 0106 民初 7865 号
（2016）京 0106 民初 19339 号
（2016）京 0105 民初 62494 号
（2016）京 0114 民初 1055 号
（2016）京 0105 民初 43066 号
（2016）京 0105 民初 40324 号
（2015）京知民初字第 1223 号
（2015）丰民（知）初字第 22036 号
（2015）朝民（知）初字第 26604 号
（2015）海民（知）初字第 26614 号
（2016）京 0106 民初 11573 号
（2016）京 0106 民初 11501 号
（2016）京 0105 民初 16123 号
（2015）朝民（知）初字第 27167 号
（2015）朝民（知）初字第 43347 号
（2016）京 0106 民初 9093 号
（2016）京 0102 民初 19018 号
（2015）海民（知）初字第 35944 号

（2018）京 0101 民初 3161 号
（2017）京 0105 民初 77134 号
（2016）京 0105 民初 45780 号
（2017）京 0101 民初 13135 号
（2017）京 0105 民初 74755 号
（2016）京 0108 民初 24146 号
（2017）京 0105 民初 77650 号
（2017）京 0105 民初 15193 号
（2017）京 0105 民初 6365 号
（2016）京 0105 民初 59196 号
（2017）京 0105 民初 30311 号
（2017）京 0101 民初 6198 号
（2016）京 0107 民初 16771 号
（2017）京 0107 民初 20084 号
（2017）京 0105 民初 3238 号
（2017）京 0107 民初 9181 号
（2017）京 0107 民初 13875 号
（2017）京 0101 民初 13498 号
（2017）京 0106 民初 15160 号
（2016）京 0105 民初 57556 号
（2017）京 0106 民初 15164 号
（2017）京 0107 民初 2230 号
（2017）京 0106 民初 21680 号
（2017）京 0101 民初 13477 号
（2017）京 0101 民初 13477 号
（2017）京 0101 民初 7829 号
（2017）京 0101 民初 19953 号
（2017）京 0107 民初 12513 号
（2016）京 0102 民初 901 号
（2015）朝民（知）初字第 27050 号
（2015）朝民（知）初字第 42610 号
（2015）朝民（知）初字第 36495 号
（2015）海民（知）初字第 39590 号
（2016）京 0101 民初 13403 号
（2015）朝民（知）初字第 65453 号
（2016）京 0101 民初 6909 号
（2015）朝民（知）初字第 39929 号
（2016）京 0105 民初 5835 号
（2016）京 0102 民初 2123 号
（2015）朝民（知）初字第 47620 号
（2016）京 0101 民初 286 号
（2015）丰民（知）初字第 10502 号
（2015）朝民（知）初字第 46812 号
（2015）朝民（知）初字第 52846 号
（2015）朝民（知）初字第 27168 号
（2016）京 0106 民初 17547 号
（2016）京 0106 民初 15409 号
（2016）京 0106 民初 11575 号
（2016）京 0106 民初 11502 号
（2016）京 0106 民初 11578 号
（2016）京 0106 民初 11567 号
（2015）丰民（知）初字第 11567 号
（2015）丰民（知）初字第 26051 号
（2015）丰民（知）初字第 17762 号
（2015）丰民（知）初字第 23218 号
（2015）丰民（知）初字第 15532 号

（2016）京 0105 民初 61171 号
（2017）京 0102 民初 20432 号
（2017）京 0107 民初 12515 号
（2017）京 0101 民初 19960 号
（2017）京 0101 民初 19956 号
（2017）京 0106 民初 15155 号
（2017）京 0106 民初 27240 号
（2017）京 0102 民初 24506 号
（2017）京 0106 民初 17553 号
（2017）京 0101 民初 13516 号
（2017）京 0102 民初 22589 号
（2017）京 0101 民初 2573 号
（2017）京 0102 民初 24312 号
（2017）京 0102 民初 28303 号
（2017）京 0106 民初 3856 号
（2017）京 0101 民初 11320 号
（2017）京 0101 民初 20644 号
（2017）京 0102 民初 26144 号
（2017）京 0102 民初 14993 号
（2017）京 0101 民初 8588 号
（2016）京 0105 民初 4609 号
（2016）京 0105 民初 4606 号
（2016）京 0105 民初 4604 号
（2015）朝民（知）初字第 47621 号
（2016）京 0108 民初字第 2336 号
（2016）京 0114 民初 898 号
（2016）京 0102 民初 883 号
（2016）京 0102 民初 18468 号
（2016）京 0102 民初 19024 号
（2015）朝民（知）初字第 64126 号
（2016）京 0102 民初 19017 号
（2016）京 0102 民初 891 号
（2015）朝民（知）初字第 54746 号
（2015）海民（知）初字第 27438 号
（2016）京 0101 民初 285 号
（2016）京 0101 民初 283 号
（2015）东民（知）初字第 17996 号
（2015）石民（知）初字第 7083 号
（2015）东民（知）初字第 11694 号
（2016）京 0102 民初 366 号

二审：

（2017）京 73 民终 1991 号
（2018）京 73 民终 981 号
（2018）京 73 民终 707 号
（2017）京民终 757 号
（2018）京 73 民终 2119 号
（2018）京 73 民终 2069 号
（2017）京 73 民终 1990 号
（2015）民三终字第 7 号
（2013）高民终字第 4324 号
（2017）京 73 民终 749 号
（2017）京民终 413 号
（2016）京民终 304 号

（2018）京 73 民终 2017 号
（2018）京 73 民终 2216 号
（2018）京 73 民终 2014 号
（2018）京 73 民终 1612 号
（2018）京 73 民终 2012 号
（2018）京 73 民终 370 号
（2018）京 73 民终 746 号
（2018）京 73 民终 1227 号
（2018）京 73 民终 1421 号
（2018）京 73 民终 1422 号
（2018）京 73 民终 1475 号
（2018）京 73 民终 1420 号
（2018）京 73 民终 969 号
（2018）京 73 民终 423 号
（2017）京 73 民终 2263 号
（2018）京 73 民终 56 号
（2018）京 73 民终 545 号
（2018）京 73 民终 515 号
（2018）京 73 民终 540 号
（2017）京民终 210 号
（2018）京 73 民终 1027 号
（2017）京 73 民终 991 号
（2017）京 73 民终 1106 号
（2018）京 73 民终 991 号
（2018）京 73 民终 1135 号
（2018）京 73 民终 919 号
（2018）京 73 民终 1181 号
（2018）京 73 民终 1001 号
（2017）京民终 614 号
（2017）京民终 690 号
（2017）京民终 688 号
（2016）京民终 544 号
（2017）京 73 民终 992 号
（2016）京 73 民终 695 号
（2017）京 73 民终 1805 号
（2016）京 73 民终 1145 号
（2017）京民终 335 号
（2017）京 73 民终 1095 号
（2017）京 73 民终 954 号
（2016）京 73 民终 585 号
（2017）京 73 民终 1085 号
（2017）京民终 51 号
（2017）京 73 民终 22 号
（2016）京 73 民终 366 号
（2017）京 73 民终 974 号
（2017）京 73 民终 947 号
（2016）京 73 民终 696 号
（2017）京 73 民终 854 号
（2017）京 73 民终 855 号
（2017）京 73 民终 975 号
（2017）京 73 民终 798 号
（2017）京民终 76 号
（2017）京 73 民终 979 号
（2015）高民（知）终字第 1155 号
（2016）京 73 民终 937 号
（2017）京 73 民终 819 号

（2017）京 73 民终 1256 号
（2018）京 73 民终 454 号
（2018）京 73 民终 7 号
（2018）京 73 民终 932 号
（2018）京 73 民终 559 号
（2017）京 73 民终 849 号
（2017）京民终 429 号
（2018）京 73 民终 718 号
（2018）京 73 民终 719 号
（2016）京 73 民终 783 号
（2017）京 73 民终 2174 号
（2018）京 73 民终 930 号
（2018）京 73 民终 473 号
（2018）京 73 民终 474 号
（2018）京 73 民终 475 号
（2018）京 73 民终 486 号
（2017）京 73 民终 1801 号
（2018）京 73 民终 754 号
（2018）京 73 民终 752 号
（2018）京 73 民终 756 号
（2018）京 73 民终 753 号
（2018）京 73 民终 755 号
（2018）京 73 民终 549 号
（2018）京 73 民终 543 号
（2018）京 73 民终 504 号
（2018）京 73 民终 485 号
（2018）京 73 民终 464 号
（2018）京 73 民终 446 号
（2016）京 73 民终 276 号
（2016）京 73 民终 1090 号
（2016）京 73 民终 1051 号
（2016）京 73 民终 916 号
（2016）京 73 民终 754 号
（2016）京 73 民终 755 号
（2016）京 73 民终 753 号
（2016）京 73 民终 335 号
（2016）京 73 民终 569 号
（2017）京 73 民终 297 号
（2016）京 73 民终 1036 号
（2017）京 73 民终 467 号
（2017）京 73 民终 468 号
（2017）京 73 民终 464 号
（2017）京 73 民终 465 号
（2017）京 73 民终 163 号
（2016）京 73 民终 1077 号
（2016）京 73 民终 1075 号
（2016）京 73 民终 934 号
（2016）京民终 266 号
（2016）京 73 民终 971 号
（2016）京 73 民终 29 号
（2016）京 73 民终 307 号
（2015）京知民终字第 2112 号
（2016）京 73 民终 84 号
（2015）京知民终字第 2444 号
（2016）京 73 民终 306 号
（2016）京 73 民终 689 号

(2018) 京 73 民终 505 号
(2018) 京 73 民终 1 号
(2018) 京 73 民终 539 号
(2018) 京 73 民终 267 号
(2018) 京 73 民终 270 号
(2018) 京 73 民终 388 号
(2017) 京 73 民终 1513 号
(2018) 京 73 民终 108 号
(2018) 京 73 民终 101 号
(2018) 京 73 民终 309 号
(2018) 京 73 民终 308 号
(2018) 京 73 民终 68 号
(2018) 京 73 民终 114 号
(2018) 京 73 民终 168 号
(2018) 京 73 民终 307 号
(2018) 京 73 民终 389 号
(2018) 京民终 19 号
(2017) 京 73 民终 2054 号
(2018) 京 73 民终 348 号
(2018) 京 73 民终 671 号
(2018) 京 73 民终 672 号
(2018) 京 73 民终 245 号
(2017) 京 73 民终 1992 号
(2018) 京 73 民终 218 号
(2018) 京 73 民终 217 号
(2018) 京 73 民终 216 号
(2018) 京 73 民终 215 号
(2018) 京 73 民终 496 号
(2016) 京 73 民终 394 号
(2016) 京 73 民终 92 号
(2016) 京 73 民终 401 号
(2015) 京知民终字第 2113 号
(2016) 京 73 民终 690 号
(2016) 京 73 民终 69 号
(2015) 京知民终字第 1828 号
(2016) 京 73 民终 87 号
(2016) 京 73 民终 189 号
(2015) 京知民终字第 2114 号
(2016) 京 73 民终 786 号
(2016) 京 73 民终 393 号
(2015) 京知民终字第 2480 号
(2015) 京知民终字第 2315 号
(2016) 京 73 民终 90 号
(2015) 京知民终字第 2403 号
(2016) 京 73 民终 3 号
(2016) 京 73 民终 51 号
(2016) 京 73 民终 908 号
(2016) 京 73 民 433 号
(2015) 高民 (知) 终字第 3533 号
(2016) 京 73 民终 10 号
(2015) 高民 (知) 终字第 3531 号
(2015) 高民 (知) 终字第 3532 号
(2015) 高民 (知) 终字第 3534 号
(2016) 京民终 299 号
(2015) 京知民终字第 1878 号
(2015) 京知民终字第 2257 号

（2018）京73民终494号
（2018）京73民终495号
（2018）京73民终492号
（2018）京73民终493号
（2018）京73民终491号
（2018）京73民终444号
（2018）京73民终440号
（2018）京73民终248号
（2018）京73民终19号
（2018）京73民终156号
（2017）京民终28号
（2017）京73民终2077号
（2016）京73民终817号
（2016）京73民终454号
（2016）京73民终453号
（2016）京73民终454号
（2016）京73民终332号
（2016）京73民终914号
（2016）京73民终451号
（2016）京民终291号
（2016）京73民终52号
（2015）京知民终字第1321号
（2015）京知民终字第2479号

侵害著作权案件判决书分析报告

一、审理法院分布

单位：件

合计	海淀	朝阳	石景山	东城	西城	丰台	知产	互联网
300	145	69	15	8	33	8	6	16
占比	48.3%	23.0%	5.0%	2.7%	11.0%	2.7%	2.0%	5.3%

分析：

1. 根据2016年1月1日起施行的《北京市高级人民法院关于北京市基层人民法院知识产权民事案件管辖调整的规定》，自2016年1月1日可以审理著作权案件的北京市基层法院有：

	管辖法院	管辖区域
北京知识产权法院	海淀区人民法院	海淀区
	石景山区人民法院	石景山区、门头沟区、昌平区、延庆区
	朝阳区人民法院	朝阳区
	东城区人民法院	东城区、通州区、顺义区、怀柔区、平谷区、密云区
	西城区人民法院	西城区、大兴区
	丰台区人民法院	丰台区、房山区

2. 管辖范围根据2017年11月2日发布的《北京市高级人民法院关于调整本市法院知识产权民事案件管辖的规定》调整为：基层人民法院管辖诉讼标的额在1亿元以下且当事人住所地均在本市的，以及诉讼标的额在5000万元以下且当事人一方住所地不在本市或者涉外、涉港澳台的著作权、商标、技术合同、不正当竞争、特许经营合同等第一审知识产权民事案件。

资料来源：北京法院网 http：//bjgy. chinacourt. org/article/detail/2015/12/id/1770294. shtml。

3. 根据自2018年9月3日起通过的《最高人民法院关于互联网法院审理案件若干问题的规定》第二条规定，自2018年9月7日起北京互联网法院集中管辖所在市的辖区内应当由基层人民法院受理的下列第一审案件：

“（四）在互联网上首次发表作品的著作权或者邻接权权属纠纷；

（五）在互联网上侵害在线发表或者传播作品的著作权或者邻接权而产生的纠纷；

……

（十一）上级人民法院指定管辖的其他互联网民事、行政案件。”

资料来源：中国法院网 https：//www. chinacourt. org/law/detail/2018/09/id/149799. shtml。

二、受理案件类型（案由）

单位：件

	信息网络传播权	出版者权	计算机软件	录音录像制作者权	发行权	放映权	署名权	著作权	其他
合计 303	120	3	6	7	1	8	1	155	2
占比（按基数300件计算）	40.0%	1.0%	2.0%	2.3%	0.3%	2.7%	0.3%	51.7%	0.7%

分析：

1. 近几年来，北京市在推进知识产权工作与经济发展深度融合，加大知识产权保护力度，提升知识产权保护能力，改善国际影响力等方面均取得一定成果。根据北京市高级人民法院发布的北京市法院 2018 年知识产权审判工作情况，2018 年，北京市共受理一审知识产权民事案件 52463 件，同比增长 47.4%；审结 49596 件，同比增长 56.0%。研究采集的 300 件案例，涉及信息网络传播权的案例多达 120 件，占比高达 40.0%。事实上随着计算机网络的普及，网络著作权问题已成为全球范围内的热点和难点问题，我国司法实践中也经常反映相关的问题，比如对深层链接采用“服务器标准”或“用户标准”的问题，又比如 P2P 平台提供者的责任问题，这就表明了在网络信息产业繁荣发展的同时，对著作权的创造者、传播者和使用者而言，建议重视信息网络的作用，在利用网络传播著作权时应善意谨慎，诚信经营，避免侵权。

2. 在梳理选取时，朝阳区、海淀区涉及的相关著作权侵权案例较多，石景山区、东城区、西城区因管辖的地区较多涉及的案例不少，丰台区则相对较少。各个法院受理案件的情况也体现出了所在辖区的特点，比如海淀区是国内主要视频网站的聚集区，优酷土豆、风行、六间房、爱奇艺等专业视频网站，以及百度、搜狐视频等门户视频网站均位于辖区内，其数量和市场份额均占到我国视频网站总量的一半。

3. 经过对 2016—2018 年以来的数据进行分析，从主张权利的作品类型看，主要有影视作品、音乐作品、美术作品、摄影作品、文学作品、图形作品等。

4. 研究选取的判决书中，未涉及下列案例：出租权、摄制权等著作财产权以及表演者权、广播组织权等邻接权均没有案件涉及。

三、原告所属地域统计

地域	北京	广东	上海	江浙	福建	河北	湖南	山西	山东	天津	涉外
数量（件）	162	26	11	13	5	41	6	1	3	9	2
占比	54.0%	8.7%	3.7%	4.3%	1.7%	13.7%	2.0%	0.3%	1.0%	3.0%	0.7%

分析：

注：因裁判文书网发布的部分案例未明确写明原告个人的所属地域，故部分案例的原告所属地域无法统计，研究所得的数据和比例可能与实际情况有微弱差异。

研究选取的判决书中列明所属地域的，所属北京的原告为 162 件案例，表明北京地区的文化创意产业相对发达，著作权人最多；其次所属广东地区 26 件；上海为 11 件；涉外原告（含中国港澳台）有 2 件。

四、原被告双方聘请律师的情况

	原告聘请律师案件数量	被告聘请律师案件数量
数量(件)	247	140
占比	82.3%	46.7%

分析：

研究样本中，原告聘请律师的案件有 247 件，被告聘请律师的案件有 140 件。被告聘请律师比例较低的部分原因，结合实践判断是其基于对侵害著作权案例法院判赔额度的估量，从节省诉讼成本的角度考虑，并没有聘请律师而是指派公司员工出庭应诉。

但加权平均分析，著作权案件聘请律师的比重较大，说明著作权侵权案例具有细分领域和难度分级的特别，需要专业法律服务的支持。

五、诉争标的物种类

单位：件

标的物种类	摄影图片	电影作品和以类似摄制电影的方法创作的作品	文学作品	歌曲	美术作品	录音录像制品	计算机软件
数量（件）	104	48	43	20	69	10	6
占比	34.7%	16.0%	14.3%	6.7%	23.0%	3.3%	2.0%

摄影图片共计 104 件，电影作品和以类似摄制电影的方法创作的作品（包括电影、电视剧、动画片、综艺节目、晚会等）共计 48 件，文学作品（包括图书、文章等）共计 43 件，歌曲（包括歌曲、音乐电视作品）共计 20 件，美术作品（包括卡通动画形象、书法作品）共计 69 件，录音录像制品共计 10 件，计算机软件共计 6 件。

六、原告胜诉比例统计及原告败诉原因分析

	原告胜诉	原告败诉
数量(件)	288	12
占案件总数比	96.0%	4.0%

（一）原告胜诉比例统计

300 件案例中，原告胜诉的有 288 件，占比 96.0%。

法院判决驳回原告诉讼请求的有 12 件，占比 4.0%。

（二）原告败诉主要原因分析

1. 在侵害作品信息网络传播权案件中，原告败诉的主要原因是被告符合《信息网络传播权保护条例》规定的免责条件，即被告受到了所谓“避风港”原则的保护。

权利人、网络服务提供者和社会公众要关注新技术的发展，而司法系统应当判断新的信息传播模式和商业模式是“真正的善意”还是“真正的恶意”。对善意的传播模式和商业模式要予以维护和扶持，实现各方共赢；对恶意的要彻底否定并取缔，并严加惩罚。

2. 还有一部分案例是由于原告所提供的证据不足以证明其为涉案作品的权利人，或者其主张也没有相关的事实和法律依据来支撑，比如（2017）京 0105 民初 10032 号“北京儒意欣欣影业投资有限公司与北京豆网科技有限公司侵害作品信息网络传播权纠纷”一案中，由于原告现有证据无法确认其对主张权利的内容享有著作权因此原告被驳回诉讼请求而败诉。

七、原告要求停止侵权的诉讼请求以及法院支持的情况

无图例。这一部分事实比较容易判决，因此不再做详细的数据统计。

著作权案件一般会先取证后诉讼，而庭审时大部分的被告都会停止侵权，法官一般也会请原告确认是否撤回停止侵权的诉讼请求。如原告确认被告确实已经停止侵权，即撤回此项请求；而被告不停止侵权，法院通常会判决被告停止侵权。

八、原告要求赔礼道歉和消除影响的诉讼请求所占比例，及法院判决支持该项请求的比例统计及相关分析

	法院判决支持	未支持或未涉及
消除影响(件)	1	299
赔礼道歉(件)	16	284
	原告要求	原告未要求
消除影响(件)	33	267
赔礼道歉(件)	121	179

要求赔礼道歉和消除影响的(件)	131
支持赔礼道歉和消除影响的(件)	16
占比	12.2%

分析：

1. 原告要求赔礼道歉的案件有 121 件，要求消除影响的案子有 33 件，合计 131 件（其中，既要求赔礼道歉又要求消除影响的案件有 22 件）。法院判决支持赔礼道歉诉讼请求的有 16 件，判决支持消除影响诉讼请求的有 1 件，合计 16 件（其中，既支持赔礼道歉又支持消除影响的案件有 1 件）。综合计算，判决赔礼道歉和消除影响的比例为 12.2%。

2. 法院在审理著作权案件的过程中，如果判断被告侵犯了原告的著作人身权（发表权、署名权、修改权和保护作品完整权），可能会支持原告赔礼道歉或消除影响的诉讼请求；对只侵犯著作财产权的，法院一般不支持原告该项请求。

法院判决书就此的标准论述是："因被告没有侵害原告的著作人身权且没有损害原告商誉，因此关于原告要求被告赔礼道歉和消除影响的诉讼请求，本院不予支持。"

司法实务中确实有对只侵害著作财产权却判决被告赔礼道歉或消除影响的判例，但关于只侵害著作财产权是否可以判决被告赔礼道歉或消除影响的问题，在法学界仍存争议。

争议的主要原因是民法通则和著作权法对这方面的规定较为模糊，所以在可判可不判的情况下，法院一般不判。不判赔礼道歉或消除影响，一方面是因为法院认为判决赔礼道歉或消除影响会对被告的商誉造成影响，在原告没有证据证明自己的人身、精神或商誉因为被告的侵权造成损害的情况下（一般很难举证），判决被告赔礼道歉或消除影响有失"公平"。

另一方面，从实际执行角度考虑，判决被告赔礼道歉或消除影响，而被告拒不履行，法院执行困难，影响结案效率；如被告下落不明缺席判决，执行难度加倍，赔礼道歉需要支付的媒体刊载费也无人承担。

九、原告索赔金额和法院判决被告赔偿金额统计分析

按 2016—2018 年 300 个案件统计

原告索赔总额(元)	53822509.63
法院判赔总额(元)	5832514.1
判赔比	10.8%

按 2016 年 100 个案件统计

原告索赔总额(元)	12303782.7
法院判赔总额(元)	1600307.0
判赔比	13.0%

按2017年100个案件统计

原告索赔总额(元)	20762557.0
法院判赔总额(元)	1569363.0
判赔比	7.6%

按2018年100个案件统计

原告索赔总额(元)	20556169.96
法院判赔总额(元)	2662844.1
判赔比	13.0%

分析：

1. 以2016—2018年三年300件案例统计，原告要求被告赔偿的总金额为53822509.63元，300件案例法院判赔的总金额为5832，514.1元，平均每件案例索赔180612.4元，平均每件案例判赔19506.7元。判赔比为10.8%。

2. 以2016年、2017年、2018年三年逐年统计分析，则判赔比依次为13.0%、7.6%、13.0%。

3. 著作权侵权案件中，如原告的损失或被告的获益均无法查明，法官会在50万元以下的自由裁量范围内作出判决。上述统计数据表明，原告胜诉率虽然很高，但著作权单个案件判赔平均仅有19506.7元，这说明法院的判赔额仍然较低。

这一统计结论和社会大众的普遍反映一致。根据最高人民法院对地方法院著作权审判的方向指引，如2011年12月16日最高人民法院印发《关于充分发挥知识产权审判职能作用推动社会主义文化大发展大繁荣和促进经济自主协调发展若干问题的意见》的通知指出："要强化利益平衡观念，把利益平衡作为知识产权司法保护的重要基点，统筹兼顾智力创造者、商业利用者和社会公众的利益，协调好激励创造、促进产业发展和保障基本文化权益之间的关系，使利益各方共同受益、均衡发展。"

各级法院在知识产权案件审判中，定性上倾向于保护权利人，而判赔上则适当减轻侵权者的压力，以达到"均衡发展"，同时照顾到了社会公众。但判赔力度较小，造成侵权成本太低，造成著作权侵权案件数量呈现井喷态势。低判赔导致著作权的创作和传播举步维艰。

加大判赔比，充分发挥法律的规制效应，引导著作权创作方和传播方在良性秩序下保护和运用著作权，是各界愿望。

附判决书案号：

(2015)朝民(知)初字第67384号

(2016)京0102民初1797号

(2015)朝民(知)初字第65765号

(2017)京0108民初34455号

(2017)京0106民初22114号

(2017)京0108民初34445号

（2015）朝民（知）初字第 65736 号
（2015）朝民（知）初字第 65768 号
（2015）朝民（知）初字第 65717 号
（2015）海民（知）初字第 31518 号
（2016）京 0107 民初 1067 号
（2015）朝民（知）初字第 68694 号
（2016）京 0108 民初 361 号
（2016）京 0108 民初 2912 号
（2016）京 0108 民初 4021 号
（2016）京 0108 民初 5441 号
（2015）朝民（知）初字第 43173 号
（2015）京 0105 民初 20686 号
（2016）京 0108 民初 6038 号
（2016）京 0108 民初 4843 号
（2016）京 0108 民初 6417 号
（2016）京 0102 民初 11534 号
（2016）京 0105 民初 25529 号
（2015）朝民（知）初字第 47728 号
（2016）京 0105 民初第 23429 号
（2016）京 0105 民初 34 号
（2016）京 0105 民初 23417 号
（2015）朝民（知）初字第 59273 号
（2015）朝民（知）初字第 59272 号
（2015）朝民（知）初字第 59274 号
（2015）朝民（知）初字第 31915 号
（2015）朝民（知）初字第 38980 号
（2015）朝民（知）初字第 38981 号
（2016）京 0105 民初 19590 号
（2017）京 0108 民初 34493 号
（2017）京 0108 民初 34497 号
（2017）京 0108 民初 34417 号
（2017）京 0108 民初 34414 号
（2017）京 0108 民初 34415 号
（2017）京 0108 民初 34514 号
（2017）京 0108 民初 34503 号
（2017）京 0108 民初 34625 号
（2017）京 0108 民初 54912 号
（2017）京 73 民初 264 号
（2017）京 73 民初 257 号
（2017）京 73 民初 266 号
（2017）京 73 民初 409 号
（2017）京 73 民初 267 号
（2017）京 73 民初 410 号
（2017）京 0108 民初 53088 号
（2017）京 0107 民初 20468 号
（2017）京 0108 民初 34533 号
（2017）京 0108 民初 42983 号
（2017）京 0105 民初 10032 号
（2017）京 0108 民初 42980 号
（2017）京 0108 民初 43537 号
（2017）京 0108 民初 42988 号
（2017）京 0108 民初 43538 号
（2017）京 0108 民初 43541 号
（2017）京 0108 民初 43955 号
（2017）京 0108 民初 43540 号
（2017）京 0106 民初 20071 号

（2016）京 0105 民初 19595 号
（2015）海民（知）初字第 8413 号
（2016）京 0108 民初 12057 号
（2016）京 0108 民初 12036 号
（2016）京 0108 民初 12033 号
（2015）东民（知）初字第 15725 号
（2016）京 0108 民初 31198 号
（2016）京 0108 民初 10946 号
（2016）京 0105 民初 3282 号
（2015）朝民（知）初字第 43166 号
（2016）京 0108 民初 901 号
（2016）京 0107 民初 606 号
（2016）京 0108 民初 916 号
（2016）京 0108 民初 11812 号
（2015）朝民（知）初字第 66261 号
（2016）京 0105 民初 2035 号
（2016）京 0102 民初 10489 号
（2016）京 0102 民初 6205 号
（2016）京 0105 民初 7377 号
（2015）海民（知）初字第 32074 号
（2016）京 0107 民初 1147 号
（2016）京 0107 民初 1141 号
（2016）京 0108 民初 35492 号
（2016）京 0107 民初 14400 号
（2015）朝民（知）初字第 46301 号
（2016）京 0105 民初第 23423 号
（2016）京 0101 民初 8712 号
（2016）京 0106 民初 14166 号
（2017）京 0102 民初 18276 号
（2016）京 0101 民初 22069 号
（2017）京 0105 民初 6319 号
（2017）京 0105 民初 6322 号
（2017）京 0102 民初 23045 号
（2017）京 0108 民初 52812 号
（2017）京 0108 民初 52797 号
（2017）京 0108 民初 52833 号
（2017）京 0108 民初 52830 号
（2017）京 0108 民初 52828 号
（2017）京 0108 民初 52808 号
（2017）京 0108 民初 30305 号
（2017）京 0106 民初 18024 号
（2017）京 0102 民初 24184 号
（2017）京 0102 民初 24196 号
（2017）京 0102 民初 24209 号
（2017）京 0102 民初 24205 号
（2017）京 0102 民初 24202 号
（2017）京 0102 民初 24207 号
（2018）京 0108 民初 49619 号
（2018）京 0105 民初 33979 号
（2018）京 0108 民初 33808 号
（2018）京 0108 民初 51659 号
（2018）京 0108 民初 1718 号
（2018）京 0108 民初 55623 号
（2018）京 0108 民初 27241 号
（2018）京 0108 民初 51692 号
（2018）京 0491 民初 1121 号

（2016）京 0108 民初 4933 号
（2016）京 0108 民初 4787 号
（2015）朝民（知）初字第 67460 号
（2016）京 0108 民初 1848 号
（2016）京 0107 民初 3149 号
（2016）京 0108 民初 10886 号
（2016）京 0108 民初 10891 号
（2016）京 0108 民初 19818 号
（2016）京 0102 民初 19008 号
（2015）朝民（知）初字第 60657 号
（2016）京 0101 民初 14732 号
（2016）京 0102 民初 16215 号
（2016）京 0101 民初 17735 号
（2016）京 0107 民初 3147 号
（2016）京 0107 民初 589 号
（2016）京 0107 民初 591 号
（2016）京 0107 民初 3144 号
（2015）朝民（知）初字第 41228 号
（2015）朝民（知）初字第 67573 号
（2016）京 0108 民初 12051 号
（2015）朝民（知）初字第 57130 号
（2015）朝民（知）初字第 57126 号
（2015）朝民（知）初字第 35845 号
（2015）朝民（知）初字第 67460 号
（2016）京 0102 民初 19610 号
（2016）京 0102 民初 19265 号
（2016）京 0101 民初 10643 号
（2016）京 0102 民初 24210 号
（2018）京 0491 民初 862 号
（2018）京 0105 民初 89325 号
（2018）京 0491 民初 1131 号
（2018）京 0491 民初 856 号
（2018）京 0108 民初 24110 号
（2018）京 0108 民初 24099 号
（2018）京 0491 民初 1128 号
（2018）京 0105 民初 89677 号
（2018）京 0491 民初 863 号
（2018）京 0491 民初 861 号
（2018）京 0491 民初 1134 号
（2018）京 0491 民初 1135 号
（2018）京 0491 民初 855 号
（2018）京 0491 民初 1122 号
（2018）京 0108 民初 67855 号
（2018）京 0105 民初 89332 号
（2018）京 0491 民初 1137 号
（2018）京 0491 民初 1136 号
（2018）京 0491 民初 1180 号
（2018）京 0491 民初 520 号
（2017）京 0102 民初 30245 号
（2018）京 0105 民初 89648 号
（2018）京 0105 民初 7080 号
（2016）京 0105 民初 10412 号
（2018）京 0108 民初 35027 号
（2018）京 0108 民初 63699 号
（2018）京 0105 民初 19922 号
（2018）京 0108 民初 47224 号

（2016）京 0102 民初 19008 号
（2015）海民（知）初字第 36525 号
（2015）朝民（知）初字第 65751 号
（2015）朝民（知）初字第 65722 号
（2015）朝民（知）初字第 65730 号
（2015）朝民（知）初字第 65726 号
（2015）朝民（知）初字第 65752 号
（2016）京 0108 民初 913 号
（2015）海民（知）初字第 16050 号
（2015）朝民（知）初字第 68702 号
（2015）海民（知）初字第 17953 号
（2016）京 0108 民初 4150 号
（2016）京 0106 民初字第 1290 号
（2017）京 0108 民初 36169 号
（2017）京 0108 民初 35467 号
（2017）京 0108 民初 36462 号
（2017）京 0108 民初 35931 号
（2016）京 0107 民初 16357 号
（2017）京 0105 民初 75736 号
（2017）京 0108 民初 53102 号
（2017）京 0107 民初 19996 号
（2017）京 0107 民初 19995 号
（2017）京 0107 民初 19994 号
（2017）京 0106 民初 23433 号
（2017）京 0108 民初 17873 号
（2017）京 0108 民初 17872 号
（2017）京 0108 民初 17868 号
（2017）京 0108 民初 17870 号
（2018）京 0108 民初 47195 号
（2018）京 0108 民初 25882 号
（2018）京 0491 民初 964 号
（2018）京 0105 民初 7615 号
（2018）京 0108 民初 25079 号
（2018）京 0108 民初 47198 号
（2018）京 0108 民初 47227 号
（2018）京 0105 民初 13247 号
（2018）京 0108 民初 63729 号
（2018）京 0108 民初 63698 号
（2018）京 0108 民初 47239 号
（2018）京 0105 民初 19918 号
（2018）京 0108 民初 63700 号
（2018）京 0105 民初 19921 号
（2018）京 0108 民初 47212 号
（2018）京 0108 民初 63730 号
（2018）京 0108 民初 63710 号
（2018）京 0108 民初 47228 号
（2018）京 0108 民初 47218 号
（2018）京 0108 民初 25080 号
（2018）京 0105 民初 7612 号
（2018）京 0105 民初 7586 号
（2018）京 0108 民初 63709 号
（2018）京 0102 民初 34090 号
（2018）京 0102 民初 40608 号
（2018）京 0105 民初 83694 号
（2018）京 0102 民初 40603 号
（2018）京 0102 民初 40607 号

（2017）京 0108 民初 17869 号
（2017）京 0108 民初 17867 号
（2017）京 0108 民初 17866 号
（2017）京 0108 民初 17865 号
（2017）京 0108 民初 13130 号
（2017）京 0108 民初 17864 号
（2017）京 0108 民初 17871 号
（2017）京 0108 民初 13121 号
（2017）京 0106 民初 22112 号
（2017）京 0108 民初 13104 号
（2017）京 0108 民初 34157 号
（2017）京 0108 民初 34595 号
（2017）京 0108 民初 34609 号
（2017）京 0108 民初 34378 号
（2017）京 0108 民初 34481 号
（2017）京 0108 民初 34395 号
（2017）京 0108 民初 34425 号
（2017）京 0108 民初 34525 号
（2017）京 0108 民初 34468 号
（2017）京 0108 民初 34412 号
（2017）京 0108 民初 34464 号
（2017）京 0108 民初 34465 号
（2017）京 0108 民初 34411 号
（2017）京 0108 民初 34561 号
（2017）京 0108 民初 34485 号
（2017）京 0108 民初 34409 号
（2017）京 0108 民初 34550 号
（2017）京 0108 民初 34436 号
（2018）京 0102 民初 40615 号
（2018）京 0105 民初 61118 号
（2018）京 0101 民初 11903 号
（2018）京 0102 民初 34092 号
（2018）京 0102 民初 40623 号
（2018）京 0102 民初 40593 号
（2018）京 0106 民初 38825 号
（2018）京 0102 民初 31745 号
（2018）京 0108 民初 66299 号
（2018）京 0102 民初 31778 号
（2017）京 0105 民初 71452 号
（2018）京 0102 民初 40203 号
（2018）京 0105 民初 97539 号
（2018）京 0101 民初 13223 号
（2018）京 0105 民初 88761 号
（2018）京 0102 民初 31351 号
（2018）京 0102 民初 47005 号
（2018）京 0105 民初 89911 号
（2018）京 0105 民初 97535 号
（2018）京 0108 民初 37008 号
（2017）京 0105 民初 58934 号
（2018）京 0108 民初 22988 号
（2018）京 0108 民初 67364 号
（2018）京 0105 民初 94303 号
（2018）京 0108 民初 22989 号
（2017）京 0108 民初 55670 号
（2018）京 0108 民初 48268 号
（2018）京 0108 民初 57706 号

（2017）京 0108 民初 34584 号
（2017）京 0108 民初 34490 号
（2017）京 0108 民初 34489 号
（2017）京 0108 民初 34500 号
（2017）京 0108 民初 34483 号
（2017）京 0108 民初 34405 号
（2017）京 0108 民初 34450 号
（2018）京 0108 民初 65703 号
（2018）京 0108 民初 57712 号
（2018）京 0108 民初 23788 号
（2018）京 0102 民初 42917 号
（2018）京 0108 民初 50245 号
（2018）京 0108 民初 30044 号
（2018）京 0108 民初 35344 号

侵害专利权案件判决书分析报告

一审判决书中的基本信息分析

研究共选取 362 份判决书，其中 171 份一审判决书，191 份二审判决书。

一、审理法院分布

北京第一中级人民法院	北京知识产权法院
2 件	169 件
1.2%	98.8%

分析：

根据《最高人民法院关于审理专利纠纷案件适用法律问题的若干规定》第二条的规定，北京地区中级人民法院可以审理专利纠纷第一审案件。

最高人民法院指定的北京市朝阳区人民法院与北京市海淀区人民法院可以审理部分实用新型及外观设计的专利权纠纷案件。

自北京知识产权法院成立以后，并根据 2014 年 11 月 3 日起实施的《最高人民法院关于北京、上海、广州知识产权法院案件管辖的规定》，北京市各基层法院及各中级人民法院不再审理专利案件，统一由北京知识产权法院审理。因此，2016 年以后，北京的专利侵权案件有 98.8% 集中在知识产权法院进行审理，北京第一中级人民法院审理的是北京知识产权法院成立之前受理的案件。

资料来源：http：//www. court. gov. cn/zixun – xiangqing – 13655. html。

二、侵害发明、实用新型、外观设计专利权纠纷案件的比例

一审判决书中，侵害发明专利权纠纷的案件有 80 件，侵害实用新型专利权纠纷的案件有 30 件，侵害外观设计专利权纠纷的案件有 61 件。

发明(件)	实用新型(件)	外观设计(件)	合计(件)
80	30	61	171
46.8%	17.5%	35.7%	100%

法院受理侵害专利权纠纷的主要案由为侵害发明专利权纠纷，占比 46.8%。与上海市相比，北京法院受理的侵害发明专利权纠纷案件的比例要高一些，侵害外观设计专利权纠纷案件的比例则低一些。

三、原告涉外的比例

研究选取的171份一审判决书中，原告涉外的案件共有22件，占比为12.8%。

	原告涉外	原告非涉外
数量(件)	22	149
占比	12.9%	87.1%

可以发现原告的涉外比例较小，我国的企业、个人是专利维权的主要群体。

四、原告聘请律师、专利代理人的比例

研究选取的171份一审判决书中，原告聘请律师参与诉讼的案件共有147件，聘请专利代理人参与诉讼的案件共有16件，占比分别为85.9%和9.3%（注：研究选取的判决书，可能涉及律师和专利代理人重合的问题，这种情况下数据会被统计两次）。

	聘请律师	聘请专利代理人	未聘请
数量(件)	147	16	13
占比	86.0%	9.4%	7.6%

侵害专利权诉讼涉及的法律、技术问题多种多样，聘请律师、专利代理人参与诉讼是大多数当事人的选择。

一审判决书中原告的诉讼请求是否获得法院支持的分析

五、停止侵权

《中华人民共和国专利法》（以下简称《专利法》）第十一条规定："发明和实用新型专利权被授予后，除本法另有规定的以外，任何单位或者个人未经专利权人许可，都不得实施其专利，即不得为生产经营目的制造、使用、许诺销售、销售、进口其专利产品，或者使用其专利方法以及使用、许诺销售、销售、进口依照该专利方法直接获得的产品。外观设计专利权被授予后，任何单位或者个人未经专利权人许可，都不得实施其专利，即不得为生产经营目的制造、许诺销售、销售、进口其外观设计专利产品。"

针对发明和实用新型专利权的侵权行为主要为：制造、使用、许诺销售、销售、进口等行为。

针对外观设计专利权的侵权行为主要为：制造、许诺销售、销售、进口等行为。

研究选取的171份一审判决书中，原告要求停止侵权的案件共160件，法院判决侵权人停止侵权行为的有106件，占比为66.3%。

（一）各专利案件

	发明	实用新型	外观设计
一审判决侵权人停止侵权的数量(件)	47	15	44
要求停止侵权案件数量(件)	74	27	59
占比	63.5%	55.6%	74.6%

在80件侵害发明专利案件中，原告要求停止侵权的案件共74件，一审判决停止侵权的为47件；30件侵害实用新型专利案件中，原告要求停止侵权的案件共27件，一审判决停止侵权的为15件；61件侵害外观设计专利案件中，原告要求停止侵权的案件共59件，一审判决停止侵权的为44件。相比之下，外观设计专利权人的胜诉比例最高。

（二）涉外案件

	涉外	非涉外
一审判决侵权人停止侵权的数量(件)	10	96
案件总量(件)	22	149
占比	45%	64%

在原告涉外的22件一审判决中，法院判决侵权人停止侵权的为10件，占比45%，明显低于非涉外的64%。

（三）法院未支持侵权原因

研究选取的171份一审判决中，法院驳回原告诉讼请求的共55件。

法院驳回原告诉讼请求的原因主要有以下几种：

1. 未落入专利权的保护范围。

（2017）京73民初348号判决书：据此，亨斯迈公司提交的在案证据不足以证明锦鸡公司制造、锦云公司和嘉惠尔公司销售，锦鸡公司许诺销售的被控侵权产品落入了涉案专利权利要求1的保护范围。

2. 现有技术。

《专利法》第六十二条规定，在专利侵权纠纷中，被控侵权人有证据证明其实施的技术或者设计属于现有技术或者现有设计的，不构成侵犯专利权。

研究选取的171份判决中，无适用此条款的案件。

3. 专利申请日前已经制造相同产品。

《专利法》第六十九条第（二）项规定，有下列情形之一的，不视为侵犯专利权：（二）在专利申请日前已经制造相同产品、使用相同方法或者已经作好制造、使用的必要准备，并且仅在原有范围内继续制造、使用的。

研究选取的171份判决中，无适用此条款的案件。

4. 原告举证不能。

《中华人民共和国民事诉讼法》第六十四条第一款规定，当事人对自己提出的主张，有责任提供证据。

(2017) 京73民初43号判决书：因此，航天凯撒公司关于东大海康公司侵犯其涉案专利权的主张证据不足，本院不予支持。

六、赔偿数额（含合理费用）

研究选取的171份一审判决书中，法院判决侵权人承担赔偿损失的案件共有109件。

《专利法》第六十五条确定侵害专利权的赔偿数额有四种方式，分别是：

1. 按照权利人因被侵权所受到的实际损失确定：

在法院判决侵权人承担赔偿损失的109件一审判决书中，仅有2件是参照此方法确定赔偿数额的判决，即（2016）京73民初120号；（2015）京知民初字第2453号。

2. 按照侵权人侵犯专利权获得的利益确定：

在法院判决侵权人承担赔偿损失的109件一审判决书中，仅有1件参照此方法确定赔偿数额的判决，即（2017）京73民初190号。

3. 参照该专利许可使用费的倍数（1至3倍）合理确定；

在法院判决侵权人承担赔偿损失的109件一审判决书中，仅有1件参照此方法确定赔偿数额的判决，即（2015）京知民初字第1898号。

4. 法定赔偿（1万元以上100万元以下）：

适用法定赔偿来确定赔偿数额是法院采取的主要方式。在法院判决侵权人承担赔偿损失的109件一审判决中，有105件适用了法定赔偿的方式确定赔偿数额。

法院在确定赔偿数额时，主要参考原、被告提交的证据材料和原告专利的权利价值，如专利技术的创造性、专利技术研发成本及实施情况、专利使用许可的种类、时间、范围、市场上同类产品的平均利润、合理转让价格、合理许可费用以及被告侵权行为方式、侵权产品生产与销售规模、侵权持续时间、侵权损害后果、侵权获得款等因素，酌情确定赔偿数额。

法院也将根据原告提交的律师费、公证费、查档费、购买侵权产品费发票等支付凭证，并在参考司法行政部门规定的律师收费标准、实际判赔额与请求赔偿额、案件的复杂程度等因素后酌情确定合理费用的数额。

（1）侵犯发明专利权案件的赔偿数额统计：

	50万元以下	50万—100万元	100万元以上
案件数量(件)	24	12	9
占比	53.3%	26.7%	20%

（2）侵犯实用新型专利案件的赔偿数额统计：

	1 万元以下	1 万—5 万元	5 万—10 万元	10 万元以上
案件数量（件）	1	5	1	9
占比	6.2%	31.3%	6.2%	56.3%

（3）侵犯外观设计专利案件的赔偿数额统计：

	1 万元以下	1 万—5 万元	5 万—10 万元	10 万元以上
案件数量（件）	3	19	8	18
占比	6.25%	39.6%	16.67%	37.48%

分析数据显示，有 56.3% 的侵害实用新型专利权纠纷案件和，37.48% 的侵害外观设计专利纠纷案件的赔偿额在 10 万元以上。

在侵害发明专利权纠纷案件中，有 21 件案件的赔偿额超过 50 万元，占比 46.7%，其中，有 9 件赔偿额超过了 100 万元，判赔数额明显高于上海市。

七、判赔比

法院判决的赔偿数额与原告索赔数额的比值即判赔比。

	发明	实用新型	外观设计
法院判决的赔偿数额总数（元）	7765000.0	163105.0	3301747.0
原告索赔总数（元）	21548653.0	9018669.0	14950377.0
判赔比	36.0%	1.8%	22.1%

法院判决的赔偿数额与原告索赔数额的比值即判赔比。

研究选取的侵害发明专利权案件，原告索赔总数为 21548653.0 元，法院判决的赔偿数额总数为 7765000.0 元，判赔比为 36.0%；

研究选取的侵害实用新型专利权案件，原告索赔总数为 9018669.0 元，法院判决的赔偿数额总数为 163105.0 元，判赔比为 1.8%；

研究选取的侵害外观设计专利权案件，原告索赔总数为 14950377.0 元，法院判决的赔偿数额总数为 3301747.0 元，判赔比为 22.1%。

研究样本中，法院判决赔偿数额与权利人的期望存在较大差距。一方面是由于权利人动辄数十万元、上百万元的索赔请求缺少证据支持；另一方面是因为法院酌定的赔偿数额普遍较低。

研究选取的案件分析表明，法院一般不予支持权利人的以下诉讼请求：

（1）销毁专用设备、模具；

（2）销毁库存侵权产品；

（3）销毁已售出的侵权产品；

（4）赔礼道歉；

（5）消除影响。

八、专利无效抗辩

在侵害专利权诉讼中，请求宣告专利权无效是最常见的抗辩事由之一。

专利授权程序中，对于发明专利，有些不符合专利法相关规定的发明创造获得发明专利权，原因可能是审查人员工作经验的局限或技术文献检索的遗漏。

对于实用新型和外观设计专利，我国专利法规定对实用新型和外观设计专利申请实行初步审查制，因此，有大量不符合专利法相关规定的实用新型和外观设计申请也获得了专利权。

而在侵害专利权诉讼中，经国家专利行政部门授予的专利权，非经法定程序宣告无效的，均被推定为有效。因此，侵害专利权诉讼中的被告如果认为原告所持有的专利不符合专利法的授权条件，只能通过法定程序请求宣告专利权无效，从而达到不承担侵权责任的目的。

研究样本分析，80 件侵害发明专利权案件中，被告进行抗辩的案件数量为 17 件，占比 21.25%；30 件侵害实用新型专利权案件中，被告进行抗辩的案件数量为 12 件，占比 40%；61 件侵害外观设计专利权案件中，被告进行抗辩的案件数量为 2 件，占比 3.3%。总体而言，被告提起专利无效抗辩的案件比例较低。

九、技术鉴定

根据《民事诉讼法》第七十六条规定，当事人可以就查明事实的专门性问题向人民法院申请鉴定。当事人未申请鉴定，人民法院对专门性问题认为需要鉴定的，应当委托具备资格的鉴定人进行鉴定。

研究选取的 80 件发明纠纷案件及 30 件实用新型纠纷案件中，涉及技术鉴定的案件仅有两件，通过双方当事人进行质证程序，法院采纳了鉴定结论。

十、二审判决书的判决结果分析

在 191 份二审判决书中，维持一审判决的高达 173 份，占比约为 90.6%。

	维持一审	二审改判
案件数量	173	18
占比	90.6%	9.4%

研究选取的 191 份二审判决书中，维持一审判决的高达 173 份，占比约为 90.6%。研究样本显示二审改判率非常低。建议当事人应高度重视一审。

在一审期间，充分举证、积极应对、力争有利的一审结果。

《民事诉讼法》第一百七十条规定，第二审人民法院改判的情形为：

1. 原判决认定事实错误或适用法律错误。

2. 原判决认定基本事实不清。

在 18 件改判的案件中，法院均适用第 1 种情形进行改判，其中部分案件是因涉案专利权在二审期间被宣告无效而裁定撤销一审判决的。

（2018）京民终 218 号判决书：在侵犯专利权诉讼中，既要依法保护专利权人的合法权利，也要避免因专利权的不稳定给当事人及社会公众造成影响，以保障正常的市场交易秩序。本案中，暖捷公司依据涉案专利的权利要求 1 提起侵权诉讼，原审判决据此支持了暖捷公司的侵权指控。但在本案二审期间，涉案专利的专利权已经被国家知识产权局专利复审委员会依法宣告全部无效。即便暖捷公司已经针对第 35309 号决定提起行政诉讼，涉案专利也已经处于不稳定状态，故应裁定驳回暖捷公司的起诉。当然，如果有新的证据表明涉案专利的权利要求 1 被依法维持有效，暖捷公司可以根据新的证据重新提起侵权诉讼。依据上述规定，本案不属于必须中止审理的情形，故本院对暖捷公司中止审理的请求不予支持。综上，本院裁定撤销北京知识产权法院（2016）京 73 民初 798 号民事判决。

（2018）京民终 507 号判决书：本案中，北京双武天衣公司依据涉案专利的权利要求 1—5 提起侵权诉讼，原审判决据此支持了北京双武天衣公司的侵权指控。但在本案二审期间，涉案专利已经被专利复审委员会依法宣告全部无效。即便北京双武天衣公司已经针对第 37209 号决定提起行政诉讼，涉案专利也已经处于不稳定状态，故应裁定驳回北京双武天衣公司的起诉。如果有新的证据表明涉案专利的权利要求 1 – 5 被依法维持有效，北京双武天衣公司可以根据新的证据重新提起侵权诉讼。综上，本院裁定撤销北京知识产权法院（2017）京 73 民初 375 号民事判决。

附判决书案号：

一审：

（2015）京知民初字第 1277 号	（2015）京知民初字第 1194 号
（2015）京知民初字第 1300 号	（2013）一中民初字第 13233 号
（2015）京知民初字第 973 号	（2016）京 73 民初 50 号
（2015）京知民初字第 1764 号	（2016）京 73 民初 53 号
（2015）京知民初字第 972 号	（2016）京 73 民初 49 号
（2015）京知民初字第 1340 号	（2015）京知民初字第 1833 号
（2015）京知民初字第 711 号	（2016）京 73 民初 603 号
（2014）京知民初字第 24 号	（2016）京 73 民初 604 号

（2015）京知民初字第 498 号
（2015）京知民初字第 1898 号
（2015）京知民初字第 1220 号
（2016）京 73 民初 219 号
（2016）京 73 民初 220 号
（2015）京知民初字第 907 号
（2015）京知民初字第 1888 号
（2015）京知民初字第 3 号
（2015）京知民初字第 4 号
（2015）京知民初字第 5 号
（2017）京 73 民初 557 号
（2015）京知民初字第 263 号
（2015）京知民初字第 00975 号
（2016）京 73 民初 484 号
（2016）京 73 民初 590 号
（2016）京 73 民初 798 号
（2017）京 73 民初 101 号
（2015）京知民初字第 287 号
（2016）京 73 民初 571 号
（2016）京 73 民初 581 号
（2015）京知民初字第 967 号
（2015）京知民初字第 1134 号
（2015）京知民初字第 968 号
（2016）京 73 民初 276 号
（2016）京 73 民初 960 号
（2017）京 73 民初 207 号
（2016）京 73 民初 959 号
（2016）京 73 民初 961 号
（2016）京 73 民初 48 号
（2016）京 73 民初 47 号
（2016）京 73 民初 46 号
（2016）京 73 民初 45 号
（2014）一中民（知）初字第 6912 号
（2016）京 73 民初 247 号
（2017）京 73 民初 190 号
（2017）京 73 民初 73 号
（2017）京 73 民初 348 号
（2017）京 73 民初 349 号
（2017）京 73 民初 1247 号
（2017）京 73 民初 1246 号
（2015）京知民初字第 1794 号
（2015）京知民初字第 1459 号
（2017）京 73 民初 113 号
（2017）京 73 民初 79 号
（2017）京 73 民初 80 号
（2017）京 73 民初 78 号
（2015）京知民初字第 1575 号
（2016）京 73 民初 141 号
（2015）京知民初字第 1192 号
（2015）京知民初字第 1190 号
（2015）京知民初字第 1191 号
（2015）京知民初字第 1193 号
（2016）京 73 民初 621 号
（2017）京 73 民初 133 号
（2017）京 73 民初 131 号
（2017）京 73 民初 130 号

（2017）京 73 民初 244 号
（2017）京 73 民初 243 号
（2017）京 73 民初 99 号
（2016）京 73 民初 639 号
（2016）京 73 民初 68 号
（2016）京 73 民初 69 号
（2014）京知民初字第 46 号
（2017）京 73 民初 134 号
（2017）京 73 民初 132 号
（2014）京知民初字第 45 号
（2017）京 73 民初 129 号
（2016）京 73 民初 1124 号
（2015）京知民初字第 1788 号
（2017）京 73 民初 143 号
（2017）京 73 民初 142 号
（2017）京 73 民初 1255 号
（2016）京 73 民初 1095 号
（2016）京 73 民初 1168 号
（2017）京 73 民初 568 号
（2015）京知民初字第 2097 号
（2015）京知民初字第 1950 号
（2016）京 73 民初 283 号
（2016）京 73 民初 1125 号
（2016）京 73 民初 1123 号
（2016）京 73 民初 1123 号
（2016）京 73 民初 1178 号
（2016）京 73 民初 1181 号
（2016）京 73 民初 1169 号
（2017）京 73 民初 71 号
（2017）京 73 民初 74 号
（2017）京 73 民初 455 号
（2017）京 73 民初 375 号
（2017）京 73 民初 372 号
（2017）京 73 民初 373 号
（2016）京 73 民初 994 号
（2016）京 73 民初 120 号
（2015）京知民初字第 2453 号
（2015）京知民初字第 1943 号
（2015）京知民初字第 1937 号
（2015）京知民初字第 1938 号
（2015）京知民初字第 1734 号
（2015）京知民初字第 1143 号
（2015）京知民初字第 1602 号
（2017）京 73 民初 1578 号
（2017）京 73 民初 1584 号
（2016）京 73 民初 279 号
（2017）京 73 民初 278 号
（2018）京 73 民初 163 号
（2017）京 73 民初 492 号
（2017）京 73 民初 491 号
（2017）京 73 民初 493 号
（2016）京 73 民初 602 号
（2017）京 73 民初 1745 号
（2017）京 73 民初 1622 号
（2015）京知民初字第 1610 号
（2016）京 73 民初 521 号

（2015）京知民初字第 1207 号
（2016）京 73 民初 1139 号
（2015）京知民初字第 1607 号
（2016）京 73 民初 1140 号
（2016）京 73 民初 1130 号
（2014）京知民初字第 11 号
（2015）京知民初字第 1674 号
（2015）京知民初字第 707 号
（2015）京知民初字第 716 号
（2015）京知民初字第 1848 号
（2016）京 73 民初 480 号
（2016）京 73 民初 1217 号
（2016）京 73 民初 147 号
（2016）京 73 民初 1129 号
（2016）京 73 民初 1128 号
（2016）京 73 民初 1127 号
（2016）京 73 民初 263 号
（2015）京知民初字第 1057 号
（2016）京 73 民初 284 号
（2015）京知民初字第 1579 号
（2015）京知民初字第 902 号
（2017）京 73 民初 1686 号
（2017）京 73 民初 1257 号
（2017）京 73 民初 44 号
（2017）京 73 民初 1621 号
（2018）京 73 民初 161 号
（2018）京 73 民初 287 号
（2017）京 73 民初 357 号
（2017）京 73 民初 356 号
（2017）京 73 民初 140 号
（2017）京 73 民初 1873 号
（2015）京知民初字第 1765 号
（2016）京 73 民初 475 号
（2017）京 73 民初 1419 号
（2017）京 73 民初 1874 号
（2017）京 73 民初 1875 号
（2018）京 73 民初 159 号
（2017）京 73 民初 100 号
（2017）京 73 民初 1582 号
（2017）京 73 民初 43 号
（2017）京 73 民初 53 号
（2017）京 73 民初 52 号
（2015）京知民初字第 1705 号

二审：

（2016）京民终 58 号
（2016）京民终 223 号
（2016）京民终 156 号
（2016）京民终 199 号
（2018）京民终 498 号
（2017）京民终 454 号
（2018）京民终 181 号
（2018）京民终 536 号

（2016）京民终 253 号
（2016）京民终 221 号
（2016）京民终 152 号
（2016）京民终 155 号
（2015）高民（知）终字第 4712 号
（2016）京民终 222 号
（2016）京民终 269 号
（2016）京民终 245 号
（2016）京民终 158 号
（2016）京民终 157 号
（2016）京民终 153 号
（2016）京民终 151 号
（2016）京民终 206 号
（2016）京民终 237 号
（2016）京民终 238 号
（2016）京民终 154 号
（2016）京民终 239 号
（2016）京民终 216 号
（2016）京民终 108 号
（2015）高民（知）终字第 4324 号
（2016）京民终 57 号
（2016）京民终 36 号
（2016）京民终 162 号
（2016）京民终 501 号
（2016）京民终 215 号
（2016）京民终 312 号
（2015）京知民终字第 2437 号
（2015）京知民初字第 612 号
（2018）京民终 530 号
（2018）京民终 529 号
（2018）京民终 531 号
（2018）京民终 532 号
（2018）京民终 556 号
（2018）京民终 574 号
（2018）京民终 525 号
（2018）京民终 480 号
（2018）京民辖终 86 号
（2018）京民辖终 85 号
（2018）京民终 564 号
（2018）京民辖终 225 号
（2018）京民辖终 216 号
（2018）京民辖终 218 号
（2018）京民终 489 号
（2018）京民辖终 70 号
（2018）京民辖终 199 号
（2018）京民终 554 号
（2018）京民终 474 号
（2018）京民辖终 193 号
（2018）京民辖终 194 号
（2018）京民辖终 189 号
（2018）京民辖终 191 号
（2018）京民终 152 号
（2018）京民辖终 180 号
（2018）京民辖终 108 号
（2018）京民辖终 91 号
（2018）京民辖终 156 号

（2015）京知民初字第 1674 号
（2014）一中民初字第 838 号
（2016）京 73 民初 306 号
（2015）京知民初字第 47 号
（2015）京知民初字第 2160 号
（2015）京知民初字第 1298 号
（2016）京 73 民初 574 号
（2016）京 73 民初 45 号
（2016）京 73 民初 46 号
（2016）京 73 民初 603 号
（2015）京知民初字第 1837 号
（2015）京知民初字第 7 号
（2016）京 73 民初 604 号
（2015）京知民初字第 45 号
（2015）京知民初字第 48 号
（2015）京知民初字第 49 号
（2015）京知民初字第 50 号
（2015）京知民初字第 46 号
（2015）京知民初字第 42 号
（2015）京知民初字第 43 号
（2015）京知民初字第 52 号
（2015）京知民初字第 2229 号
（2015）京知民初字第 2227 号
（2015）京知民初字第 2226 号
（2015）京知民初字第 2228 号
（2016）京 73 民初 65 号
（2015）京知民初字第 828 号
（2015）京知民初字第 1464 号
（2018）京民辖终 126 号
（2018）京民终 227 号
（2018）京民终 228 号
（2018）京民辖终 128 号
（2018）京民辖终 127 号
（2018）京民辖终 131 号
（2018）京民辖终 129 号
（2018）京民辖终 132 号
（2018）京民辖终 130 号
（2018）京民辖终 133 号
（2018）京民辖终 125 号
（2018）京民辖终 124 号
（2018）京民辖终 137 号
（2018）京民辖终 141 号
（2018）京民辖终 143 号
（2018）京民辖终 142 号
（2018）京民辖终 140 号
（2018）京民辖终 139 号
（2018）京民辖终 135 号
（2018）京民辖终 136 号
（2018）京民辖终 134 号
（2018）京民辖终 138 号
（2018）京民终 168 号
（2018）京民终 157 号
（2018）京民终 165 号
（2018）京民终 158 号
（2018）京民终 156 号
（2018）京民辖终 80 号

（2015）京知民初字第 1462 号
（2015）京知民初字第 1465 号
（2015）京知民初字第 1466 号
（2015）京知民初字第 1463 号
（2014）京知民初字第 93 号
（2015）京知民初字第 1005 号
（2015）京知民初字第 1302 号
（2013）一中民初字第 8595 号
（2014）京知民初字第 65 号
（2018）京民终 4 号
（2018）京民终 565 号
（2018）京民终 557 号
（2018）京民辖终 182 号
（2018）京民辖终 240 号
（2018）京民终 466 号
（2018）京民终 467 号
（2018）京民终 470 号
（2018）京民终 469 号
（2018）京民辖终 183 号
（2018）京民辖终 173 号
（2018）京民辖终 175 号
（2018）京民辖终 164 号
（2018）京民终 219 号
（2018）京民辖终 78 号
（2018）京民辖终 21 号
（2018）京民辖终 3 号
（2018）京民辖终 79 号
（2018）京民终 173 号
（2018）京民辖终 75 号
（2018）京民终 184 号
（2017）京民终 436 号
（2018）京民终 187 号
（2018）京民终 11 号
（2018）京民终 20 号
（2017）京民终 734 号
（2018）京民终 2 号
（2018）京民辖终 18 号
（2018）京民辖终 13 号
（2018）京民辖终 10 号
（2017）京民辖终 514 号
（2018）京民辖终 14 号
（2018）京民辖终 15 号
（2018）京民终 164 号
（2018）京民终 163 号
（2018）京民终 162 号
（2018）京民终 515 号
（2018）京民辖终 69 号
（2018）京民辖终 197 号
（2018）京民终 447 号
（2018）京民终 446 号
（2018）京民终 214 号
（2018）京民辖终 110 号
（2018）京民辖终 72 号

上海知识产权诉讼报告 2019

统计说明

1. 为统计的准确和一致，主要采集生效判决；

2. 采集判决总数共计 1135 份，其中侵害著作权案件判决书 300 份（2016 年、2017 年和 2018 年各 100 件）；侵害商标权案件判决书 447 份（一审 300 件、二审 147 件）；侵害专利权案件判决书 388 份（一审 177 份、二审 111 份）。因法院通过网站上传判决书具有随机性，故基于随机选取的上述判决书内容而采集的数据不一定综合或平均反映各类案件的情况；

3. 数据计算仅保留个位；金额均为人民币，单位均为元；

4. 因研究项目采集量较大，据以统计的部分判决数摘录可能存在误差。尽管研究过程中已采取有效手段控制，囿于研究水平限制，谬误难免存在。敬请阅览指正。

判决书来源：首都律师　北大法宝 bjlx. pkulaw. cn/case/bjlx；知产宝 www. iphouse. cn。

侵害商标权案件判决书分析报告

一、案件类型（案由）

研究采集2016年、2017年、2018年共计447份判决书，其中，一审判决书300份，二审判决书147份。为便于比较分析，本报告仅分析一审判决中的主要信息，对二审判决仅分析判决结果。

侵害商标权案件的案由主要有两类，即侵害商标权纠纷和侵害商标专用权及不正当竞争纠纷。研究采集的一审判决书中，侵害商标权纠纷案件为266件，占比89.9%；侵害商标专用权及不正当竞争纠纷案件为34件，占比10.1%。

	侵害商标权纠纷	侵害商标专用权及不正当竞争纠纷
数量(件)	266	34
占比	89.9%	10.1%

二、当事人涉外案件的情况

	原告	被告
涉外(件)	20	3
非涉外(件)	280	297

研究选取的300份一审判决书中，原告涉外的案件共有20件，被告涉外案件有3件。

这一统计结论表明，当事人涉外的侵害商标权案件中，中国当事人一般充当被告，说明我国市场主体对知识产权品牌意识尚不重视，傍名牌、搭便车的现象仍大量存在。侵害外国企业商标权是中国目前的市场问题，探究原因，大致有以下几点：高额利润诱惑；现行政策法规尚不完善，执法力度有待加强；消费者看重品牌价值，忽略产品质量本身。

三、原告聘请律师的情况

	聘请律师	未聘请
数量(件)	290	10

研究选取的 300 份一审判决书中，原告聘请律师参与诉讼的案件共有 290 件，占比为 96.7%。

四、涉及驰名商标的情况

	涉及驰名商标	未涉及驰名商标
数量(件)	53	247

研究选取的 300 份一审判决书中，涉及驰名商标的共有 53 件，占比约为 17.7%。

涉及驰名商标的 53 件案件中，其中有 53 件案件法院均判定被告实施了侵权行为，应承担原告的经济损失。

商标是否驰名对被告是否实施侵权行为的认定有一定影响。择取典型判决书中的两段：（2018）沪 0115 民初 34136 号：

“被告在相同服务上使用与原告注册商标近似的商标，同时考虑到原告的商标在足浴行业具有较高的知名度，被告的行为容易导致相关公众误认为其经过原告许可或原告存在其他关系，构成商标侵权。”

在确定赔偿数额中也会考虑其商标的驰名度，“鉴于原告在被侵权所受到的实际损失及被告因侵权所获得的利益均难以确定，考虑到本案侵权行为与加盟合同中权利义务存在一定区别、原先注册商标的知名度、被告的经营时间及线上销售金额、足浴行业的合理利润率、被告主观过错等因素酌情确定。”

五、原告的诉讼请求与法院判决的情况

侵犯商标权案件中，原告的诉讼请求主要有三种——停止侵权、消除影响及赔偿损失。就此三种诉讼请求分析如下：

停止侵权

	法院支持	法院未支持
数量(件)	244	24

侵权诉讼中，原告请求法院停止侵权是最主要的诉讼请求。法院确定被告实施了侵权行为后，一般都会支持停止侵权的诉讼请求。

研究选取的 300 份一审判决书中，原告请求停止侵权的案件共有 268 件，法院判决停止侵权的案件有 244 件，占比约为 91.0%。

法院确认被告有侵权行为的，有时却不会判决停止侵权，或因侵权事实已不存在，或因已进行行政处罚并没收侵权商品。择取判决书中的典型论述分析：

1. （2018）沪 0110 民初 7572 号判决书认为：“因被告证据证明涉案 APP 已经下架，在原告不能提供相反证据的情况下，对于原告的该项诉讼请求本院不予支持。”

2. （2018）沪 0107 民初 16037 号判决书认为：“因侵权产品已被上海市嘉定区市场监督管理局没收，故对原告安徽古井贡酒股份有限公司要求被告上海斌阳商贸有限公

司立即停止侵权的诉讼请求不予支持。”

消除影响

	法院支持	法院未支持
数量(件)	20	25

研究选取的 300 份一审判决书中，原告请求消除影响的案件有 45 件，法院判决消除影响的案件有 20 件，占比约为 44.4%。

当被告对原告注册商标的商誉带来负面影响时，法院会支持消除影响的诉讼请求。择取判决书中的典型论述分析：

（2018）沪 0104 民初 4716 号判决书：“关于消除影响的诉讼请求，如前所述，两被告同时实施了商标侵权和不正当竞争行为，投诉邮件和新闻报道表明上述侵权行为已经造成了相关公众的混淆，误认为涉案商业行为与腾讯公司存在特定关系或获得其授权，故腾讯公司要求两被告在公开媒体上消除影响，本院予以支持。”

另外，被告如果对承担消除影响的民事责任无异议，法院也会准许。

（2014）闵民三（知）初字第 1630 号判决书：“鉴于两被告对于原告要求其赔礼道歉、消除影响之诉讼请求并无异议，本院对此予以支持；具体的方式，本院根据本案实际予以确定。”

赔偿损失

法院判赔总额(元)	26937498.9
原告索赔总额(元)	113247860.1
判赔比	23.8%

研究选取的 300 份一审判决书中，原告索赔总额为 113247860.1 元，法院判赔总额为 26937498.9 元，判赔比为 23.8%。

按照 2014 年 5 月 1 日起实施的新《商标法》第六十三条规定，侵害商标专用权的赔偿数额的确定方式有四种，即按照权利人因被侵权所受到的实际损失、侵权人因侵权所获得的利益、商标许可使用费的倍数及法定赔偿（300 万元以下）。

其中，法定赔偿的范围由原来的 50 万增加到了 300 万元，并且新增了参照商标许可使用费的倍数确定的方式。研究选取的 300 份一审判决书中，原告索赔超过 50 万元的案件有 53 件，但是判决赔偿数额超过 50 万元的案件有 10 件。

关于合理费用的判决，根据《最高人民法院关于审理商标民事纠纷案件适用法律若干问题的解释》第十七条的规定，合理费用涉及对侵权行为进行调查、取证的合理费用及律师费等费用。

除上述三类主要的诉讼请求外，也有部分原告会提出赔礼道歉的诉讼请求，但法院基本不会支持这一诉讼请求。

赔礼道歉的民事责任主要适用侵犯人身权的场合，而商标权是一种财产性质的权利，不应适用赔礼道歉的民事责任。

权利人提出此种诉讼请求是为了恢复因侵权行为造成相关公众对其商标的不当影响，应当提出消除影响的诉讼请求而不是赔礼道歉。因此在商标侵权案件中，即使侵权成立也不应判令被控侵权人承担赔礼道歉的民事责任。

择取判决书中的典型论述分析：

(2017) 沪 0112 民初 28343 号判决书："赔礼道歉是一种针对侵害人格权的责任承担方式，而公开赔礼道歉应是在被侵权人为自然人，且侵权行为既造成对被侵权人社会评价的降低，也造成被侵权人自我感受屈辱的情形下适用。"

驳回诉讼请求的情况

研究选取的 300 份一审判决书中，共有 19 份判决书驳回了原告的诉讼请求，占比约为 17.5%。

统计的案件中涉及驳回请求理由类型主要为以下五种：

1. 商品不类似。

(2014) 沪高民三（知）初字第 1 号判决书：被诉侵权手机芯片商品与原告核定服务项目通讯服务不构成类似商品和服务，原告关于被告在类似服务上使用与原告相同及近似商标构成商标侵权的主张，缺乏法律规定的构成要件，不能成立。

2. 证据不足。

(2017) 沪 0115 民初 85618 号判决书：本院综合以下证据认定，被告并非虚拟货币飞币的发某方，19800 网是虚拟货币交易平台。首先，飞币的官方网站为币飞网（域名：bitfid. com)，该网站的经营者为案外人广州美聚公司。其次，19800 网发布的《关于下架飞币的公告》，通知用户至币飞网退币。最后，相关媒体报道中，亦称 19800 网为交易平台。

3. 非商标性使用。

(2018) 沪 0115 民初 44357 号判决书：被告在对产品介绍中使用带有商标的产品图片及带有"沁园"二字的文字都是为了展示和宣传原告的"沁园"系列产品，并无主观恶意，这种使用行为并没有破坏商标识别商品来源的主要功能，系合理的指示性使用，不构成商标侵权。

4. 涉外定牌加工。

(2018) 沪 0115 民初 30483 号判决书：被告依据合法授权，承接定牌加工业务，在涉案产品上使用含有"KAMPA"字样的商标，并全部销往荷兰的行为不构成对原告注册商标的侵犯。

5. 被告系合理使用、在先使用。

(2018) 沪 0107 民初 8814 号判决书：综上所述，被控侵权标识的文义虽然与原告的注册商标相同，但被告作为"贝儿多爸爸"泡芙品牌及系列商标被许可使用人，已经在先使用了店招中的那些文字。同时，店招中的那些文字，可以被解释为是对其获准使用商标的合理使用。其使用涉案店招的目的，是为了描述自己的商品及指示自己的商品来源，而非将原告注册中的文字用于指示自己的商品来源，客观上也没有引起相关公众对商品来源的误认。

六、二审判决结果

	维持	改判
数量(件)	126	21
占比	85.7%	14.3%

研究选取的 147 份二审判决书中，二审法院维持一审判决的为 126 件，占 85.7%，改判的为 21 件，占 14.3%。

附判决书案号：

一审：

（2018）沪 0115 民初 30483 号
（2018）沪 0101 民初 10119 号
（2018）沪 0101 民初 8238 号
（2017）沪 0104 民初 26613 号
（2018）沪 0101 民初 8239 号
（2018）沪 0115 民初 44357 号
（2018）沪 0115 民初 61599 号
（2018）沪 0104 民初 18930 号
（2018）沪 0115 民初 38422 号
（2018）沪 0104 民初 4716 号
（2018）沪 0107 民初 13942 号
（2018）沪 0110 民初 13074 号
（2018）沪 0115 民初 67121 号
（2018）沪 0115 民初 67116 号
（2018）沪 0115 民初 67119 号
（2018）沪 0115 民初 67122 号
（2018）沪 0115 民初 67117 号
（2018）沪 0110 民初 16053 号
（2018）沪 0115 民初 67118 号
（2017）沪 0115 民初 7804 号
（2017）沪 0112 民初 18387 号
（2017）沪 0104 民初 16822 号
（2017）沪 0104 民初 16823 号
（2017）沪 0115 民初 34621 号
（2017）沪 0112 民初 16568 号
（2017）沪 0104 民初 13911 号
（2017）沪 0115 民初 43150 号
（2017）沪 0115 民初 43154 号
（2017）沪 0115 民初 43158 号
（2017）沪 0107 民初 1406 号
（2016）沪 0115 民初 82168 号
（2017）沪 0115 民初 43146 号
（2017）沪 0104 民初 14545 号
（2017）沪 0115 民初 43156 号
（2017）沪 0115 民初 43159 号
（2014）沪高民三（知）初字第 1 号
（2017）沪 0115 民初 43118 号
（2017）沪 0115 民初 43117 号

（2018）沪 0110 民初 16313 号
（2017）沪 0115 民初 83471 号
（2018）沪 0104 民初 15229 号
（2018）沪 0104 民初 2506 号
（2018）沪 0104 民初 2507 号
（2018）沪 0104 民初 2510 号
（2018）沪 0110 民初 7572 号
（2018）沪 0104 民初 15748 号
（2018）沪 0107 民初 13749 号
（2018）沪 0112 民初 8161 号
（2018）沪 0107 民初 8814 号
（2018）沪 0115 民初 32121 号
（2018）沪 0107 民初 16037 号
（2018）沪 0104 民初 9028 号
（2018）沪 0115 民初 27971 号
（2018）沪 0110 民初 14483 号
（2018）沪 0115 民初 34136 号
（2018）沪 0115 民初 61596 号
（2018）沪 0115 民初 61600 号
（2017）沪 0115 民初 90736 号
（2018）沪 0104 民初 3786 号
（2018）沪 0110 民初 572 号
（2018）沪 0115 民初 28385 号
（2018）沪 0104 民初 11666 号
（2018）沪 0115 民初 38671 号
（2018）沪 0115 民初 38670 号
（2018）沪 0115 民初 38676 号
（2017）沪 0101 民初 29904 号
（2017）沪 0104 民初 13908 号
（2016）沪 0112 民初 18054 号
（2017）沪 0101 民初 17204 号
（2017）沪 0110 民初 1166 号
（2017）沪 0115 民初 43149 号
（2017）沪 0101 民初 17203 号
（2017）沪 0101 民初 17199 号
（2017）沪 0115 民初 25439 号
（2017）沪 0107 民初 4704 号
（2017）沪 0104 民初 6369 号
（2016）沪 0101 民初 27253 号
（2017）沪 0115 民初 37477 号
（2017）沪 0115 民初 37474 号
（2016）沪 0115 民初 81254 号
（2017）沪 0115 民初 7398 号
（2017）沪 0104 民初 6105 号
（2017）沪 0115 民初 37494 号
（2016）沪 0107 民初 25044 号
（2017）沪 0107 民初 1188 号
（2016）沪 0115 民初 39365 号
（2017）沪 0112 民初 9151 号
（2017）沪 0112 民初 9154 号
（2017）沪 0115 民初 26286 号
（2016）沪 0110 民初 17199 号
（2017）沪 0115 民初 31898 号
（2016）沪 0110 民初 20617 号
（2016）沪 0112 民初 7275 号
（2017）沪 0115 民初 34245 号

（2017）沪 0107 民初 27781 号
（2017）沪 0115 民初 97062 号
（2018）沪 0115 民初 28953 号
（2018）沪 0115 民初 28952 号
（2018）沪 0104 民初 7760 号
（2018）沪 0104 民初 7688 号
（2018）沪 0104 民初 7679 号
（2017）沪 0104 民初 13389 号
（2018）沪 0110 民初 7833 号
（2018）沪 0110 民初 5038 号
（2017）沪 0115 民初 47746 号
（2017）沪 0115 民初 47398 号
（2017）沪 0115 民初 93540 号
（2018）沪 0107 民初 8659 号
（2018）沪 0104 民初 849 号
（2018）沪 0104 民初 5711 号
（2018）沪 0115 民初 29422 号
（2018）沪 0104 民初 1241 号
（2018）沪 0115 民初 28912 号
（2017）沪 0104 民初 14769 号
（2017）沪 0107 民初 1185 号
（2017）沪 0112 民初 28343 号
（2018）沪 0107 民初 8662 号
（2018）沪 0107 民初 8661 号
（2018）沪 0112 民初 9795 号
（2017）沪 0101 民初 22455 号
（2017）沪 0115 民初 76951 号
（2016）沪 0107 民初 26906 号
（2016）沪 0115 民初 52008 号
（2016）沪 0112 民初 19166 号
（2016）沪 0107 民初 22634 号
（2015）普民三（知）初字第 403 号
（2015）普民三（知）初字第 404 号
（2015）普民三（知）初字第 401 号
（2015）普民三（知）初字第 402 号
（2015）普民三（知）初字第 406 号
（2015）普民三（知）初字第 405 号
（2016）沪 0112 民初 29309 号
（2016）沪 0112 民初 29310 号
（2016）沪 0107 民初 24694 号
（2016）沪 0107 民初 23196 号
（2016）沪 0107 民初 23212 号
（2016）沪 0107 民初 17721 号
（2016）沪 0110 民初 13136 号
（2016）沪 0110 民初 13139 号
（2016）沪 0115 民初 56492 号
（2016）沪 0112 民初 25906 号
（2016）沪 0110 民初 10232 号
（2016）沪 0107 民初 12986 号
（2016）沪 0115 民初 58370 号
（2016）沪 0107 民初 19805 号
（2016）沪 0115 民初 27091 号
（2016）沪 0107 民初 19799 号
（2015）徐民三（知）初字第 955 号
（2016）沪 0112 民初 3215 号
（2016）沪 0110 民初 6893 号

（2018）沪 0107 民初 6070 号
（2017）沪 0110 民初 24053 号
（2017）沪 0110 民初 19696 号
（2017）沪 0101 民初 22453 号
（2016）沪 0101 民初 24718 号
（2018）沪 0101 民初 4074 号
（2017）沪 0101 民初 22456 号
（2017）沪 0115 民初 85618 号
（2018）沪 0104 民初 845 号
（2017）沪 0107 民初 15454 号
（2017）沪 0112 民初 18402 号
（2018）沪 0104 民初 2500 号
（2018）沪 0104 民初 2503 号
（2017）沪 0115 民初 80736 号
（2018）沪 0104 民初 848 号
（2018）沪 0104 民初 858 号
（2018）沪 0104 民初 851 号
（2018）沪 0104 民初 842 号
（2018）沪 0104 民初 853 号
（2017）沪 0112 民初 578 号
（2018）沪 0104 民初 850 号
（2017）沪 0115 民初 78825 号
（2017）沪 0115 民初 78824 号
（2017）沪 0115 民初 78822 号
（2017）沪 0115 民初 78821 号
（2017）沪 0115 民初 5913 号
（2017）沪 0107 民初 10981 号
（2017）沪 0112 民初 32748 号
（2015）闵民三（知）初字第 1047 号
（2016）沪 0101 民初 23206 号
（2016）沪 0104 民初 24685 号
（2016）沪 0104 民初 24084 号
（2016）沪 0104 民初 24086 号
（2015）沪知民初字第 58 号
（2015）沪知民初字第 339 号
（2016）沪 0115 民初 24008 号
（2016）沪 0115 民初 48520 号
（2016）沪 0115 民初 48515 号
（2016）沪 0112 民初 19368 号
（2016）沪 0112 民初 19369 号
（2016）沪 0107 民初 2532 号
（2015）黄浦民三（知）初字第 50 号
（2015）黄浦民三（知）初字第 49 号
（2015）黄浦民三（知）初字第 48 号
（2016）沪 0112 民初 6559 号
（2016）沪 0112 民初 6394 号
（2016）沪 0107 民初 12984 号
（2016）沪 0115 民初 36568 号
（2016）沪 0115 民初 27894 号
（2016）沪 0107 民初 12983 号
（2016）沪 0107 民初 12988 号
（2016）沪 0115 民初 33080 号
（2016）沪 0107 民初 12989 号
（2016）沪 0107 民初 1895 号
（2016）沪 0107 民初 1892 号
（2016）沪 0107 民初 9599 号

（2017）沪 0115 民初 43119 号
（2017）沪 0112 民初 5614 号
（2017）沪 0107 民初 23192 号
（2017）沪 0115 民初 76783 号
（2017）沪 0104 民初 3824 号
（2017）沪 0115 民初 43160 号
（2017）沪 0115 民初 43155 号
（2017）沪 0112 民初 2787 号
（2017）沪 0112 民初 2788 号
（2017）沪 0101 民初 26193 号
（2017）沪 0104 民初 14546 号
（2017）沪 0115 民初 76785 号
（2017）沪 0115 民初 76784 号
（2017）沪 0104 民初 14544 号
（2017）沪 0104 民初 14543 号
（2017）沪 0104 民初 14541 号
（2017）沪 0104 民初 14542 号
（2017）沪 0101 民初 29353 号
（2017）沪 0115 民初 68396 号
（2017）沪 0115 民初 65881 号
（2017）沪 0101 民初 13375 号
（2017）沪 0112 民初 25124 号
（2017）沪 0115 民初 64181 号
（2017）沪 0112 民初 25601 号
（2017）沪 0104 民初 6878 号
（2017）沪 0104 民初 8991 号
（2017）沪 0104 民初 19391 号
（2017）沪 0115 民初 43489 号
（2016）沪 0104 民初 13909 号
（2016）沪 0112 民初 6388 号
（2016）沪 0112 民初 6393 号
（2016）沪 0112 民初 3210 号
（2016）沪 0112 民初 3216 号
（2015）黄浦民三（知）初字第 34 号
（2015）黄浦民三（知）初字第 127 号
（2015）普民三（知）初字第 298 号
（2016）沪 0115 民初 20636 号
（2016）沪 0107 民初 12980 号
（2016）沪 0115 民初 36570 号
（2016）沪 0107 民初 12979 号
（2016）沪 0107 民初 12976 号
（2016）沪 0107 民初 12985 号
（2016）沪 0107 民初 12981 号
（2015）闵民三（知）初字第 1182 号
（2016）沪 0110 民初 3421 号
（2016）沪 0112 民初 3189 号
（2016）沪 0112 民初 11406 号
（2016）沪 0112 民初 11404 号
（2016）沪 0112 民初 11405 号
（2016）沪 0115 民初 27889 号
（2016）沪 0115 民初 27892 号
（2016）沪 0115 民初 31028 号
（2016）沪 0115 民初 29900 号
（2015）徐民三（知）初字第 725 号
（2016）沪 0104 民初 13589 号
（2014）闵民三（知）初字第 1630 号

(2017）沪 0110 民初 12891 号
(2017）沪 0110 民初 12892 号
(2017）沪 0110 民初 12890 号
(2017）沪 0107 民初 15475 号
(2017）沪 0115 民初 47635 号
(2017）沪 0107 民初 10505 号
(2017）沪 0112 民初 7202 号
(2016）沪 0101 民初 26554 号
(2017）沪 0115 民初 26985 号
(2017）沪 0107 民初 10769 号
(2017）沪 0104 民初 19429 号
(2014）沪高民三（知）初字第 2 号
(2017）沪 0104 民初 17861 号
(2017）沪 0104 民初 17863 号
(2017）沪 0104 民初 17860 号
(2016）沪 0101 民初 25102 号
(2016）沪 0101 民初 26135 号
(2017）沪 0104 民初 14804 号
(2017）沪 0110 民初 2551 号
(2016）沪 0115 民初 2438 号
(2016）沪 0110 民初 6753 号
(2015）杨民三（知）初字第 694 号
(2016）沪 0101 民初 13047 号
(2016）沪 0104 民初 12427 号
(2016）沪 0110 民初 8388 号
(2015）闵民三（知）初字第 988 号
(2015）普民三（知）初字第 766 号
(2016）沪 0115 民初 27928 号
(2015）徐民三（知）初字第 719 号
(2015）徐民三（知）初字第 728 号
(2015）浦民三（知）初字第 1102 号
(2015）徐民三（知）初字第 721 号
(2015）徐民三（知）初字第 720 号
(2015）徐民三（知）初字第 1018 号
(2015）徐民三（知）初字第 726 号
(2015）徐民三（知）初字第 722 号
(2015）徐民三（知）初字第 788 号
(2015）徐民三（知）初字第 723 号

二审：

(2016）沪 73 民终 205 号
(2016）沪 73 民终 286 号
(2015）沪知民终字第 637 号
(2015）沪知民终字第 754 号
(2015）沪知民终字第 522 号
(2016）沪 73 民终 78 号
(2016）沪 73 民终 196 号
(2017）沪 73 民终 11 号
(2017）沪 73 民终 39 号
(2017）沪 73 民终 21 号
(2017）沪 73 民终 68 号
(2016）沪 73 民终 37 号
(2016）沪民终 339 号
(2016）沪 73 民终 331 号

（2016）沪 73 民终 208 号
（2015）沪知民终字第 93 号
（2016）沪 73 民终 210 号
（2016）沪 73 民终 247 号
（2016）沪 73 民终 197 号
（2016）沪 73 民终 74 号
（2016）沪 73 民终 14 号
（2015）沪知民终字第 211 号
（2016）沪 73 民终 50 号
（2016）沪 73 民终 137 号
（2016）沪 73 民终 203 号
（2016）沪 73 民终 206 号
（2016）沪 73 民终 226 号
（2016）沪 73 民终 262 号
（2016）沪 73 民终 209 号
（2016）沪 73 民终 246 号
（2016）沪 73 民终 221 号
（2016）沪 73 民终 103 号
（2016）沪 73 民终 204 号
（2016）沪 73 民终 122 号
（2016）沪 73 民终 265 号
（2017）沪 73 民终 174 号
（2017）沪 73 民终 263 号
（2017）沪 73 民终 281 号
（2017）沪 73 民终 267 号
（2017）沪 73 民终 296 号
（2017）沪 73 民终 285 号
（2017）沪 73 民终 272 号
（2016）沪 73 民终 309 号
（2016）沪 73 民终 310 号
（2016）沪 73 民终 104 号
（2016）沪 73 民终 355 号
（2016）沪 01 民终 12939 号
（2018）沪 73 民终 289 号
（2018）沪 73 民终 222 号
（2017）沪民终 350 号
（2018）沪 73 民终 427 号
（2018）沪 73 民终 378 号
（2016）沪 73 民终 311 号
（2018）沪 73 民终 140 号
（2018）沪 73 民终 409 号
（2018）沪 73 民终 387 号
（2018）沪 73 民终 374 号
（2018）沪 73 民终 393 号
（2018）沪 73 民终 360 号
（2018）沪 73 民终 35 号
（2018）沪 73 民终 400 号
（2018）沪 73 民终 265 号
（2018）沪 73 民终 219 号
（2018）沪 73 民终 283 号
（2018）沪 73 民终 266 号
（2018）沪 73 民终 358 号
（2018）沪 73 民终 306 号
（2018）沪 73 民终 173 号
（2018）沪 73 民终 388 号
（2018）沪 73 民终 331 号

（2017）沪 73 民终 271 号
（2017）沪 73 民终 298 号
（2017）沪民终 342 号
（2017）沪 73 民终 209 号
（2017）沪 73 民终 254 号
（2017）沪 73 民终 243 号
（2017）沪 73 民终 207 号
（2017）沪 73 民终 244 号
（2017）沪 73 民终 233 号
（2017）沪 73 民终 200 号
（2017）沪 73 民终 245 号
（2017）沪 73 民终 216 号
（2017）沪 73 民终 238 号
（2017）沪 73 民终 193 号
（2017）沪 73 民终 192 号
（2017）沪 73 民终 191 号
（2017）沪 73 民终 190 号
（2017）沪 73 民终 189 号
（2017）沪 73 民终 188 号
（2017）沪 73 民终 187 号
（2017）沪 73 民终 27 号
（2017）沪 73 民终 26 号
（2017）沪 73 民终 177 号
（2017）沪 73 民终 230 号
（2017）沪 73 民终 94 号
（2017）沪 73 民终 179 号
（2017）沪 73 民终 180 号
（2017）沪 73 民终 23 号
（2018）沪 73 民终 349 号
（2018）沪 73 民终 278 号
（2018）沪 73 民终 279 号
（2018）沪 73 民终 275 号
（2018）沪 73 民终 277 号
（2018）沪 73 民终 31 号
（2018）沪 73 民终 141 号
（2018）沪 73 民终 252 号
（2018）沪 73 民终 64 号
（2018）沪 73 民终 17 号
（2018）沪 73 民终 242 号
（2018）沪 73 民终 240 号
（2018）沪 73 民终 241 号
（2018）沪 73 民终 239 号
（2018）沪 73 民终 72 号
（2018）沪 73 民终 73 号
（2018）沪 73 民终 78 号
（2018）沪 73 民终 68 号
（2018）沪 73 民终 43 号
（2018）沪 73 民终 41 号
（2018）沪 73 民终 42 号
（2017）沪 73 民终 274 号
（2017）沪 73 民终 275 号
（2017）沪 73 民终 299 号
（2017）沪 73 民终 337 号
（2018）沪 73 民终 55 号
（2017）沪 73 民终 289 号
（2017）沪 73 民终 340 号

(2017) 沪 73 民终 85 号
(2016) 沪 73 民终 341 号
(2017) 沪 73 民终 102 号
(2017) 沪 73 民终 92 号
(2016) 沪 73 民终 207 号
(2017) 沪 73 民终 151 号
(2017) 沪 73 民终 65 号
(2017) 沪 73 民终 57 号
(2017) 沪 73 民终 56 号
(2016) 沪 73 民终 125 号
(2016) 沪 73 民终 245 号
(2017) 沪 73 民终 317 号
(2017) 沪 73 民终 331 号
(2017) 沪 73 民终 286 号
(2018) 沪 73 民终 27 号
(2017) 沪 73 民终 329 号
(2017) 沪 73 民终 334 号
(2017) 沪 73 民终 305 号
(2017) 沪 73 民终 297 号
(2017) 沪 73 民终 293 号
(2017) 沪 73 民终 309 号

侵害著作权案件判决书分析报告

一、审理法院分布

单位：件

合计	浦东	闵行	徐汇	杨浦	黄浦	普陀	知产
300	75	41	108	17	9	37	13
占比	25.0%	13.7%	36.0%	5.7%	3.0%	12.3%	4.3%

分析：

1. 根据2011年4月26日起施行的《上海市高级人民法院关于一审知识产权案件管辖的规定》，目前（2016年3月1日前）可以审理著作权案件的上海法院有：

	管辖法院	管辖区域
上海市第一中级人民法院	浦东新区人民法院	浦东新区
	徐汇区人民法院	徐汇区、松江区、金山区
	闵行区人民法院	闵行区、长宁区、奉贤区
上海市第二中级人民法院	黄浦区人民法院	黄浦区
	杨浦区人民法院	杨浦区、虹口区、闸北区、宝山区、崇明县
	普陀区人民法院	普陀区、静安区、嘉定区、青浦区

2. 管辖范围：诉讼标的在500万元以下以及诉讼标的在500万元以上1000万元以下且当事人住所地均在上海的著作权案件在前述基层法院管辖。

资料来源：上海法院网 http://shfy.chinacourt.org/article/detail/2012/10/id/672123.shtml。

另外，值得注意的是，为了调整知识产权法院成立后的级别管辖以及静安闸北两区“撤二建一”后的地域管辖，经上海市高级人民法院审判委员会讨论通过，上海市高级人民法院制定并发布《上海市高级人民法院关于调整本市法院知识产权民事案件管辖的规定》，根据新规定自2016年3月1日起，可以审理著作权案件的上海法院有：

	管辖法院	管辖区域
知识产权法院	浦东新区人民法院	浦东新区
	黄浦区人民法院	黄浦区、长宁区
	杨浦区人民法院	杨浦区、虹口区、宝山区、崇明县
	徐汇区人民法院	徐汇区、松江区、金山区
	闵行区人民法院	闵行区、奉贤区
	普陀区人民法院	普陀区、静安区、嘉定区、青浦区

管辖范围：

（1）基层法院管辖：除法律和司法解释规定应由知识产权法院管辖的其他所有第一审知识产权民事案件。

（2）知识产权法院管辖：

A 诉讼标的额在 1 亿元以下且当事人一方住所地不在本市或者涉外、涉港澳台的，以及诉讼标的额在 2 亿元以下且当事人住所地均在本市的第一审民事案件；B 对基层人民法院作出的第一审知识产权民事判决、裁定提起上诉的案件；C 对基层人民法院已经发生法律效力的知识产权民事判决、裁定、调解书申请再审的案件。

（3）高级法院管辖：

A 诉讼标的额在 2 亿元以上的，以及诉讼标的额在 1 亿元以上且当事人一方住所地不在本市或者涉外、涉港澳台的第一审民事案件；

B 对知识产权法院作出的第一审民事判决、裁定提起上诉的案件；

C 对知识产权法院已经发生法律效力的民事判决、裁定、调解书申请再审的案件。

资料来源：上海法院网 http：//shfy. chinacourt. org/article/detail/2016/02/id/1809069. shtml。

二、受理案件类型（案由）

单位：件

	信息网络传播权	复制权	计算机软件	录音录像制作者权	发行权	放映权	署名权	表演权	其他
合计 302	129	2	13	32	9	79	1	1	36
占比（按基数 300 件计算）	43.0%	0.6%	4.3%	10.7%	3.0%	26.3%	0.3%	0.3%	12.0%

分析：

1. 根据上海知识产权法院发布的《上海知识产权法院 2018 年知识产权司法保护状况白皮书》，2018 年共受理各类知识产权案件 2067 件，同比增长 1.82%，审结各类案件 2067 件，同比增长 1.77%。其中，著作权案件、专利权案件和计算机软件案件占比最大，分别占收案总数的 29.27%、28.40% 和 19.16%。在受理的一审案件中，专利、计算机软件、技术秘密、技术合同等技术类案件共 1005 件，占一审收案数量的 96.73%。研究采集的 300 件案例，涉及信息网络传播权的案例多达 120 件，占比达 43%。著作权纠纷的大幅上升说明上海文化创意产业尤其是网络信息产业繁荣发展的同时，还存在版权保护与管理的风险和漏洞。在网络信息产业繁荣发展的同时，对著作权的创造者、传播者和使用者而言，建议重视信息网络的作用，在利用网络传播著作权时应善意谨慎，诚信经营，避免侵权。

2. 侵害计算机软件著作权案件所占比重也较大，计算机软件，特别是手机 APP 软件的知识产权保护，已逐渐受到广泛重视。

研究选取的判决书中，未涉及下列案例：广播权、出租权、摄制权等著作财产权以及表演者权、广播组织权等邻接权均没有案件涉及。

三、原告所属地域统计

地域	北京	上海	广东	江浙	涉外（含港澳台）	其他
数量（件）	161	97	15	28	9	9
占比（按基数 300 计算%）	53.7%	32.3%	5.0%	9.3%	3.0%	3.0%

分析：

注：因上海法院网发布的部分案例未明确写明原告名称或所属地域，而仅以“原告某某公司，原告某某”标明，故部分案例的原告所属地域无法统计，并且，部分案例的原告为两个地域的主体，研究所得的数据和比例可能与实际情况有微弱差异。

研究选取的判决书中列明所属地域的，所属北京的原告为 161 件案例，表明北京地区的文化创意产业相对发达，著作权人最多；其次所属上海 97 件；广东地区为 15 件；江浙地区为 28 件；涉外原告（含港澳台）有 9 件；其他地区有 9 件。

四、原被告双方聘请律师的情况

	原告聘请律师案件数量	被告聘请律师案件数量
数量	255	179
占比	85.0%	60.0%

分析：

研究样本中，原告聘请律师的案件有 255 件，被告聘请律师的案件有 179 件，双方聘请律师案件数量均有增长。被告聘请律师比例较低的部分原因，结合实践判断是其基于对侵害著作权案例法院判赔额度的估量，从节省诉讼成本的角度考虑，并没有聘请律师而是指派公司员工出庭应诉。

但加权平均分析，著作权案件聘请律师的比重较大，说明著作权侵权案例具有细分领域和难度分级的特别，需要专业法律服务的支持。

五、诉争标的物种类

电影作品和以类似摄制电影的方法创作的作品（包括电影、电视剧、动画片、综艺节目、纪录片、动漫等）共计 33 件，歌曲（包括音像制品、KTV 侵权）共计 110 件，摄影图片共计 79 件，美术作品（包括雕塑、卡通动画形象）共计 25 件，计算机软件（包括游戏软件、研发过程管理软件）共计 13 件，文学作品（包括图书、说明书、文章等）共计 30 件，图形作品（包括产品设计图、地图、示意图等）共计 1 件，录像制品共计 5 件，汇编作品（网页）共计 1 件，其他共计 3 件。

标的物种类	电影作品和以类似摄制电影的方法创作的作品	歌曲	摄影图片	美术作品	计算机软件	文学作品	图形作品	录像制品	汇编作品（网页）	其他
数量（件）	33	110	66	25	13	30	14	5	1	3
占比	11.0%	36.7%	22.0%	8.3%	4.3%	10.0%	4.7%	1.7%	0.3%	1.0%

六、原告胜诉比例统计及原告败诉原因分析

	原告胜诉	原告败诉
数量(件)	289	11
占案件总数比	96.3%	3.7%

（一）原告胜诉比例统计

300 件案例中，原告胜诉的有 289 件，占比 96.3%。

法院判决驳回原告诉讼请求的有 11 件，占比 3.7%。

（二）原告败诉主要原因分析

1. 在侵害作品信息网络传播权案件中，原告败诉的主要原因是被告符合《信息网络传播权保护条例》规定的免责条件，即被告受到了所谓“避风港”原则的保护。

权利人、网络服务提供者和社会公众要关注新技术的发展，而司法系统应当判断新的信息传播模式和商业模式是“真正的善意”还是“真正的恶意”。对善意的传播模式和商业模式要予以维护和扶持，实现各方共赢；对恶意的要彻底否定并取缔，并严加惩罚。

2. 还有一部分案例是由于原告所提供的证据不足以证明其为涉案作品的权利人，或者其主张也没有相关的事实和法律依据来支撑，比如（2015）闵民三（知）初字第 1433 号“广州佳华文化活动策划有限公司诉上海隐志网络科技有限公司侵害作品信息网络传播权纠纷”一案中，由于原告主张的作品因缺乏独创性而不能定义为著作权法意义上的作品因此原告被驳回诉讼请求而败诉。

七、原告要求停止侵权的诉讼请求以及法院支持的情况

无图例。这一部分事实比较容易判决，因此不再做详细的数据统计。

著作权案件一般会先取证后诉讼，而庭审时大部分的被告都会停止侵权，法官一般也会请原告确认是否撤回停止侵权的诉讼请求。如原告确认被告确实已经停止侵权，即撤回此项请求；而被告不停止侵权，法院通常会判决被告停止侵权。

八、原告要求赔礼道歉和消除影响的诉讼请求所占比例，及法院判决支持该项请求的比例统计及相关分析

	法院判决支持	未支持或未涉及
消除影响(件)	3	297
赔礼道歉(件)	3	297

	原告要求	原告未要求
消除影响(件)	12	290
赔礼道歉(件)	56	242

要求赔礼道歉和消除影响的(件)	60
支持赔礼道歉和消除影响的(件)	4
占比	6.7%

分析：

1. 原告要求赔礼道歉的案件有56件，要求消除影响的案件有12件，合计60件(其中，既要求赔礼道歉又要求消除影响的案件有8件)。法院判决支持赔礼道歉诉讼请求的有3件，判决支持消除影响诉讼请求的有3件，合计4件（其中，既支持赔礼道歉又支持消除影响的案件有2件)。综合计算，判决赔礼道歉和消除影响的比例为6.7%。

2. 法院在审理著作权案件的过程中，如果判断被告侵犯了原告的著作人身权（发表权、署名权、修改权和保护作品完整权)，可能会支持原告赔礼道歉或消除影响的诉讼请求；对只侵犯著作财产权的，法院一般不支持原告该项请求。

法院判决书就此的标准论述是："因被告没有侵害原告的著作人身权且没有损害原告商誉，因此关于原告要求被告赔礼道歉和消除影响的诉讼请求，本院不予支持。"

司法实务中确实有对只侵害著作财产权却判决被告赔礼道歉或消除影响的判例，但关于只侵害著作财产权是否可以判决被告赔礼道歉或消除影响的问题，在法学界仍存争议。

争议的主要原因是民法通则和著作权法对这方面的规定较为模糊，所以在可判可不判的情况下，法院一般不判。不判赔礼道歉或消除影响，一方面是因为法院认为判决赔礼道歉或消除影响会对被告的商誉造成影响，在原告没有证据证明自己的人身、精神或商誉因为被告的侵权造成损害的情况下（一般很难举证)，判决被告赔礼道歉或消除影响有失"公平"。

另一方面，从实际执行角度考虑，判决被告赔礼道歉或消除影响，而被告拒不履行，法院执行困难，影响结案效率；如被告下落不明缺席判决，执行难度加倍，赔礼道

歉需要支付的媒体刊载费也无人承担。

九、原告索赔金额和法院判决被告赔偿金额统计分析

按 2016—2018 年 300 个案件统计

原告索赔总额(元)	46382929.94
法院判赔总额(元)	5712326.0
判赔比	12.3%

按 2016 年 100 个案件统计

原告索赔总额(元)	24260957.9
法院判赔总额(元)	1940875.0
判赔比	8.0%

按 2017 年 100 个案件统计

原告索赔总额(元)	7549084.0
法院判赔总额(元)	1578772.0
判赔比	20.9%

按 2018 年 100 个案件统计

原告索赔总额(元)	14572888.0
法院判赔总额(元)	2192679.0
判赔比(元)	15.0%

分析:

1. 以 2016—2018 年三年 300 件案例统计，那么原告要求被告赔偿的总金额为 46382929.94 元，300 件案例法院判赔的总金额为 5712326.0 元，平均每件案例索赔 154609.8 元，平均每件案例判赔 19765.8 元。判赔比为 12.3%。

2. 以 2016 年、2017 年、2018 年三年逐年统计分析，则判赔比依次为 8.0%、20.9%、15.0%。

3. 著作权侵权案件中，如原告的损失或被告的获益均无法查明，法官会在 50 万元以下的自由裁量范围内作出判决。上述统计数据表明，原告胜诉率虽然很高，但著作权单个案件判赔平均仅有 19765.8 元，这说明法院的判赔额仍然较低。

这一统计结论和社会大众的普遍反映一致。根据最高人民法院对地方法院著作权审判的方向指引，如 2011 年 12 月 16 日最高人民法院印发《关于充分发挥知识产权审判职能作用推动社会主义文化大发展大繁荣和促进经济自主协调发展若干问题的意见》

的通知指出："要强化利益平衡观念，把利益平衡作为知识产权司法保护的重要基点，统筹兼顾智力创造者、商业利用者和社会公众的利益，协调好激励创造、促进产业发展和保障基本文化权益之间的关系，使利益各方共同受益、均衡发展。"

各级法院在知识产权案件审判中，定性上倾向于保护权利人，而判赔上则适当减轻侵权者的压力，以达到"均衡发展"，同时照顾到了社会公众。但判赔力度较小，造成侵权成本太低，造成著作权侵权案件数量呈现井喷态势。低判赔导致著作权的创作和传播举步维艰。

加大判赔比，充分发挥法律的规制效应，引导著作权创作方和传播方在良性秩序下保护和运用著作权，是各界衷愿。

附判决书案号：

(2016) 沪 0115 民初 54472 号
(2016) 沪 0104 民初 28870 号
(2016) 沪 0104 民初 20064 号
(2016) 沪 0104 民初 20065 号
(2015) 闵民三（知）初字第 1433 号
(2016) 沪 0104 民初 20062 号
(2015) 浦民三（知）初字第 778 号
(2016) 沪 0112 民初 14612 号
(2016) 沪 0107 民初 12346 号
(2015) 浦民三（知）初字第 793 号
(2015) 浦民三（知）初字第 1679 号
(2016) 沪 0101 民初 13714 号
(2016) 沪 0115 民初 54059 号
(2016) 沪 0115 民初 54060 号
(2016) 沪 0112 民初 5974 号
(2016) 沪 0112 民初 5973 号
(2015) 杨民三（知）初字第 199 号
(2016) 沪 0112 民初 5972 号
(2016) 沪 0104 民初 13709 号
(2017) 沪 0104 民初 11959 号
(2017) 沪 0104 民初 11963 号
(2017) 沪 0104 民初 11948 号
(2017) 沪 0104 民初 11960 号
(2017) 沪 0104 民初 11972 号
(2017) 沪 0104 民初 11952 号
(2017) 沪 0104 民初 11957 号
(2017) 沪 0104 民初 11950 号
(2017) 沪 0104 民初 11969 号
(2017) 沪 0104 民初 11954 号
(2017) 沪 0104 民初 11968 号
(2017) 沪 0104 民初 11944 号
(2017) 沪 0104 民初 11958 号
(2017) 沪 0104 民初 11945 号
(2017) 沪 0104 民初 11956 号
(2017) 沪 0104 民初 11955 号
(2017) 沪 0104 民初 11949 号
(2017) 沪 0112 民初 34463 号
(2017) 沪 0104 民初 11967 号

（2016）沪 0115 民初 48498 号
（2015）闵民三（知）初字第 861 号
（2016）沪 0104 民初 24200 号
（2016）沪 0104 民初 24199 号
（2015）沪知民初字第 522 号
（2016）沪 0107 民初 12347 号
（2016）沪 0107 民初 2685 号
（2016）沪 0107 民初 13242 号
（2016）沪 0115 民初 52168 号
（2016）沪 0115 民初 52618 号
（2016）沪 0115 民初 52170 号
（2016）沪 0115 民初 52169 号
（2016）沪 0115 民初 52171 号
（2016）沪 0104 民初 20041 号
（2016）沪 0112 民初 1921 号
（2016）沪 0110 民初 5825 号
（2015）浦民三（知）初字第 2153 号
（2016）沪 0110 民初 7924 号
（2016）沪 0112 民初 1923 号
（2016）沪 0112 民初 1924 号
（2016）沪 0112 民初 1922 号
（2016）沪 0112 民初 1925 号
（2015）沪知民初字第 788 号
（2015）浦民三（知）初字第 2149 号
（2015）闵民三（知）初字第 975 号
（2015）闵民三（知）初字第 936 号
（2015）闵民三（知）初字第 1229 号
（2015）闵民三（知）初字第 1235 号
（2017）沪 0104 民初 11965 号
（2017）沪 0104 民初 11947 号
（2017）沪 0104 民初 11966 号
（2017）沪 0104 民初 11951 号
（2017）沪 0104 民初 11971 号
（2017）沪 0112 民初 8902 号
（2017）沪 0110 民初 13024 号
（2017）沪 0104 民初 15240 号
（2017）沪 0112 民初 13424 号
（2016）沪 0107 民初 25040 号
（2017）沪 0110 民初 19865 号
（2017）沪 0104 民初 20233 号
（2017）沪 0104 民初 22130 号
（2017）沪 0104 民初 22136 号
（2017）沪 0104 民初 22128 号
（2017）沪 0104 民初 22127 号
（2017）沪 0115 民初 44472 号
（2017）沪 0107 民初 20208 号
（2017）沪 0104 民初 22170 号
（2017）沪 0112 民初 16132 号
（2017）沪 0115 民初 65584 号
（2017）沪 0115 民初 39469 号
（2017）沪 0101 民初 3889 号
（2017）沪 0112 民初 5380 号
（2017）沪 0112 民初 5381 号
（2017）沪 0112 民初 5382 号
（2017）沪 0101 民初 3889 号
（2017）沪 0107 民初 20482 号

（2015）闵民三（知）初字第 1238 号
（2015）普民三（知）初字第 617 号
（2016）沪 0107 民初 3133 号
（2016）沪 0112 民初 1903 号
（2016）沪 0112 民初 1848 号
（2016）沪 0112 民初 1844 号
（2016）沪 0112 民初 1843 号
（2016）沪 0112 民初 1905 号
（2016）沪 0112 民初 1844 号
（2016）沪 0112 民初 1843 号
（2016）沪 0112 民初 1845 号
（2016）沪 0112 民初 1847 号
（2016）沪 0112 民初 1904 号
（2016）沪 0112 民初 1838 号
（2016）沪 0112 民初 1905 号
（2016）沪 0110 民初 3119 号
（2016）沪 0110 民初 3118 号
（2015）浦民三（知）初字第 1945 号
（2015）沪知民初字第 819 号
（2015）沪知民初字第 813 号
（2015）沪知民初字第 821 号
（2015）闵民三（知）初字第 1242 号
（2015）闵民三（知）初字第 175 号
（2015）黄浦民三（知）初字第 161 号
（2016）沪 0101 民初 13704 号
（2016）沪 0110 民初 4921 号
（2015）沪知民初字第 820 号
（2015）沪知民初字第 811 号
（2017）沪 0104 民初 15239 号
（2017）沪 0115 民初 44468 号
（2017）沪 0110 民初 12985 号
（2018）沪 0115 民初 73956 号
（2018）沪 0115 民初 73949 号
（2018）沪 0115 民初 73951 号
（2018）沪 0115 民初 73946 号
（2018）沪 0115 民初 73947 号
（2018）沪 0115 民初 73939 号
（2018）沪 0110 民初 14230 号
（2018）沪 0104 民初 15397 号
（2018）沪 73 民初 653 号
（2018）沪 0107 民初 8640 号
（2018）沪 0115 民初 20233 号
（2018）沪 0107 民初 24668 号
（2018）沪 0107 民初 24669 号
（2018）沪 0107 民初 24670 号
（2018）沪 0107 民初 24671 号
（2018）沪 0107 民初 23751 号
（2018）沪 0107 民初 24672 号
（2018）沪 0104 民初 18968 号
（2018）沪 0107 民初 19222 号
（2018）沪 0107 民初 19216 号
（2018）沪 0107 民初 19215 号
（2018）沪 0107 民初 19214 号
（2018）沪 0107 民初 19223 号
（2018）沪 0104 民初 8599 号
（2018）沪 0115 民初 65987 号

（2015）沪知民初字第 822 号
（2015）普民三（知）初字第 736 号
（2015）沪知民初字第 810 号
（2015）沪知民初字第 816 号
（2015）沪知民初字第 818 号
（2015）浦民三（知）初字第 1912 号
（2015）浦民三（知）初字第 1913 号
（2015）浦民三（知）初字第 1924 号
（2015）浦民三（知）初字第 870 号
（2015）浦民三（知）初字第 1921 号
（2015）黄浦民三（知）初字第 64 号
（2015）浦民三（知）初字第 840 号
（2015）浦民三（知）初字第 640 号
（2015）浦民三（知）初字第 1905 号
（2015）浦民三（知）初字第 1909 号
（2015）浦民三（知）初字第 1907 号
（2015）浦民三（知）初字第 1910 号
（2015）浦民三（知）初字第 1904 号
（2015）浦民三（知）初字第 880 号
（2015）浦民三（知）初字第 1902 号
（2015）浦民三（知）初字第 1899 号
（2015）浦民三（知）初字第 1903 号
（2015）浦民三（知）初字第 1901 号
（2015）浦民三（知）初字第 1898 号
（2015）浦民三（知）初字第 1897 号
（2016）沪 0107 民初 20003 号
（2017）沪 0115 民初 77721 号
（2017）沪 0115 民初 77722 号
（2018）沪 0104 民初 18870 号
（2018）沪 0107 民初 8935 号
（2017）沪 0107 民初 27761 号
（2018）沪 0107 民初 8934 号
（2018）沪 0115 民初 63656 号
（2018）沪 0115 民初 66697 号
（2018）沪 0115 民初 41476 号
（2018）沪 0104 民初 19182 号
（2018）沪 0115 民初 72893 号
（2018）沪 0115 民初 72960 号
（2018）沪 0104 民初 6652 号
（2018）沪 0104 民初 6653 号
（2018）沪 0104 民初 6651 号
（2018）沪 0104 民初 6654 号
（2018）沪 0104 民初 6655 号
（2018）沪 0115 民初 63328 号
（2018）沪 0107 民初 8925 号
（2018）沪 0115 民初 27930 号
（2018）沪 0115 民初 72964 号
（2018）沪 0104 民初 18782 号
（2018）沪 0104 民初 18783 号
（2018）沪 0104 民初 18784 号
（2018）沪 0107 民初 19733 号
（2018）沪 0104 民初 18778 号
（2018）沪 0104 民初 16624 号
（2018）沪 0104 民初 16507 号
（2017）沪 0104 民初 14689 号
（2018）沪 0104 民初 16563 号

（2017）沪 0115 民初 77720 号
（2017）沪 0115 民初 77724 号
（2017）沪 0115 民初 77723 号
（2017）沪 0110 民初 22925 号
（2017）沪 0101 民初 19112 号
（2017）沪 0107 民初 21701 号
（2017）沪 0107 民初 21704 号
（2017）沪 0107 民初 21703 号
（2017）沪 0107 民初 21702 号
（2017）沪 0104 民初 16184 号
（2017）沪 0101 民初 16959 号
（2017）沪 0104 民初 24676 号
（2017）沪 0104 民初 26763 号
（2017）沪 0104 民初 26764 号
（2017）沪 0101 民初 16960 号
（2017）沪 0104 民初 26809 号
（2017）沪 0104 民初 26808 号
（2017）沪 0104 民初 6313 号
（2017）沪 0104 民初 6322 号
（2017）沪 0104 民初 6325 号
（2017）沪 0104 民初 6319 号
（2017）沪 0104 民初 6317 号
（2017）沪 0104 民初 6321 号
（2017）沪 0104 民初 6323 号
（2017）沪 0104 民初 6309 号
（2017）沪 0104 民初 6314 号
（2017）沪 0104 民初 6308 号
（2017）沪 0104 民初 6311 号
（2018）沪 0104 民初 16528 号
（2018）沪 0104 民初 16580 号
（2018）沪 0104 民初 16666 号
（2018）沪 0104 民初 16658 号
（2018）沪 0104 民初 16509 号
（2018）沪 0104 民初 16571 号
（2018）沪 0104 民初 16529 号
（2018）沪 0104 民初 16640 号
（2018）沪 0104 民初 16572 号
（2018）沪 0104 民初 16537 号
（2018）沪 0104 民初 16513 号
（2018）沪 0110 民初 19129 号
（2018）沪 0110 民初 6055 号
（2018）沪 0104 民初 18785 号
（2018）沪 0115 民初 40619 号
（2018）沪 0115 民初 52965 号
（2018）沪 0110 民初 10341 号
（2018）沪 0115 民初 28716 号
（2017）沪 73 民初 195 号
（2018）沪 0115 民初 21566 号
（2018）沪 0107 民初 14348 号
（2018）沪 0104 民初 271 号
（2018）沪 0104 民初 4987 号
（2018）沪 0104 民初 4982 号
（2018）沪 0115 民初 38399 号
（2018）沪 0104 民初 12326 号
（2018）沪 0110 民初 9326 号
（2018）沪 0115 民初 25322 号

（2017）沪 0104 民初 6310 号
（2017）沪 0104 民初 6326 号
（2017）沪 0104 民初 6316 号
（2017）沪 0104 民初 6320 号
（2017）沪 0115 民初 81289 号
（2017）沪 0104 民初 2570 号
（2017）沪 0104 民初 8843 号
（2017）沪 0104 民初 11970 号
（2017）沪 0104 民初 11943 号
（2017）沪 0112 民初 23503 号
（2017）沪 0112 民初 23499 号
（2017）沪 0112 民初 23498 号
（2017）沪 0112 民初 23504 号
（2017）沪 0104 民初 11970 号
（2017）沪 0104 民初 11943 号
（2017）沪 0104 民初 11961 号
（2017）沪 0104 民初 11953 号
（2017）沪 0104 民初 11962 号
（2017）沪 0104 民初 11946 号
（2018）沪 0104 民初 11651 号
（2018）沪 0104 民初 11648 号
（2018）沪 0115 民初 38685 号
（2018）沪 0115 民初 44359 号
（2018）沪 0104 民初 9369 号
（2018）沪 0115 民初 31902 号
（2018）沪 0107 民初 6051 号
（2017）沪 0107 民初 24088 号
（2018）沪 0110 民初 10350 号
（2018）沪 0107 民初 5915 号
（2018）沪 0107 民初 7324 号
（2017）沪 0115 民初 97063 号
（2017）沪 0115 民初 97061 号
（2017）沪 0115 民初 97060 号
（2018）沪 0110 民初 10516 号
（2017）沪 0107 民初 24050 号
（2018）沪 0115 民初 1554 号
（2018）沪 0115 民初 1555 号
（2018）沪 0115 民初 1553 号

侵害专利权案件判决书分析报告

一审判决书中的基本信息分析

研究共选取388份判决书，其中177份一审判决书，111份二审判决书。

一、审理法院分布

上海第一中级人民法院	上海第二中级人民法院	上海知识产权法院
2件	1件	174件
1.1%	0.6%	98.3%

分析：

1. 根据2011年4月26日起施行的《上海市高级人民法院关于一审知识产权案件管辖的规定》，目前（2016年3月1日前）由第一、第二中级人民法院审理专利纠纷案件。

2. 为了调整知识产权法院成立后的级别管辖以及静安闸北两区“撤二建一”后的地域管辖，经上海市高级人民法院审判委员会讨论通过，上海市高级人民法院制定并发布《上海市高级人民法院关于调整本市法院知识产权民事案件管辖的规定》，根据新规定自2016年3月1日起，由上海知识产权法院审理专利纠纷案件。上海第一中级人民法院、上海第二中级人民法院审理的都是上海知识产权法院成立之前受理的案件。

二、侵害发明、实用新型、外观设计专利权纠纷案件的比例

一审判决书中，侵害发明专利权纠纷的案件有45件，侵害实用新型专利权纠纷的案件有40件，侵害外观设计专利权纠纷的案件有92件。

发明	实用新型	外观设计	合计
45件	40件	92件	177件
25.4%	22.6%	52%	100%

法院受理侵害专利权纠纷的主要案由为侵害外观设计专利权纠纷，占比52%，为最主要的侵害专利权案由。与北京市相比，侵害发明专利权纠纷的占比明显较低。

三、原告涉外的比例

研究选取的177份一审判决书中，原告涉外的案件共有31件，占比为17.5%。

	原告涉外	原告非涉外
数量(件)	31	146
占比	17.5%	82.5%

可以发现原告的涉外比例较小，我国的企业、个人是专利维权的主要群体。

四、原告聘请律师、专利代理人的比例

研究选取的177份一审判决书中，原告聘请律师参与诉讼的案件共有159件，聘请专利代理人参与诉讼的案件共有8件，占比分别为89.8%和4.5%（注：研究选取的判决书，可能涉及律师和专利代理人重合的问题，这种情况下数据会被统计两次）。

	聘请律师	聘请专利代理人	未聘请
数量(件)	159	8	17
占比	89.8%	4.5%	9.6%

侵害专利权诉讼涉及的法律、技术问题多种多样，聘请律师、专利代理人参与诉讼是大多数当事人的选择。

一审判决书中原告的诉讼请求是否获得法院支持的分析

五、停止侵权

我国《专利法》第十一条规定："发明和实用新型专利权被授予后，除本法另有规定的以外，任何单位或者个人未经专利权人许可，都不得实施其专利，即不得为生产经营目的制造、使用、许诺销售、销售、进口其专利产品，或者使用其专利方法以及使用、许诺销售、销售、进口依照该专利方法直接获得的产品。外观设计专利权被授予后，任何单位或者个人未经专利权人许可，都不得实施其专利，即不得为生产经营目的制造、许诺销售、销售、进口其外观设计专利产品。"

针对发明和实用新型专利权的侵权行为主要为：制造、使用、许诺销售、销售、进口等行为；

针对外观设计专利权的侵权行为主要为：制造、许诺销售、销售、进口等行为。

研究选取的177份一审判决书中，原告要求停止侵权的案件共173件，法院判决侵权人停止侵权行为的有108件，占比为62.4%。

（一）各专利案件

	发明	实用新型	外观设计
一审判决侵权人停止侵权的数量(件)	31	22	55
要求停止侵权的数量(件)	44	39	90
占比	70.5%	56.3%	61.1%

在45件侵害发明专利案件中，原告要求停止侵权的案件共44件，一审判决停止侵权的为31件；40件侵害实用新型专利案件中，原告要求停止侵权的案件共39件，一审判决停止侵权的为22件；92件侵害外观设计专利案件中，原告要求停止侵权的案件共90件，一审判决停止侵权的为55件。相比之下，发明专利权人的胜诉比例最高。

（二）涉外案件

	涉外	非涉外
一审判决侵权人停止侵权的数量(件)	19	89
案件总量	31	146
占比	61%	61%

在原告涉外的31件一审判决中，法院判决侵权人停止侵权的为19件，占比61%，与非涉外的一致。

（三）法院未支持侵权原因

研究选取的177份一审判决中，法院驳回原告诉讼请求的共60件。

法院驳回原告诉讼请求的原因主要有以下四种。

1. 未落入专利权的保护范围。

（2015）沪知民初字第19号判决书：本院认为，与原先专利技术方案相比，该被控侵权产品缺少部分构成部件，各构成部件之间的位置关系也有所不同，导致两者的技术手段不同，不属于等同替换，因此，该被控侵权产品的技术特征未落入原先专利的保护范围。

2. 现有技术。

《专利法》第六十二条规定，在专利侵权纠纷中，被控侵权人有证据证明其实施的技术或者设计属于现有技术或者现有设计的，不构成侵犯专利权。

（2016）沪73民初18号判决书：综上，本院认为，鉴于被告的现有设计抗辩成立，其销售被控侵权产品的行为不构成侵害原告享有的外观设计专利权，进而无需承担专利侵权的民事责任。

3. 专利申请日前已经制造相同产品。

《专利法》第六十九条第（二）项规定，有下列情形之一的，不视为侵犯专利权："（二）在专利申请日前已经制造相同产品、使用相同方法或者已经作好制造、使用的必要准备，并且仅在原有范围内继续制造、使用的。"

（2015）沪知民初字第504号判决书：综上，被告增豪公司在涉案专利申请日前已经制造相同产品，并且仅在原有范围内继续制造，享有先用权，其主张的先用权抗辩成立。先用权人在原有范围内继续制造相同产品不视为侵权，其制造相同产品的后续销售行为亦不构成侵权。

4. 原告举证不能。

（2015）沪知民初字第550号判决书：在案证据不足以认定本案被控侵权产品系被告伟殳厂于2014年11月14日深圳市中级人民法院作出民事调解书之后生产、销售的产品，原告指控被告欧尚公司、伟殳厂存在生产、销售、许诺销售侵权行为，缺乏事实和法律依据，本院不予支持，原告全部诉讼请求，应予驳回。

六、赔偿数额（含合理费用）

研究选取的 177 份判决书中，法院判决侵权人承担赔偿损失的案件共有 114 件。

《专利法》第六十五条确定侵害专利权的赔偿数额有四种方式，分别是：

1. 按照权利人因被侵权所受到的实际损失确定：

在法院判决侵权人承担赔偿损失的 114 件一审判决书中，没有按照此方法确定赔偿数额的判决。

2. 按照侵权人侵犯专利权获得的利益确定：

在法院判决侵权人承担赔偿损失的 114 件一审判决书中，仅有 2 件按照此方法确定赔偿数额的判决。

3. 参照该专利许可使用费的倍数（1 至 3 倍）合理确定：

在法院判决侵权人承担赔偿损失的 114 件一审判决书中，没有按照此方法确定赔偿数额的判决。

4. 法定赔偿（1 万元以上 100 元以下）：

适用法定赔偿来确定赔偿数额是法院采取的主要方式。在法院判决侵权人承担赔偿损失的 114 件一审判决中，有 112 件适用了法定赔偿的方式确定赔偿数额。

法院在确定赔偿数额时，主要参考原、被告提交的证据材料和原告专利的权利价值，如专利技术的创造性、专利技术研发成本及实施情况、专利使用许可的种类、时间、范围、市场上同类产品的平均利润、合理转让价格、合理许可费用以及被告侵权行为方式、侵权产品生产与销售规模、侵权持续时间、侵权损害后果、侵权获得等因素，酌情确定赔偿数额。

法院也将根据原告提交的律师费、公证费、查档费、购买侵权产品费发票等支付凭证，并在参考司法行政部门规定的律师收费标准、实际判赔额与请求赔偿额、案件的复杂程度等因素后酌情确定合理费用的数额。

（1）侵犯发明专利权案件的赔偿数额统计：

	1 万元以下	1 万—10 万元	10 万—20 万元	20 万—30 万元	30 万元以上
案件数量(件)	0	12	8	5	9
占比	0%	35.3%	23.5%	14.7%	26.5%

（2）侵犯实用新型专利案件的赔偿数额统计：

	1 万元以下	1 万—10 万元	10 万—20 万元	20 万元以上
案件数量(件)	0	3	8	5
占比	0%	17.8%	50%	32.2%

（3）侵犯外观设计专利案件的赔偿数额统计：

	1万元以下	1万—5万元	5万—10万元	10万元以上
案件数量(件)	0	2	5	28
占比	0%	5.7%	14.3%	80%

分析数据显示，有64.7%的侵害发明专利权纠纷案件、82.2%的侵害实用新型专利权纠纷案件和80%的侵害外观设计专利纠纷案件的赔偿额在10万元以下。在侵害专利权纠纷案件中，有9件侵害发明专利权纠纷案件的赔偿额超过30万元、5件侵害实用新型专利权纠纷案件的赔偿额超过20万元，28件侵害外观设计专利权纠纷案件的赔偿额超过10万元。

在侵害发明专利权纠纷案件中，判赔数额超过30万元的仅有9个案件，占比26.5，明显低于北京市的判赔数额。

七、判赔比

法院判决的赔偿数额与原告索赔数额的比值即判赔比。

	发明	实用新型	外观设计
法院判决的赔偿数额总数	5391680.0元	2028103.0元	2627403.0元
原告索赔总数	44814305.8元	12443946.0元	38626476.0元
判赔比	12.0%	16.3%	6.8%

法院判决的赔偿数额与原告索赔数额的比值即判赔比。

研究选取的侵害发明专利权案件，原告索赔总数为44814305.8元，法院判决的赔偿数额总数为5391680.0元，判赔比为12.0%；

研究选取的侵害实用新型专利权案件，原告索赔总数为12443946.0元，法院判决的赔偿数额总数为2028103.0元，判赔比为16.3%；

研究选取的侵害外观设计专利权案件，原告索赔总数为38626476.0元，法院判决的赔偿数额总数为2627403.0元，判赔比为6.8%。

研究样本中，法院判决赔偿数额与权利人的期望存在较大差距。一方面是由于权利人动辄数十万元、上百万元的索赔请求缺少证据支持；另一方面是因为法院酌定的赔偿数额普遍较低。

研究选取的案件分析表明，法院一般不予支持权利人的以下诉讼请求：

（1）销毁专用设备、模具；

（2）销毁库存侵权产品；

（3）销毁已售出的侵权产品；

（4）赔礼道歉；

（5）消除影响。

八、专利无效抗辩

在侵害专利权诉讼中，请求宣告专利权无效是最常见的抗辩事由之一。

专利授权程序中，对于发明专利，有些不符合专利法相关规定的发明创造获得发明专利权，原因可能是审查人员工作经验的局限或技术文献检索的遗漏。

对于实用新型和外观设计专利，我国专利法规定对实用新型和外观设计专利申请实行初步审查制，因此，有大量不符合专利法相关规定的实用新型和外观设计申请也获得了专利权。

而在侵害专利权诉讼中，经国家专利行政部门授予的专利权，非经法定程序宣告无效的，均被推定为有效。因此，侵害专利权诉讼中的被告如果认为原告所持有的专利不符合专利法的授权条件，只能通过法定程序请求宣告专利权无效，从而达到不承担侵权责任的目的。

研究样本分析，45 份侵害发明专利权案件中，被告进行抗辩的案件数量为 8 件，占比 17.8%；40 份侵害实用新型专利权案件中，被告进行抗辩的案件数量为 6 件，占比 15%；112 份侵害外观设计专利权案件中，被告进行抗辩的案件数量为 9 件，占比 8%。总体而言，被告提起专利无效抗辩的案件比例较低。

九、技术鉴定

根据《民事诉讼法》第七十六条规定，当事人可以就查明事实的专门性问题向人民法院申请鉴定。当事人未申请鉴定，人民法院对专门性问题认为需要鉴定的，应当委托具备资格的鉴定人进行鉴定。

研究选取的 45 件发明纠纷案件及 40 件实用新型纠纷案件中，没有涉及技术鉴定的案件。

十、二审判决书的判决结果分析

在 111 份二审判决书中，维持一审判决的高达 107 份，占比约为 96.4%。

	维持一审	二审改判
案件数量(件)	107	4
占比	96.4%	3.6%

《民事诉讼法》第一百七十条规定，第二审人民法院改判的情形为，

1. 原判决认定事实错误或适用法律错误。

2. 原判决认定基本事实不清。

研究选取的 111 份二审判决书中，仅有 4 件改判，其中适用第一种情形改判的案件为 2 件。(2015) 沪高民三 (知) 终字第 106 号判决书：本院认为，被上诉人耐德厂提交的网页公证书、订单详情单、快递单、被控侵权产品实物等证据不足以证明被控侵权

产品系由上诉人禹净公司销售，原审法院认定禹净公司侵害耐德厂享有的ZLXXXXXXXXXXXX.6号“清洗方便的过滤器”实用新型专利权属于认定事实和适用法律错误，二审予以纠正。

适用第二种情形改判的案件为2件。(2017）沪民终77号判决书：上诉人村田机械据以主张的涉案专利权利要求1—9中，权利要求1—3、5—9业已被专利复审委员会宣告无效，即便其已就此提出专利行政诉讼且为相关法院受理，涉案专利部分权利要求亦处于不稳定状态，并可能因此自始无效。故本院根据《专利法司法解释（二)》第二条之规定，对上诉人村田机械基于涉案专利权利要求1—3、5—9的起诉予以驳回。若涉案专利该些权利要求被宣告无效之决定于嗣后被相关专利行政判决所撤销，则村田机械亦可重新基于涉案专利有效的权利要求提起民事侵权诉讼，其相应诉讼权利并未受损。

研究选取的111份二审判决书中，维持一审判决的高达107份，占比约为96.4%，维持一审的比例明显高于北京市。

研究样本显示二审改判率非常低。建议当事人应高度重视一审。

在一审期间，充分举证、积极应对、力争有利的一审结果。

附判决书案号：

一审：

(2015）沪知民初字第19号

(2015）沪知民初字第542号

(2015）沪知民初字第75号

(2015）沪知民初字第631号

(2015）沪知民初字第213号

(2015）沪知民初字第717号

(2016）沪73民初66号

(2015）沪知民初字第514号

(2015）沪知民初字第356号

(2016）沪73民初134号

(2016）沪73民初18号

(2016）沪73民初95号

(2015）沪知民初字第119号

(2015）沪知民初字第27号

(2017）沪73民初60号

(2017）沪73民初174号

(2017）沪73民初234号

(2017）沪73民初30号

(2015）沪知民初字第74号

(2017）沪73民初278号

(2016）沪73民初20号

(2016）沪73民初743号

(2015）沪知民初字第769号

(2016）沪73民初492号

(2017）沪73民初23号

(2017）沪73民初41号

(2016）沪73民初759号

(2015）沪知民初字第703号

（2015）沪知民初字第 113 号
（2015）沪知民初字第 354 号
（2016）沪 73 民初 130 号
（2015）沪知民初字第 272 号
（2015）沪知民初字第 114 号
（2014）沪一中民五（知）初字第 96 号
（2015）沪知民初字第 608 号
（2015）沪知民初字第 713 号
（2015）沪知民初字第 81 号
（2015）沪知民初字第 554 号
（2015）沪知民初字第 505 号
（2015）沪知民初字第 607 号
（2016）沪 73 民初 132 号
（2016）沪 73 民初 133 号
（2015）沪知民初字第 286 号
（2015）沪知民初字第 279 号
（2015）沪知民初字第 669 号
（2016）沪 73 民初 129 号
（2016）沪 73 民初 128 号
（2015）沪知民初字第 273 号
（2015）沪知民初字第 668 号
（2016）沪 73 民初 267 号
（2015）沪知民初字第 26 号
（2015）沪知民初字第 154 号
（2015）沪知民初字第 544 号
（2015）沪知民初字第 716 号
（2015）沪知民初字第 85 号
（2015）沪知民初字第 157 号
（2016）沪 73 民初 519 号
（2016）沪 73 民初 576 号
（2016）沪 73 民初 198 号
（2016）沪 73 民初 549 号
（2016）沪 73 民初 550 号
（2016）沪 73 民初 589 号
（2016）沪 73 民初 590 号
（2016）沪 73 民初 399 号
（2017）沪 73 民初 89 号
（2016）沪 73 民初 812 号
（2016）沪 73 民初 774 号
（2016）沪 73 民初 40 号
（2016）沪 73 民初 405 号
（2016）沪 73 民初 701 号
（2015）沪知民初字第 737 号
（2015）沪知民初字第 735 号
（2016）沪 73 民初 293 号
（2016）沪 73 民初 49 号
（2015）沪知民初字第 752 号
（2015）沪知民初字第 753 号
（2016）沪 73 民初 219 号
（2016）沪 73 民初 220 号
（2016）沪 73 民初 221 号
（2016）沪 73 民初 548 号
（2017）沪 73 民初 312 号
（2016）沪 73 民初 806 号
（2016）沪 73 民初 837 号
（2016）沪 73 民初 838 号

（2015）沪知民初字第 116 号
（2016）沪 73 民初 131 号
（2015）沪知民初字第 512 号
（2016）沪 73 民初 310 号
（2015）沪知民初字第 20 号
（2015）沪知民初字第 118 号
（2015）沪知民初字第 718 号
（2015）沪知民初字第 626 号
（2015）沪知民初字第 120 号
（2016）沪 73 民初 65 号
（2016）沪 73 民初 135 号
（2016）沪 73 民初 485 号
（2015）沪知民初字第 798 号
（2015）沪知民初字第 604 号
（2015）沪知民初字第 504 号
（2015）沪知民初字第 307 号
（2015）沪知民初字第 305 号
（2015）沪知民初字第 210 号
（2015）沪知民初字第 209 号
（2015）沪知民初字第 185 号
（2016）沪 73 民初 113 号
（2016）沪 73 民初 209 号
（2016）沪 73 民初 166 号
（2015）沪知民初字第 187 号
（2014）沪一中民五（知）初字第 131 号
（2015）沪知民初字第 599 号
（2015）沪知民初字第 556 号
（2015）沪知民初字第 427 号
（2017）沪 73 民初 22 号
（2017）沪 73 民初 596 号
（2018）沪 73 民初 619 号
（2018）沪 73 民初 797 号
（2018）沪 73 民初 740 号
（2018）沪 73 民初 796 号
（2018）沪 73 民初 260 号
（2018）沪 73 民初 816 号
（2018）沪 73 民初 495 号
（2018）沪 73 民初 294 号
（2017）沪 73 民初 136 号
（2017）沪 73 民初 135 号
（2018）沪 73 民初 493 号
（2018）沪 73 民初 492 号
（2018）沪 73 民初 590 号
（2018）沪 73 民初 587 号
（2018）沪 73 民初 589 号
（2018）沪 73 民初 588 号
（2018）沪 73 民初 285 号
（2018）沪 73 民初 473 号
（2017）沪 73 民初 141 号
（2017）沪 73 民初 142 号
（2018）沪 73 民初 120 号
（2018）沪 73 民初 335 号
（2018）沪 73 民初 386 号
（2017）沪 73 民初 90 号
（2016）沪 73 民初 591 号
（2016）沪 73 民初 592 号

（2015）沪知民初字第 456 号
（2015）沪知民初字第 107 号
（2015）沪知民初字第 106 号
（2015）沪知民初字第 230 号
（2015）沪知民初字第 126 号
（2015）沪知民初字第 153 号
（2015）沪知民初字第 565 号
（2015）沪知民初字第 551 号
（2015）沪知民初字第 550 号
（2014）沪二中民五（知）初字第 3 号
（2017）沪 73 民初 356 号
（2016）沪 73 民初 841 号
（2017）沪 73 民初 67 号
（2017）沪 73 民初 68 号
（2017）沪 73 民初 65 号
（2017）沪 73 民初 66 号
（2015）沪知民初字第 656 号
（2016）沪 73 民初 833 号
（2017）沪 73 民初 101 号
（2017）沪 73 民初 257 号
（2017）沪 73 民初 544 号
（2017）沪 73 民初 91 号
（2017）沪 73 民初 427 号
（2016）沪 73 民初 850 号
（2017）沪 73 民初 351 号
（2016）沪 73 民初 901 号
（2017）沪 73 民初 629 号
（2017）沪 73 民初 391 号
（2017）沪 73 民初 503 号
（2017）沪 73 民初 502 号
（2017）沪 73 民初 348 号
（2016）沪 73 民初 836 号
（2016）沪 73 民初 883 号
（2016）沪 73 民初 885 号
（2016）沪 73 民初 884 号
（2017）沪 73 民初 341 号
（2017）沪 73 民初 100 号

二审：

（2016）沪民终 258 号
（2015）沪高民三（知）终字第 104 号
（2016）沪民终 374 号
（2016）沪民终 317 号
（2016）沪民终 282 号
（2016）沪民终 373 号
（2015）沪高民三（知）终字第 24 号
（2016）沪民终 427 号
（2016）沪民终 510 号
（2016）沪民终 471 号
（2016）沪民终 463 号
（2016）沪民终 451 号
（2016）沪民终 453 号
（2016）沪民终 434 号

(2016) 沪民终 127 号
(2016) 沪民终 316 号
(2016) 沪民终 137 号
(2016) 沪民终 319 号
(2016) 沪民终 292 号
(2016) 沪民终 332 号
(2016) 沪民终 114 号
(2016) 沪民终 165 号
(2016) 沪民终 371 号
(2016) 沪民终 318 号
(2016) 沪民终 115 号
(2016) 沪民终 242 号
(2015) 沪高民三 (知) 终字第 38 号
(2016) 沪民终 126 号
(2016) 沪民终 125 号
(2016) 沪民终 124 号
(2015) 沪高民三 (知) 终字第 79 号
(2016) 沪民终 72 号
(2016) 沪民终 113 号
(2016) 沪民终 106 号
(2016) 沪民终 105 号
(2016) 沪民终 104 号
(2015) 沪高民三 (知) 终字第 106 号
(2017) 沪民终 316 号
(2017) 沪民终 314 号
(2017) 沪民终 313 号
(2017) 沪民终 332 号
(2017) 沪民终 306 号
(2016) 沪民终 435 号
(2016) 沪民终 422 号
(2016) 沪民终 416 号
(2016) 沪民终 423 号
(2017) 沪民终 369 号
(2017) 沪民终 77 号
(2017) 沪民终 78 号
(2018) 沪民终 430 号
(2018) 沪民终 483 号
(2017) 沪民终 419 号
(2017) 沪民终 404 号
(2017) 沪民终 405 号
(2018) 沪民终 436 号
(2018) 沪民终 422 号
(2018) 沪民终 421 号
(2018) 沪民终 376 号
(2018) 沪民终 375 号
(2018) 沪民终 377 号
(2017) 沪民终 296 号
(2018) 沪民终 106 号
(2018) 沪民终 311 号
(2018) 沪民终 361 号
(2017) 沪民终 330 号
(2018) 沪民终 42 号
(2018) 沪民终 198 号
(2017) 沪民终 420 号
(2018) 沪民终 170 号
(2018) 沪民终 115 号

（2017）沪民终 174 号
（2017）沪民终 173 号
（2017）沪民终 207 号
（2017）沪民终 57 号
（2016）沪民终 481 号
（2017）沪民终 206 号
（2017）沪民终 204 号
（2017）沪民终 205 号
（2017）沪民终 148 号
（2015）沪高民三（知）终字第 90 号
（2017）沪民终 115 号
（2016）沪民终 512 号
（2017）沪民终 93 号
（2017）沪民终 100 号
（2016）沪民终 488 号
（2016）沪民终 485 号
（2017）沪民终 41 号
（2017）沪民终 42 号
（2017）沪民终 32 号
（2017）沪民终 33 号
（2017）沪民终 23 号
（2017）沪民终 40 号
（2017）沪民终 216 号
（2017）沪民终 217 号
（2017）沪民终 395 号
（2017）沪民终 146 号
（2017）沪民终 145 号
（2018）沪民终 21 号
（2017）沪民终 363 号
（2018）沪民终 13 号
（2018）沪民终 12 号
（2018）沪民终 14 号
（2018）沪民终 11 号
（2018）沪民终 8 号
（2017）沪民终 262 号
（2017）沪民终 263 号
（2017）沪民终 331 号
（2017）沪民终 307 号
（2017）沪民终 277 号
（2017）沪民终 370 号
（2017）沪民终 379 号

参考文献

一、专著

[1] 陈昌柏．知识产权经济学［M］．北京：北京大学出版社，2003.

[2] 袁建文．经济计量学实验［M］．北京：科学出版社，2002.

[3] 李明德．美国知识产权法［M］．北京：法律出版社，2003.

[4] 祁西元，曲三强．马来西亚经济贸易法律指南［M］．北京：中国法制出版社，2006.

[5] 何家弘．当代美国法律［M］．北京：社会科学文献出版社，2001.

[6] 苏敬勤，冯欲杰．世界知识产权保护与国际技术贸易［M］．大连：大连理工大学出版社，1998.

[7] 张晓都．专利实质条件［M］．北京：法律出版社，2002.

二、期刊中析出文献

[1] 高清．对我国驰名商标保护问题的思考［J］．山西煤炭管理干部学院学报，2000（1）：8—9.

[2] 蒋殿春，张宇．行业特征与外商直接投资的技术溢出效应：基于高新技术产业的经验分析［J］．世界经济，2006（10）：142—147.

[3] 董玮，严芷清．美国知识产权——对科技创新及经济增长的作用研究［J］．法制与社会，2009（1）：127—128.

[4] 梁玺，朱恒源，吴贵生．中国创新活动和经济增长的关系——一个基于协整理论的初步研究［J］．清华大学学报：哲学社会科学版，2006（6）：32—39.

[5] Daron Acemoglu, Fabrizio Zilibotti. Information Accumulation in Development［J］．Journal of Economic Growth，1999（4）：5—38.

[6] 周建，李子奈．Granger因果关系检验的适用性［J］．清华大学学报：自然科学版，2004（3）：358—361.

[7] 周素娥．中国知识产权保护对经济增长的乘数效应研究［J］．管理纵横，2009（5）：5—7.

[8] 张继红，吴玉鸣，何建坤．专利创新与区域经济增长关联机制的空间计量经济分析［J］．科学学与科学技术管理，创新管理，2007（1）：83—88.

[9] 刘华．知识产权保护制度与经济增长［J］．科技管理研究，2002（2）：26—30.

[10] 张熠．美国农业研究局专利保护及对中国的启示［J］．世界农业，2007（7）：13—15.

[11] 罗妮佳．从国外案例论我国有关专利政策的构建［J］．时代经贸，2009（6）：49—50.

[12] 刘亚军，曹军婧．虚拟角色商品化权法律保护刍议——美国实践的启示［J］．当代法学，2009（4）：53—58.

[13] 依丽莎白·钱一黑尔．美国知识产权的域外保护［J］．毕小青译．外国法译评，1999（3）：36—49.

[14] 林雅娜，宋静．美国保护虚拟的法律模式及其借鉴［J］．广西政法管理干部学院学报，2005

(9): 53.

[15] 刘立平. 本可授权的发明专利授权为什么最终未能授权. 上海知识产权杂志 [J], 2010

[16] Michael T. H. When MickeyMouse Is as Strong as Superman: The Convergence of Intellectual Property Law to Protect Fictional Literary and Pictorial Characters in Stanford [J]. Law Review February, 1992: 13.

[17] Stacey H. Wang. Great Olympics, New China: Intellectual Property Enforcement Steps Up to the Mark [J]. Loyola of Los Angeles International&Comparative Law Review, 2005, 27: 291—305.

[18] 吕炳斌, 胡峰. 美国奥林匹克标志司法保护典型案例评析及其借鉴意义 [J]. 天津体育学院学报, 2007 (2): 109—111.

[19] 高留志. 美国知识产权保险制度对我国的启示 [J]. 特区经济, 2006 (2): 297.

[20] Thomas J. Stueber. Insurance Coverage For Patent Infringement [J]. William Mitchell Law Review, 1991 (17): 1080—1082.

[21] Prentice Hall Law and Business. Aig OffersNew Patent-Infringement Liability Insurance [J]. Journal of Proprietary Rights, 1994 (6): 27.

[22] Jason A. R. Patents and Insurance: Who Will Pay for Infringement? [J]. Boston University Journal of Science and Technology Law, 1995 (3): 21.

[23] Steven E. T., BriggsBedigian. Intellectual Property and Technological Insurance Coverage [J]. Maryland Bar Journal, 2001 (34): 38.

[24] 孙宏涛. 美国知识产权保险制度管窥 [J]. 世界知识产权, 2006 (4): 84—87.

[25] Jason A. R. Patents and Insurance: Who Will Pay for Infringement? [J]. Boston University Journal of Science and Technology Law, 1995 (3): 37—38.

[26] Patti Verbanas. Lawsuits Increase as Intellectual Property Definitions Change [J]. Corp. Cashflow Mag, 1995 (1): 9.

[27] 包海波. 日本企业的知识产权战略管理 [J]. 科技与经济, 2004, 17 (2): 41—45.

[28] 郭豫榕. 从日本专利战实践看我国企业的专利战略 [J]. 现代情报, 2000 (1): 46—47.

[29] 陈美章. 中国高校知识产权教育和人才培养的思考 [J]. 知识产权, 2006 (1): 3—10.

[30] 秦彩萍, 苏春辉, 王娟, 等. 美日知识产权教育的经验及对中国的启示 [J]. 吉林工程技术师范学院学报: 社会科学版, 2006 (10): 31—33.

[31] 曾培芳, 叶美霞, 刘红祥. 中美知识产权人才培养模式比较研究 [J]. 科技进步与对策, 2009 (12): 227—228.

[32] 刘友华. 论我国实践型知识产权人才的培养 [J]. 湘潭师范学院学报: 社会科学版, 2010 (1): 66—67.

[33] 储敏. 我国高校知识产权人才培养的问题与建议 [J]. 黑龙江省政法管理干部学院学报, 2009 (1): 134—136.

[34] 祝晓莲. 美日两国知识产权战略: 比较与启示 [J]. 国际技术经济研究, 2002 (4): 33—41.

[35] 霍京华. 英国爱丁堡大学的技术转移及知识产权管理 [J]. 电子知识产权, 2005 (9): 23—55.

[36] 刘海洋. 新加坡保护知识产权政策措施 [J]. 全球科技经济瞭望, 2006 (11): 42—44.

[37] 杨静. 东盟国家知识产权立法与管理的新发展 [J]. 东南亚纵横, 2009 (2): 64—69.

[38] Y Kurt Chang. Special 301 and Taiwan: A Case Study of Protecting United States Intellectual Property in Foreign Countries [J]. 15 J. Int' l L. Bus, 1994, 212 (206): 38.

[39] 王志华．论俄罗斯知识产权法的民法典化［J］．环球法律评论，2010（6）：43—55.

[40] World Health Organization. Globalization，TRIPs and Access to pharmaceaticals［J］．WHO Policy Perspective on Medicines，2001（3）：96.

[41] 刘笋．知识产权国际造法新趋势［J］．法学研究，2006（3）：143—160.

[42] Laurence R. H. Regime Shifting：The TRIPs Agreement and New Dynamics of International Intellectual Property Lawmaking［J］．Yale Journal of International Law，2004（29）：4—60.

[43] Reichman J. H. Enforcing the Enforcement Procedures of the TRIPs Agreement virginis［J］．Journal of International Law，1997（37）：335—354.

[44] Graham Dutfield. TRIPs-Related Aspects of Traditional Knowledge［J］．Case Western Reserve Journal of International Law，2001（33）：261.

三、报纸中析出文献

[1] 赵建聪．要让“垃圾专利”消肿减磅，知识产权如何保质［N］．人民日报，2010－04－29.

[2] 袁定波．知识产权专业人才培养面临挑战［N］．法制日报，2007－10－28.

四、科技报告

[1] 科学技术部发展计划司，中国技术市场管理促进中心．全国技术市场统计年度报告：2010［R］．北京：中国技术市场管理促进中心，2010.

[2] 国家知识产权局．专利统计年报：2009［R］．北京：国家知识产权局，2009.

五、学位论文

[1] 姜稚鸣．虚构角色法律保护问题研究［D］．重庆：西南政法大学，2006.

[2] 胡维华．美国知识产权法律制度及其对世界经济的影响——以对中国经济的影响及应对措施为角度［D］．南京：南京理工大学，2007.

[3] 金为民．中国技术市场现状分析及发展原因探析［D］．合肥：中国科学技术大学，2010.

[4] 胡丽君．试论美德两国知识产权保险制度及其对我国的借鉴［D］．武汉：华中科技大学，2004.

六、电子文献

[1] 关于提高专利质量的工作意见［EB/OL］．［2010－06－17］．http：//www.022net.com/2010/6－17/494757272742076.html

[2] 和韵．论驰名商标的国际保护［EB/OL］．［2004－04－08］．http：//www.chinalawedu.com/news/2004_5/12/1448256313.htm.

[3] 徐晓兰．关于加快构建以企业为主体的技术创新体系的提案［EB/OL］．［2009－04－25］．http：//cppcc.people.com.cn/GB/34961/121130/121133/7167366.html.

[4] 强化激励自主创新的法制和政策环境［EB/OL］．［2006－07－06］．http：//cppcc.people.com.cn/GB/34961/67367/67370/4565184.html.

[5] 为自主创新鼓实劲：抑制重复引进．鼓励消化吸收［EB/OL］．［2005－12－10］．http：//www.gov.cn/ztzl/2005－12/10/content_123119.htm.

[6] Commercial generalliability Policy (CGL) [EB/OL]. [2006 - 9 - 12]. http://www.nils.com/rupps/commercial-general-liability-Policy.htm.

[7] 张宗浩，朱新文．对中国知识产权高等教育的战略思考 [EB/OL]. [2009 - 5 - 5]. http://www.hie.edu.cn/gjll/news.asp? new = 325.

[8] 赵晓力．30 年来美国知识产权法的扩张 [EB/OL]. [2006 - 9 - 10]. http://www.yadian.cc/paper/22016/.

[9] 程天宇．ESA 向美提交报告称马、俄、中盗版率最高 [EB/OL]. [2010 - 05 - 20]. http://www.chinabyte.com/20050216/.

[10] 中国国家知识产权局．马来西亚知识产权发展新动向 [EB/OL]. [2007 - 7 - 31] http://www.sipo.gov.cn/20070731.

[11] 中国国家知识产权局．泰国知识产权厅情况介绍 [EB/OL]. [2004 12 23]. http://www.sipo.gov.cn/2004 - 12 - 23.

[12] 中国国家知识产权局．越南国家知识产权局开始受理电子申请 [EB/OL]. [2007 - 12 - 01]. http://www.sipo.gov.cn/sipo/xwdt/gwzsc - qxx/default_ 3.htm

[13] Carlos M C. Traditional Knowledgy and Intellectual Property, the Quaker United Nations Office (QUNO) [EB/OL]. [2001 - 6 - 11]. http://www.geneva.qumo.info/pdf/tkmonol.

[14] 熊焰．中国技术市场的主要问题——技术交易思考之二 [EB/OL]. (2010 - 08 - 31) [2010 - 05 - 10]. http://blog.sina.com.cn/s/blog_ 504183620100f2hl.html.

[15] 国务院发展研究中心．我国技术市场发展定位与主要任务 [EB/OL]. (2010 - 12 - 24) [2010 - 05 - 10]. http://www.drcnet.com.cn/DRCnet.common.web/DocViewSummary.aspx?version = Integrated&docid = 2106169&leafid = 3079&chnid = 1034&gourl = /DRCnet.common.web/docview.aspx.

[16] 国家知识产权局．2009 中国有效专利年度报告（二）[R/OL]. (2010 - 09 - 02) [2010 - 05 - 10]. http://www.sipo.gov.cn/sipo2009/mtjj/2010/201008/t20100828_ 473941.html.

[17] 国家知识产权局．统计信息 [DB/OL]. (2010 - 07 - 09) [2010 - 06 - 27]. http://www.sipo.gov.cn/sipo2009/tjxx.

[18] 教育部科技发展中心．中国高校知识产权报告（2009）：100 所高校有效专利量及 2009 年专利授权量 [R/OL]. (2010 - 06 - 22) [2010 - 05 - 10]. http://www.cutech.edu.cn/cn/dxph/cgzl/2010/06/1238460787824720.htm.

[19] 教育部科技发展中心．1985 ~ 2009 年全国高校专利授权数 [EB/OL]. (2010 - 06 - 22) [2010 - 05 - 10]. http://www.cutech.edu.cn/cn/dxph/cgzl/2010/06/1238460787783318.htm.

[20] 裴宏，陈晓华．中国创新能力依然旺盛——透视 2010 中国发明专利 [EB/OL]. (2010 - 03 - 24) [2010 - 05 - 10]. http://www.cipf.cn/news/2010/03 - 24/10052691697.html.

[21] 熊建．近年来企业申请专利数量迅速提升，仍有 98% 的工业企业没有申请专利 [N/OL]. (2010 - 11 - 09) [2010 - 05 - 10]. http://scitech.people.com.cn/GB/10338979.html.

[22] 互动百科：经济理论：微笑曲线 [DB/OL]。 [2010 - 06 - 27]. http://www.hudong.com/wiki/% E5% BE% AE% E7% AC% 91% E6% 9B% B2% E7% BA% BF.

[23] WIPO. 新闻与信息资源：2010 年国际专利申请量在全球经济衰退中锐减，附件 2、3 [EB/OL]. (2010 - 02 - 08) [2010 - 05 - 10]. http://www.wipo.int/pressroom/zh/articles/2010/article_ 0003.html.

后　记

21 世纪第一个十年末，国家间经贸摩擦占据了世界的主舞台。经历长期全球化后，产业链已经在世界范围内形成了相对稳定的结构。发展中国家的新兴企业要进一步发展，显然会向产业链上游延伸，加强技术创新以及知识产权发展是一个必然选择。知识产权站在了世界经济政治舞台的中心。从学术研究角度来看，衡量和评价是至关重要的，很多时候都是先行的。

课题组长期以来坚持专业、独立、客观的学术态度，在广泛调研征询意见、收集援引权威数据的基础上，逐步修订完善，使《中国知识产权指数报告》拥有了一套较为完善、科学的指标体系。自 2009 年 6 月首次发布以来，课题组坚持每年出版一本《中国知识产权指数报告》，横向和纵向比较中国各省份知识产权发展情况，为实施有效管理提供指南。

与《中国知识产权指数报告 2018》相比，《中国知识产权指数报告 2019》主要做了以下完善和创新工作：

1. 修订了部分指标

因为数据可得性原因，对多个指标进行了调整。例如，删除了几个指标：知识产权一审结案量、行政执法能力等；调整了几个指标：原生态环境指数下面 4 个五级指标替换为：建成区绿化覆盖率、人均水资源量以及地均二氧化碳排放量 3 个指标。

2. 深入研究了中国高质量知识产权发展指数

针对当前知识产权发展的实际和存在的主要问题，《中国知识产权指数报告 2019》在原专利质量指数的基础上进行了深化，构建了中国高质量知识产权发展指数，衡量监测中国区域知识产权发展质量。

《中国知识产权指数报告 2019》是课题组集体智慧的结晶，是全体成员努力钻研的成果。报告顺利出版得益于各方的支持、帮助和鼓励，衷心感谢国家知识产权局、国家统计局、商务部、国家市场监督管理总局、国家版权局和国务院发展研究中心等机构及专家的帮助。在此，课题组向他们表示诚挚的谢意！

本课题组将继续跟踪、研究、发布系列知识产权指数研究报告，并将拓展报告的研究领域与适用范围。我们恳请社会各界的专家继续支持我们的研究，并诚邀同志之士加入我们的工作。囿于水平所限，疏漏错误在所难免，诚盼大家批评指正，提出宝贵意见。敬请广大读者登录 http：//www. focus-p-index. com 获取《中国知识产权指数报告》最新动态。